岭南文化

「见证一段无法重来，更无法替代的沧桑历路」

高敬◎编著

时事出版社
北京

图书在版编目（CIP）数据

岭南文化/高敬编著．—北京：时事出版社，2013.5（2024.7 重印）
ISBN 978-7-80232-488-6

Ⅰ.①岭…　Ⅱ.①高…　Ⅲ.①岭南—文化研究
Ⅳ.①G127.65

中国版本图书馆 CIP 数据核字（2013）第 072275 号

出版发行：时事出版社
地　　址：北京市海淀区彰化路 138 号西荣阁 B 座 G2 层
邮　　编：100097
发行热线：（010）88869831　88869832
传　　真：（010）88869875
电子邮箱：shishichubanshe@ sina. com
印　　刷：北京世纪优彩科技有限公司

开本：787×1092　1/16　印张：23.75　字数：420 千字
2013 年 5 月第 1 版　2020 年 7 月第 4 次印刷
定价：38.00 元

目 录

序　言

不辞长作岭南人

在南中国的版图上，横亘着巍峨、磅礴的越城岭、都庞岭、萌渚岭、骑田岭和大庾岭五座山岭，自古以来就被称为“五岭”。五岭位于湖南、江西和两广交界之处，向东一直延伸到闽南，是中国南部最大的横向构造带山脉，也是长江、珠江两大流域的分水岭。曾几何时，毛泽东和他的战友们率领长征将士，在五岭一带迂回转战两个月，突破了敌人的四道封锁线。长征胜利后，毛泽东以政治家的气魄和诗人的豪情，为我们留下了“五岭逶迤腾细浪”这样脍炙人口的诗句。绵延千里的五岭经历了千万年的岁月流淌，见证了中华民族向南开发的足迹。

五岭之南世称“岭南”，两千多年来，无数先民越过五岭，向南进发，与岭南的土著居民一道，创造出光辉灿烂的岭南文化。他们用辛勤的汗水和聪明才智，把一个曾经被认为是“蛮烟瘴雨”之地、流人所居之所的地方，开发成一个丰饶富裕、文化发达的文明之乡。数千年的历史积淀，孕育出花团锦簇的岭南文化，并绽放为中国文化百花园中的一朵奇葩。千百年来，即便是流寓于此的游子，也对岭南情有独钟、流连忘返。宋代大文豪苏东坡的心声，大概可以看作是其中的代表吧。当年，受到不公正待遇的文豪被流放到岭南的惠州，岭南的美景、美食和文化给诗人留下了深刻的印象，他情不自禁吟出了这样的诗句：

罗浮山下四时春，卢橘黄梅次第新。
日啖荔枝三百颗，不辞长作岭南人。

仅仅是因为喜食荔枝，就愿意“长作岭南人”吗？恐怕不会那么简单。笔者认为，一定是有一种文化的魅力拉住了诗人的心弦，使他希望能够远离中原的浮华，在地气暖、物产丰、风光好、文气足的岭南地区常住下去，做一个地地道道的岭南人。这是为什么呢？我们还是从岭南文化的发源与发展中去寻找一下答案吧。

与北方黄土文化孕育出的农业文明不同，岭南文化的渊源同时兼具了农业文明和海洋文明的特色。在数千年的发展过程中，岭南文化不断与中原文化和海外文化交流融合，逐渐形成了自身独有的特点：务实、开放、兼容、创新。可以说，岭南文化从萌芽之时，就具有独特的开放胸怀，不断兼收并蓄，形成了最具特色和活力的地域特色。简而言之，岭南文化有三大主要来源：

一是岭南地区固有的本土文化。珠江流域和黄河流域、长江流域一样，也是中华文明的主要发祥地之一。古代生活在这里的百越族先民们依山傍海，从早期的渔猎文明、稻作文明到后来的商贸文明，都离不开江海水运。所以，岭南人喜流动、不保守，这是区别于内陆文明或河谷文明的岭南文化本色。

二是南迁的中原文化。秦汉以后，岭南逐渐归附于中原王朝的版图。秦始皇统一六国后，首先迈出了开发岭南的步伐。秦始皇下令修灵渠、开庾岭，沟通南北。此后，岭南地区与中原的交流日益密切。在后世的两千余年中，不断有来自中原王朝的军人、贬官进入岭南；中原地区的战乱，更是使得大量移民来到岭南。他们带来了北方先进的农耕技术和儒家文化。到了唐宋以后，强势而先进的中原文明渐渐席卷珠江，进而构成岭南文化的主体。

三是舶来的域外文化。在中国历史上，与北方大漠中的丝绸之路并存的，还有一条“海上丝绸之路”。岭南地区作为海上丝绸之路的始发地，一直是中外文化交流的重要平台。岭南的先民们冒着生命危险，扬帆远航，输出了我国的丝绸、陶瓷和茶叶等，让中国的物产有更多机会出现在世界面前。同时，来自印度、阿拉伯和欧洲一些国家的客商、僧侣等也通过海上丝绸之路来到岭南，带来了各自国家的文明精华。由此，东西方的商业文化、科技文化、宗教文化、政治文化在岭南地区碰撞交流，不断给岭南文化注入新的活力，使岭南文化具有了一定的域外文化特色。

在以上三种文化的相互激荡之下，岭南文化的发展轨迹呈现出“落后、开放、融合、发达、领先”的特色。在史前时期，岭南地区就开始有人类活动的足迹，“马坝人”的发现，把岭南的历史提前到13万年以前。据古史书记载，大约在传说中的“五帝”时期，岭南地区就受到了中原统治者的关注。在传说中的三代时期，岭南就被纳入了我国的属地。当时，岭南地区被称为交趾，也有人称之为南越、南海，是古越族的家园。《礼记·王制》记载：“南方曰蛮，雕题文趾，有不火食者。”所谓“雕题”，即南方古越族文面的风俗。“不火食”是说他们还不懂得用火煮食，即处于原始氏族社会状态。《山海经》中还记载了几个岭南古国的名字，但是多数已不可考。

有学者考证，大约在公元前7世纪，周惠王授权楚国治理南方的夷越。张华的《博物志》记载：“南越之国与楚为邻，五岭已前至于南海。”在今天广州的越秀山下，还有一块刻着“古之楚庭”的石碑，就是这段历史的见证。当然，那时候的古越族并没有完全臣服于楚国的统治，与楚国的关系也是时远时近。不过，楚国势力向岭南地区的扩张，在客观上密切了岭南与长江流域乃至中原地区的经济文化关系。

公元前223年，秦国的大军灭掉楚国，南下到达五岭边缘。雄心勃勃的秦王嬴政把进军的矛头指向岭南。为了解决运输和给养问题，他派史禄开凿了长达 60 里、宽 2 丈的灵渠，引湘江之水入漓水。从此，长江流域与珠江流域的通道开通，五岭的阻隔不再是中原地区进入岭南的障碍。秦朝的将领屠睢和任嚣、赵佗先后率军进入岭南。公元前 214 年，秦始皇在岭南设置桂林、象和南海三郡，这是岭南历史上第一次划分行政区。

然而，强盛一时的秦王朝很快就淹没在秦末农民大起义的浪潮中，岭南地区虽未被波及，但也是人心浮动。这时，秦军在岭南的最高将领任嚣去世，临终把南海校尉的职位交给赵佗。秦朝灭亡后，赵佗统一岭南三郡，就在刘邦建立汉朝的同一年，建立南越国，自称“南越武王”。公元前 196 年，刘邦派人说服赵佗臣服于汉朝，维护了国家的统一。赵佗在位 70 多年，采取积极政策促进民族融合，发展经济文化，大大推动了岭南地区的开发。汉武帝时期，南越国的统治者发兵叛汉，汉武帝派兵讨伐，一举平定岭南，设置了南海、苍梧等九郡，其中的儋耳、珠崖两郡是在海南岛上设置的。从此，郡县制度在岭南地区稳定下来，中原地区与岭南的经济、文化交流也更加便利。中原的铁制农具和牛耕技术大量输入岭南，岭南的土特产也不断输入中原。汉朝戍边的军人、流放的贵族官员和避乱的人民不断进入岭南地区，与当地的越族人民杂居，促进了岭南文化的发展。

东汉末年，由于黄巾起义的打击，东汉中央政府失去了对岭南地区的控制。荆州牧刘表擅自委任自己的部将吴巨为苍梧太守，岭南地方大族士燮也占据了岭南四郡，双方形成对峙。公元 210 年，孙权派大将步骘夺取岭南。吴巨被杀，士燮归附，岭南地区成为东吴政权的战略后方。公元 264 年，东吴政权把两广的大部分地区划为广州，治所在番禺，东吴政权对岭南地区的治理大大加强。据记载，岭南地区至少有两万人加入东吴的军队，同时东吴地区也有不少人南下岭南定居。

晋武帝灭吴后，岭南地区归附西晋统治。西晋王朝在岭南地区实行“羁縻”政策，在当地土著中大量封官。东晋时期，卢循领导的农民起义军袭取岭南。卢循自称平南将军，代行广州刺史职务，东晋王朝受困于内乱，也被迫承认了这个既成事实。卢循在广东西部开矿采银，创办了岭南最早的矿业。但是好景不长，卢循的起义军后来被东晋大将刘裕击败，卢循投水而死。

历史进入南北朝时期，中国形成南北对峙的局面。南方的汉族政权对岭南地区的控制失利，岭南地区陷入战乱之中。在这样的形势下，寒族出身的陈霸先逐渐夺取岭南地区的统治权，被任命为西江督护、高要太守。陈霸先取得岭南土著领袖的支持，趁着梁朝发生内乱的机会，夺取政权，建立陈朝。陈霸先是唯一一个崛起于岭南的皇帝。在岭南地方土著的支持下，他平定了江南地区叛乱，为江南地区赢得了数十年的和平。

在两晋南北朝时期，岭南的海上贸易有了很大的发展，广州成为对外交流的重要口岸。东晋时期去天竺求法的僧人回程时就是在广州登陆的；师子国（今斯里兰卡）遣使臣首航广州，所献的玉佛像在建康供奉了百余年。南朝梁时，中天竺（在今印度境内）国王屈多致书梁武帝，表示愿意两国交好。扶南国（今中南半岛）向宋、齐、梁三朝遣使16次之多，其国王被梁武帝册封为“安南将军、扶南王”。仅梁朝一代，就有9个国家从海路与中国有使节往来。这些友好往来，都是在广州登陆的。那时候，广州每年要接待的进港贸易的海船少则三四艘，多则十几艘，在那生产力不发达的时代，这样的海上贸易规模是很难得的。

陈朝末年，岭南几个州拥戴土著领袖冼夫人保境安民。隋朝大军灭掉陈朝后，冼夫人顾全大局，派人迎候隋军南下，岭南地区由此归入隋朝版图。隋文帝设广州、循州（今惠州）两个总管府统辖岭南各州。在隋朝末年农民大起义的风潮中，岭南地区的一些地方势力也拥兵起事，各据一方。公元621年，唐朝的大军平定荆州，顺势进军岭南。岭南各派势力先后归附，实现了和平统一。

唐朝初年，在岭南设置了5个都督府，管辖岭南地区的45个州。公元756年，岭南的5个都督府升格为岭南道。公元862年，岭南道划分为东、西两道。岭南东道的治所在广州，岭南西道的治所在邕州，这是两广分治的开始，岭南两道基本上具备今天广东和广西的雏形。唐朝在岭南地区实行的是有别于中原地区的政策，比如不实行均田制、禁止贩卖人口、派人到岭南地区选拔有才能的人做官等。

唐朝对岭南的治理和开发是很有效的。唐玄宗时期，出身于岭南地区的张九龄做了宰相，鉴于五岭中大庾岭上的小梅关道路崎岖，不便于南北交通，他主持开凿了新路大梅关。这条道路开通以后，岭南人民和中原人民的来往更加方便。明代名臣邱浚称大梅关开通以后“五岭以南人才出矣，财货通矣，中原之声教日近矣，退陬之风俗日变矣”。

随着岭南与中原交往的日益便利，岭南地区的经济文化迅速发展。岭南地区的陶瓷、纺织品、藤器、竹器、木器、文具等产品生产有了很大规模。唐朝初年，岭南一位不识字的青年，拜到禅宗五祖弘忍门下，得授衣钵，创立了中国禅宗的南宗（又称“顿宗”），他就是禅宗六祖慧能大师。唐朝中叶，17岁的岭南青年莫宣卿到长安参加全国的科举考试，高中状元，开岭南地区状元之先河。

唐朝时期，国力强盛，海外贸易有了很大的发展。唐朝政府在广州设立市舶使，专门管理对外贸易，这是中国历史上第一个管理对外贸易的机构。每年夏季，来自波斯（今伊朗）、大食（今阿拉伯半岛）、天竺（今印度）以及南海诸国的商船，都会乘着东南季风，满载着香料、琥珀、珍珠、玳瑁、犀角、象牙等名贵特产，到广州港停泊。等各国商船到齐以后，大家就会在市舶使划定的市舶区交易，并向市舶使缴纳税款。外商们的货物卖完后，商船又会载着中国出产的瓷器、丝绸和铁器起航回国。另外，中国的商船也远航亚非。据记载，从中国的广州港出发，经马六甲海峡航行到末罗国（今伊拉克巴士拉），需要89天；从那里继续远航到非洲东海岸，需要48天。那时候，广州作为重要的外贸口岸，非常繁荣。唐代诗人韩愈曾经流放岭南，据他的记载，当时“稀世之珍溢于中国，不可胜用”，可见当时贸易发达的景象。

唐朝末年，黄巢率领的起义军辗转千里，攻下广州。由于部下多为北方人，黄巢在广州只停留了半年就离开了。他在岭南的时间虽短，但是已经使唐朝在岭南地区的统治势力受到沉重打击，客观上帮助了岭南地方势力的崛起。此后的30多年里，发迹于封州的刘谦、刘隐父子实力不断壮大。公元917年，刘隐的弟弟刘龑在广州称帝，建立南汉政权。刘龑在岭南制定制度、设置百官、结好邻国，在五代十国那个动荡年代，在一定程度上保障了岭南地区的太平。

北宋建立后，逐渐削平各地的割据政权。南汉国的人民也渴望统一，有的居民甚至把家里的防火桶称为“宋一统”。公元970年，北宋大将潘美率军南进，次年南汉国末代皇帝刘鋹出城投降，岭南重新归入中央政权的管辖之下。北宋把岭南地区划分为广东路（“路”是宋代行政区名称）和广西路，自此有了“广东”和“广西”的称谓，后世一直沿用下来。

统一岭南之初，北宋在岭南采取轻徭薄赋的政策，恢复岭南的经济。两宋时期，由于受到北方辽、金等少数民族政权的压迫，北方人民大量南迁岭南，他们有的在那里“辟地以种食”，把江南地区的耕作技术带入岭南；有的经商或从事手工业，使岭南的工商业迅速发展；一些南迁的知识分子和官员在岭南开设书院，促进了岭南文化的繁荣。五代十国时期受到冲击的海外贸易，在宋代也得以恢复和发展。北宋初年，中央政府在广州设置市舶司，以知州兼任市舶使，管理对外贸易。市舶司的建制在北宋得以完备，成为后世海关制度的滥觞。

南宋末年，随着元朝在大漠的崛起，南宋节节败退。岭南地区成为南宋抵御元朝的最后一个根据地。岭南人民与元朝进行了三年之久的拉锯战，但最后归于失败。民族英雄文天祥在抵抗中被俘，并在被押解经过珠江口的零丁洋时留下了“自古人生谁无死，留取丹心照汗青”的诗句。1279 年 2 月，南宋最后一位宰相陆秀夫抱着末代皇帝赵昺，在新会县的崖山投海自尽，南宋灭亡。

元朝初年，岭南地区采取措施恢复生产，用了 20 多年的时间，广州的人口就恢复到接近南宋时期的水平。那时候，元朝在广州设立市舶提举司，管理对外贸易。元朝的对外贸易政策比宋朝更为宽松，抽税也比较低。元朝还鼓励私人从事外贸，广州开始出现专营进出口业务的人，称为“舶牙”。这时候，在对外贸易中开始使用纸钞，并严禁金、银和铜钱出口，因此纸钞在外贸中成为重要的流通手段。元英宗时，一位外商拿着元朝的纸钞出海，也购买了宝货回来。元朝纸钞和周边一些国家的金银形成固定的比率，如元朝的中统银钞 10 两，折合乌爹国（今缅甸境内）银币一枚；中统银钞 1 两，折合交趾（今越南境内）铜钱 60—70 文。

明朝时期，正式在广东设立行省，这是广东建省的开始。自此广东成为明朝的 13 个省之一，而且这种建制直到清朝也没有太大的变动。由于明朝初年实行海禁政策，建立“朝贡”贸易体制，规定广州可以与东南亚的占城（今越南境内）、暹罗（今泰国）和西洋诸国通商。由于全国统一、国家安定，岭南地区经济繁荣、贸易发达，许多岭南和海外的奇珍异宝通过南雄的“岭南第一关”运往北方各地，商路上“商贾如云、货物如雨”。广州城内的商业也很繁荣，城内的濠畔街是“天下商贾聚焉”的闹市区，各地交易的商人在这里往往“日费数千万金”。

到了清朝，岭南地区的发展更为迅猛。岭南地区开垦的荒地居全国之首。据统计，仅乾隆年间就开垦荒地 28 万多亩，嘉庆年间又续垦了 12 万多亩。岭南地区的手工业发展也很迅速。据记载，当时岭南的冶铁业很发达，往往多个商人投资开办，雇工千人以上的工场就有五六十个。1685年，清朝政府宣布“开海贸易”，在广州设立粤海关，管理对外贸易和征税。在广州，政府指定一些商人与外国人交易，成为行商。行商开办的对外贸易店称为洋货行，即十三行。十三行的行商充当了中国商人与外国商人交易中介的角色，赚取了巨额财富。

随着时间的推移，中原的经济、文化逐渐南传，其中受益最多的便是岭南。岭南迎来发展的春天后，毫无顾忌地迈开了前进的脚步。在数百年的时间里，岭南地区的经济蒸蒸日上，与外国在海上交往空前繁盛，文教事业也长足发展，表现出一种青出于蓝而胜于蓝的非凡气势。到了近代，岭南文化数千年的积淀显现出强劲的力量，再加上得风气之先，岭南地区成为近现代中国一系列重要人物和重大事件的发源地：虎门销烟、太平天国运动、康有为和梁启超发动戊戌变法、孙中山先生领导的轰轰烈烈的大革命……

当历史的车轮驶进21世纪，岭南已经与往日不可同日而语。如今的岭南地区，广东是我国改革开放的前沿，广州是我国现代化大都市，经济建设领跑全国，社会经济和人民生活居全国前列。岭南文化的潜力也经过几千年的蕴积，终于释放出了巨大的能量。现在的岭南与其他地区一起，正努力将我国逐渐推向世界发展的顶峰。

如果说，以上的介绍只是岭南文化的一个缩影，那么本书就是一部岭南文化的小型百科全书。在这里，你无需跋山涉水，也无需查阅数不清的古今资料，只要轻轻翻开书页，就能闻到岭南独特的气息，读到岭南文化的古往今来，看到岭南文化的魅力所在。这本书的每一页纸都透着岭南的美，每一个字都凝着岭南的香。也许，您读了这本书，也会受到岭南文化魅力的吸引，想去亲身体验一下，甚至发出“不辞长作岭南人”的感慨！

最后，让我们以岭南作家符启文先生描写故乡的名篇《古城的回声》中的一段话，作为本书的开启之钥：你是乡间的一道人生风景线；是一种浸漫时间的遐思，一种厚实的文化积淀，你的一砖一石，刻下的是一道道历史的镌痕，讲述的是一个个往昔的生动故事，你带着一种永恒的苍凉挺立在我们面前……

编者

2013 年 3 月

第一章

岭南的由来

岭南地区背靠逶迤磅礴的五岭，南面浩瀚无垠的大海，在古代，这种特殊的自然地理环境造成了它与其他地域文化交流的不便。在漫长的历史岁月中，岭南文化在一个相对封闭的环境里发展缓慢，长期处于蒙昧状态。例如，《新唐书·李靖传》记载：唐朝大将李靖率军平定岭南后，唐政府“以岭海陋远，久不见德，非震威武、示礼义，则无以变风”。于是，李靖率军南巡，“所过问疾苦，延见长老，宣布天子恩意，远近欢服”。唐高宗时期，当后世被尊为禅宗六祖的惠能法师投奔五祖弘忍学佛时，五祖第一句话就问他：“你是岭南人，又是獦獠，哪能作佛?”可见，直到唐朝，岭南在中原人的心目中仍是一个野蛮落后的地方。

然而，岭南地区又是一个丰裕富饶的宝地，岭南人有着强烈的进取精神，这就注定了交通不便的问题一旦解决，岭南文化的发展将会突飞猛进。秦始皇时期开凿的灵渠，直到隋唐仍是沟通岭南与中原的重要通道。唐玄宗时期，岭南人张九龄主持开凿了大梅关通道，五岭的险阻变为坦途。至此，岭南与中原交流的交通障碍不复存在，岭南文化也插上了翅膀，开始以“加速度”的方式发展，最终成为中华地域文化百花园中的一支奇葩。

第一节 “岭南”的由来

在汉语中，“岭”是山脉的意思，因此“岭南”这个名字一定是和山脉有关的。在中国南部，有一条重要的自然地理分界线，那就是南岭。南岭源自云南，一路向东延伸，经广西北部，再横亘于湘赣和粤桂之间，其中的越城岭、都庞岭、萌渚岭、骑田岭、大庾岭五座主要山脉合称五岭。五岭万山叠嶂，犹如一道天然的屏障，把它南部的广阔地域与中原分隔开来，因此我们的先民把五岭以南的地区言简意赅地称为岭南。

大史学家司马迁最早为我们记录了“五岭”和“岭南”的称谓。《史记·张耳陈余列传》中说：“秦为乱政虐刑以残贼天下，数十年矣。北有长城之役，南有五岭之戍，外内骚动，百姓疲敝。”这里的“五岭之戍”，指的是秦始皇派兵远征岭南的百越族。《史记·货殖列传》中说：“山东食海盐，山西食盐卤，领南、沙北固往往出盐，大体如此矣。”这里的“领”与“岭”通用，故司马迁所说的“领南”，即我们今天说的“岭南”。《后汉书·循吏列传》中曾经记载了两位岭南地区太守的事迹，他们教导当地人民礼义，颇有成效。《后汉书》的作者称赞两人说：“领南华风，始于二守焉。”《晋书·地理志》把秦朝时期在岭南地区设置的桂林、南海、象三个郡，称为“岭南三郡”。

除了岭南这个称谓外，古代文献中对岭南地区还有一些别的称谓。《后汉书·马援列传》记载东汉大将马援南征：“自无功至居风，斩获五千余人，峤南悉平。”“峤”在古文中的意思是“山道”，所谓“峤南”，指的就是马援南征时，越过五岭中的山道后进入的地方，即“岭南”。此外，古代史籍中对岭南的称呼，还有岭外、岭表等。如《宋史·狄青传》中说：“又破沿江九州，围广州，岭外骚动。”《晋书·滕脩传》：“广州部曲督郭马等为乱，皓以脩宿有威惠，为岭表所伏。”由于岭南地区南面大海，所以又有“岭海”之称。如南宋词人张孝祥在《念奴娇·过洞庭》中说：“应念岭海经年，孤光自照，肝胆皆冰雪。”这里的“岭海”指的就是岭南地区。

岭南古为百越之地，是百越族居住的地方，古代“越”、“粤”通用，所以，百越族亦称百粤族，又称为越族、古越族、越人、古越人，曾广泛分布在现今的浙江、福建、广东、广西一带。春秋战国时期，越族曾经在今天的江浙一带建立过越国，越王勾践是越国最著名的国君。秦末汉初，北方人赵佗在岭南地区建立政权，称为“南越国”，南越国疆域基本就是秦朝“岭南三郡”的范围，东抵福建西部，北至南岭，西达广西西部，南濒南海。在历史上，越国与南越国是不同的，司马迁在《史记》中曾专门为南越国立传。班固的《汉书》也专门立有“西南夷两粤朝鲜传”，使用的是“粤”。两千多年下来，“越”成为浙江的简称，“粤”则成为广东的简称。

在行政区划上，岭南地区随着王朝的更迭也多有变动。秦始皇设立的岭南三郡，是中原王朝在岭南设置的最早的行政区。汉武帝时期，岭南地区归交州刺史统辖，设治所于广信，取“初开粤地，宜广布恩信”之意。据考证，广信在今天的广东封开县和广西梧州市一带，也就是今天广东、广西两省区交界的地方。此后的300多年中，广信作为岭南的首府，是岭南政治、经济和文化的中心，被誉为“岭南古都”，也是粤语和岭南文化的重要发祥地。我们今天的广东、广西的“广”字，就是从“广信”这个名字中来的。后汉三国时期，东吴的大将步骘平定岭南后，划南海、苍梧、郁林、高凉四郡为广州，这是“广州”这个名字的最早来源。而“广州”之名，也有取自广信的含义。

唐朝初年，唐太宗把全国划分为十道，史称“贞观十道”。在岭南设置的岭南道，也是“贞观十道”之一，治所在广州。唐懿宗咸通三年（公元862年），岭南道再次划分为岭南东道和岭南西道，广信以东为岭南东道，治所在广州；广信以西为岭南西道，治所在邕州（今南宁）。这是岭南两广分治的开端。

北宋时期，宋太宗把全国划分为十五路。岭南划分为广南东路和广南西路，这基本上是在继承唐代岭南东道和岭南西道的基础上略作调整形成的，也是广东、广西名称的最早来历。此后，元、明、清三代基本上沿袭了这种行政区划的方式，只是名称有所不同。明朝时候，全国划分十五个行省，广东和广西都成为行省之一，这是历史上广东省和广西省名称的正式确立。

可见，在历史上，“岭南”这个名称由来已久。由于历代行政区划的变更，岭南所指的区域也略有不同。历史上的岭南地区，除了我们今天的岭南三省区外，还曾包括湖南、江西两省位于五岭之南的部分地区，以及中国曾经统治过的今天越南红河三角洲一带。宋代以后，越南脱离中国的统治，岭南的概念遂将这部分地区排除出去。

我们今天所说的岭南的概念，一般指的是今天的广东省、海南省以及广西壮族自治区的东部。也有学者认为，当代岭南的概念特指广东省。

第二节　岭南的自然地理环境

文化的形成与自然地理环境有着十分密切的关系。人类创造文化的行为，说到底就是人与环境相结合的产物。自然地理环境是人类活动的物质基础，人类根据自己的需要与所处的自然地理环境进行互动，从而创造出不同的物质文化和精神文化。

岭南位于我国的最南部，五岭雄峙其北，南海绕其南；五岭大致呈东西走向，绵延横亘在湖南、江西和广东、广西之间，东西长约 1400 多公里。五岭中的石坑崆山，海拔 1902 米，是广东第一高峰。五岭以北，属于长江流域，是秀丽的江南；五岭以南，属于珠江流域，是富庶的岭南。从气候上讲，五岭以北，主要位于北温带；五岭以南，则属于亚热带和热带气候，由于地处亚热带、热带地区，岭南形成了炎热、潮湿、日照时间长的气候特点。

如果我们从地图上看岭南地区，会发现岭南北枕五岭，南濒大海，西连云贵，东接福建。在古代交通落后的条件下，岭南仿佛是个相对独立的地理单元。在古代，由于生产力低下，岭南先民不论是翻越五岭北行，还是扬帆渡海南下，都非常困难。这种自然地理环境，无形中妨碍了岭南与其他地区的经济文化交流。因此，岭南的发展曾经一度十分缓慢，岭南先民对中原地区光辉灿烂的文化知之甚少，五岭以北的中原人民也很难了解岭南的真面目。直到唐代，在中原人的心目中，岭南还是化外之地、瘴疠之乡，岭南人也被视作“蛮夷”。当然，随着后世五岭道路的开凿、航海技术的提高，岭南的开放更加容易，这种劣势很快就转化为优势。可以说，岭南文化后来的迅速发展，与陆上和海上交通的改善有很大关系。

岭南地形复杂多样且河流众多。山地、台地、平原和丘陵交错纵横，最多的是山地和丘陵。岭南的地势呈北高南低之状，南部的珠江三角洲和韩江三角洲是主要的平原地区。以岭南文化的主体区域广东省为例，广东历来就有

“七山一水二分田”之称。广东东北部，有九连山脉、罗浮山脉、莲花山脉；广东西北部，有理山、大罗山；广东西南部，有云开大山、云雾山、天露山等。虽然地形复杂多变，但众多的河流犹如血脉一样，将岭南与外界连系在一起，首先是他的的海岸线漫长，达8400多公里，沿海还有许多岛屿，因此海上交通十分便利。其次，在岭南的丛山之间，有许多狭长的谷地和一系列盆地，因而河流纵横。岭南最大的水系是珠江水系。我们所说的珠江，过去指的是由广州经虎门入海的水道，现在则是西江、北江、东江的总称，分别流经广东省西、北、东部。其中，发源于云南东北部的乌蒙山区，流经贵州、广西，进入广东的珠江水系主流，称为西江。西江与北江、东江既分又合，从磨刀门等地入海，形成纵横交错的珠江水系，全长2320公里，是我国境内第三长河流。由于岭南地区雨量充沛，珠江流量仅次于长江，居全国第二位。珠江进入广东后，自三水开始，河网支流密布，冲积为珠江三角洲平原。广东东部的韩江，与榕江、练江、龙江等河流一起，构成了广东第二大冲积平原韩江三角洲。

综上所述，岭南的天然屏障曾阻碍了岭南与中原地区的联系，使得岭南经济长期落后于内地，但是连绵横亘的山脉和得天独厚的江河大海也养育了岭南万物，为岭南先民提供了丰富的资源。岭南先民们采食江河大海里的动物，猎取山中的野兽，至今仍有许多历史遗存，使我们可以推断出岭南地区石器时代的情况。同时，也为岭南的后发之势储备了力量与资源。

岭南地区纬度低，气候条件也复杂多样。北回归线横贯岭南，巍峨的五岭挡住了来自北方的寒流，因此岭南地区属于亚热带和热带气候，冬短夏长，阳光充足，四季不大明显，夏日很少酷暑，冬天也没有严寒。我们知道，世界上其他南、北回归线穿过的地方由于日照充足、蒸发量大，往往都是沙漠或干旱的草原。但是岭南地区由于濒临大海，每年来自海洋的东南季风带来了充足的水分，因而这里雨量充沛。气候资料显示，岭南地区的年平均气温在19℃—20℃，年降雨量1500毫米以上，很利于农作物的生长。这就意味着，一旦掌握了先进的耕作技术，岭南地区很快就会成为江南那样的鱼米之乡。

岭南山地很多，气温随着海拔升高而降低，，因此，有些山区具有温带乃至寒带的气候特点，形成了垂直地带性特点。曾经在岭南生活过的苏东坡感叹说：“岭南气候不齐。”多样性的气候使得岭南不同地方的水、土、光、热和生物资源呈现出多样性的特点，非常丰富。岭南的经济作物虽然以亚热带和热带的为主，但是也兼有温带地区的一些品种。岭南的森林资源丰富，树种兼有热带、亚热带、温带和寒带的品种，特别是还出产各种著名的水果，品种之多居全国前列。所以，古人赞广东物产："兼中外之所产，备南北之所有。"

岭南的自然地理和气候条件，为当地提供了丰富的物产资源，无论是赵佗向汉高祖称臣进贡岭南物产和一骑红尘飞入长安，还是南汉朝为享乐而设的红云宴，都使岭南水果得以扬名。除种植一年两熟的水稻、一年三熟的水稻外，纵横的水网，温和的气候，也适合养鱼、种果、种桑、育蚕与多种经营。宋元以后，随着南迁人口的不断增多，岭南的沿江平原低地成为开发重点，其特有的围田和基塘文化应运而生，开垦出一片片良田，养活了众多人口。

岭南独特的自然地理环境还反映在岭南的建筑文化及其海洋文化上。

首先作为独树一帜的岭南建筑文化深深打上了岭南自然环境的烙印。岭南人能长期得以生存，其居所一定要与当地气候、环境融合。岭南的亚热带气候要求室内通透凉快，由此创造了许多岭南传统民居的优良形式。比如，骑楼建筑，就是根据南方地区的防雨防晒结合商业经营需要发展而来。其特点是把门廊扩大，毗联串通成沿街廊道，使顾客可沿骑楼自由选购商品。"西关大屋"是适应城镇环境而商业化的需求，把乡村之间两廊的传统住宅改进成向纵、深、高发展。它保持着中轴、中堂、多进的格局。厅之间或厅房之间用天井隔开，大天井常有假山水池和花木盆景。室内外相互渗透，天井给人以安静典雅的气氛，闹中求静、亲切安祥，有利于通风采光。此外，诸如屋檐倾角大，利于雨水倾斜；屋瓦以灰泥紧粘，防台风；建高大石坝，抵御洪水；于屋边系小舟，便于逃生；民居梳式布局，利用冷巷来通风降温等都是岭南建筑解决当地气候环境问题上的独到之处。

由中原南迁的客家民居表现出强烈的防御性，多采用围垅式组合。围垅的平面中心是堂屋，后部加围屋。有的民居四角设角楼称四角楼，客家民居平面封闭、聚居性强。广州传统民居以三间两廊式和平面布局进深大、面宽窄的"竹筒屋"为代表，这些以天井（院落）组合的民居以外封闭内开敞的布局形式较好地解决了湿热地区通风、采光、排水问题，同时避免阳光直射，保持室内空气阴凉。

岭南建筑作为岭南文化的组成部分，自始至终融合于自然环境中。岭南山多、丘陵多、河流多，城镇和村落多结合地形、河流、道路，山势自由布局，靠山面，交通方便，防御设施完善。城镇格局多为不规则，街道多顺应河流和山丘道路走向，曲直相宜。

其次岭南海岸线漫长，岛屿众多，海上交通便利，因此岭南文化具有很多海洋文明的特色。在远古时期，岭南人就有航海的习惯。据《汉书·地理志》记载：西汉时期，“自合浦徐闻南入海，得大州，东西南北方千里”。此外，该书还记载了一些从岭南出发能够到达的一些古国。比如：从岭南的徐闻、合浦起航，在海上航行 5 个月，可以到达都元国；再航行 4 个月，可以到达邑卢没国；又船行 20 多天，可以到达谌离国；从谌离国步行 10 几天，可以到达夫甘都卢国。这说明在汉代，岭南的海外贸易和文化交流就已经有了相当的规模。到了三国两晋南北朝时期，中国的对外贸易重心逐渐转移到广州，这种情况一直持续至今。海洋给岭南带来得天独厚的开放优势，使岭南成为我国对外交流的窗口，也形成了岭南开放、重商的文化特色。

此外，岭南境内地理环境差异性大，也创造出不同的亚文化。例如，广东北部的山区“民户不多，而俚獠猥杂”，因此当地居民具有“强悍、好勇斗狠”的个性；在冲积平原地区，农业和商业都很发达，因此那里的人们“多务贾与时逐”，渐渐形成了发达的商业文化；在东南部的沿海地区，由于水道发达，那里的人们便于“逐海洋之利”，因此“习海竞渡角旺”，海边居民有“耕三渔七”的习俗，而大海也铸就了当地居民勇于冒险、积极开拓的进取精神和开放精神。

第三节 岭南的古代民族

岭南文化是由当地的土著民族与陆续进入岭南的中原民族共同孕育，在漫长的历史过程中发展起来的。

古代岭南地区的土著居民主要是越族。据考证，“越族”这个称呼来自于“钺”这种工具、武器。“钺”是一种扁平穿孔石斧，在捕猎或者战斗时可以用来砍杀。进入青铜时代后，钺演变成青铜铸造的铜钺，越族人就把它作为自己的象征物。也有学者认为："越族"这个称呼来自于春秋末期越往勾践建立的越国政权，它不是自称，而是中原华夏民族对它的称呼。

关于越族的来源，据《汉书·地理志》记载："粤地，牵牛、婺女之分野也。今之苍梧、郁林、合浦、交吐、九真、南海、日南，皆粤分也。其君禹后，帝少康之庶子云，封于会稽。"根据这个记载，越族很可能是大禹的后代，在汉朝时分布于岭南九郡，来自今浙江绍兴一带。但是也有人反对这个观点，晋朝成书的《汉书集解音义》就认为："自交耻至会稽七八千里，百越杂处，各有种姓，不得尽云少康之后也。按《世本》，越为芈姓，与楚同祖，故《国语》曰'芈姓夔越'，然则越非禹后明矣。又芈姓之越，亦句践之后，不谓南越也。"按照这种说法，越族曾经广泛分布在从现在的越南北部到浙江北部广阔区域里，种姓繁多，称为"百越"。百越不能都说成是大禹的后代，他们混合居住、各有种姓，而且可能与楚国有很深的渊源。

不过我们可以确定，"百越"并非同一来源，而是古代对越族的总称。其中的"南越"就是百越中的一支，主要分布区域包括：句吴，在今江苏南部、安徽东部和浙江北部；扬越，在今江西；于越，在今浙江；瓯越，在今浙江南部；东越，在今福建与浙江、江西部分地区；闽越，在今福建北部、浙江南部；南越，在今广东；骆越，在今广东、广西、贵州及越南北部；西越，在今广西及广东部分地区；夔越，在今湖北西部和四川东部；夷越，在今云南、贵州及湖南；滇越，在今云南。

在新石器时代，百越族具有使用肩石斧、有段石锛与几何印纹陶器等器具的共同文化特征，说明他们之间联系密切。先秦时期，岭南文化与中原文化的交流还比较少。岭南的百越族还保持了岭南远古文化中的风俗习尚和宗教观念，带有明显的区域特点的原生文化。

秦始皇把岭南纳入中原王朝的版图后，把许多"谪徙人"强制迁往岭南，让他们"与越杂处"，开始了向岭南地区的第一次大移民。此后，中原地区的人民不断南迁，与百越族人民融合。

经过千百年的发展和几次民族融合，百越族的一部分逐渐与汉族融合，基本同化于汉族。宋朝以后，中国文献上不再出现关于"百越"的记载，"越"、"蛮"、"僚"等对古代岭南少数民族的泛称，逐渐从中国的史籍中消失。

百越族的另一部分，则与现在岭南地区的壮族、侗族、黎族、畲族、瑶族、布依族、仫佬族等少数民族有密切的渊源。

壮族是我国人口最多的少数民族，学术界一般认为，壮族与百越中的西瓯、骆越是一脉相承的。秦代以来，壮族先人历代分别称为西瓯、骆越（雒越）、南越、濮、僚、俚、溪峒蛮、乌浒，在宋代史籍中始称为撞、僮、仲，明清时也有称为僮人、良人、土人的。新中国成立后，人民政府把广西、广东、云南等地自称“布壮”、“布土”、“布农”、“布泰”、“布班”、“布陇”、“布诺”、“布衣”、“布民”、“布越”、“布寮”、“布雅衣”、“布曼”等等的人们统一称为僮族（“僮”与“壮”同音）。1965 年，经周恩来总理倡议，改“僮族”为“壮族”。

黎族主要聚居在海南省，也是源于古代百越的一支。一些学者经过考证，认为黎族是从古越族的一支——骆越发展而来的。先秦时期，黎族的先民们就已经在海南岛生息，史书上对他们的称呼有“俚”、“僚”等。到了唐代，史书中有“朱崖黎民”的记载。宋代以后，则普遍地使用黎族的族称。

瑶族的先民，也是古代百越族的一部分。关于瑶族的来源，学者们的说法不大一致，有的人认为瑶族源于“山越”，有的人则认为瑶族源于“五溪蛮”，也有的人认为瑶族来源是多元的。秦汉以后，瑶族的先民们定居于今天的广东北部一带。隋唐以后，瑶族这个族称开始出现，唐代称瑶族为“莫徭蛮”。元代统治者因为痛恨瑶族人民的反抗，将“徭”字改为具有侮辱性的犬旁的“猺”字。新中国成立后，经过广泛征求意见，把名称统一为瑶族。

畲族也可能是源于百越族的一支。关于畲族的民族来源，一般认为与瑶族同源，源自“五溪蛮”。自古以来，畲族的他称和部分自称中，都有“畲瑶”、“瑶”、“瑶家”、“山瑶”、“瑶人”等，这些称呼说明了畲族与瑶族有密切的关系。畲族这个族称始于南宋，据南宋时期刘克庄的《漳州谕畲》中记载：“民不悦，畲田不税，其来久矣”，“畲，刀耕火耘”。此外，也有人提出畲族是东夷后裔、河南夷后裔等观点。1956 年，国务院正式公布确认，畲族是一个具有自己特点的单一的少数民族。从此，“畲族”成为这个族群的法定族称。

总之，在漫长的历史发展过程中，中原民族的南迁与岭南土著居民的汉化几乎是同步进行的。岭南大地上古老的百越族，逐渐演变为黎、壮、瑶、畲等少数民族。他们保留了自古以来就有的民族文化，成为岭南文化一个组成部分，为多彩多姿的岭南文化增添了一份异彩。

第四节 岭南三大民系的历史演变及其文化特征

由于岭南地区特殊的自然地理环境，加上历史的变迁和民族的融合，岭南民系构成十分复杂。在岭南汉民族中，形成了广府人、潮州人和客家人三大民系。与之相对应，形成了广府文化、潮洲文化和客家文化。此外，还有特殊的疍民民系。广府人是三大民系中最先形成的，珠江三角洲是其重要聚居地。广府民系有狭义和广义之分。狭义的广府民系即日常口语中的“广府人”，他们的祖先是最早由中原地区迁居到岭南的。一般认为他们是秦末汉初开拓领土的50万秦军与中原地区迁来的50万妇女以及当地数万土著人的直属后代，而且历朝历代都有从中原旺族迁入、以珠玑巷为文化根源的后裔。广府人居住在以珠江三角洲为中心的华南地区，包括香港、广州、佛山、南宁等大中城市。

广义的广府民系是将广府民系的外延扩大了。有些语言学家、人类学家在研究、比较广东、广西的本地人时，出于讨论上的方便，常将说粤语的广东人称为广府民系（与说客家话、闽语等的广东人相区别）。广义的广府民系主要生活于两广大部分地区、香港、澳门以及世界各地，但海外的广府华侨由于其原籍、祖籍多数为广东和香港，故大部分广府华侨及华人只有“广东人”及“广东话”的认同，存在强烈的“广府”认同的多见于东南亚地区的各个华人社区中的广府族群。我们现在所说的广府民系，一般是从狭义上讲的。

广府民系在长期的历史演变中形成了自身独特的文化特征。由于广府人早期移民与古越族杂处，相互融合而成。因此，珠江三角洲的广府民系文化最具典型性，既有古南越遗传，更受中原汉文化哺育，具有多元的层次和构成因素。广府民系分布的地域——西江、北江流域及珠江三角洲在广东是封建文化最早开发的地区。两宋以后，珠江三角洲的开发已初具规模，到了明代已是当时岭南著名的粮食和多种经济作物的生产基地，顺德、南海、中山、番禺等地的基塘农业皆驰名于世。多层次的农业经济架构，加上以广州这个世界贸易大港为依托，农副产品和手工业产品的市场十分广阔，产销活跃。明代后期，珠江三角洲的农业生产商品化倾向日渐明显，成为岭南最活跃、最具商品意识也最富有反传统精神的地区。经济发达也推动了文化的兴盛，珠江三角洲地区从宋代以来，人文兴旺，一直居于全省人才优势的地位。广府文化的中心城市广州，自古以来就是广东乃至岭南区域政治、经济和文化的中心，在建筑、艺术、宗教、戏剧、音乐、文学、绘画、工艺、饮食、园林、风俗等各个文化领域，处处表现出悠久的历史渊源和鲜明的个性，给人以多层次的、立体的、丰富的感受，使广府文化在广东各民系文化中占有优重要的地位。

广府人在三大民系中最具开放性，比较易于接受外来新事物，敢于吸收、摹仿和学习西方物质文明和精神文明，并将传统文化与之相互融合。广府人还具有敢于探索和尝试的拼搏精神，视野较为宽广，思路较为开阔，商品意识和价值观念较强，精明能干，创造了珠江三角洲多元化农业商品经济。以广府人为主干的“广帮商人”，在清中期就已驰名全国。广府人还有较为浓厚的宿命观，如广府商家中普遍供奉关公为财神；穗港澳等地民间存在迷信命运，敬神奉鬼的风气。

由于广府文化在广东民系文化中具有突出地位，因此其在各个领域中常被作为粤文化的代称，如广州话称为“粤语”；广州方言歌统称为“粤讴”；广州戏剧音乐分别称为“粤剧”、“粤曲”、“广东音乐”；广东饮食文化体系中虽有广州菜、潮州菜、东江菜之分，但“粤菜”常用以指广州菜；广州工艺品的重要品类被称为“粤绣”、“广彩”、“广雕”等。

岭南另一支较大的民系是潮州人，主要居住在广东东部的潮汕地区。在历史上，这里属于潮州府，因此人们习惯地将潮汕一词称为“潮州”。目前世界各地的潮州人共计3000多万，其中留在潮汕本土的不足1000万，闯荡于海内其他地区的达1000多万，海外潮人则有1000余万，故有“本土、海内、海外三潮汕，每个潮汕一千万”之说。

潮汕人又被称为福佬。福佬民系是古闽越（东越）后裔中融合于汉族的一支，其文化特质既有别于作为南越遗裔的广府民系，更与自称为中原汉族世胄的客家民系迥异，具有丰富的风俗文化内涵，且对东南亚诸岛土著文化产生过显著影响，乃广东风俗文化的一个重要群落。长期以后，由于潮汕地区行政上属广东管辖，所以潮汕文化一直隐藏在广府文化的背后，外界也常误以为广东文化就是广府文化，对潮州文化知之甚少，而事实上潮州文化不仅有自身的鲜明特色，而且有自成一格的文化体系。

从地理环境上看，潮汕地区范围狭小、资源贫乏，人口和环境之间的矛盾很大。激烈的竞争环境造就了潮州人冒险开拓、刻苦耐劳、注重义气、勤俭立业等性格特征，最为突出的是具有强烈的凝聚力，使之获得了“中国的犹太人”的美称。

潮州人很早就到香港和东南亚等地谋生，由于在异乡的土地上生活，他们之间形成了一种互相照应、团结互助的风气。潮州人在农业生产上善于精耕细作，在手工业上善于精雕细琢，在经商的时候更是善于精打细算，具有超强的适应力、竞争力和团结力。在当今世界，潮商的实力很强劲，其主要特点是在商言商、商业资本与产业资本相结合进行经营、经营地域遍及全世界，而且其有许多成功的营商策略，形成了独特的商业文化。很多潮州人都从做小商小贩起家，最终发财致富。当代香港著名实业家李嘉诚，就是潮州人的典范和骄傲。

潮州文化是古代南粤土著文化、中原文化和海外文化相融合而产生和发展的文化。潮汕地区现有的居民，其祖先大多数是由中原地区先后移入的。众多的中原移民带来了中原文化，潮州文化在长期的形成和发展过程中，不可避免地吸取了中原文化中的许多优秀成分，如儒家文化和中原的语言、文学、戏剧、音乐等。自唐宋以来，潮汕人因各种原因，不断向海外各地移居。清朝初年，樟林港形成，成为潮汕地区海上贸易的中心；1860 年，汕头港开埠，更促进了潮汕地区海上贸易的发展。随着潮汕地区与海外经济贸易的发展，中外经济文化交往的增加，海外文化（包括西方文化和东南亚文化等）不断传入潮汕，潮州文化由此也吸取了海外文化中的优秀成分。如 19 世纪原汕头小公园一带和潮州府城内太平街等地的骑楼建筑文化，就是吸收西方建筑艺术而建造的。由此看来，潮州文化具有海纳百川的特色，是吸取古代南粤土著文化、中原文化、海外文化中的优秀部分，不断融合和发展而成的。

潮州人的饮食文化是潮州文化的重要组成部分。“食”字作为动词在潮州人日常用语中用的频率差不多是最高的，不但就餐用“食”，食饭、食糜（方言，吃稀饭），连抽烟、饮酒也叫“食”，熟人见面打招呼，多数用“你食落未”，答与不答都无紧要，用意无非像广东话里的“你好”等礼貌用语。

潮州菜，有着自己鲜明的特色，首先，潮州菜以烹制海鲜菜式见长。“无鲜（海鲜）不成筵”，潮州人自古喜食海鲜。写下“被贬潮阳路八千”的唐代大文豪韩愈到潮州任刺史时的著作《初南食贻元十八协律》，当中就描绘了形形式式的海产品，如鲎、蚝、蛤等。潮州民间流传的“好鱼马鲛鲳，好菜芥兰苗，好戏《苏六娘》（潮剧）”，其中“马鲛鲳”就是指海产品马鲛鱼及鲳鱼，摆海鲜宴现时不但在潮州城市，而且在农村也颇成风气。烹调海鲜，得益于潮州人心灵手巧和做事惯于精雕细琢的特性，在菜肴的制作上，从选用材料，刀工火候，配料蘸料乃至菜的色、香、味、形、名等刻意讲究，一丝不苟，也有炖、炊（蒸）、泡、煎等多种方法。真是“食不厌精，脍不厌细”。其次，潮州菜的口味崇尚清淡。清代美食家袁枚曾说：“味者宁淡毋咸”。清末徐珂《清稗类钞》也指出：“粤人喜欢淡食”。这里说的“淡”并非淡而无味，而是清中求鲜，淡中取味，这也就是潮汕人所说的清淡。古时已有人说过：“寒园之人好多脂，热园之人好淡泊”，可见潮汕尚清淡，厌肥腻，跟它地处亚热带、夏季长、气候暖热有直接的关系。

“潮州小食大名堂”，小食或称小吃，是潮州菜中的重要组成部分，小食大致可分为肉类小食及米面小食，如蚝烙、肉丸、海鲜丸、肉卷便属于肉类小食，而萝卜糕、绿豆饼、芋泥便属于后者，芋泥和白果汤便常常登上宴席等大雅之堂。还有许许多多的潮州小食，不胜枚举。米面类小食多为甜品，现今，适应当代人健康饮食的观念，制作上大都低糖化了，实现了传统与现代的完美结合。

“茶三酒四游玩二”，这句谚语形象地反映出潮州人的生活情趣及饮茶文化。说及饮食，不能不提及饮茶。众所周知，潮州地区是“功夫茶”的发源地。随着经济的发展，饮茶已融入人们日常生活之中。都市里形形式式的茶艺馆、茶庄，如雨后春笋，随处可见；乌龙茶、单丛茶、普洱茶，纷至沓来。涌现出几多饮茶“发烧友”，“宁可三日无肉，不可一日无茶”。潮州人饮工夫茶很讲究“物配”（点心），以前，像花生糖、绿豆饼、瓜丁之类的东西已算是“奢侈品”了，这些甜品在丰衣饱食的年代，已逐渐“黯然退出”，取而代之的是虾干、银鱼仔、尤鱼丝、青橄榄、柿饼等休闲食品。

客家民系也称客家人，不为广东独有，广西、江西等省也有相当比重。客家人之得称，有多种说法，归根结底，应是与原当地土著居民相对而言得来的。客家民系广泛分布在广东、福建、江西、广西、四川、湖南、台湾、海南、贵州、陕西等省区，以及港澳地区。在海外，客家人的足迹流布于印尼、马来西亚、新加坡、毛里求斯、美国、加拿大、澳大利亚、巴西、阿根廷、秘鲁等100多个国家与地区。客家民系最集中的地区是江西南部、福建西部、广东东北部交界的三角地区，这个三角地区是客家的大本营——梅州。岭南地区的客家人主要居住在广东东北部一带。

岭南的客家民系，历史十分久远。客家人的历史，与中原移民的多次南迁有关。“客家”，按照字面的解释，就是指外来的住户。但是，广府系也是中原南迁的汉人，也是“外来者”，为何又不称客家呢？从历史上看，南方各民系的形成时间都比客家民系早，大多数都在一个行政区域之内。客家民系形成的时间较迟，而且不在同一个行政区域内，主要分布在三个省的交界地区。这个地区原本的土著或称主人，除了极少数的古越族之外，还有称为“山客”、“木客”、“畲客”的族群，他们大多也是“外来人”。这些“客”和后来的“汉客”混居一地，长期融合，便孕育出了一种个性的语言、文化特征。这些人外迁他乡后，往往被当地主人称为“客人”、“客户”、“客家”。这些称呼是在福建沿海和广东沿海不同民系中“叫”出来的。因此，“客家”这个名称的来由，一般认为是由“他称”逐渐转化为“自称”的。“客家”作为“他称”的时间，大约是在明末清初；作为“自称”的时间，大约开始与于清代中期。“自称”便是一种自我认同。因此便有了客家人这个称呼。

客家文化是以中原汉文化为主体的移民文化，不仅具有中原文化的深厚底蕴，而且具有“移民”身份的特殊风格。在客家人南迁到岭南的时候，珠江三角洲和潮汕平原已有广府人和潮州人在生活。因此，客家人不得不和畲、瑶等少数民族杂居在内陆山地，故有“逢山必有客，无客不住山”之说。贫瘠的山区耕地有限，不能容纳众多人口。客家人为了生存，不得不经常迁徙。由于他们“永远在路上”，因而被称为“东方的吉普赛人”。在长期的迁移过程中，客家人养成一种吃苦耐劳、自立自强、团结合作的淳朴民风。

客家文化中具有十分强烈的寻根意识和乡土意识，正是移民离开祖居地之后，表现出来的对故乡文化的眷恋。客家先民在中原老家受到儒学的传统教育，宗族、家族观念根深蒂固。离开中原背井离乡后，长期的流浪生活使他们更深地体会到宗族、家族合力的重要性，由此更加巩固和加强了宗族观念，“敬祖睦宗”的思想十分突出，因此在客家人中修族谱、修宗祠的情形十分普遍。

客家人由于有长时间漂泊流离的经历，有到达定居地后要面临的种种困境，因此磨练出坚忍不拔的意志、勇于开拓的精神、勤劳朴实的品格及善于用血缘、亲缘、地缘等各种条件建立同宗、同乡相互合作关系的团体精神。这种自身团结的精神，形成了很强的向心力，使他们在漫长的迁徙过程中把中原文明带到南方播衍而不被迁徙地的土著同化。

从客家人的建筑中，也可以看出客家人的这种特点。比如梅州客家人的多层围垅屋、永定的土楼、长汀的九厅十八井等。它们既是“世界建筑史上的一支奇葩”，也是客家人团结奋进的象征。在永定的一些大型土楼内，有石柱雕联、石鼓承柱、雕梁画栋；有天井、花园、假山、盆景、鱼池，美不胜收，甚至还有土楼附设学堂，楼有楼名，柱有雕联，如“振成楼”、“振纲立纪，成德达才”，教人遵纲纪，重德才，奋发进取。这些文化印记无不闪耀着中原文明崇文尚武、耕读传家的精神光芒。

客家人团结奋进的精神特质，还表现在他们对异族文化的包容和吸收上。客家先民的南迁过程，就是中原的汉人与岭南土著长期斗争而又走向团结的过程，并最终形成了共同体。今天的客家人，绝不单靠入迁的中原汉人的自身繁衍，而是经过与当地民族融合而发展壮大起来的，也有其他民系迁入客家居地而被同化成了客家人。在客家地区，人们的宗教信仰也是十分宽容和亲善的，儒、道、佛等可以亲如一家、同居一寺。著名的妈祖文化就是一例，妈祖本是沿海地区人们航行的保护神，客家人也把她请到山乡，作为山乡的保护神。

客家人的语言被称为客家话，是汉语八大方言之一，客家方言的分布地域很广。各地的客家人虽然说的客家话有些差异，但相互间不会出现交际上的困难，因为客家话尽管有许多不同的变体或次方言，其基本特征却大体相同。

客家妇女的最大特点就是罕见的勤劳、刻苦和俭朴，极受赞赏和好评。据《嘉应州志·礼俗卷》（嘉应州即今梅州市梅县）载：“州俗土瘠民贫，山多田少，男子谋生，各抱四方之志，而家事多任之妇人。故乡村妇女，耕田、采樵、织麻、缝纫、中馈之事，无不为之。洁之于吉，盖女工男工皆兼之矣……古乐府所谓‘健妇持门户，亦胜一丈夫’不啻为吾州之言也。”晚清学者黄遵宪曾创作过 80 多首客家妇女诗，对客家妇女的这种特点亦作过精辟的论述。美国传教士罗伯特·史密斯在客家地区居住多年，著有《中国的客家》一书。他在书中说：“客家妇女真是我所见到的任何一族妇女中最值得赞叹的了。在客家中，几乎可以说，一切稍微粗重的工作，都是属于妇女们的责任。”确实，客家妇女大多精明、热情、大方、有礼，特别是那种能干重活、脏活、累活等高强度、超负荷重体力活的特点，是其他地区妇女所不能比拟的。

在历史上，客家妇女中许多人的丈夫“过番”出南洋，往往十年八载甚至几十年没有一个钱寄回来，但是只要家中有三两亩薄田，留守在家中的妇女们就能以惊人的毅力，克勤克俭，维持整个家庭的生活。无论是对老弱的扶持、幼儿的教养、家庭的料理，亦或是亲朋的应酬，她们无不禅精竭力，做得美满周到。家庭的烹饪洗扫通常都由媳妇们分担，烹饪、打粄包粽、腌渍、酿酱油、酿酒及纺织裁缝等事，为一般主妇日常生活必须具备的技能。由于勤劳俭朴已成为客家妇女的传统美德，所以她们很注重“家头教尾”（养育子女）、“田头地尾”（耕田种地）、“灶头锅尾”（家务劳动）和“针头线尾”（缝补衣裳）这四项“妇功”。按客家习俗，只有熟悉了这些“妇功”才算是能干的女性，才能嫁个好丈夫。

过去，汉族不少地区的妇女大多有缠足的风俗，而客家妇女没有这种习俗。《清稗史类钞》中说：“客家妇女向不缠足，身体硕健，而运动自如，且无施脂粉及插花朵者。日出而作，日落而息。”这的确是客家妇女的又一个特点。客家先民是从中原南迁而来的，妇女不缠足乃与当时辗转迁徙有密切关系。长期艰苦动荡的迁徙生活，要求客家妇女必须与男人一样能翻山越岭、涉水渡河、披荆斩棘，以开创家园。因此，客家妇女一向以“天足”为美，客家地区向来很少有固守闺房的小姐，多有“出得厅堂，入得厨房”的健妇。就是这些健妇，在中国历史上曾经起过重要作用。文天祥率兵抗元，“势至梅州而大振，男执干戈，女贯甲裳，举族赴义，倾邑勤王。”太平天国起义中不少女兵都是客家妇女。她们打仗英勇异常，连镇压太平军的曾国藩对这些“大脚蛮婆”都感到一筹莫展，难于对付。

客家妇女除不缠足外，亦不束胸，黄遵宪对客家妇女的这种习俗甚为赞赏。他曾引用两位外国传教士的话说：“西人束腰，华人缠足，唯州人无此弊。于世界女人最完全无憾云。”客家妇女也许不迷人，但她们却因举世无双的吃苦耐劳精神而倍受世人的称赞。

在广东地区，还有一支特殊的民系——疍民民系。疍民又称“水上居民”或“疍家”，因为长期生活在水上，因此又有“艇家”之称。他们主要分布在珠江三角洲地区沿岸。长期以来，他们认为自己是汉族，而不认为自己是少数民族，他们大部分的生活习惯和语言也与当地的汉族居民相同或者类似。

关于疍民的来源，古代史籍中有不同的记载。许慎的《说文解字》和顾炎武的《天下郡国利病书》中称他们为“南方之夷”、“林邑族”，《古今图书集成》中称他们是“马人”，岭南学者屈大均等人认为他们是“鲸鲵之族，其性嗜杀”。也有学者认为疍民其实就是汉人的分支，其祖先为了躲避战乱，而去居住在水上，他们的子孙因袭了祖先的做法，长期习惯居于水上，因而形成疍民；更有人认为疍民其实也是古越族的一支，由于以渔猎为生，逐渐形成居于水上的疍民。

在历史上，疍民一般“以舟为居”、“浮家江海”，常常驾着一叶扁舟，下江出海捕鱼，或者在水上渡客、运输。他们居住的地方一般是在船上，或者在江海岸边的“茅寮”、“水棚”里。

疍民的生活习俗大多与汉族相似，不过也有自己的特色。比如疍家人有“重女轻男”的习俗，妇女在家庭中有较大的权力，掌管着家庭的“经济大权”。疍家人有结拜的习俗，喜欢结拜兄弟或者姐妹。两个人结拜称为“相知”，四个人结拜称为“会友”，六个人结拜称为“友堂”。一旦结拜，便如同亲人，终身不变。结拜者一家有困难，其余的都要义无反顾地予以帮助。

据广州地方志记载，疍民结婚一般也要遵循父母之命，媒妁之言。但是他们一般不与陆地上的居民通婚，一是怕受歧视，二是怕被同化。疍家人的婚姻，也有一些自由恋爱的浪漫色彩。比如如果有姑娘待嫁，就会在船尾摆上一盆花。疍家姑娘出嫁，也有“哭嫁”的习俗。在出嫁前，要有姐妹陪同，哭上三天三夜，称为“叹命”。子女婚后，多与父母分艇而住，三代同艇的情况不多见。

据记载，明清时期的疍民有多达百万之众。到清末民初，据估计仍有40多万人。1926年民国政府统计，广州地区的疍民仍有10万多人，湛江、阳江则有20—30万人之多。1946年，陈序经先生调查，珠江口的疍民有3万多艘船艇，包括30多种样式。

新中国成立后，为改善疍民的居住条件，政府拨出专款，安置他们到陆地上居住。大部分疍民离开世世代代生存的船艇，成为陆上居民。但是仍有少数疍民，习惯于水上生活，因此仍有一些疍民生活在水上。

第二章

岭南文化的历史轨迹

岭南文化有着悠久的历史。十几万年以来，岭南人民在南中国这块辽阔的土地上繁衍、生息、劳动，不断改造自然，改进自己的生活，与其他地域的人民一道创造了中华文明。先秦时期，中原王朝的文献中有了关于岭南地区的文字记载。回首岭南文化数千年的发展轨迹，我们看到的是一个发展速度极快的地域文化。在发展过程中，岭南文化不断吸收其他文化提供的营养，与其他文化交流融合，内容愈来愈丰富，发展的势头愈来愈迅猛。从先秦时期尚处于原始社会阶段，到明清时期彻底摆脱过去的落后状态，跻身全国先进地区行列，岭南地区经历了一次次的飞跃。

第一节　远古时代的马坝人

一个地区远古时期的状况是靠考古发现来证明的。新中国成立以前，由于岭南地区少有远古时期的考古发现，很多人认为岭南文化是从其他地区迁徙来的，鲜有本地的固有文化。新中国成立后，广东韶关市曲江区马坝镇“马坝人”头骨的发现，为岭南地区存在本地固有文化提供了考古证明。

考古学家的研究表明，“马坝人”距今大约12.95万年至13.5万年，是岭南地区最重要的远古人类。这是一种介于中国猿人和现代人之间的古人类型，属早期智人，是直立人转变为早期智人的重要代表。“马坝人”为完善我国原始人类发展的序列，提供了重要的考古资料。

说起“马坝人”头骨的发现，还有着一段颇为曲折的历程。1958年，曲江县马坝镇的农民在狮子岩附近烧制土磷肥时，偶然在狮头山石缝中发现了一个头骨化石。时任广东省委书记的陶铸同志恰好在曲江考察工作，闻讯后立刻指示马坝区委领导要对这些化石加以保护，并及时报告广东省文化局。有关专家经鉴定后认定，这里出土的是一种极为重要的人类化石标本。

消息传出后，引起了中央的关注，中国科学院古脊椎动物研究所派出专家，会同考古工作者前来勘察，在这里又挖掘出一件形似龟壳的化石，经鉴定为人类化石标本，属第四纪更新中期人类；继而在这里又发现了一些头盖骨碎片，经拼凑粘接，复原为一个完整的古人类头盖骨（头顶部分），有额骨和部分顶骨，左眼眶及鼻骨的大部分。该化石石化程度很高，经铀系法测定，其年代在12.9万年左右，专家们将其定名为“马坝人”。和马坝人化石一起发现的，还有大熊猫、剑齿象等17种江南古动物群化石。这些动物群化石的出土，表明当时岭南地区北部是气候温暖湿润、草木茂盛、森林遍布、水源充足、动物种类繁多的地方。

1984年8月，在马坝人遗址又发现了两件打制石器和一批古动物化石，填补了发现马坝人头骨时没有发现石器的空白，把岭南地区使用石器的历史推进到旧石器时代中期。马坝人化石的发现扩大了中国远古人类的分布范围，把岭南地区使用石器的历史上推到旧石器时代中期。

马坝人属于人类学上的“古人”，是目前岭南地区发现最早的人类化石。考古学家们推断，马坝人主要靠渔猎谋生，过着流动分散的原始群体生活。当地优越的自然环境，为他们提供了丰富的食物资源。

1978年8月，考古工作者在广东省封开县渔涝区河儿口村黄口山峒中岩洞穴中，发现了一枚人类右上第二前臼齿化石以及一批用砾石打制的石器。经考察，古人类化石的形态与“现代人”的特征基本一致，属于人类学上的“新人”，生活年代距今约三、四万年或者更早。同时还发现了伴存的中国黑熊、德氏野狸、无颈鬃豪猪、华南巨貘、中国犀、野猪、鹿、麂、牛等9种动物化石。

“峒中岩人”已经懂得人工取火技术，过着比较固定而持久的群体生活，实行族外群婚，开始形成原始氏族公社。这个古文化遗存的发现，扩大了岭南地区旧石器时代人类化石的分布范围，填补了岭南“新人”化石材料的空白。

1972 年，考古学家又在距离马坝人遗址附近狮子山的狮头与狮尾之间的峡地中，发现了一处原始社会时期的古文物遗存，命名为石峡文化。经过大规模的发掘，考古学家把石峡遗址的文化层分为上、中、下三个不同时期。上文化层出土有敞口罐、矮圈足盘等残片，青铜钺等青铜器以及一件完整的原始青釉瓷钵，其年代大约相当于西周晚期至春秋时期；中文化层出土有敞口折肩圜凹底罐等陶器残片，石锛、石镞等石器以及陶纺轮等，其年代大约相当于夏、商之际；下文化层出土有盘鼎、釜鼎等残片，石镘、石锛等石器残片以及一个较完整的梯形石锛等，其年代相当于新石器时代晚期，距今约四、五千年。

研究表明，石峡文化的经济以农业为主，遗址中出土了不少稻谷。农具比较先进，如有石锄、石锛等，说明当时的劳动效率相对较高。石峡文化遗址出土的高级装饰品、陶器和木工工具等，说明当时手工业至少已部分地从农业中分离出来，成为相对独立的部门。

新中国成立以来的考古发掘证明，岭南地区在远古时期就有人类活动的踪迹，仅在广东省境内发现的新石器时代遗址就有三四百处之多。考古学家把广东境内的原始文化大致分为 6 个区域：一、粤北地区以山岗遗址为主，石器多为长身斧锛、有段锛，陶器多为泥质和夹砂印纹陶共存；二、粤东平行岭和粤中东江地区以岗丘遗址为主，石器多是有段和梯形锛，陶器以夹砂陶、印纹软陶居多；三、韩江流域以贝丘、沙丘遗址为主，石器主要是有段石锛，陶器多为夹砂陶与印纹软陶，与福建省南部的原始文化关系密切；四、珠江三角洲地区以贝丘、岗丘遗址为主，石器以有肩石器为主，骨器、角器、蚌器等工具和饰物很多，几何图形的印纹陶比较发达，主要有磨光红陶、彩陶、表面加饰红色的陶衣；五、西江流域中游地区以岗丘遗址为多，另外也有贝丘遗址，这里出土的文物大体上和珠江三角洲地区相同；六、粤西南和雷州半岛地区以岗丘、沙丘遗址为主，石器多为有肩石器，陶器主要是夹砂红褐陶器，几何图形的印纹陶器不多。

岭南地区发掘出来的石器时代文化遗存，为我们勾勒出了一幅四五千年以前岭南先民劳动生息的风情画卷：在远古时期，岭南地区有着优越的自然条件，气候温暖湿润，动植物资源丰富、种类繁多，为岭南先民们提供了丰富的食物资源，岭南先民使用简单的石器便可进行渔猎和耕种，得以解决日常生活问题。

但是，险峻难越的五岭，横亘在岭南地区与长江流域之间，妨碍了岭南先民与长江流域和中原等地的经济、文化交流。岭南先民们在自己的故土上生活，容易安于现状，因而岭南地区进入新石器时代以后，发展比较缓慢，新石器时代的时间较长。

第二节　楚文化圈里的岭南

从夏朝到战国的历史阶段，习惯上称为先秦时期。在这 1800 多年的时间里，岭南地区的居民主要是南越族。“南越”这个词，最早见于秦汉时期史书的记载，但是南越族早在西周时期就已经形成了。秦汉以前的古文献中记载的“仓吾”、“南蛮”、“南瓯”、“雕题”、“南海”等，主要指的就是南越族，只是名称不一而已。南越族是古代百越的一支，主要分布在珠江流域和韩江流域。

在这一时期，岭南地区的发展还是相对滞后的。比如中原地区在公元前 16 世纪的商朝，就出现了高度发达的青铜文明，但是岭南地区发现最早的青铜器是西周时期，还是从外地传入的。直到春秋时期，岭南地区才有了自己铸造的青铜器。但是，在这一时期，岭南和中原地区的经济、文化交流已经开始。尤其是文化交流方面，中原文明和长江流域的文化不断给岭南地区注入新鲜养分，使之得到改造和提高。这一点可以从古文献的记载和考古发掘中得到证据。

据《尚书·尧典》记载，上古时期的尧帝曾经“申命羲叔宅南交”。《史记·五帝本纪》记载，舜帝曾经让大禹“定九州，各以其职来贡，不失厥宜。方五千里，至于荒服，南抚交趾”。这里的“南交”、“交趾”，指的就是岭南地区。可见，当中原地区建立第一个奴隶制国家夏朝时，其政治影响已达到岭南。商朝初年，商汤的国相伊尹曾经下令南方各国用土特产向商朝进贡。据《逸周书·王会篇》记载，岭南各族“请令以珠玑、碡瑁、象齿、文犀、翠羽、菌鹤、短狗为献”。在河南安阳殷墟和郑州的商代遗址墓葬中，发现了产自南海或东海的龟甲、海贝、海蚌、鱼骨等器物，很可能当时就是作为岭南各族的贡品，传播到中原政权控制下的黄河流域去的。

春秋时期，楚国在长江流域崛起，这时恰是岭南的青铜时代，其迫切需要先进文化来发展自己，故对荆楚文化也易于接受和吸收。由于地缘相近关系，楚文化对岭南地区的发展产生了很大的影响，成为了岭南文化的一个重要来源。据《左传·襄公十三年》记载，“赫赫楚国，而君临之，抚有蛮夷，奄奄南海”；《国语·楚语上》记载楚国“抚征南海”。这些多说明当时楚国的势力已经扩张到了岭南地区。

从出土文物中，也可以看到楚文化对岭南文化的影响。如：珠江流域的一些墓葬，曾经一度流行长方形竖穴墓、死者使用棺椁、墓坑底部设腰坑或头坑、坑内多置陶器一件、随葬品以青铜器为主、陶器较少，体现出楚文化影响的特色；清远、罗定等地出土的春秋至战国早期的随葬青铜器，在形制和纹饰方面也都带有楚文化的特点；广东出土的一些陶器或青铜器上的窃曲纹、乳丁纹、兽面纹、蟠龙纹、云气纹、羽状纹等，也反映出楚文化的影响。此外，广东出土的青铜剑和部分戈、矛、镞等，很多都是直接来自楚地。

楚国对岭南文化的影响，还直接表现在岭南一些地方建城治理。明末清初著名学者、岭南三大家之一的屈大均的著作《广东新语》中记载，公元前7世纪的周惠王时，楚国被周王朝授权治理南方的夷越，于是南海臣服了楚国，并筑庭朝楚。当时建筑的楚庭就在现在的广州，所以古代广州有“楚庭”之称。现在广州越秀山下还有一块石牌坊，上刻“古之楚庭”的字样。

广州还有“五羊城”、“羊城”、“穗城”之称，20世纪50年代，广州还建了五羊石雕像，作为广州城的象征。“五羊”和“穗城”的传说来源于五位仙人骑羊衔谷穗降临楚庭的故事。《广东新语》中提出，大约是在西周中期周夷王的时代，五位仙人骑着不同颜色的羊，穿着不同颜色的衣服，降临楚庭，把各自带来的谷穗赠给当地人，祝愿这里永无饥荒，然后腾空而去，他们骑的羊则化为石头。有学者考证，楚国为芈（音“米”）姓，“芈”即羊的叫声。五羊的传说，很可能象征楚人的五个支系，把长江流域的稻作文化传入岭南。虽然岭南在石峡文化时期就已经有了人工稻的栽培，但是更加先进的稻作技术是从长江流域传入的。

到战国时期，楚国在岭南地区的势力进一步扩大。《后汉书·南蛮列传》记载：“吴起相悼王，南并蛮越，遂有洞庭、苍梧。”苍梧包括今湖南南部至广西全州一带，楚悼王（公元前401年—前381年）时期，重用吴起变法。在吴起的谋划下，楚国吞并了岭南的一些地方。另外，一件出土的青铜器“鄂君启节”的铭文，记载了楚怀王（公元前328年—前299年）时楚国的政治经济及主要交通路线，其中有关于“鄂君”的船经过湘水、南达于洮阳（今广西全州）的记载，说明楚国的南境已经在岭南地区。西晋学者张华的《博物志》中也有“南越之国与楚为邻，五岭已前至于南海”的记载。可见，楚国南平百越及其势力南伸，客观上促进了岭南与长江流域和黄河流域地区的政治经济文化关系。

在春秋战国时期，也有一些岭南人活动于中原地区，说明当时岭南与中原地区的联系已经比较密切。据《百越先贤志》记载，春秋时期，南海人庸获（又称勇获）在吴国为大夫。周敬王三十八年（公元前482年），吴王夫差率军于黄池大会诸侯，庸获曾经立下功劳；周显王（公元前339—前329年）时期，南海人高固以才学知名，曾经担任楚威王的相；周赧王（公元前314—公元前256年）时期，粤人公师隅曾经担任过越国的相国，还曾经出使魏国，受到魏王的重用。公师隅献给魏王的东西包括“舟三百，箭五百万及犀角、象齿”，其中的“犀角、象齿”是岭南地区的特产。这些记载虽然不一定可靠，但是也表明至迟到春秋战国时期，已经有岭南人在中原地区活动了。

先秦时期的岭南，迈出了与长江流域以及中原地区交流的步伐。今天，我们已经很难分清岭南文化中哪一部分属于楚文化或中原文化，哪一部分属于岭南地区原生态的南越文化。但是不同地域之间文化的交流，是在互相影响和融合中共同前进的。古代相对落后的岭南文化不断吸收楚文化、中原文化、吴越文化等文化的精髓，从而能够不断发展。

第三节 南越国的割据与归附

公元前221年，秦始皇扫灭六国、一统天下，建立了中国历史上第一个大一统的中央集权国家，中国历史进入一个新的历史阶段，岭南地区也迎来了第一次开发与民族融合的高潮。

秦始皇是一位雄心勃勃的君主，就在六国破灭的硝烟还未散尽的时候，他就开始着手平定岭南地区的百越之地。公元前 219 年，秦始皇任命屠睢为主将，率领 50 万大军（一说只有数万人马）进军岭南。为了解决运输和给养问题，秦始皇还派史禄主持，在海阳山（今广西兴安县境）开凿了一条长达 60 里、宽约 2 丈的人工运河，叫做灵渠。灵渠引湘江入漓水，沟通了长江与珠江两大水系，解决了秦军南征的运输问题，而且直到隋唐时期都是中原人进入岭南的重要通道。

当时的岭南地区，南越各部互不统属，在装备精良、训练有素的秦军面前几乎无力反抗。秦军很快就从越城岭深入到岭南西南部地区。但是，秦军毕竟是北方人，不适应南越人熟悉的丛林作战，在一次战斗中，秦军失利，屠睢也被当地人杀死。秦始皇派出四五万楼船水师增援，任命任嚣为主将、赵佗为副将。任嚣、赵佗采用步步为营、筑城守险的策略，分兵三路进军，终于在公元前 214 年完成平定岭南的大业。

为了从政治上巩固平定岭南的成果，秦始皇按照中原地区的郡县制度，在岭南地区设立了南海郡、桂林郡、象郡三郡，任嚣被委任为南海郡尉。南海郡下设博罗、龙川、番禺、揭阳四县，赵佗被委任为龙川县令。这是岭南历史上第一次划分行政区。

公元前 209 年，中原地区爆发了陈胜、吴广等人领导的农民大起义，接着就是刘邦和项羽之间的楚汉相争，中原陷入混乱状态。公元前 208 年，南海郡尉任嚣病重，在临死前把时任龙川县令的赵佗召来，向他阐述了依靠南海郡傍山靠海、有险可据的有利地形来建立国家，可以抵抗中原各起义军队的侵犯，并当即向赵佗颁布任命文书，让他代行南海郡尉的职务。不久，任嚣病亡，赵佗向南岭各关口的军队传达了据险防守的指令，防止中原的起义军队进犯，并借机杀了秦朝安置在南海郡的官吏，换上自己亲信。公元前 206 年，秦朝灭亡。公元前 203 年，赵佗起兵兼并桂林郡和象郡，在岭南地区建立南越国，自称“南越武王”。

赵佗，恒山郡真定县（今河北正定）人，在岭南开发史上占有重要地位。他建立的南越国是中原人在岭南地区的第一个封建制国家，国都位于番禺（今广东省广州市），疆域包括今天中国的广东、广西两省区的大部分，福建、湖南、贵州、云南的部分地区和越南的北部。南越国的建立保证了秦末乱世岭南地区社会秩序的稳定。

公元前 202 年，刘邦建立了西汉政权，统一中国。此时的中原已经兵乱多年，百姓生活劳顿困苦。西汉政权实行休养生息政策，没有用军事剿灭的方式对付南越国。公元前196年，汉高祖刘邦派遣大夫陆贾出使南越，劝赵佗归汉。在陆贾劝说下，赵佗接受了汉高祖赐给的南越王印绶，臣服汉朝，使南越国成为汉朝的一个藩属国。此后，南越国和汉朝互派使者，互相通市，刘邦成功地通过和平方式使得赵佗归顺。

公元前195年，刘邦去世，吕后听信谗言，派人挖了赵佗的祖坟，南越因此与汉朝交恶，赵佗宣布脱离汉朝，自称“南越武帝”，出兵攻打汉朝的长沙国，岭南附近的闽越、西瓯和骆越各部都纷纷归属南越。赵佗也开始以皇帝的身份发号施令，与汉朝对立。

公元前179年，汉文帝刘恒即位，他派人重修了赵佗的祖坟，还为其设置守墓人，每年按时祭祀，并给赵佗的堂兄弟们赏赐了官职和财物，等于委婉地表示了西汉政府对赵佗的歉意。接着，汉文帝任命曾多次出使南越的陆贾为太中大夫，再次出使南越说服赵佗归汉。陆贾到了南越后，向赵佗晓以利害关系，赵佗再次被说服，决定去除帝号归复汉朝，仍称“南越王”。直到汉景帝时代，赵佗都向汉朝称臣，每年在春秋两季派人到长安朝见汉朝皇帝，像诸侯王一样接受汉朝皇帝的命令。但是在南越国内，赵佗仍然继续用着皇帝的名号。

公元前137年，赵佗去世，据记载他活了103岁，在岭南称王称帝66年。赵佗在岭南实行“和辑百越”的政策，促进了汉、越民族的融合，并把中原地区的先进文化带到了南越之地，促进了岭南地区的开发。在他的治理下，岭南地区开始使用文字，懂得了建筑城池，结束了“刀耕火种”和“火耕水耨”的生活，农业、冶铁业都有发展。

赵佗去世后，王位交由孙子赵眜继承。公元前135年，闽越王郢向南越国发动战争，攻打南越国的边境城镇。赵眜向汉武帝上书，说明闽越侵犯南越的事实，请求汉武帝处理。汉武帝派遣王恢、韩安国两将军前去讨伐闽越。汉朝的军队还没有越过南岭，闽越王的弟弟余善就发动叛变，杀死了闽越王郢，投降了汉朝，于是汉朝的军队停止了讨伐行动。

公元前112年，南越国发生内乱，汉武帝派遣韩千秋和樛太后的弟弟樛乐率兵2000人前往南越。当韩千秋和樛乐进入南越之后，南越国宰相吕嘉等人已经杀死了南越王赵兴和汉朝使者，另立赵兴的异母弟弟赵建德为新的南越王。汉武帝大怒，调遣10万人进攻南越。到公元前111年冬天，南越国战败，赵建德、吕嘉被擒。不久，南越国属下各郡县皆不战而降，南越很快被平定。汉武帝在平定南越后，将原来的南越国属地设置了九个郡，直接归属西汉政府统辖。南越国共立国93年、先后有五代南越王。

岭南归入汉朝的治下之后，西汉政府在中原各郡县实行的赋税制度并没有在岭南地区实行，也就是说岭南人民不用给中央政府纳税，甚至岭南郡县官吏的俸禄，也由其余郡县供给，岭南人民只要不定期、不定量地提供一些土特产品作为贡物就可以了。这样的制度，一直延续到西汉后期。公元2年，岭南地区第一次有了人口统计数字，表明大概从这个时候开始，西汉政府才向岭南郡县征收赋税。到东汉时期，岭南地区和中原地区一样纳税才成为制度。

在秦汉时期的四百多年中，中原移民陆续南下。秦始皇在岭南地区设立郡县的同时，就着手移民岭南。在建郡的同年，秦政府就征发了50多万罪犯、赘婿、商人等移民岭南。不久，又把一些犯罪的官吏流放到岭南。后来，应赵佗的请求，秦政府把一批没有夫家的妇女派往岭南，为南征戍边的秦军进行婚配。据记载，赵佗本来请求要3万名妇女，秦始皇批准了1.5万名。这批妇女和戍边的秦军将士组成家庭，成为岭南地区中原移民的重要力量。

两汉时期，中原人民南迁的方式很多：一是汉朝军人留守戍边，从此定居岭南。如东汉初年马援南征交趾的时候，随军南征的青州人黄万定在战争结束后定居合浦，他的后人世代担任诸洞的首领。二是两汉末世时期，中原人民避乱迁居岭南。如王莽时期鲁国汶阳（今山东肥城）的士氏迁居苍梧的广信县（今广西梧州与广东封开一带）；东汉桓帝时期，颍川（今河南省禹州市）唐氏迁居岭南的桂阳县（今广东连县）。三是被流放的贵族和官员。当时的岭南被视为蛮夷之地，是流放高级官员的首选地区。如汉哀帝时关内侯张由，就被强制迁居合浦。贵族官员的流放往往是举族迁徙，因此规模也比较大。

秦汉时期陆续南迁的中原人民，给岭南地区带来了先进的铁制农具、牛耕技术、制砖瓦技术等生产知识以及多方面的文化科学知识。他们长期“与越杂处”，对岭南地区的早期开发起了重要的作用。

第四节　东吴政权首置广州

三国时期，岭南隶属于东吴，成为东吴政权的战略大后方，因为岭南既是东吴财赋、兵员的供应地，也是东吴海外贸易的主要基地，对东吴政权的稳固起着重要的制约作用。东吴统治者重视对岭南的开发与治理，并采取有效措施，诸如首置广州，实行交、广分治等，开了岭南经济发展之新格局。在古代岭南地区开发史上，东吴起着上承秦汉、下启两晋南朝的重要历史作用。

东吴政权对岭南的开发，要先从东汉末年谈起。黄巾起义后，东汉政权失去对全国的控制，出现了诸侯割据的局面，岭南地区遂成为一块兵家必争之地。先是东汉的荆州牧刘表，擅自委任吴巨为苍梧郡太守，扼住交州的中枢。与此同时，岭南一批地方势力兴起，苍梧广信县以士燮为首的士氏家族，据有交趾（古代地名，位于今越南）、九真、合浦、南海四郡。东汉朝廷只得任命士燮"董督七郡"，同吴巨抗衡。赤壁之战后，曹操虽然还供着汉献帝，天下实际已形成魏、蜀、吴三国鼎立的格局。立足江东三代的孙吴决定取代刘表的势力，向西攻占荆州，向南夺取交州。

公元210年，吴主孙权任命亲信步骘为交州刺史。步骘率领区区几百名"武射吏"南进接管交州。苍梧太守吴巨不听从调遣，步骘于是设局将他斩杀，从此威名大震，顺利夺下苍梧郡。在步骘的压力下，士燮兄弟宣布归附东吴。孙权为了笼络岭南地方势力，任命士燮为左将军，将交趾、九真、合浦三郡划给他。步骘逐步平定了岭南地区的各种割据势力，在高要峡击溃吴巨余部，顺利开抵番禺（今广州市）。步骘考察了番禺，认为这里"宜为都邑"，扩建了已经毁坏的"佗城"，并把交州的治所迁到这里。

公元226年，士燮去世后，孙权抓住时机扩张势力，将岭南分为交州和广州，其中合浦以南归交州，下辖交趾、九真、日南三郡，以戴良为刺史；合浦以北归广州，下辖南海、苍梧、郁林、合浦四郡，以吕岱为刺史。但是这种设置实行不久就撤销了。公元264年，东吴政权为了便于治理，再次实行交、广分治，重新设置广州，把南海、苍梧、郁林、合浦四个郡（今两广大部）从交州划出，归广州统辖，州治番禺；交州则辖交趾、九真、日南、儋耳、珠崖五个郡，州治龙编（今越南河内）。

交、广分治后，岭南东部地区和东吴控制的江东地区的联系更加密切。随着这一地区农业、手工业、商业及海外贸易的发展，以番禺为中心的广州地区的社会经济有了较快的发展，而交州的发展相对日渐冷清。此后伴随着北部湾近海交通线的变更，岭南地区的政治、经济中心也就逐渐地由交州的龙编移到了广州的番禺。

东吴对岭南地区的治理与开发前后达70年（公元210—280年），岭南的经济文化较前代有了进一步的发展。

东吴统治时期，岭南的水稻栽培技术又有了新突破，出现了“一岁三熟”的“三熟稻”。据《初学记·岭南道》记载，“南方地气暑热，一岁田三熟”。“三熟稻”的出现，不仅大大提高了岭南以水稻为主的粮食作物的单位面积产量，而且从一个方面弥补了长期以来岭南地区山河较多、耕地面积狭小的缺憾，推动了当地农业生产的发展。

岭南地处低纬度地区，属于高温多雨的气候，有着丰富的动植物资源，适合多种热带、亚热带经济作物的栽培和生长。在东吴统治岭南时期，岭南经济作物的品种有了较大的发展。据晋人稽含所著的《南方草木状》记载，三国时期岭南的水果就有数十种，如香蕉、桔、柑、荔枝、龙眼、杨梅、椰子、橄榄、甘蔗、桄榔、槟榔、千岁子、益智子等。

东吴对岭南地区实行交、广分治，推动了岭南东部区域经济的开发。其后，随着这一地区农业、手工业、商业及海外贸易的发展，以番禺为中心的广州地区的社会经济有了较快的发展。此后伴随着北部湾近海交通线的变更，岭南地区的政治中心也就逐渐地由交趾龙编移到了广州番禺。这一变化奠定了后世岭南在中国历史上的地位。

第五节　陈霸先崛起岭南

公元280年，晋武帝司马炎举兵灭吴，东吴治下的岭南诸郡县不战而降，归顺西晋。从西晋到南北朝时期，中原王朝对岭南地区多实行“羁縻”政策，也就是在岭南地区大量封官。因此岭南境内的郡数不断增多，后来又陆续增置新的州。岭南的州郡数量猛增，州境则日益缩小，以今广东省境内为例，当时除了东吴设置的广州之外，还有10个州，地方机构臃肿。

两晋南北朝时期，北方战祸不断，中原人民纷纷举家南迁，出现了秦汉以后又一次南渡的高潮。南迁的人民被称为“流人”，他们从黄河流域迁入长江流域，也有一部分迁入珠江流域的岭南。与北方相比，岭南地区比较安定，如广东境内出土的晋代砖文中有“永嘉（西晋怀帝年号，公元303—313年）世，九州荒；如广州，平且康”之类的记载。明代《广东通志·交广记》记载，晋愍帝建兴三年（公元315年），“江扬二州……民多流入广州，诏加存恤”。南北朝时期，迁居岭南的中原人民有增无减，清代《广东通志》记载，“东晋南朝，衣冠望族向南而迁，占籍各郡”。大量南迁的中原人民和望族，与岭南当地居民交流融合，对岭南的开发起了重要作用。在这些南迁的移民中，还诞生了一位在岭南起家的皇帝——陈霸先，他也是中国历朝历代中唯一一位崛起于岭南的皇帝。

陈霸先（公元503—559年），字兴国，小字法生，南北朝时期卓越的军事家、政治家，南朝陈的创立者。陈霸先的远祖陈达，在西晋永嘉年间避乱渡江南迁，在吴兴郡长城县（今浙江长兴县）定居下来。陈达就是陈霸先的十世祖。到陈霸先时，陈达的子孙在长城县经过十世繁衍，已成为人数众多的大家族。但是，南北朝时期门阀制度盛行，士族享有政治经济上的特权，陈氏家族则属于寒门。

据史书记载，陈霸先青少年时期倜傥大度，志度弘远，不理家产，“明达果断，为当时所推服”，又称陈霸先“及长，涉猎史籍，好读兵书，明纬候、孤虚、遁甲之术，多武艺。”当代一位学者曾这样评价他，陈霸先是南朝难得的英主。他从一个村官成长为将军，又由将军到黄袍加身，承担下了一片支离破碎的江山。

南朝梁时，陈霸先步入仕途，起初担任的是里司（相当于“村官”）、油库吏这样一些小官。后来，陈霸先在梁武帝的侄子、新喻侯萧映的手下担任一名传令吏，逐渐得到萧映的赏识。因此，当萧映出任广州刺史时，陈霸先也随同前往，被任命为为中直兵参军。梁武帝大同九年（公元543年），广州军队哗变，萧映被围。陈霸先率三千精兵，一战解围，从此进入梁武帝的视线。梁武帝派人南下广州，为陈霸先画像，以示表彰。第二年，陈霸先就被任命为为交州司马兼武平（在今越南永安附近）太守，掌握了地方军政实权。

梁武帝晚年大兴佛教，加深了社会矛盾。岭南诸郡逐渐失去控制，岭南土著和大族的首领割据称雄，陈霸先开始了平定岭南的生涯。在平叛的多次战斗中，陈霸先显示出杰出的军事才能，不断取得胜利，他的官职也步步高升，先后担任西江督护、高要郡太守。在平叛的过程中，陈霸先还结交了一批岭南土著的俚人渠帅，为日后创建陈朝打下基础。

梁武帝太清二年（公元548年）八月，梁朝爆发“侯景之乱”，陈霸先从平乱开始走上了创立自己基业的道路。第二年三月，侯景攻破宫城，梁武帝病饿而死。侯景扶太子萧纲被为傀儡皇帝，自封为丞相，执掌朝政。到了551年，他进而自立为帝。

陈霸先得知侯景叛乱后，立即准备率军救驾。然而，当时梁朝各地的地方军政大员各怀鬼胎，他们或勾结侯景，或拥兵自重，给陈霸先层层设阻，处处为难。陈霸先只好派人到平叛的“总指挥部”江陵，联络主持平叛的湘东王萧绎，取得了北伐的合法权。陈霸先得到了岭南俚族首领冼夫人的鼎力相助。在战胜各种地方割据势力后，他先于551年率军北伐，沿赣江北进。陈霸先与西路都督王僧辩会师后，在建康与侯景展开了大决战，终于彻底摧毁了侯景势力。萧绎就在江陵称帝，即历史上的梁元帝。陈霸先奉命镇守在京口（今江苏镇江），王僧辩镇守在建康。

梁元帝承圣三年（554年）九月，北方的西魏发兵突袭江陵，王僧辩未及时救援，梁元帝被杀。陈霸先与王僧辩迎梁元帝第九子萧方智至建康，准备称帝。第二年，北齐乘梁朝多次遭遇兵祸之机，派兵南侵，以武力护送贞阳侯萧渊明来登梁国帝位，企图培植傀儡皇帝。王僧辩屈从北齐压力，于七月迎萧渊明到建康称帝，萧方智置为太子。

陈霸先出于国家民族利益，同年九月在京口举兵，除去王僧辩，把萧渊明赶下台，复立萧方智为帝。陈霸先任大都督，总摄梁朝军国大事，分别于绍泰元年（555年）底和太平元年（556年）六月，先后击溃北齐两支武装力量的大规模进犯。

陈霸先有志于祖国统一大业，在平定侯景之乱后，曾亲自领兵三下广陵，以图收复失地。太平二年（公元557年），他废梁称帝，实际上受命于危难之际，既是民情所需，也是时局所迫。陈霸先生逢乱世，尽管身经百战，到手的却是百废待兴的江山。他在位时间虽然只有三年，但实际能够任贤使能，使得陈朝一改前代以来的颓势，政治日趋清明，江南局势渐趋稳定。

第六节　唐朝的岭南"特区"

公元589年，隋朝灭掉南陈，统一中国。南陈统治下的岭南地区，拥戴冼夫人保境安民。冼夫人顾全大局，迎候隋军，岭南地区从此划入隋朝的版图。隋朝政府在岭南地区设置广州、循州两个总管府，统辖岭南各州县。隋炀帝时，废掉州一级，设置郡县，以郡统县。但是隋朝是一个短命的朝代，隋朝灭亡后，岭南地区的俚帅拥兵自重。公元621年，唐朝派李靖平定岭南。各地俚帅大多归顺，岭南地区实现了和平统一，岭南地区也和中原一起进入大唐盛世。富强的唐王朝奉行开放政策，使地处岭南经济中心的广州随之走向极盛。

唐代，中外主要的交通路线有七条，五条是陆路，两条是海路。海路一条为自今山东蓬莱县入高丽渤海道；另一条便是"广州通海夷道"，长达万余里。

海夷道是大唐最重要的商路，特别是西域失控后，海上丝路便取代陆上丝路成为中西往来的主要通道，从这条海路来通商的各国都是远国，在当时的历史条件下彼此间不易发生大规模战争。因此，唐朝廷对海路贸易禁令较少，外国商人只要不违犯唐朝法律，贸易往来完全自由。开放的政策使中国对外经贸关系进入了一个新纪元，唐代与广州通商贸易的国家比前代大为增加，主要有三大贸易伙伴：一是以室利佛逝为首的东南亚地区；二是以印度为首的南亚地区；三是以大食为首的阿拉伯地区。

大食帝国是当时世界上唯一能与大唐帝国相提并论的国家。穆罕默德于622年创建伊斯兰教，阿拉伯人开始东征西讨，公元8世纪中期至9世纪中期，大食达到极盛，向东占领了中亚细亚及印度西部；向西占据了中东、埃及、北非及西班牙；南濒印度洋沿岸，北达意大利南部，雄跨欧、亚、非三大洲。大食极力拓展东向海上贸易，仅据《新唐书》和《旧唐书》统计，从651年至798年，该国遣使来唐就达37批之多。

印度是秦汉时海上丝绸之路的终点，至唐代，印度河口、锡兰岛依然是该地区的贸易中心，并成为连接广州与波斯湾、红海和东非等地区贸易往来的中继站。

室利佛逝于公元7世纪兴起，领土包括马来半岛、爪哇和苏门答腊，北控马六甲海峡，南扼巽他海峡这两条东西方海上丝路必经的水道，为东南亚地区的贸易中心。

远洋贸易的发展促进了岭南造船业的进步，广州是唐代中国盛名远扬的造船基地，所制造的“苍舶”长达二十丈，可载六七百人；还有一种叫“俞大娘”的大舶，能载重万石。凡是出洋的船，船尾桅杆旗上都有“利涉大川”四字，船头刻着圆形的大鱼眼图案，俗称“大眼鸡”海船。这是因为船民相信船是鱼的化身，船开向大海，应有一双睁大的鱼眼来导航。这个习俗从唐代一直流传下来，至今岭南一些地方的船民还会在船头画上大鱼眼，以祈平安。

阿拉伯人苏莱曼在《东游记》中谈到，唐时中国海船特别巨大，波斯湾风浪险恶，只有中国船能够航行无阻，阿拉伯东来货物都要中国船装载。由于海舶载重大，在印度缴纳过口税时，纳税额相当于别国船只的5—10倍。西行的中国船到达波斯湾，因船身庞大吃水深，只能航行至西拉夫港，然后改用阿拉伯小船运载。

大唐商舶称雄海上，不但直航波斯湾，还远航至东非。此航线经过100多个国家和地区，全长1.445万海里，是当时世界上最长的航线，这个记录一直保持到16世纪中叶。

中国海船称雄海上，引来许多外国商人向中国购买或租赁海舶。苏继穆在《岛夷志略校释叙论》中这样写道：“波斯在东方之商贾实力渐充，乃向中国舶商租赁或径向中国造船厂定造泛海巨舶。”广州是当时中国主要的海船出口基地。

广州是唐代四大港市中唯一设立了市舶司的城市。市舶司未设立前，岭南对外贸易没有明确的关税和管理制度，地方贪污现象十分严重。广州的重要性令唐王朝对这一问题非常关注，市舶司一经设立，市舶使均由皇帝直接派任，不属于地方行政系统。

市舶使的职责是检查船只、登记物品、征收关税、查禁走私和违禁物品等，权力和地位与地方州刺史不相上下。关于唐代市舶制度，阿拉伯人苏莱曼在《东游记》中有比较详细的记载：“海员从海上来到他们的国土，中国人便把商品存入货栈，保管6个月，直到最后一船海商到达为止。他们提取十分之三的货物，把其余十分之七交还商人。若政府还需要物品，则用最高的价格现钱购买，这一点是没有错的。每1曼那的樟脑卖50法库，1法库合1000个铜钱。这种樟脑，如果不是政府去购买，便只有这个价格的一半。”可见唐王朝对外国海商是相当优惠的，特别是征收实物税后对政府所需收购的货物还高于市价。

市舶制度的实施并非一帆风顺，贪官污吏的巧取豪夺屡见于史籍。如唐玄宗时，“刘巨麟、彭杲相继为太守、王府节度，皆坐赃百万”，这两人分别被处以死刑和长期流放。唐朝市舶税收十分丰厚，苏莱曼估计“日进5万典拿”，折合成白银就是日进15万两。

广州作为一个国际贸易港口，云集了大批中外客商，所谓“云山百越路，市井十洲人”。苏莱曼在《东游记》中写道：“如果在中国旅行，要有两个证明：一个是城市王爷（即节度使）的，另一个是太监（即市舶使）的。城市王爷的证明写着旅行者及陪同人员的姓名、年龄和他们所属的家族。……而太监的证明上则注明旅行者随身携带的白银和货物。在路上，有关长要检查这两种证明。这样，如果出现丢失……可把货物找到归还他；如果他去世，便交还其继承人领取。”关于最后一点，原来的规定是死者家属要在3个月内来认领遗产，过期入官。

由于在广州从事贸易和宗教文化交流的外国人越来越多，有的“住唐”历数十年不归，为方便外侨管理，唐中叶地方政府在广州光塔码头附近设立了蕃坊，即外国侨民聚居点。蕃坊设蕃长一人，由外侨推选，并经唐朝廷认可。当时来华贸易的外商中，以阿拉伯商人的实力最强，蕃长多半由穆斯林担任。广州建有一个怀圣寺，就是中国最古老的伊斯兰教清真寺之一，相传是阿拉伯教士艾比·宛葛素来华传教时所建。艾比·宛葛素于唐代携《可兰经》率徒众乘阿拉伯商船到广州传教，一直到死。每逢节日，穆斯林蕃长便带领全体伊斯兰教徒做祷告，宣讲教义。穆斯林之间发生纠纷，也由蕃长做出判决。唐朝廷特别规定“诸化外人，同类相犯者，各依俗法，异类相犯者须问本国之制”，就是说同一国家外商之间的纠纷，按该国家法律处置，不同国家的外商之间的纠纷，则按中国法律处理。

当时还规定外侨可与华人通婚，但华人不能跟随外侨回国。在蕃长的掌管下，蕃坊治理得井井有条。蕃长的另一个职责是，遵照皇帝的旨意，招邀更多的外商来华贸易。广州良好的贸易环境通过商人之口辗转相传，自然“四方客商归集”。

第七节　短暂的南汉国

唐朝灭亡后，中国历史进入五代十国时期，各地诸侯割据。岭南地区成了“十国”之一，国号“大越”，史称南汉国，是继南越国后在南粤大地历史上诞生的第二个独立国家。

南汉国为刘隐、刘龑兄弟所创。刘隐是唐朝的岭南东道节度使，因唐末国运衰微，得以割据一方，907 年朱温篡唐，改国号为后梁，刘隐先后被封大彭郡王、南平王和南海王。在奉后梁为宗主期间，刘氏兄弟借中原混乱，借机发展自己的势力。在其周围，依靠贬谪岭南的名臣后裔任满无法回中原复命的官员作为辅佐，平定岭南东西两道割据势力，占据了两广和云南的一部分地区，全盛时拥有 60 州。刘隐卒，刘龑立，917 年称帝。

次年，刘龑以汉代刘氏后裔自居，改国号曰“汉”，史称南汉。南汉自 917 年立国，至 971 年为北宋所灭，历四主，统治岭南 50 多年。其中，刘龑在位 25 年，是南汉四主中在位时间最长，也是四主中较有作为，对战乱时代岭南的安定和建设贡献较大的国主。刘龑建国后，采取了一些巩固政权、维护统一、发展地方经济和文化的措施。

首先，他争取士大夫的大力支持，为南汉国家的建设创造了条件。唐朝末年，四海鼎沸，相对而言岭南却是一块平静的“乐土”，从中原南迁避难的封建士大夫为数不少，原在岭南做官的也都在此落户。这些封建士大夫对刘氏是否支持，对南汉的立国和稳定起着举足轻重的作用。刘龑很清楚这一点。据史籍记载，当时客居岭表或土著的士大夫中，著名的有王定保、倪曙、刘槽、李衡、周杰、杨洞潜、赵光裔等。这些士大夫在刘隐坐镇岭南时，曾得到刘隐的“招礼”，“皆辟置幕府，待以宾客”。他们为刘隐在岭南扩展势力、巩固地位作出了贡献。刘龑在岭南建国后，将这些士人安置在国家的重要职位上。

在地方，刘龑接受兵部侍郎杨洞潜的建议，一改唐末以来以武人为刺史的流弊，主要任用士人为州刺史，“稗宣政教”，使“民受其福”。这一做法，使南汉地方吏治比较澄清。在史籍中，我们可以看到一些南汉地方官施行惠政的记载。如祯州（广东惠州市）刺史简文令“尽心民事”；得州（广西桂平县）刺史刘博古“有惠政，民多爱之”；郴州（湖南郴县）刺史陆光图“至郴，周恤穷民，招辑兵士，民皆呼为‘陆父’”。相反，州县官吏贪浊残暴的记录却不多见。当然，这并不能说明南汉地方上真的没有贪官污吏，但至少说明南汉的地方吏治总体比以武人为刺史的中原王朝或其他割据政权要好。文士为官，纵或贪浊，其危害性总不如武人作官，愚鲁不驯，性贪行暴，动辄兴兵作乱，荼毒一方。

其次，推行睦邻的外交政策，维持了岭南的安定局面。南汉与楚、南唐和闽相邻，这几个国家对南汉的治乱安危有重要影响。刘龚通过通婚、遣使聘问等途径，与诸邻国建立睦邻关系。刘隐在位时，为睦邻，曾嫁女于楚国主，是为马皇后。刘龚建国后，马皇后已死。当时，楚国势力较强，与南汉争夺岭南西道发生摩擦，两国友好关系陷入僵局。南汉兵部尚书赵光裔意识到楚国对南汉的潜在威胁，对刘龚说，“自马后崩，未曾通使于楚。亲邻旧好，不可忘也”。刘龚根据赵光裔的推荐，委派“有使臣才”的谏议大夫李纾出使楚国，重修旧好。楚国也遣使报聘。两国握手言和。刘龚“讲信修睦，以通邻好”的外交政策，维护了岭南的安定局面，使岭南人民得以休养生息。

再次，积极扶助国内和海外的经济贸易。从唐朝中后期开始，岭南地区的经济已有长足的发展，成为一个极富特色的经济区，号称“富饶之地”，是唐朝国家财政的重要来源之地。唐末战乱，黄巢义军虽曾进军岭南，但对岭南经济并未造成严重破坏。经济的发达促进经贸的繁荣，加之刘龚出自富商之家，具有重商思想，因此他在统治时期鼓励发展经济贸易。五代时期，虽中国战乱，经济残破，对外贸易已大大萎缩，但广州在南汉统治下，对外贸易规模虽不及盛唐之时，却也持续不衰，这与刘龚在位时着意招徕海商，“笼海商得法”有密切关系。刘龚的经济政策主观上虽有满足南汉统治者奢侈腐化的生活需要，但在客观上却促进了岭南经济的发展和繁荣。

同时，刘龚还接受杨洞潜的建议，兴学校，倡教育，置选部，行贡举。贞明四年（公元918年），即南汉建立次年，就举行科举考试，录取进士、明经10余人。以后，科举取士“岁以为常”。刘龚重视文教，重用士人，刺激了岭南文化事业的发展。

刘龚死后，子孙继位，但无论是威望还是治国本领，都不及刘龚。南汉虽维持了近30年的统治，但几个统治者素质都极低劣，在政治上不仅无可称誉的建树，而且奢侈腐化、宠用宦官、滥施酷刑、国政日坏。因此，可以说，刘龚之死是南汉历史的一个转折点，此后不久爆发了张遇贤领导的农民起义，“由是山海间盗贼竞起”，“岭东皆乱”。同时，统治集团内部争权夺利的斗争也更趋激烈。南汉国势日衰，已成为一个空架子。北宋建立后，只派潘美一军南征，即势如破竹，轻而易举地灭亡了南汉割据王朝。

第八节　两宋移民涌入岭南

大规模的中原人移民岭南，历史上共有四次：秦汉、两晋南北朝、两宋和明末清初。

秦始皇平定南越是中原向岭南移民的开端，而第三次两宋移民则是对岭南文化影响最大最深远的一次。北宋末年，靖康元年（1126 年）十一月，金人铁骑攻陷开封，北宋覆亡。赵构在外组织兵马，于南京（今河南商丘）即皇帝位，是为高宗，改元建炎，史称南宋。金兵继续牧马南寇，高宗无力回天，抵挡不住金人的凌厉攻势，只得退往江南，随高宗南迁的中原士民亦有 10 万之众。至南宋末期，蒙古大举南侵，江南的汉人百姓为躲避战乱，出现了历史上最后一次大规模迁移。

两宋的移民浪潮，使岭南的社会生活达到与中原、江南同步发展的地步，最终促成了岭南越族的汉化，并形成广府、客家、福佬三大民系，特别是促成了广府民系的形成，使得华夏文化扩大到长江流域、珠江流域和海外，也使中国南方形成以华夏（汉族）为主、多民族融合共存的局面。

南宋末期的中原移民，经南岭古道进入珠玑巷。这次因避乱的移民与东晋、南北朝时不同，是宗族性的，即姓氏和宗族的全体族人全部一起迁移，并且留下了书面的记载。但韶关山多地狭、土地贫瘠，不便谋生开拓，于是汉人移民再次迁移，有组织地分批沿水陆两路南下，每批都在 3000 人以上。他们最后分别到达以广州为中心的周围地区，即今天的番禺、南海、顺德、新会、从化、增城等地，定居下来后开垦荒地耕作。

这些南下的汉族先民不仅带来和创造了独特的珠江三角洲耕种方式，而且带来了今天还在使用的南宋标准语言。他们的后代大部分到现今仍居住和生活在其祖先开村辟镇的原地区，没有继续迁徙或返回北方。这次的汉族大迁移还留下了活的历史记录——族谱，到今天还由他们的后代保存并续写着，成为有力的历史证据。

两宋时岭南移民多来自江南，而此时的江南已是中国经济文化的重心，加之江南文化比中原文化更接近岭南，江南移民也更了解和更容易适应岭南的自然和社会文化环境。因此，这次移民高潮不仅人数多、规模大，而且影响最为直接和深远。这些移民有的先入为主，有的反客为主，与原居地越人或早期移民长期接触，进行语言和其他文化交流，渐渐以方言和其他文化特质初步形成广府、福佬和客家三大民系。

两宋大规模的移民对于广府民系的形成与发展有着重要意义。而作为历代移民中转站的珠玑巷，此时地位陡然上升，成为广府民系梦萦魂牵的“祖地”，成为联系中原和岭南的地方。因此，要认识广府民系，不得不提到珠玑巷。

珠玑巷位于南雄市北 9 公里的沙水村，全长 1500 米，南起驷马桥，北至凤凰桥，路面用鹅卵石砌成，宽约 3—4 米，古驿道穿巷而过。珠玑巷是大部分珠三角居民的发祥地，海外华侨的祖居。据珠玑巷南迁后裔联谊会搜集的各地南迁后裔 143 姓族谱记载，由珠玑巷播迁粤、港、澳、台及海内外的后裔数千万人，都承根认脉，均称珠玑巷为“七百年前的桑梓乡”。简氏胡涌房谱述“远祖朝进宋理宗时宦游岭外，遂居南雄珠玑巷，迨宋度宗时迁南海紫洞……”从理宗到度宗相隔也只有 40 多年。

这些族姓旅居珠玑巷时间并不长，却以珠玑巷为桑梓乡的原因有二：一是他们多是在北宋末或南宋末，自战乱不堪的中原迁徙而来，颠沛流离，历尽艰辛，到了南雄珠玑巷后才得以休养生息、重振家业，自然把珠玑巷看作是先辈重新创业的发祥地，看作自己的桑梓留恋；二是他们来自中原各地，本无亲族关系，南迁后都以旅居的珠玑巷为故乡，建立乡亲关系以联络感情、团结互助，以利于在客地创家立业。

在南来北往的过程中，不少南雄珠玑巷人也纷纷向珠三角地区迁移，有的是为避天灾兵祸，有的是为找寻更好的生活基地。珠玑巷人的南迁对开发珠江三角洲做出了重大贡献。他们在动乱中迁徙，经过艰苦跋涉的磨练，有顽强的创业精神。同时他们从中原带来了先进的生产技术，带来了中原的文化。他们到了珠江三角洲后，与那里的良好的自然条件结合起来，创造了新的生产力，使珠江三角洲一带的农业迈开了具有开发意义的新步伐，成为岭南最富裕的地区。他们也迅速繁衍成为那里的巨家旺族。

内地及江南移民源源不断迁入岭南，对当地的文化产生了重大的影响，与岭南本土文化相交融、创发新意，也形成了自己独特的文化。

第九节　元朝外贸重镇广州路

元朝结束了唐末五代以来数百年的分裂局面，建立了统一的大帝国，其幅员空前广袤，与此相应也建置了一套完备的地方官僚机构，以保证国家的集中统一管理。元朝置广东道宣慰使司，治广州路。

南宋末年，广州是宋元军队反复争夺之地和最后的战场。广州争夺战在至元十三年（1276 年）五月打响，不久元军首次进入广州，几经易手，两年半后广州才最终为元朝所有。

广州城争夺战并非两军的实力较量，但战争对既存社会本身就是破坏。就外贸而言，战乱不但使它直接受到重创，伴随而来的人才和资本流失更具长远影响。与此同时，宋元之交虽受战争动乱之苦，但破坏不甚严重的泉州遇到难得的发展机会，成为元朝海外贸易的首要港口。

外贸地位的下降，对于刚刚受到战争重创的广州却未尝不是好事。在没有市舶司的时期，广州仍存在市舶贸易。哈喇布哈（合刺普华）在至元二十或二十一年（1283 或 1284 年）曾任“广东转运盐使兼领诸蕃市舶”，此时广州未设市舶司。可见，不设市舶司并不意味着元朝禁绝广州市舶贸易，在不受中央政府重视的条件下，广州外贸仍有发展余地。

在宋代，市舶司除直接向宫廷等处供应海外珍奇外，另一重要功能是朝廷藉以重新分配往日多由地方政府掌握的外贸收入，朝廷取得大部分收益。市舶司的存在意味着外贸对地方财政支持的减少。市舶司是个官僚机构，所消耗的行政费用来自外贸，外贸规模越小，行政费用的比重就越大。因此，市舶司虽然在外贸管理和服务方面可以做得比较细致周到，但同时也会给萧条脆弱的海外贸易带来额外负担。元朝初年基本上循行宋代外贸制度的惯性，朝廷不重视广州外贸，多年不设置市舶司，对广州外贸和其他地方经济的复苏总的来说是有利的。

至元二十三年（1286 年）十一月以前，元朝在广州设置了广东转运市舶提举司。广州这个中国南部外贸大港开始受到重视。

一个朝代经济的繁荣与衰败往往与政府的政策关系极为密切。元朝初期，在外贸政策的制定上存在很大失误。比如，它曾在全国实施过五次禁商下海。第一次“海禁”发生在至元二十二年（1285 年）年初，到当年八月“罢禁海商”为止，直接目的是实行官本官船贸易。具体办法是：官府出钱造船，提供贸易本钱，选派商贾出海贸易；贸易所得，官府得 70%，商贾得 30%；未经许可，任何人不得出海贸易；官府收买全部已经进口的舶货。

官本官船贸易是用权势集团垄断贸易的方式增加政府收入。从《元典章》的记载看，在海外贸易中已大权独揽的强权豪势是政府藉以获取财源的主要伙伴，自然可以继续出海贸易，而普通私商则是打击对象，会被剥夺航海贸易权利。所谓“禁海商”，禁止的只是无权领官本、乘官船的私商。这是取得南宋统治区后，元朝政府和权贵排斥普通商人的首次联合行动。其后又发生过四次禁海事件。所谓“海禁”，所禁止的都只是普通商人航海贸易。这反映了政府与权势集团利益的一致性。在政府政策影响下，广州外贸与泉州外贸相比仍处于劣势地位。

但由于各地人口增长，经济规模扩大，国内外海外交通条件改善，广州在不利的条件下，外贸规模仍达到甚至超过宋代水平。据陈大震《大德南海志》卷七《舶货》载：“广为蕃舶凑集之所，宝货丛聚，实为外府。岛夷诸国，名不可殚，前志所载者四十余。圣朝奄有四海，尽日月出入之地，无不奉珍效贡，稽颡称臣。故海人山兽之奇，龙珠犀贝之异，莫不充储于内府，畜玩于上林。其来者视昔有加焉，而珍货之盛，亦倍于前志之所书者。”元朝统治者也看到了其外贸政策之弊端，不再与权势集团结为伙伴，取而代之的是比较自由和务实的新的外贸政策，以利用民间商贸体系为主发展海外贸易。

首先是普通商人经营条件好转，不少人依靠自身力量致富。庆元是元代很重要的港口，官本官船盛行时期一介布衣想成为首富几乎不可能。夏荣达生于延佑元年（1314 年），死于至正二十一年（1361 年），到定海经商在元末顺帝时期致富。他的成功反映了经济环境的变迁。其次是各港口实力面临调整，曾经受到压抑的港口遇到新的发展机遇。

由此，元朝外贸回归健康发展道路。广州海外交通的地利优势此时变得十分突出。元代造船和航海技术虽有所发展，但商船出入口岸依然藉助季风冬去夏来，海外交通条件对港口发展的意义不可低估。广州对于大多数海外国家来说是最为近便的中国外贸大港：来自海外的船只到达广州较早；从广州出发的船只可以较晚离岸；商人来往广州既不必过于担心失误风期，又有较长的交易和休整时间。在这方面，泉州、庆元都不能与广州相比。元朝中后期，外贸官办色彩和政府干预的减少，中国海商相对自由和活跃，自然会有越来越多的商人选择广州港作为其出海和回帆地。

一些外贸政策以外的因素也朝着有利于广州外贸的方向转变。首先，广州及其附近地区较为安定。自元初战乱过后，广州城基本上不再有大的破坏。广州的管辖区域及其附近地区，在元世祖时有过不少小规模的暴动，到元朝中期和后期类似变故已较少见到。其次，元朝中后期与广州隔海相望的周边国家与元朝关系好转，各方相安无事，既无政府间的对抗，海盗侵扰也不多。

这时广州外贸发展和地位上升却已势不可挡，海上“丝绸之路”继续发挥其应有的作用。整个元朝，与其进行贸易往来的国家和地区由宋代的50多个增加到140多个。海路到达非洲海岸，陆路往来直抵西欧，统一的环境为国际间、地区间的交往创造了前所未有的便利条件，史称“适千里者，如在户庭；之万里者，如出邻家”。

第十节　明代广东正式设省

明朝洪武二年（1369年），改广东道为广东省，并将海北海南道改隶广东，广东成为明朝的十三行省之一。过去长期与广西同属一个大区的雷州半岛、海南岛划拨广东统辖，结束了广东以往隶属不同政区的状况，自此广东省区域轮廓基本形成。明朝在广东始设两广总督，总管广东（包括今海南省）和广西两省的军民政务，说明中央政府对岭南的重视程度。

为了迅速恢复社会经济，彰显大明帝国的威风，明太祖朱元璋和明成祖朱棣，在致力于国内经贸活动的同时，也都积极开展对外贸易。

广东作为沿海地区，海上贸易特别是私人海上贸易，在中央政策“禁海”和“开放海禁”政策及巨大利益的驱使下，与朝贡贸易此消彼长。广州作为中国最大的港口之一仍然屹立于风浪潮头。明朝中期，有关禁海、开海的斗争由地方达到中央。所谓“海禁”，究其实质是禁绝民间海上贸易，这是一种历史的倒退。凡属倒退的行为终究是行不通的，“海禁”也不例外。最初明太祖一再重申禁令，恰恰从反面反映沿海居民不畏强暴、坚持进行海上贸易的勇气。民间海上贸易是开拓海外市场的一条重要渠道，也是官方贸易的重要补充，而且有利可图。不必说百姓不服禁令，就是官府军政人员亦往往嗜利忘禁，参与其中。实行“海禁”，使民间海上贸易受到严重的限制和摧残，对民营造船业和捕鱼业的打击更大。面对明朝中央政府及当地政府的打压，岭南一带的商人纷纷组织私人武装船队，冲破海禁，出海贸易，逐步形成了以武力取得对外贸易权利的海商贸易集团，随后出现了“海商商帮”。明代在长期的海禁之后，于隆庆年间开放漳州月港。这表明，明政府终于在国际外在拉力与沿海民众的推力之下，对违背历史发展规律的海禁政策有所“松弛”，明政府选择自然条件并不优越的月港作为私人贸易港，是为了将“开放”控制在能够由统治者掌控的范围里。即便如此，这对沿海的民众也是好事。开放海禁之后，广东商人集资结帮出海贸易者更是层出不穷，著名的海商包括澄海的林道干、潮州的诸良宝等人，为了保证海外贸易的安全，他们不仅内部拜结为帮，而且与其他海商联合起来成为大的海商集团。这一时期的海商即后人所说的“粤商”，敢于冒险是他们的明显特点。总之，明朝商品经济的发展，为私人海上贸易的存在和发展提供了物质基础，明代造船和航海技术的进步又为私人海上贸易提供了优越的技术条件，加之沿海人民对海外贸易的强烈需求和巨额利润的刺激，即便有海禁政策，明代私人海上贸易也一直存在并不断发展，以此带来了广东沿海一带的繁荣。

在经济繁荣的同时，明朝的文化教育及其学术在岭南得到重视与发展。

明代崇尚理学，至中叶广东出了著名的理学大师陈献章。陈献章是新会白沙村人，学者称白沙先生。白沙开明儒心学的先河，为王学先声。清初著名学者黄宗羲在《明儒学案》中说，“有明之学，至白沙始入精微”，“至阳明而后大”。他认为白沙是王阳明思想的先导。白沙传之弟子增城湛若水，门徒愈众，影响愈大，世称“陈湛学派”、“江门学派”或“广宗”。清代学者全祖望曾说：“白沙授之甘泉，其门户益盛，受业着録四千余人，当时称为‘广宗’，同时与阳明分讲席，当时称为‘浙宗’。终明之世，学统未有盛于二宗者，而河汾一辈之学，几至遏而不行。”由此可知，明代白沙、甘泉学派在全国占有重要的地位。

教育的普及发展为人才的涌现奠定了基础，创造了条件。人才首先表现在科第方面，因为“在科举时代，科举人物实为各种人物之所由出。”凡学风昌盛之区，即为科举人才荟萃之地，二者有密切关系。科名成为衡量一地教育水平高低、文风优劣、人才盛衰的标志尺度。

据统计，明代广东全省乡试中举6355人，广府3090人；全省进士889人，广府457人，均占一半以上。科举考试难度最高的一甲进士，全省共6人，除海阳林大钦外，其余探花番禺涂瑞、状元南海伦文叙、榜眼南海伦以训、状元顺德黄士俊、探花南海陈子壮5人，均为广州府属。无疑，在各府科名高低竞争方面，广府占了绝对优势。

书籍是文化的载体，既是学术文化积累的表现，又是传播教育手段，其重要性不言而喻。广东藏书始于明代，分公藏、私藏二类。公藏主要是府州县儒学及书院藏书，许多学校、书院筑有“尊经阁”即为藏书之处。永乐初，“颁五经、四书、《性理大全》于两京六部、国子监及天下府州县学”。明代广东私人藏书，始于明初东莞陈琏，“家有‘万卷堂’，所储多秘府所无者”。中期有南海方献夫，在正德年间，以吏部员外郎谢病归，于西樵山构筑石泉精舍，恭储御赐书籍，“藏书甚富”。其在广州府邸有“赐书楼”，“藏明伦大典处也”。还有史料记载，香山黄佐有“宝书楼”，故址在今广州市北京路；番禺李昫“积书数千卷”；明末有博罗张萱，“生平无他嗜，独癖书，老而弥笃，藏万卷”；顺德潘光统，“雅好图史，作‘怡馨堂’、‘飞云阁’为藏书之府”。但终明一代，广东藏书仍属起步阶段，无论规模、数量、质量、品味诸方面，还都无法与江浙等文化发达地区相媲美。

第十一节　清代开放的前沿

清朝初年，清政府实行严厉的海禁政策，康熙平定台湾后的第二年（1684年）才下令开海贸易；乾隆二十二年（1757年）撤销江、浙、闽三海关，作出“嗣后口岸定于广东”，夷船番商“止许在广东收泊交易，不得再赴宁波”的决策，广州成为中国历史上“一口通商”的重要口岸，广东从此成为清政府的“外贸特区”，粤海关得以独揽外贸 85 年，直至鸦片战争为止。这段“特区”的历史，让广东的对外贸易呈现出空前繁荣的局面。英国人威廉希克1768 年曾对广州赞不绝口：“珠江上船舶运行忙碌的情景，就像伦敦桥下的泰晤士河……在外国人眼里再没有比排列在珠江长达几英里的帆船更为壮观的了。”

由于其特殊的外贸地位，广东在当时更是被誉为“金山珠海”，是清朝的“天子南库”。除进贡地方特产外，更是宫廷御用洋货的供应地。在《宫中进单》中，广州将军、两广总督、粤海关监督、广东巡抚进贡的记录占全国的 10%。

提到清朝的繁荣和开放，不得不提此时崛起的一个行业，即十三行。广州荔湾成为商业区由来已久，到明清时西关的工商业极为兴盛，形成闻名海内外的十八甫商业区以及明代怀远驿和清代十三行。据记载，明永乐三年（1405 年），明朝政府在城南蚬子步（即今天的荔湾十八甫路）设立怀远驿，位置就在辽阔的珠江岸边。由于倭寇侵扰，明朝政府不许本国商人出海贸易，对外贸易系以“朝贡”的形式进行，即外商以向明朝皇帝“进贡”为名，带着一定数量的商船同来，停泊在怀远驿江边一带。除少数贡舶进京朝贡外，其余的就在怀远驿进行贸易活动，所以怀远驿又是当时广州的对外贸易中心。1684 年，康熙废除禁海令，设粤、闽、浙、江四大海关，允许与外界通商。但当时的清政府并没有成型的外贸体制，无力接待外来商船。于是，1686 年粤海关官府招募了十三家较有实力的商行，代理海外贸易业务，俗称“十三行”，后来行商家数变动不定，少则 4 家，多时 26 家，但“十三行”已成为这个商人团队约定俗成的称谓，可以说“十三行”是清王朝的“外贸特区”。

到 1757 年，乾隆下令“一口通商”，四大海关仅留广东一处，“十三行”更是达到鼎盛时期，对中国后来的经济发展甚至世界贸易都产生了重要影响。几乎所有亚洲、欧洲、美洲的主要国家和地区都与“十三行”发生过直接的贸易关系，大量的茶叶、丝绸、陶瓷等商品从广州运往世界各地。此后的 100 年间，广东“十三行”向清朝政府提供了 40% 的关税收入。

当年“十三行”的繁荣可用“金山珠海”、“堆满银钱”来形容。据记载，1822 年“十三行”处所发一场大火，熔化的洋银满街流淌，竟流出了一二里地，还烧毁了商馆价值 4000 万两白银的财物，可以想象当年“十三行”的华贵景象。

“十三行”的大部分生意是与另一垄断者英国东印度公司做的，但在1834年，东印度公司的贸易垄断权被取消，中国“一口通商”的方式无法满足日渐增长的贸易活动，与英国自由商人的贸易摩擦日渐升级，“十三行”逐渐变为19世纪中西关系危机的焦点，鸦片战争一触即发，“十三行”也在战火中走向消亡。1856年，繁盛一时的“十三行”处所在英法联军的炮火中付之一炬，英国商人也将经营中心转至香港，“十三行”从此退出历史舞台。

清政府对广东的开放政策，使明代出现的海商更是如鱼得水，广东海商大多数是潮州和广州府地区（珠江三角洲各县）沿海岸地区的商人。广东商人从广州港口出海，已经开通了到世界各大洲的大三角贸易航线，到世界各个国家和地区经商贸易。他们从广州港口出发，经由澳门，可以分别到达长崎、里斯本、墨西哥、秘鲁、温哥华、俄罗斯等。

通过广州—澳门—马尼拉—墨西哥大帆船的贸易，广东商人把许多欧、美洲产的农作物，如烟草、玉米、红薯、番茄、南瓜、人心果、荷兰豆、椰菜、生菜、木瓜、马铃薯、芥兰、西洋菜等品种带到东南亚各个国家和广东种植，更进一步促进广东商业性农业的发展。特别是玉米、红薯的引进，因为两者均属高产耐寒的粮食作物，对于解决广东人多田少缺粮的社会问题以及中国粮食生产起了巨大作用。玉米从中美洲引入广东后，到1718年（康熙五十七年），已有20个省种植成功，到18世纪末已在全国普遍种植了。红薯也一样，初由东莞县人陈益到安南经商，带回东莞家乡试种成功，然后传至福建、浙江、江苏等沿海地区种植成功，以后全国普遍种植。对于解决中国人多地少、粮食不足也起了巨大作用。

由于很多广东商人经常出海贸易，华侨便应势而生。广东商人到海外经商而在外国定居不归成为华侨者，最早出现在明代，但形成移民高潮是18世纪中叶以后，而且从南洋各国扩展到美洲、澳洲和非洲各个国家。据不完全统计，19世纪初期，广东人在东南亚的华侨人数已达到70多万。

广东商人华侨在贸易过程中，不仅把中国先进的物质文明传播到外国，也因海洋经济的互动性，把海外的物质文明回馈广东，在引进许多农作物新品种的同时，也在19—20世纪引进了大量的资金、技术和人才，使广东的经济向近现代化迈进了一大步。

贸易的巨大繁荣也促进了文化的交流，使广东成为中国近代东西方交流的“桥头堡”。在明清两朝，广东是皇家引进西方科技人才的重要通道，一批又一批掌握科技知识的西洋教士进京供职。明代时的意大利人利玛窦、清朝时的意大利画师郎世宁等都是从这里登陆中国，走进皇宫的。中国的传统文化也通过广东这个窗口传到世界各地，中国最早的西式学堂在广东兴办，西方的医学、数学、地理学、天文学和绘画、音乐等大都是从广东传入内地的。

鸦片战争前后，南粤大地上的有识之士们更在与外国人的对抗和接触中，成为中国“睁眼看世界”、思想冲破传统桎梏的第一批人。在这里，走出了中国最早的留学生之一容闳，提出“国家要自强，必定要开放”的近代著名外交官黄遵宪，近代政治文明的开拓者孙中山，以及康有为、梁启超、邓世昌、詹天佑等近代著名人物。

中山大学历史系李吉奎认为：“可以说，中国近代历史是从广东写起的。林则徐、黄遵宪、梁启超、孙中山等南粤先贤的思考与行动，对于我们今天进一步解放思想有重要参考价值。我们通常所说的近代化，就是通过先贤们在大胆求索的言论、行动中体现出来的。如林则徐在与外人交手过程中，发现他们不仅船坚炮利，而且也有他们的典章制度和法规。”

第三章

岭南的生产民俗

据史料记载，生长在岭南的古越族人，远在4500年前就创造了以农耕为主的农耕文化，源远流长的传统农业在历代的国计民生中占有极其重要的地位。古人说的“务农桑，足衣食，此礼仪之所以起，孝悌之所以生，教化之所以成，人情之所以固也”就是这个意思。作为岭南文化重要组成部分的岭南农业生产民俗，有自己形成和演化的规律，对岭南文化的形成与发展起着重要作用。

第一节　农业民俗

农业民俗是伴随着中国古代农业经济生活而产生的文化现象，具有农业生产的季节性和周期性特点，是农民在长期的观察和生产实践中逐步形成的文化产物，既是生产经验的总结，又是指导生产的手段，具有明显的传承性。下面，我们就为读者描述一些岭南地区特有的生产民俗，使大家能够一窥岭南文化的风貌。

一、开耕

旧时，在东莞的一些地方十分盛行开耕礼。具体做法也颇有意趣：立春前将用泥塑好的执鞭的春童和春牛放在城东的洪山堂上，同时视开耕的早晚而安置芒神的位置。比如：开耕在腊月十五望日前，芒神骑在牛肩上；正月初一后，坐在牛肚上；正月十五后，坐在牛膝上。立春前一日，县长与全体文武官员一起穿着公服到东郊迎春，迎接芒神和土牛，并将其安放在县城东门外。

立春当天的黎明，官员要安放香案于芒神和土牛前，案上备有三牲、水果、酒菜。通赞和执事两人各站在席的左右。立春时至，通赞唱：行礼！县长在前，其余人以官职大小顺序排列走到席上。通赞唱：跪！叩！兴！各位官员随之一跪三叩。执事举壶、爵跪于县长之旁，县长接过爵，酌酒、洒酒三爵；将爵授回执事，再行三叩头礼，众官随同行礼。平身后，各官执彩杖，县官击鼓三下，围着土牛走并鞭土牛三下。仪式完成后，敲响锣鼓，抬着春童和土牛在前行进，各官随后；将春童和土牛安放在土地祠后，各官员退出。百姓在立春这天，用观察土牛的干湿和颜色来占卜一年的丰歉。如果土牛干燥，显红色（本地土质属红土），预示一年雨水少，需防旱灾；显黑色，预示一年雨水多，需防水灾。农民向春童、土牛撒豆和稻谷，名为消疹，以防灾灭病；撒完豆、谷后，拿出随身带来的生菜裹煎堆来吃以迎生气，求得生活愉快、身体健康；如果春童头上戴帽，预示这一年春天和暖，否则是春寒。

乐昌地方的鞭春。鞭春是旧时乐昌地区立春期间的一种民间习俗。据清康熙《乐昌县志·民物篇》记载："立春先一日，坊民扮戏剧。迎芒神土牛子于东郊，观者盈衢。"

土牛即堆土为牛，制作时在"牛肚"内放置五谷，外饰彩纸。每年立春的前一天，县太爷就要命邑人在县城东郊的土圩地筑一土牛。抬出庙中木制的芒神（又称"春子"、"太岁"），并亲率众官员从县衙出发，伴以锣鼓吹打及演春牛队伍，护送芒神至县城东郊举行"鞭春"仪式。沿途，邑人手执春鞭（一种用竹枝或竹片制作，并包上五颜六色的彩纸的鞭子）争打"春子"，并向"春子"撒五谷（谓之"礼太岁"，意即责备这个卸任太岁去年的不是，祈望新上任的太岁在新的一年里降福于人，带来五谷丰登）。

队伍到达目的地时，首先由县太爷接过"春牛"表演队特制的木犁，在供众官员观看的看棚内，做犁地开耕动作4次（左手扶犁，右手执鞭），每犁一圈即念一句祷词（其词为：一犁风调雨顺，二犁国泰民安，三犁六畜兴旺，四犁五谷丰登），接着放下木犁，走至事先筑好的土牛旁，抽打土牛数鞭。是时围观者蜂拥而至，将土牛打碎，争拿土牛泥末和“牛肚”内的五谷，带回家中撒放于猪圈、牛栏、鸡舍及其自己的田地上，以祈五谷丰登、六畜兴旺、家人平安。鞭春仪式结束，还要举行盛大的游行和舞龙、舞狮、舞春牛等民间歌舞与地方戏曲活动。

排瑶地方的开耕节。排瑶规定每年农历三月初三为“开耕节”，又称“踏青节”，意为一年春耕开始。这天，瑶家必杀鸡、磨豆腐敬奉祖先，向盘古王祖先许愿，祈求当年风调雨顺、五谷丰登，因此又叫“许愿节”。

也有些排瑶请先生选择吉日良辰，作为排内的“开耕节”。到了那天，全排同时下地种花生、大豆、玉米等农作物。

除了排内活动，亲友之间也互相往来，特别邀请汉人亲友去做客。有趣的是那天已婚男女可以探访旧友，那些以前曾经恋爱，后因父母不同意，或彼此误会等原因未结成夫妻的男女，在那天被允许探访旧时恋人，双双约会在密林间，调情叙旧，他们称为“补数”，不受约束和干涉。

桂北地方的开春试犁。在这里，城镇活动比乡村开展得还要热烈和隆重。农村因天气严寒，试犁生产耕耘多是拿牛轭走进牛栏，把牛轭往牛颈上一放，表示耕牛拉着牛轭耕田犁地之状，预示着开春开始播种五谷，应该作好备耕，抢上季节耕耘播种，不要错过耕种的时机。相传，为渲染春耕生产气氛，敦促人们做好春耕准备工作，官府县衙在立春前一天就派衙役到县城的城隍庙旁边的荒地上搭一个茅草官厂，衙役擂鼓鸣锣，吹吹打打，抬着县官和纸扎的春牛、犁，由衙门沿迎春路行至官厂，沿路家家鸣放鞭炮，并将米、黄豆抛向耕牛，表示新的一年五谷丰登。春牛抬到官厂后，要焚香祭奠皇天厚土，仪礼三伏三拜，县官领头，众乡绅跟随在后依礼参拜，而后念祭奠天地神祈祷告词；县官亲自扶犁演试用牛犁田，以示开始春耕。围观群众吆喝声响彻云霄。县官试犁后，衙役将纸扎的春牛抬起游街，提示人们新年开始五谷待种、百业待兴，大家应该“送懒”以迎接春耕开头日；游完街巷后，回到县衙门前打春，然后把纸扎的春牛烧掉。

在瑶山，各家的主事人要扛锄头到田地里挖几锄，或到秧田和菜园里掏几锄，表示春耕动土。此外还要上山砍几根竹子插在田里以示插田，下地里埋上几颗种子表示播种丰收。

二、播种

普宁市农村，在水稻育秧浸种时要举行择吉、驱邪和祭神活动。水稻育秧一定要在正月初四之后浸种。传说这一天，上天述职的众神都回到大地各个岗位上，农民要在正月初四后选择吉日浸种，就能得到神的保佑。驱邪仪式是把水稻种子用清水冲洗干净后，郑重地喷洒七色花水（采摘七种象征吉祥花草浸过的水），以驱魔瘴、辟邪气，祈求种子全部发芽成长。祭神时，在择吉、驱邪仪式完成之后，人们带着祭品到秧田里摆上祭品，烧香祭拜土地伯公，保佑种子顺利发芽，并祈风调雨顺，取得丰收。

三、灭虫

在乐昌县的梅辽等地，每年过惊蛰节的头一天，人们要举行两项别开生面的灭虫活动。在酉时撒石灰，村庄所有房屋（包括厕所、柴寮、牛栏、猪圈）墙脚四周都要撒上石灰杀虫。一般公共场所的房屋则由村里派人去撒石灰。据说惊蛰节以后天气转暖，春雷开始震响，蛰伏在泥土里的冬眠动物（如蜈蚣、蛇等），将苏醒过来出土活动。同时，过冬的虫卵也要开始孵化。所以，趁冬眠动物和虫卵即将出土活动和孵化之时撒下石灰，将虫菌杀死。当地民间选择酉时撒石灰，这是人们为了防止虫害在晚间钻进屋内伤害人畜，赶在临夜之前将蛇虫消灭在屋外。

四、打标

在化州，插青的别名叫打标，是没有文字的约定俗成的乡规民约。其做法通常是以一条树枝、一捆青草、一根绿竹、一棵小树作为标记，或以草结环悬挂在树枝上，或以草打结作为记号，这便是无字的禁牌和告示，告诉人们应该怎样做或不应该怎样做。

山标流行于山区和丘陵地区。春天，山上插青打标，表示禁山，停止上山砍柴。每年秋后，禁止乡民上山砍柴，封山范围以所打草结划分为界。上山砍柴时，选定目标后便打上草结或扯草结环挂在高树枝上，表示自己已捷足先登了，后来人看到了草标便自动离开。若砍得的柴太多，一次不能挑回家，便在余柴上打个草结，就不会丢失。若在山上发现群兽、鸟窝、蜂窝等也插青为号，或保护，或待猎，他人不能冒犯。采蘑菇、辟山场、开荒山亦然。但打标也有限度，若有人处处打标为号，占山占地占柴，也会受到舆论的谴责。这种形式有利于生产，有利于人们有秩序地利用山区资源，是山民传统美德的表现。

水标为人们外出活动时，发现一溪、一涡、一坑、一塘、一洞有鱼，准备回家拿渔具捕获时，便于其旁插青或结草为标，他人见了就会离开。有人以巴豆叶药鱼时，水中有毒，不宜再饮，当事者便挂上草标或插上青叶，让路人避饮，这是猎鱼的规矩。

田标是在水田下种、秧田下秧、田中放药或下肥后插青打标，别人看了不再下田。田中有漏，路人一时未能帮助主人堵漏，便于漏洞旁结草或插青为标，告诉主人堵漏。垌中插上青竹或树枝，以示禁垌，自此人们便不再下垌捉鱼或牧牛了。这是人们从事生产的通例。

园标是在果园插青。在果园插青表示禁园；果树结环表示禁果；果树打药也插青结环，这不仅表示为禁，也是危险讯号，告诉他人不要贪食生祸。

门标是牲畜有孕或有病时，门上挂上竹叶、大艾，表示外人免进。家中门旁挂上艾叶、三丫虎叶，告诉外人此家有事，不请莫进。

乡民流行的插青打标，带有古人结绳记事的痕迹。透过这种古朴的习俗，可以看到古老社会的氏族遗风和良好的传统社会公德。谁若无视打标就是犯禁，就会受到众人或主人的指责，甚至被罚款。

五、祭农神

旧时，广东农村的许多地区都有祭农神的习俗。正月初二早饭后，用铁锤敲犁背几下，然后燃放爆竹，俗称“腾犁”，意为春天来了，农具也应该准备下田耕作了。过完年初三“赤口”日（广东风俗“赤口”日不出门，不串亲戚，不下田干活，否则会引起亲戚间的口角，一年都不顺利），初四便开始犁田，准备耕种了。

在吴川，民间信仰农神，当地称为“屯公”、“田头”。农民在田边、山脚立两块石头作为“田头”。插完秧或四月初八洞主诞，用三牲、香烛祭拜，祈求丰年。农民还用“米升”（量器）量稻谷若干升给“田头”，意在孝敬农神，请农神保佑今年丰收，以交清灾年所欠下的租。

六、吃上田

阳西县，谁家插完秧便要“吃上田”，意思是插完田洗脚回家，可以松一口气了，要痛痛快快地吃上一顿好饭菜。

吃上田时，正是当地肉鸭上市时节，因而鸭便是必备的菜式。从集市买鸭归来，回到村边时如鸭子不叫，就要把它打叫，意思是大家听着，我家最先把田插完了，要吃上田了。吃上田没有固定的日子，可在插完田后随兴而定，这已形成了习俗。

第二节　渔业民俗

渔业民俗是渔业文化的主要内容，我国不仅有一万八千多公里长的海岸线，还有众多岛屿、河流、湖泊，居住在这些地域的居民与渔业民俗有着密不可分的联系，因此渔业民俗也是我国生产民俗中的重要部分。一般而言，渔业生产伴随着鱼汛的季节和周期的规律进行，因此渔业民俗既要适应鱼汛起落的特点，又要受渔区江河湖海气候变化的制约。比如，出海时的民俗主要表现为“占天”（看风雨）、“占云”（看阴晴）、“占风”（看潮汛）、“占日”（看晴风）、“占雾”（看雾雷）、“占电”（看飓期）、“占潮”（看水势）等。旧时由于气象预报相对落后，靠占卜多有不准，渔民生死得不到保证，于是又有了许多渔业禁忌习俗。比如：船上的人家忌讳说“fān”、“dǒu”、“gài”等词，即使不得不说也要使用隐语；在行动上则表现为忌讳打翻东西、掉落筷子，以及忌讳晒在沙滩上的渔网被人跨过等等。

岭南一带，渔业历史悠久，渔民的海上习俗长年沿袭旧时习俗，改变不大。比如：在徐闻沿海一带，舵公是船的主人，造船（俗称“钉船”）就是用舵公的生辰八字让“先生”看口子。开工、新船下海、渔船出海、合网，都要择吉日良辰。新船的起舱，即开始安装舱骨（船底主心骨），就像盖房子升梁一样隆重，要拴头标（用红布结在舱骨头上）。

新钉的船，闲人、孕妇和来月经的妇女是不能上去的。新船造成，船主的至亲若有人生孩子就要“旺船”，即送去一只红公鸡，用牙咬鸡冠，把鸡冠血滴到船头、船尾，以之辟邪。

新船下海如同进宅入伙，要用红鱼和红毛阉鸡，到宫庙去拜“婆奶”，在家里拜家神，船头向着宫庙鸣放鞭炮后才能正式开船出海。捕鱼丰收了，就烧头大乳猪祭拜神灵，感谢神灵保佑。

船上一切都得服从舵公指挥，伙计们不能多嘴多舌。把鱼网收回岸上，只能说“发网上来”，不能说“担网上来”或“收网上来”。船头就像人头一样尊贵，谁都不准在船头小便。渔民招呼伙计、熟人、朋友喝酒，叫做“大家去担鱼哕”。饮酒时，敬酒、请酒也叫做“担哪”。筷子醮盐加味，说是“夹大鱼”。千万不能把喝酒说成是“咕酒”。放在各人面前的菜碟、菜盘，不能随便推移。一旦移动它，船主就认为是拖了，预兆自己的船坏了，让人拖回或拖去修理。

旧时，由于没有天气预报，加上渔船修理技术落后，渔民们把一切希望都寄托在神灵的庇佑上。每当遇到风险，或者船上出了故障，渔民们就跪着把米向神祇撒去，仰头喊叫：“公祖啊，婆奶啊，保佑子儿啊！风啊，浪啊者（停）啊！”由于沿海的渔民长期在海上同风浪做伴，与船只相依，因而从船上到海上帆桅舵桨处处有规，衣食住行头头是道，其习俗尤其有一番情趣。

如结伙造船，结伙人通过一番酝酿，首先选定艄公和头竿人（正副舵手），由艄公执理造船事务。结伙名额多为奇数，或五人或七人（忌八，因船舶以艄公为尊长，伙计们什么事都得听艄公指点，艄公精明、顺风得利。而八有八仙过海各显神通之说，故忌之）。兴造时要选个同艄公生辰八字相合的吉日，并举行“祭龙骨”仪式（渔民喻船为“龙”，船底的中心方木为“龙骨”，也叫“槽心”）。当执造师傅安下龙骨时，伙计们便把备好的糕饼、香果等祭品分别摆于龙骨首尾和中间，以表示祭祀龙头、龙尾和风坛三个重要部位。分别祭拜过后，由执造人在这三个部位上各弄二虚斧，同时口念“择日兴工，年年头宗”（海利第一的意思）或“选时选日安槽心，年年赚万金”等吉利语，祷祝顺利开工。船造至安龙头盖时要挂上红彩布，并用榕青、竹青、棕毛和红头绳等系于龙头盖上，表示有彩头。船的两眼还要安上龙眼（用银币作为龙眼)，且有开眼见财之意。置船边侧上方的条木时，伙计们要一起吃甜粥，以表示心粘在一块，有福共享。新船竣工下水，还要备三牲丸果祭土神，祭品仍摆于头舵、尾舵和风坛三处。祭时需打开波门铺下跳板，然后由主祭人烧香叩拜，请土神入座并念“叩拜天公，人寿年丰”、“祭谢土地，顺风得利”等吉言，至三炷香烧完后鸣炮送土神归廊，伙计搬上跳板开船试航，新船喜告完工。

围绕“平安”二字，渔民的海上生活也很讲究。说话时，忌说“坐”字和“翻”字，即使是客人到来，也不能说“请坐”。煎鱼或炒菜时，用到“翻”字，也应改口说为“顺”字。用餐时，不论老少均是蹲着吃，更忌坐于舱口晃足吃饭，因为地方上的“坐”字有“沉积”之意，“坐下”便是“沉下”。吃饭前，忌先摆上碗筷或把饭勺摆于桌面上，海上生活的人认为这是敬神的做法。传说海里神煞很多，恐被“误会”而招来不祥。就餐时，不论舵公或伙计，凡蹲在饭锅边的都得替众人舀饭，此意为“同舟共济”。船上吃鱼也有规矩，吃时忌先吃鱼尾，更忌一筷子将鱼的尾部叉断。因为渔民喻鱼为船，而船的尾部通常为操舵驾驶的重要部位，如果船在海上遇难，即使船头坏了还能继续驾驶，若是尾部被挫断了，船便会立即下沉，人的生命也就有了危险。因此，船上吃鱼，通常是筷子先动鱼头，然后循由表及里的顺序叉吃。为了表示对舵公的尊重，也有留鱼头让舵公吃的。

此外，渔民都很崇拜妈祖，视妈祖为“海上女神”、“平安圣母”。饶平沿海各村镇都普遍建有妈祖庙（又名为“天后宫”），船上也请妈祖香火入舱镇宅。渔民每次出海，先在妈祖面前烧香膜拜；每年的正月游神赛会，各乡村都要抬着妈祖神像出游。每年农历三月二十三日为妈祖的诞辰日，人们都要备好祭品进行祭祀，有的地方还演戏给妈祖、观音看。

第三节　养殖种植业民俗

养殖民俗是指在以家庭为单位的动物养殖中所形成和传承的民俗，包括：对各种动物保护神的祭祀习俗，养殖动物过程中的禁忌习俗和养殖过程中积累的经验经世代相传演变而成的习俗。

岭南的一些地方讲究卖猪与买猪的习俗。卖大猪时，捉猪入笼后主妇便在猪身上拔下几根猪鬃毛藏好，等到买小猪回来养时把鬃毛放入猪槽。据说这样会使小猪长得像大猪那样大。在捉猪入笼、抬猪笼起行之际，主妇要说上几句吉利话："噜噜噜（唤猪声）！大猪去，小猪回，小猪长得快……"卖猪得款后，主妇将零钱分给孩子、小姑、媳妇等晚辈，每人一元几角钱，俗称"彩数"。当然，卖大猪的款，有时小姑、媳妇也分得一部分。

如家里还养有猪，又新买小猪回来养，便用三姓人家或者自己一家的茅草或稻草烧着，将装着小猪的笼连同小猪提起，在烟火上方熏烘几下，然后放笼在地上。主妇朝着小猪双手作揖拜几下，边作揖边祝："拜猪公，拜猪婆，共弟共妹好相和，日大八两，夜长斤多……"说完才能开笼放猪入栏，但要与原有的猪隔开饲养一段日子才合养。小猪入栏后要把笼竖起，笼内投一块方砖，把笼放在栏旁，直到需用或任其朽烂。

还有一些地方在饲养家畜时讲究风俗。春节时，要在猪圈、牛栏里用红纸贴"六畜平安"的字条，有的还要贴一张平安符。在冬节（冬至），牛主人为报答耕牛一年耕作之苦，要用甜丸粘于牛头牛尾，表示与牛同过节日。母牛发情配种，母牛主人要送红包给公牛主人。如果在牛群中自由配种，要给牧童红包，并送草料给公牛吃。母牛养小牛，三朝要牵出栏散步，到田间后套上犁轭，象征性地犁田数转。

大猪出栏（出卖），买猪者要说："阿嫂手头红红，养猪大大只。"卖大猪（宰猪）次日早卜，把猪红、猪肉、咸菜拌在一起煮上大半锅，给邻居一户一碗送去。邻居接过礼物要说："财气，又卖大猪了。"对长辈则煮一碗猪肝酒送去表敬意。母猪配种结束，配种人用竹鞭打母猪后臀几下，祝曰"顺顺十二只"。母猪养小猪，肖虎者不能看，因猪虎忌讳。若小猪生病，要给母猪喂药过乳。将药配以饲料，盛盆放在地上，待男主人跨盆而过，然后由女主人喂之。

另外，还有狗多在晚间喂食，以利守夜；猫晚餐要少食，好去捉老鼠。如先养狗后再养猫，女主人要抱猫到狗面前拜三拜，并教曰："先来阿哥慢来老弟，和睦相处，各司其职。"

在潮州还有赛大鹅的习俗。传说农历正月十九日是"玄天上帝"的生日，居民要把这位"老爷"抬出来游街，并设坛隆重致祭，神前贡品中必有大鹅，加上全猪、大鱼等。神前供的大鹅，越大越显示主人的养鹅技术精，因此各家各户都精心饲养，以备祭神之用。饲养这种大鹅要特别用心，雏时喂以洋参水，增强其体质，长大喂舒筋活络丸催化骨骼，然后再用精饲料育肥，长成后最重时可达30斤。正月十九那天，四邻乡民纷纷观看游神，其中多数人是在观看大肥鹅，谁家神前的大鹅最肥大，谁便最受人们的赞赏，得到一定的奖励。新中国成立后，取消了游神祭鬼的陋俗，演变为单纯的赛大鹅并排名次、设奖项，刺激与鼓励饲养业的发展。由于养鹅业的发展，当地烹制鹅的水平也很高，卤水鹅成了潮州的一道名菜。如果客人在正月十九驾临，热情的主人一定会请客人品尝他们又肥又嫩的卤水鹅。

在种植业方面，有诸如种长生树、拜荔园、种桑育蚕等习俗。

种长生树。粤北山区的民间讲究孩子出生后种若干株长生树。俗云："养女种杉十八年。"女儿出嫁时，砍下杉木制眠床、衣柜等嫁妆，男孩则留做棺材木。曲江市、始兴县等山区都有此风俗。

春分拜荔园。化州县城北郊，处处有荔园。旺位（地名）附近的果园特别古老，那里的"龙眼大如荔，荔枝大如卵"，驰名于世。春分前后，荔树枝头挂满果蕾，农民们望着密密匝匝的小果，期盼着丰收的日子到来。他们此时便备上纸宝香烛，以螃蟹代三牲入园拜荔。三炷香火点燃后口里念念有词说："螃蟹红红，荔枝大如灯笼；螃蟹圆圆，荔枝载满车船……"至今，这里的拜荔节和拜荔歌还在流传。

种桑育蚕。在广东珠江三角洲一带，桑蚕业十分发达。蚕丝的生产要经过栽种桑苗、车水灌溉、采摘桑叶、育蚕、成蚕吐丝结茧等各个环节，其中不同的地方也有各种各样的民间习俗，因讲究繁杂不再一一叙述。

第四节　手工业民俗

在以制陶业而闻名的佛山石湾，制陶行业按不同产品类别分为24个行头，每行都设立行会，各行不能跨行生产。各行技术性较强的制胚和煅烧两个主要工序，只能由已入行的工人做。其中，练泥工序是陶业中最重最脏的活，被认为是下贱的工种，练泥工人被称作"贱人"。行会有不准他们加入制造家用铜器、机件铜器、钟鼎炉像铜器、一字铜器四大类的约定，他们的工钱也比入了行的要低很多。旧时，制陶业规定女工一律不准入行。各行制陶技术，规定只传男不传女，女工只能做少数的日用器皿或美术产品。花盆行等主要行业，连一般工序都不准女工做。新中国成立前，石湾的花盆行有700多工人，竟没有一个女工。此外，女工的工资也比同工种的男工少一半以上。

细划的各行业都定有行规，其中以铸造家用铜器业行规最严。铸造店主多是铸造工人出身，与店中工人不分彼此共同工作。店主（称“东家”）、工人（称“西家”）双方各组织有会馆，东家会馆名“日升堂”，西家会馆名“锐成堂”，奉祀陶冶先师（虞帝）、六纛大（火神）为祖师爷。铸造店号由清至民国时，先后有秀记、也记、义和、仁和、丁顺兴、丁万兴、润和、忠昌、成昌、信行、天记、成合、顺和、广盛、溢记、公昌盛、蔡苏记（艺兴）、协兴、荣昌、沛记、柏记等20多家，多设在佛山石湾的青云大街、南便街、富荣街、万无里等地。工人则分为学徒、伙计（学徒）、起炉师傅、制货样版师傅、泥模师傅、车工、长工、散工、外工等。

行规一般由东家和工人双方共同制定：妇女不能执业做工；学徒三年，伙计学徒两年，满师后挨师一年（除每月给理发费外，一年给新衣服一套）；每月给长工薪金白洋10元或15元；起炉师傅，除包食三餐外，以每伙（一次）炉加计工资一元；泥模师傅（多是散工），除包食外，以行规的泥模件（块）数给工资；住散仔馆或会馆内的外工，从铸造店取各种胚货回来工作，做成交回时按斤两数量收货，依照行规所定工资支给。倘若工人再提高工资以维持生活，则由会馆派出竹筹通知劳资双方，集中于会馆内商议，一经同意通过以后，即更正工资，分发各店执行。如送入店学习作学徒收容，期满如留用可酌量支给月薪。外人入行做工人（称“尖头”），须自动缴交入行费白银若干，并设筵欢宴同行工人，由商号收容在此学艺。此外，逢祖师诞，全行要举行祭祀和祃叙（宴食）。

佛山铸造业历史悠久，但铸造铁锅业在清代才成为行业。现留存的是民国铸锅行的行规。行规规定，凡入行的学徒跟师学艺者须先交纳约200斤米价的学艺费。学艺期间只有伙食费，要跟师傅学足1440天（4年），如因病缺勤，缺一天补回一天，够期才为满师。满师后，亦不一定为店老板所雇用。若有幸得到雇用，也要挨师一年。在挨师期间，兼在作坊中为老板煮饭和干粗重活，晚上还要看守工场，且无工资发给，理发等费用亦须自理。有些学徒还经常受师傅打骂。更有甚者，学徒被师傅差遣干私事也不传艺，导致一些学徒学习多年仍一知半解。

工人入行要交入行费，入行费分为三种。第一种是父教子。行规规定，只承认有血缘关系的亲生父子，养子或过继子都不得按父教子算。凡父亲已入行儿子要入行的，要交入行费12元白洋，分三年交清。父亲虽已入了行但去世而儿子未入行的，一律不准继父入行。因此，石湾陶业工人，儿子一生下来就要入行，婴儿入行的到了成年若要进厂做工，须先做两年只供伙食而无工资的学徒。第二种是兄教弟。即兄已入行，弟要进厂做工，要交入行费30元白洋，分三年交清，并要先做两年学徒。第三种是从师学艺。即无父无兄在行做工的，如进厂当学徒要先交入行费480元白洋，学徒期六年。为了入行做工，许多陶工被迫卖儿卖女，凑足入行费才能找到工做。

工人入行后，在行会内用竹筹写上名字挂在墙上。如果竹筹被翻转，就意味着被开除出行。东家把被开除出行的陶工名字挂在福庆堂（东家在行会内议事之地）内，同行各厂均不得雇用。同行中如发现工厂违反行规（如跨行生产其他行头的产品，擅自变动行规所定的工资单价等），就要被开除出行，永远不得再入行。铸锅行业还规定，铸造工人如自行辞职，两年内任何老板（店主）均不得雇用。如果被老板解雇，这名工人可以随时被其他厂家雇用。还有一种行规，允许同业“搭水”，即谁都可以到任何一间铸造工场，利用其工具、设备和材料进行生产（包括造型、浇铸），清砂后才过磅计算费用，待交货收到款后进行结账。

佛山雕刻饼印行业在清代就已形成，行规只准专门雕刻饼印，不许兼刻图章，严格规定雕刻技艺。技术传子不传女，收徒只收男性，店中师傅各自收徒传授，不能混乱。当时，入店的学徒日间做工、夜宿家内，早晚两餐都在家里吃。学徒随师学艺以三年为期，满师后则挨师一年，假如技术不过关，还须继续学习，直到合格为止。此外，学徒在学期内还要为师傅当杂工。第一年，学徒只搬运木料，磨平滑的刀石、磨刀和凿等工具，最后坐着用斩竹刀将木料削成方、圆和蛋型的饼印胚（名“开胚”），刨光滑饼印面背和柄。第二年，学徒只坐在师傅工作台边观看雕刻，不能自已在台上工作。第三年，师傅才传授各种雕刻艺术。第四年，满师后挨师自学剜坑、凿边、刻字、雕人物。如果学技成功，翌年便提升为师傅（行称“坐台”），这时按件支给工资。长工（师傅）月薪白银50两（民国时改为银元），杂工月薪40两，满师坐台工人25两。此外，学徒在学艺期间由师傅酌量发给工资。

第五节　商贸业民俗

岭南一直以来抑农重商，商贸习俗甚浓。当地人除了传统的农耕，还热衷经商。经商的民间习俗一般有开市、吃无情鸡、吃意头、接财神和敲打算盘等。这些传统一直延续至今。

开市。广州商家在年初四或年初五开门营业，开业那天清晨，店家主人早早起来备好三牲祭拜财神，默祷神明保佑平安和发财，烧过纸钱宝烛后，打开店门燃放鞭炮。当第一个顾客入店购物时，店主认为财神到了，特别高兴，热情接待。对于第一个进店的顾客，无论如何都要成交一项买卖，否则店主会非常丧气，认为开年不利倒霉运。

吃无情鸡。在新年开市前的一两天（多为年初二），商店的老板照例要设宴慰劳一下店员，为他们“打牙祭”。但这时也是老板解雇雇员的时候。因此在老板请宴之前，店员们不但没有丝毫的高兴，反而个个愁容满面、心事重重，因为不知等会儿谁会吃上“无情鸡”。开宴了，桌上摆着一碟切好的白斩鸡，老板招呼大家入坐后，首先向大家说一通过年的好话，然后话锋一转故作沉重地哀叹当今生意如何难做，亏了多少本钱之类，接着便用筷子夹起一块鸡肉送到要被解雇的伙计碗里道一声：“兄弟对不住了，请另找大财主发财吧。”解雇一个伙计就夹一块鸡肉，解雇几个伙计就分别送几块鸡肉，这是无情可讲的，因此被称为“吃无情鸡”。

吃意头。商家们过年的菜式，除鸡以外，还必须有烧猪肉（取红皮赤肚意）、鱼（年年有余）、发菜蚝豉（发财好市）、粉丝（连绵不断）、腐竹、甜竹（富足、甜足）、炒蚬示（发市）、炒螺兆（多子）。

接财神。年初一清早，在广州的大街小巷的商店门前，乞丐、穷老头子或贫家的孩子们用红纸片写上“财神”二字，高声叫喊：“财神到！”商家开门接过财神纸片后，施给对方一角几分作为利市，送财神的人接过利市后，鞠躬并道声“恭喜发财”便转身离去。这时，没有一户商家听到“财神到”的喊声而不开门接纳财神的。

敲打算盘。过去广州许多店家，每当打开店门之际，老板或账房先生就端坐在收银台的后面用拇指、食指和中指三个手指噼噼啪啪地上下打着算盘珠子，以示开门兴隆，生意旺盛。

广州商家素来有崇神的习俗，多将关帝奉为财神。在店铺的正堂上供奉关圣帝像，在像的上方一般都配有横批“乾坤正气”四字，店家借用“正气”两字以示童叟无欺，两侧对联多为“财源广进”、“四季平安”之类。茶楼业更奉关帝为本行业守护神，店铺的门楣上一般都悬挂镜子或画有“八卦”图的牌子，以祈迎福消灾祸。饮食业通常要在门前的墙脚安上地神位或门脚神位，每月逢初二、十六祭祃，每遇关帝诞和土地诞，店主均要备办三牲、酒荤予以祭拜。

祭祃俗称“做祃”，即祭祀，逢初二、十六为“祃期”。广州商家非常重视祭祃，清末民国期间此风极盛。祭过关财神或土地神之后，店主要加些肉菜和酒水与员工同餐共饮。正月初二开年称“头祃”，腊月（农历十二月）十六为“神祃”。雇主解雇伙计（店员）多在“头祃”进行。商家祭祃风俗在1949年以后逐渐消失，今已不多见。

佛山当押业分为按店、当店与押店。佛山当押行业在明代称土府（土库），至清代方改为今名。清代至民国时期，佛山的当押行业是私商经营，店号先后有数十家，且定有行规，分为“按、当、押”三等。资金最多者称“按店”，按期三年为限，按金白银一两，每月纳回利息三分。资金中等者则称“当店”，当期两年为限，当金一两，每月纳息二分。资金最少的，则称“押店”，押期一年为限，押金一两，每月纳息一分五厘。行中的按、当、押店经营，不能混淆，须在门前悬挂按、当、押店圆形木招牌以资识别，故当时有“按押”行业名称，后因按店很少故称“当押行业”。此行业中主要有当票、变卖、“当婴儿”等行规。

当票。当票是按店、当店、押店发给客人的收执证件，统称为当票。当票是木版刻字用纸印成的四方形状，除票上左右的斜角位置刻上店名外，下面分开左、中、右三格，中格空白，以便临时填写上按押的金额。左侧两格，分别印有“虫伤鼠咬，水火盗贼，各安天命”的文字和按押时的年、月、日。右侧两格除一格印有某字的号码数目外，另一格空白，以便临时填写上所按押的物件数量。票面所书写的字，是按押行业的传统当铺专用字，与各种书法不同，很难模仿。如押男人衣服，则写成对衫几件，女衫则写成女衣几件，金、银、珠、玉、古玩、书、画等名贵物品和寄押的铁夹万（保险柜）、契据等，则写明数量。发给顾客当票时，则由票台负责人登记号码及物件数量，在材料上盖上四方形店章和票册以上的挂角图章，由经手人交与押物者收执为证。

变卖。行规规定，如果客人过期不赎，则将他的物件变卖。如果客人无力赎回可以纳清月息，转票继续当押。变卖物件则以各地估衣店、杂货店为对象，双方议价进行贸易。按店因期限长，顾客多是富户，所按物件都是名贵珍品，或寄存铁夹万、契据等。当店多是上中等客人的多种物件。押店的客人多是中下等人，他们的衣服是夏当冬赎，冬当夏赎，轮流替换，其他物件有五金、棉胎、蚊帐、帽子、鞋等。近乡村的押店，农民经常以锄、锹、犁、杠等抵押，暂时贷款以维持生活。

“当婴儿”。佛山当押店还有“当婴儿”的奇俗。这种民俗主要产生于水上人家。长期与水打交道的父母，恐怕他们刚生的男婴夭折，才有了这种做法。由婴儿的父母先与当押店联系好，到时就抱婴儿到店，从柜面左边窗口将婴儿送入，由朝奉接住送给店主，叩拜祭祀神灵后，由写票人在四方红纸（假当票）上写上“根基长养，快高长大”八个字，盖上四方和长条形店章及骑缝印，并在婴儿穿的衣衫上加盖大印，再由另一朝奉将婴儿从右边窗口交还给他父母。这种当赎直到婴儿长大结婚为止。

当押店的内部机制也遵从一些规则。清末明初，在佛山的当押店（含石湾）内部人员的组成和职责主要是：司理一人、柜面两人（俗称朝奉），是负责鉴别真伪押物人，当时月薪每人30两白银。票台一人，负责写当票登记押物，月薪20两白银。接货（包裹）两人，月薪每人14两白银。后生两人，负责送、取押物，月薪每人7两白银。伙夫一人，月薪5两白银。更夫（枪手）负责看更巡夜，大店四人，小店两人，月薪每人10两白银。收市关门后，所有职员不能自由出入，以防不测。

另外，还有酱园业的“饮行”。旧时，在佛山酱园业供奉制酱始祖夏泰为祖师，每年农历八月二十六为祖师诞，惯例此日为“饮行”，同行业集会酒楼饮宴。每月初一、十五各酱园铺店、作坊均设酒肉菜肴犒赏职工。

第四章

岭南的服饰民俗

中国是一个多民族的国家。岭南是少数民族聚集的地区，广东、广西都是少数民族较多的省份。除汉族外，壮族、瑶族、土家族、苗族、侗族、仫佬族、回族、京族、彝族、水族等少数民族分布在众多地区，因而民族服饰多姿多彩。无论从质料、色彩来看，还是从式样、搭配来看都是十分丰富的。

岭南服饰是在土著南越服饰基础上，以中原汉服饰为主体，博采其他民族和地域服饰之精华，经过长期融汇、整合、创新、升华而形成的一个区域服饰文化体系。服饰文化的产生和发展，离不开文化载体，即人口迁移。历史上的几次移民高潮带动了中原服饰文化南下岭南：秦始皇派大军征戍岭南，带来中原的服饰样式。晋室南渡，岭南成了中原各阶层人士避难和落籍之地，史称“东晋南朝，衣冠望族，向南而迁，占籍各郡……其流风遗韵，衣冠习气，熏陶渐染，故习渐变，而俗庶几同中州”。

第一节　客家服饰

古时客家人的衣着穿戴皆为汉唐服制遗风，比较古朴、大方，偏宽偏长，色偏深，多黑、蓝、灰色，只有夏季用苎麻纺织的白布，富家用白绸缎。直至清末仍大体如此。鞋——旧时一般人只有布鞋、草鞋，富裕者冬天有棉鞋，皮鞋是近代以后才有的。

布鞋都是自制的，男式叫“阿公鞋”，女式叫“阿婆鞋”，布底（用旧布糊成几十层的“布泊”）、布面（普通人家用“家机布”，有的有钱人家用绸缎）。鞋面颜色多为黑色。鞋式是宽口船型，不用鞋带，俗称“懒人鞋”。这种鞋今天仍然流行，市场有售，只是已换成胶底或塑料底，用机器制成。旧时，女装鞋还有“绣花鞋”，用绸缎或绒布为面，鞋面绣花或鞋头部镶花，多为富家仕女穿着。

草鞋有两种：一种是用干稻草编织的（俗称“秆草鞋”），用麻绳为“经”、草索为“纬”，编成“脚底形”，前头两边及后边“鞋跟”用绳带串起即可穿着，制作经济简便，一面穿旧了还可以“反底”再穿。这种劳动用鞋几天就穿坏一双。另一种鞋是“布泊”底（后来改用“车轮胶底”），前头一个“鞋鼻”，左右各两个布“耳”，后边“布跟”（俗称“鞋疼”）都留有“眼”，用田苎索扎好后用布带串起即可穿着。男女鞋样相同。旧时多为劳动、挑担、走路时穿着。这种草鞋比“秆草鞋”耐穿，客家妇女大多都会制作。现在，上述两种草鞋都已绝迹，被胶鞋、皮鞋所代替。

裙——客家裙有两种：一种是旧时妇女穿的是作为“衣着”的“百褶裙”，裙摆很长（齐脚跟），后来越穿越短只在膝下，五四运动后定为学生裙，至今仍流行。有些变成了露膝的超短裙，只有年轻姑娘穿。衣裙还有一式连衣裙，上衣和裙连在一起，背后开半襟，装钮扣。这种裙过去多为少年、儿童穿着，后来青年妇女也穿。

另一种裙，客家人叫“裙子”、“围裙”，是指“围身裙”。这种裙子是妇女用的，按各人胸围尺寸，用布制成。上端呈梯形，下边长方形。上钉一钮绊，扣在上衣头钮上，裙左右各钉上一条特制的“裙带”（带端有纱缨）扎在背上，把上身围紧。所以叫“围身裙”。裙边上用其他颜色的布缝一寸宽的边，配着衣服穿，甚好看。围身裙的用处很多：一是装饰；二是可遮盖上衣，以免弄脏，亦可起束胸作用；三是可作头帕，包扎在头上，当帽子用；四是可作手巾包东西。过去在客家地区，每个妇女都有一两条裙子。梅县西阳、白宫一带妇女的裙子特别讲究，一律用蓝布、镶白边，做工精致，当作头帕扎起时就似一顶特制的帽子，很好看。

帕——客家人的帕有两种：一种是手巾（汗巾），客家人称为“手帕”，这是每人都随身携带的，至今如此。另一种帕是指妇女用的“头巾”，俗称

“东头帕”（即包头布）。旧时，客家妇女都用，近四五十年较少，但兴宁、五华、龙川等地较年老的客家妇女仍然使用。这种“头帕”不像“裙子”，不钉带子，只用方形布一块包扎在头上或只包结在发髻上。

首饰——旧时客家妇女的首饰较讲究、多样，主要是头上饰物，古时妇女梳“高髻”，饰物一般有簪子、毛锸、耳扒，富家妇女还有簪花。一般妇女都戴耳环或耳塞、戴手镯。手镯有纽丝手镯、龙头手镯、蒜芎手镯，多为银质，富裕人家有金质的，还有玉石手镯。戴戒指则男女都有，一般都戴金戒指。项链较少人戴，有的也多放在箱里，平时少戴在身上。小孩子普遍要戴银手镯、银脚镯，镯圈上串几个小响铃，便于循铃声而找到孩子。

随着妇女发式的改变，用首饰的逐渐少了。清末民初，客家妇女由梳“高髻”改为梳“盘龙”（俗称“圆头”），梳妆简便多了，只把辫子扭起盘结在后脑，像龙盘起扎紧，插上一支“毛锸”就行了。其他饰物也就省去了。后来，妇女改妆多剪短发，不必梳头，头饰就全免了。手镯、戒指也少有人戴，但还要戴耳环或穿耳钉。

帽——客家人一般对帽子不太讲究，平常戴者少。这可能与客家人多居南方，天气温暖、空气清爽、少风沙有关。旧时，男的有“小官帽”（榄豉帽）、“风帽”、蒙面式“夜帽”，后来有南洋进口的“狗毡帽”（西洋礼帽）、“太阳帽”（硬壳礼帽）；女的有“布帽”（用绒布制成）、羊毛帽，也有人戴“风帽”；小孩（幼儿）的布帽是圆圈形，前面是虎头形（或称“猫头形”），有布绊套在颏下，也有将线纱织成布袋形，一头结扎成“花”。近几十年来，除幼儿帽仍基本保留旧式外，老、中、青年的帽子几乎全部换了式样，而且区别不大。老年人多戴棉帽、绒帽、风帽，甚至皮帽；中青年人多戴陆军帽，时装风帽，而且男女无多大区别。

凉帽是客家妇女特有的。凉帽分为两种：一种是用竹篾织成圆圈，中间穿孔，周围用布条缝挂，戴在头上露出发髻、发髻上用毛锸或竹片横插，使帽稳定。另一种是在竹笠周围缝挂布条。布多是疏纹的，以便通风。客家妇女戴这种凉帽是有历史原因的，过去妇女不能抛头露面，但客家妇女为环境所逼，南迁后要跟男人一道出门干活，上山下田，赴圩出入，被逼抛头露面，为了“遮羞”便戴上这种凉帽。现在此帽在闽西南一带和广州郊区以及惠州的客家妇女中仍然流行。广州郊区流行的是篾织圆圈式凉帽，与过去兴梅妇女戴的凉帽相同，因为他们多是古嘉应州（今梅州）迁移去的；闽西南客家妇女戴的多是竹笠加布条式的凉帽。在梅州市各县，反而早已没人戴凉帽了。

第二节　客家妇女服饰

地理环境的独特性，往往造就了民族文化，民族服饰也在内。客家是一个古老的迁徙民族，地域环境对客家妇女头饰中凉帽的形成具有巨大的影响。同时，它还源源不断地为这种审美定式提供所需要的各种素材，形成凉帽独特的装饰特征。凉帽又叫“苏公笠”。这种头饰与苗族、藏族等民族头饰相比，没有珍珠和贵重的金银做装饰，更多的是简单而又独特的装饰特征。制作时，先是选取一些富有韧性、柔软性好的薄竹篾、麦秆或漂白的棕叶经火烤后精心编织而成，呈圆盘状，中间是一个圆形中空的如头大小的箍，帽沿圆周缀以黑色布边。除正面外，沿四周还垂挂长 5 寸左右的彩条，彩条的长度以齐眼为限。一条一条的彩布排列在一起，形成面的延续。垂挂的彩布既可遮头面，又可以迎风障日，在微风中不断显示着“动态”的美。直与曲、硬与软、理智与情感、抽象与具体的结合在凉帽的装饰形式上得到了完美结合，既不使造型显得呆板，又增添了一种朦胧的美感与动感。年轻姑娘们的凉帽在彩带末端的丝线上则系着许多小珠子。这些珠子具有识别婚否的符号功能与信号代码的作用，常常在大面积的蓝黑中呈现出点点或绿或黄或红的亮色，既显得庄重古朴，又强烈地表达了她们的求美心理。

据说，凉帽最初多为黑色，以后改用蓝色，后来又增加了一定的花色，有的素顶黑边，有的红顶蓝边，彩条也绝大多数没有以印花、绣花等丰富图案作为装饰，只有外形的重要特征，没有过多的雕琢的转折和变化。可见，在凉帽的组合中更加注重的是点、线、面的互相结合。在客家妇女的服饰文化里，凉帽的造型色彩充当着“点”的作用，与客家妇女的服饰色彩形成呼应。

从服饰造型上看，客家妇女的服饰不崇尚时髦，以简约实用为主，讲究朴素、简约为美。其简约主要体现在款式结构上，尤其是那实用的款式、得体的点缀装饰。客家女子的服饰中，最常见的上装是大襟衫、右衽，配上高而立的领子、精美的布纽扣，长短以“行不露臀，坐不露股”为原则，下装为大裆裤，又宽又大，另接四五寸阔的腰头，腰不开口，多余部分折叠于肚前，以带系住，裤管宽敞。在色调方面喜欢素色，以蓝、黑、青为主，素面为多，这几种颜色，都属于一个色系，多年不变，代代相沿。在这样的整体式样和基调中，一般较少有纹饰，即使是女子的大襟衫上，也只是在衣裳袖口、裤脚缝上几圈环饰或在衣襟边上缀以花边装饰，而在一些细微的部分，比如围腰、鞋子、袜垫，却用丰富繁多的刺绣装饰，形成了一种特殊的审美效果。从明度、纯度、色相上有对比亦有和谐，色彩组合有强有弱，极富层次感。大红大绿的颜色在客家服饰中很少见，年轻姑娘仅在当新娘子时才穿上红衣裙而已。

从造型上看，客家妇女的服饰是一个大“面”与小“点”对比。从色彩上看，是大面积深蓝色与小面积蓝色的对比，上下呼应，与客家妇女服饰整体的朴素、简约组成了完整体系，使人感到整体和谐。从构成角度看，以“点”的形式来平衡布局，更巧妙的是运用了色彩的分割、点缀与呼应的配色原理，如凉帽彩条中的蓝色和大襟衫、大裆裤的蓝色产生面积大小的对比，与衣袖中的蓝色和短裤口的蓝色滚边也产生层次呼应。点点红色与胸兜外露的刺绣中的红色线条形成呼应关系，形成了丰富的层次感。腰带的分割与连结也形成了色彩的有机组合，在变化中求得和谐统一，从而使色彩的整体效果协调美观，也促使各具个性的面貌更丰富和生动。

在头饰方面还有客家的冬头帕。客家的冬头帕一般是在妇女坐月子时和步入中年后佩戴，成为三南客家中老年妇女服饰的最典型特征。客家冬头帕具体始于哪个年代已无从考证，只能用当地农民一句通俗的话概括：它是从老一辈不断传下来的。这种说不清道不明的悠远传承寄托了客家对祖先最朴实的缅怀心理。

客家冬头帕是北方头巾文化的延续和闽粤赣本土文化的结合。客家人从相对开阔干燥的北方平原迁移至多雨潮湿的南方丘陵，为了御寒防湿，头巾更加成了服饰中不可缺少的内容。今天我们看到的客家冬头帕结构形式（披肩、护额、丝带三部分）和穿戴方式，都是在太平天国时期发展而来的。太平天国的士兵将领大部分是两广客家人，有强烈的中原汉人情节，这促成了太平天国纲领的反清意识，在服饰制度上表现为推翻清制、恢复汉制。太平天国定都天京以后，提倡新的衣冠服饰，改革后的太平天国妇女的服饰多戴披肩头巾，这对三南客家冬头帕影响深远。

客家冬头帕丝带上的古老图案发展至今可分为以下几类：祈福纹样、生活用具纹样、动植物纹样、文字纹样。

第三节 潮州妇女的服饰

“一帮姿娘好踢跎（游玩），花纱脚裤绿屐桃；三面胭脂四面粉，耳钩老鼠拖葡萄。”

这是一首描绘潮州妇女装饰的民歌。潮州妇女早晨第一件事就是梳头插头饰，然后料理家务或干别的事情。从前富有的人家还专门请老妈子梳头，一打扮起来就得花大半天的时间。即使是劳动妇女也要在梳头上下工夫，为了不耽误家务，她们总是家里起得最早的人。富有人家梳妆用的是大梳妆台，一般人家也都有精致的小镜台。无论贫富人家都尽力打扮自己，这不仅关系到好看不好看，而且在于服饰、打扮是品评女人作风和家风的习俗。

服饰包括服装和人身装饰。人身装饰又包括首饰、冠帽、鞋袜、手帕、提袋等。古代潮州因为海运发达，与苏（苏州）淞（吴淞口）来往密切，故潮州妇女服饰仿效苏淞者甚多。以服装材料为例，苏淞一带既是产丝区也是产棉区，所以潮州就常以丝棉作衣料。富人夏天穿的是洁白的薄绸，冬天则把皮裘当做必不可少的装饰品，以炫耀自己的富有。因为潮州不是兽皮的主要出产地，兽皮显得特别珍贵。而贫穷人家一年到头无论夏天、冬天则全是穿洧布和棉布。

首先说头部装饰。一是梳发型。梳发型一定要用水泡一种特殊树木的“刨花”，浸出带粘性的透明液体敷在头发上，既可辅助固定发型，还可使头发变得柔润有光泽。二是点缀各种头饰。三是脸部化妆。

潮州妇女的发型和头饰是多种多样的，但什么年龄配什么发型和头饰却有严格的区别。婚前少女一般扎单辫和双辫，以双辫者居多。辫梢结以蝴蝶结或红棕索。为了使前面不显单调，额前头发梳成卷泡或梳成一排卷。有的还在卷泡和卷后面系下一道编花彩绸带增加色彩。少女自结婚之日起即松辫打鬃。鬃型多种多样，较为普遍的是八字鬃，最为典型的梳成大泡头亦称“大后斗”。有的人嫌打鬃麻烦或显老，也可梳成披肩，剪成贴颈短发或梳成泡头。进入中老年之后，比较流行的发型是企鬃、盘鬃（盘鬃俗称龟鬃）。

无论哪种年龄的发型，都可以视自己的经济能力插上各种头饰。比如梳大泡头，则要插上“河边莲”、“关刀花”、“竹节花”、“狮头花”、“针菜花”、“凤钗”等。新婚的新娘无论梳什么发型，插上什么金银头饰，还必用一根银髻（绾髻针）插在头上。除了金银头饰，便是插上花朵。年轻妇女多插红花，如月瑰、芙蓉等；中老年多插一朵、几朵甚至整排芬芳的玉兰、茉莉等。于是四时清晨街上老妇摆卖鲜花的摊档便应运而生，深巷也有拎花篮叫卖的小女孩。不过，有一种花是不能随便插的，那就是“孝花”。妻子死了丈夫，媳妇死了公婆，要分别在右鬓插上一朵特制的白花、蓝花以示带孝。

戴耳环是头饰不可缺少的一部分。女孩子早在六七岁时就要刺耳朵。先用手指在耳垂按摩片刻，直到耳坠发热变麻，即用在炉里烧红的针穿刺。刺穿的耳孔用红线在两边打上结，再用一段草茎子插在中间，几天之后等耳孔结痂即可戴耳环。耳环有两种：一种是环式的，一种是耳坠子式的。老妇的耳坠子一般要嵌上怀古玉片。

脸部的化妆也颇讲究，她们用柳枝烧成炭笔画眉，用寸折式的胭脂纸片染朱唇，脸上用松粉打底，再用水粉（用经过沉淀的松粉拌猪油捏成）擦匀。除了涂脂抹粉，每月还要请挽面老妇挽一次面，挽尽脸上的汗毛。

妇女除了戴头饰，还要戴金银玉手镯、戒指及脚环。戴金银首饰，除了增添美观、显示身份外，还象征着消灾祛难、吉祥如意。脚环是白银的，上面系有好几个小铃铛，走起路来叮铛作响，还有护缩装置，可随年龄的增长，扩大圆周。有的妇女终生戴玉手镯、银脚环。

古代妇女除此之外还有饰“韩公帕”的。“韩公帕”是一条长一丈余，质地或丝或布，颜色为黑色的长巾。妇女出门时用它盖头蒙面，两端让其自然垂至双膝，走路时随两手翕张。据说这是韩愈来潮时倡导的，以防妇女抛头露面。

在所有这些装饰品中，尤其要提及的是木屐。穿木屐是一种具有地域特点的民俗。潮州地处亚热带，天气炎热、多雨，穿木屐可避湿气；洗澡后着木屐也方便；夜行有声，歹人难以作奸。且木屐经济，贫穷的人也穿得起，故男女老少咸宜。上乘的木屐是用损木根部制作的，轻且柔韧。屐面有描花画鸟和涂以素漆之分。屐带有红皮、黑皮之分。上了年纪的妇女以穿素漆、黑皮屐居多，姑娘、婢女以穿描花画鸟、红皮屐居多。

第四节　瑶族妇女的服饰

在广西越城岭西麓的龙胜境内，居住着盘瑶、花瑶和红瑶三个支系，虽同属瑶族但服饰却各有特色。

从总体看这些瑶族妇女的服装几乎都是青底花面，每逢年节或圩日集会，她们都会穿上自己精制的衣裙，成群结队，摩肩接踵地走在圩场上，身上那亮丽夺目的服装显示出浓厚的民族特色。

她们的衣服大都是用事先绣好的小块花巾镶在青布之上拼凑而成的，只有极少数是直接绣在青布之上。在制作花巾时，每日上山劳动时她们就把要刺绣的布料放在衣兜里，在山间劳动休息时，趁机绣上几针；到了冬天天冷不能上山劳作时，每天针线不离手。她们制作出美丽的花色图案，美化着生活，也美化了自己。

盘瑶的妇女刺绣和编织，主要是配制牛角帽、衣边、袖口、裤脚和腰带。一个牛角帽要二尺见方的花巾包住，再用两根不同色彩的花带缠在帽上，四根带头吊至颈部，整个帽子就像龙冠一样，鲜艳秀丽、光彩夺目。配在衣边、袖口、裤脚的花样又是不同。衣边上的是波纹浪式的花样彩带；镶在袖口、裤脚上的则是两条花纹，一条呈三角形，一条呈纽丝形，两条花纹约距一寸左右；配在花腰带上的又别具一格，一条带可有几种色彩，带长约3—5米，扎在腰间与衣服、帽子、衣边、袖口和裤子上的花纹相辉映，看上去甚为素雅，又端庄艳丽。

花瑶妇女的刺绣以红、黄、绿、白、紫五种颜色为主调，互相搭配。服装样式与盘瑶大体相同；不同处则在于色泽、花样。最大特点是胸前到腰部和下身吊有一块裙兜，这块裙兜全是用海螺壳、贝壳和吊珠装饰。五色衣裙及裙兜在太阳的照耀下五彩缤纷，显得格外光彩夺目。

红瑶妇女的服装制成是最费时的，做好一套衣裙要花上一两年。姑娘一般从十二三岁就开始刺绣衣服，一直要制好两三套衣服方可出嫁。制成一套衣裙至少要花30元的锦线，有的要花50元以上。其刺绣的图案主要有“工”或“弓”字形状，也有少量的花卉、飞鸟、鱼蝶等图案。颜色以大红为主，其间掺有少量的白、蓝、绿、黄和黑色。花纹主要配在衣服的背部、胸前以及裙子的下端。头巾是一块一尺见方的青色布，每一角都刺有拇指大的方形印，也是以“工”或“弓”字图案构成，绣得既复杂又精细，人们将这方形称为“瑶王印”。配带时，把其中的一角“瑶王印”系在额头的中央。这样不仅显得红瑶妇女格外稳重，而且也表现出红瑶人对瑶王的尊重和敬意。

瑶族妇女不仅要自己绣制衣裙，连所用的花线也是从自己养殖的桑蚕中提丝后加工精制的。她们制作的服装样式、刺绣图案既美观大方又柔和耐用，既凉爽又暖和。盛夏之际穿上不感觉暑热；隆冬季节穿上两套就不感到寒冷。其制作工艺的精巧，实可谓民族之精华。

红瑶除精致的绣衣裙令人惊叹外，蜡染的手工技艺也与织花、刺绣一样为人们称道，堪称瑶家一绝。蜡染技艺称为一绝，绝就绝在它没有文字记载，没有图案样式，也不需勾画草图，全凭想象就直接手掐质布制作，而后在靛缸里拿出，晒干后就是一件花纹、图案组合得天衣无缝的艺术精品，这不能不让人佩服红瑶妇女这种与生俱来的艺术才华。

自古至今红瑶女子生来就有一种特殊的天赋，每个山寨的妇女人人都是蜡染能手，个个都会制作描绘蜡染图案。各家的瑶姑长到十四五岁时，就开始跟着母亲学习蜡染技艺。这个特殊的技艺就是祖辈靠自己的记忆言传身教，一代一代传承下来的，至今在很多瑶寨还没有失传。

蜡染图案丰富多彩，双龙抢珠、二狮滚珠、山羊哺乳、马鹿含花、鲤鱼跳龙门、金鱼戏水、凤凰展翅、锦鸡出窝、孔雀开屏、鸳鸯戏水等等，亦有乐善好施的宝贝桥（俗称小木桥），其间或花或草，或云蒸霞蔚，或百花争妍。每一幅蜡染图案清新、形象逼真，活泼生动又含诗情画意，观之一目了然，品之无穷回味，美不胜收。

蜡染一般多选在开春的正月、二月间开始。瑶家妇女在每年冬天没日没夜地织麻、纺线，而后用木织布机织成一匹匹土布，到开春下机，刚好是来年的一二月。蜡染用料是：先选择一斤多蜂蜡、一斤多牛油或羊油一起放在锅里，将锅头架在火炉上，生火把蜂蜡和牛油煮沸，拌匀后再用一根竹篾弯成三角形，蘸着蜡汁，在细白布上描绘自己所喜爱的动物和花草，还有与其相对应的各种图案。一幅白布描绘成后，上面用洁净的棉纸或其他东西覆盖好，待到冬天用自制的蓝靛着色，再精心保存好，让它慢慢地渗入布质。待到第二年六月天气暑热、阳光暴烈时，再用碱水浸泡被蜂蜡描绘过的地方，大约一天后，将蜡染从碱水中取出，拿到河沟或山溪清水中漂洗干净。这样，一幅蓝白相间、花纹清晰、图案秀美、形象逼真的蜡染就活脱脱地展现在眼前。

红瑶女子制成的蜡染，过去多用来做被面、门帏、背袋、小孩用的背被和围裙。随着瑶山与山外的交流，蜡染也走出瑶乡进入了城市，用途更为广泛了。有的已登上了艺术殿堂，成为人们高雅的装饰和艺术品，为美化人们的生活显示了它应有的社会和文化价值。

第五节 畲族妇女的凤凰装

畲族是我国典型的散居民族之一，岭南境内的畲族不多，但畲族妇女服装却很耀眼，其特点是上衣多刺绣，衣领、大襟、甚至袖口上都有各色花纹图案和花鸟龙凤图案的刺绣。畲族妇女最主要的装束就是“凤凰装”：红头绳扎的长辫高盘于头顶，象征着凤头；衣裳、围裙上用大红、桃红、杏黄及金银丝线镶绣出五彩缤纷的花边图案，象征着凤凰的颈项、腰身和羽毛；扎在腰后飘荡不定的金色腰带头象征着凤尾；佩于全身的叮当作响的银饰象征着凤鸣。已婚妇女一般头上还佩戴“凤冠”。其是在精制的细竹管外包上红布帕，冠上有一块圆银牌，下垂 3 个小银牌于前额，称为“龙髻”，表示是“三公主”戴的凤冠。

关于“凤凰装”有个传说：畲族的始祖盘瓠王因平番有功，高辛帝把自己的女儿三公主嫁给他，成婚时帝后给女儿戴上凤冠，穿上镶着珠宝的凤衣，祝福她像凤凰一样给生活带来祥瑞。三公主有了儿女后，也把女儿打扮得像凤凰一样。当女儿出嫁时，凤凰从广东的凤凰山衔来凤凰装送给她做嫁衣。从此畲家女便穿“凤凰装”，以示吉祥如意。有些地方把新娘直接称为“凤凰”，因为新娘具有三公主的崇高地位。也正因为此，新娘在新郎家拜祖宗牌位时是不下跪的。

第六节　壮族服饰

在广西壮族自治区，许多少数民族服饰上的图案纹样都是其民族信仰的真切体现。如在壮族青年男女随身背挂的壮锦袋上，惟妙惟肖的龙、凤图案造型比比皆是，民间还有“十件壮锦九件凤，活似凤从锦中出”的说法。因为在壮族人看来，龙、凤象征着神威，寓意吉祥。

心灵手巧的壮族妇女织绣的龙，风格别致、姿态万千。两条长须既有龙的形象特征，又如两根生机勃勃的藤蔓；曲卷的龙体用花草绘成，造型活泼可爱，富有生活情趣。凤的纹样则充分发挥了丰富的想象力，选择了孔雀、锦鸡、公鸡中最秀美、生动的部分进行构思，形成了一个高度理想化了的艺术形象——公鸡头，锦鸡身，孔雀尾。真实与夸张的糅合，现实和理想的交融，使整个图案纹样的古朴稚拙之处洋溢出蓬勃活泼之感，展现了民族的智慧与才情，体现了人们对美好生活的向往与追求。

壮族妇女喜爱配戴银饰，其种类繁多，有银簪、银针、银钗、银圈、银帽、银耳环、银链、银锁、银排、银项链、银手镯、银戒指、银脚环等。这些银饰有的打制成栩栩如生的动物，有的打制成秀丽多姿的自然景物，有的打制成各种几何纹饰或吉祥图案；有浮雕的，也有透雕和圆雕的，立体感强，有浓郁的地方民族风格。

广西少数民族的传统节日丰富多彩，在一些民族里，不同的节日要穿不同的盛装。如侗族男子参加芦笙踩堂舞时的装扮是：头饰围上银片，插上鸡尾，上衣穿用黑白两种棉纱织成几何纹样的侗锦，再加上鸡毛吊珠花裙。在程阳花炮会上的侗族男子则装扮成斗士，青衣白裤，扎绑腿，裹白头巾，捆腰带，颈佩银圈，手戴银镯、银戒，腰悬火葫芦，格外威武帅气。在隆林各族自治县农村，壮族服饰完整地保留了传统的式样，还尤其讲究什么场合穿什么服装。其习俗中以黑为贵，视黑色系的衣、裙、头巾为节日礼服，只有做客、串亲戚、节日集会和过节等重要日子才穿，做工也较为精细；白色系服装为平时劳动穿着；蓝衣、蓝裙、蓝头巾则是在家和赶圩时穿。

节日服饰上的图案纹样还常常通过谐音、象征来表达吉祥含义或暗喻美好的事物。例如：“三阳开泰”，用三只羊仰望太阳构成图案，“羊”与“阳”谐音，开泰即交好运，寓意幸运。“喜上眉梢”，用喜鹊与梅花构成图案，“眉”与“梅”谐音，寓意喜讯即将到来。“四季花香”，用梅花、牡丹、月季、菊花来构成纹样，象征一年四季鲜花盛开、生活美满。“万事如意”，用两只如意头和万字格底纹组合而成，万字格寓意万事，如意头原来是菩萨手持的佛具，可以带来吉祥如意之福，两者合在一起则表示万事称心如意。“多福多寿”，用佛手、石榴、寿桃构成图案，“佛”与“福”谐音，石榴象征多子，寿桃象征长寿，多子、多福、多寿一目了然。服饰上的图案纹样意趣横生、寓意深远，能唤起人们对幸福生活的无限憧憬，使人捕捉到美的感受。

第 五 章

岭南的饮食民俗

饮食是人类生存和发展的物质基础，自从有了人类就产生了饮食文化。随着人类文明程度的提高，饮食文化也在不断地丰富和发展。它涵盖着物质文化和精神文化两个领域，是人类健康生存、社会和谐发展的根本前提。

不同地域和不同民族由于地理环境的不同、食料资源的差异、科技水平的差距以及文化传统的区别，产生了多姿多彩的饮食文化。

岭南饮食文化是中国饮食文化中的绚丽之花，由岭南特有的地理气候环境所孕育和培植，又得到中外饮食文化养分的滋润，随着岭南社会经济文化的发展而形成的。广府、潮汕、客家三大民系及侨居者是岭南饮食实践的主体。中华大一统将中原饮食文化之精华带到岭南，扩大了饮食领域；西方饮食文化的借鉴又使岭南的饮食发展空间得到无限延伸；发展到现在的岭南饮食以精致、新鲜、清淡、营养、百搭、口感享誉世界，既是一种艺术，也是一种诱惑，更是一种享受。“食在广州”诠释了广州饮食在中国饮食界的至高地位。

第一节 岭南饮食文化的形成与发展

当人类跨入文明门槛之后，黄河流域的中原地区的政治、经济、文化的发展较快，因岭南开发较晚，饮食文化也相对落后。

岭南饮食文化受中原影响，自战国末年始。先秦时，秦始皇为统一中国大业，派屠雎统领10万大军南下驻守南越。中原人的饮食习惯、烹调技艺于是被带到岭南。秦初，为巩固南方新郡，秦王朝先后三次从中原移民岭南，岭南也因此受到中原饮食文化的强大影响。1983年发掘的西汉初南越王墓的格局与墓葬就有力地佐证了中原饮食文化对岭南的影响。越王墓的后藏室是库房，存放食品、炊具、食具，其中所藏的食物由“秦官”封泥，而西侧室是庖丁厨役的场所，其中殉人与祭牲、厨具则由“厨丞之印”封泥，反映出南越国依秦汉的饮食制度行事；南越王墓出土的大型炊烤器130多件，陶、铜、漆器皿125件，表明西汉时期岭南的烹调技艺已达到一定的水平；南越王墓出土有余朽的鱼脊骨和大批的介壳类水产品，表明南下的汉人也接受了岭南人喜食海鲜的饮食习惯。可见，岭南饮食文化在吸取中原影响的同时，也同化了南下移民的饮食习惯，从而保留和发展了自身的特色。

唐代是中国古代文化最灿烂的时代，岭南也由于粤北大庚岭通道的开辟，方便了同岭北的交往，大大加速了开发的步伐。在宋代，因北方战乱南下的移民更加速了岭南的开发。广州作为南中国的港口，对外贸易日益兴旺，贸易额达全国对外贸易额的八成左右，当时已同50多个国家建立了贸易关系。唐宋时期，岭南经济已有较大发展，饮食文化也随之发展。在经历了同中原饮食文化的交融之后，岭南的饮食又同西方融合，饮食格局日趋完善和稳定。刘恂的《岭表录异》记述了这一时期岭南特有的饮食文化现象，呈现出岭南饮食文化的特点：保留古风，食生与以石烙物。

食生，是人类处于茹毛饮血时代的饮食方式。火的发现使人类进入了熟食时代，但食生的习惯一直在岭南保留，以至流传于后世。《岭表录异》如实地记载了唐代岭南人多食海鲜并有生食的习俗，唐宋以后，鱼生仍风靡岭南，成为岭南著名的风味菜肴。

熟食是人类文明史上的一块重要界碑。原始人从山火过后的灰烬里发现，经过火烧的野兽肉比较香，由此而得到以火烤食物的启示。人类开始熟食最先是用火把石头烧热，然后把食物置于石上使之至熟，这就是原始烹调的“煎”和“煮”。《岭表录异》卷上记载岭南人保留了原始人以石烙肉的传统，曰：“康州悦城县北百余里山中，有焦石穴。每岁乡人琢为烧食器，但烧令热沏，以物衬阁，置之盘中，旋下生鱼肉及葱韭齑菹腌之类，顷刻即熟，而终席煎沸。南中有亲朋聚会，多用之。”以石烙肉的烹调方法，后来逐渐演化为用火直接烤肉，岭南风味的烧腊即是对这些饮食传统的继承。

食杂。食杂是古人的饮食习惯。《岭表录异》多处记述岭南人的饮食习惯，突出表现了岭南人“食杂”的特点。岭南人什么都敢吃，大至水牛、象鼻，小至蚁卵，并视之为佳肴，以宴请佳宾。“容南土风，好食水牛肉，言其脆美”，“每军将有局筵，必先此物。或炙，尽此一牛”，“北客到彼，多赴此筵”；岭南多野象，“潮、循人或捕得象，争食其鼻，云肥脆，尤堪作炙”；岭南人取蜈蚣肉“暴力脯，美于牛肉”……唐宋时代岭南人食杂，既承前又启后，是岭南饮食文化地方特色成型化的体现。

岭南饮食以河鲜、海鲜见长。岭南海岸线长，特定的地理环境为岭南饮食提供了较内地山区更丰富的水产，以河鲜、海鲜见长并讲究烹调技艺，必然成为岭南饮食文化的突出特点。《岭表录异》以大量篇幅记述岭南的河鲜、海鲜及其制作，表明唐代岭南普遍食用水产，烹调的技艺已达到相当的水平。

岭南饮食讲究烹调技艺。唐代岭南菜肴的烹制已十分注重火候、调料、烹调方法，因用料各异而采用不同的烹调方法。《岭表录异》记载，唐代岭南人已经懂得运用多种烹调方法，如煮、炙、炸、缶（蒸）、甑、炒、脍、烧、煎、拌等；懂得使用各种调味料，如五味酱料、生姜、葱、韭、椒、桂等。特别突出的是，岭南人懂得因材而施制，巧妙地运用不同的烹调方法和调料，烹制出种种风味的菜肴，如：烹粳鱼，“治之以姜葱，缶（蒸）之粳米，其骨自软，食者无所弃”；烹蚝，“大者腌为炙，小者炒食”；烹蟹，“水蟹，赘壳内皆咸水，自有味。广人取之，淡煮，吸其成汁下酒。黄膏蟹，壳内有膏如黄酥，加以五味，食也有味。赤蟹，母壳内黄赤膏，如鸡鸭子黄，肉白如豕膏，实其壳中，淋以五味，蒙以细面；为蟹饆饠，珍美可尚”；烹水母，“须以草木灰点生油，再三洗之，莹净如水晶紫玉。肉厚可二寸，薄处亦寸余。先煮椒桂或豆姜，缕切而炸之，或以五辣肉醋，或以虾醋，如脍食之，最宜”；烹乌贼，“炸熟，以姜醋食之，极脆美。或入盐浑腌为干，捶为脯，亦美”。如此种种，可见岭南烹调方法多样化的特点和发展趋势。

岭南饮食有浓羹与“先羹后菜”的饮食格局。岭南地区，天气炎热且夏长冬短，人们在气温较高的日子里胃纳不佳、胃口不开，但流汗又使身体的消耗极大，必须补充大量的水分与营养。汤和羹就可以及时补充流失，肉类或水产类等固体食物的养分溶解在水分之中，既易于食用又便于吸收。出于营养的需要，岭南的汤（羹）要浓，且要在饭前先饮。这种饮食习惯和格局，唐代开始一直流传下来。

明清时期是岭南经济发展的第一个黄金时代，岭南饮食也随之进入发展的全盛期。商业的发达与市场的繁荣为岭南饮食文化的发展拓展了食料的来源，人们生活水平的提高与流动人口的增长，也为岭南饮食文化的发展增添了内在动力。

因而，在清代珠江三角洲地区“讲饮讲食”之风盛行，“食在广州”之美誉也在此时期出现。民国时期，广州的饮食业兴旺，经久不衰，岭南饮食文化进入全盛时期，在量的扩展与质的提高方面都达到了空前的水平。

第二节　八大菜系之一的粤菜

粤菜即广东菜，中国八大菜系之一，由广州、潮州、东江三地特色菜点发展而成，是起步较晚的菜系，但影响深远，港、澳以及世界各国的中菜馆多数以粤菜为主。

粤菜的技艺和特点日趋成熟始于南宋后。这同宋朝南迁，众多御厨和官府厨师云集于粤有关。明清两代是粤菜、粤点、粤式饮食真正的成熟和发展时期。这时的广州已经成为一座商业大城市，粤菜、粤点和粤式饮食真正成为了一个体系。闹市通衢遍布茶楼、酒店、餐馆和小食店，各个食肆争奇斗艳，食品之丰，款式之多，世人称绝。

粤菜善于取各家之长，为我所用，常学常新。苏菜系中的名菜松鼠鳜鱼，饮誉大江南北，但不能上粤菜宴席。虽粤人喜食鼠肉，但鼠辈之名不登大雅之堂。粤菜名厨运用娴熟的刀工将鱼改成小菊花型，名为菊花鱼。如此一改，能一口一块，用筷子及刀叉食用都方便、卫生，如此改造之后便成了粤菜。

广州菜主料广泛，品种花样繁多，令人眼花缭乱。天上飞的，地上爬的，水中游的，几乎都能上席。鹧鸪、禾花雀、豹狸、果子狸、穿山甲、海狗鱼等飞禽野味自不必说；猫、狗、蛇、鼠、猴、龟，甚至不识者误认为“蚂蝗”的禾虫，亦在烹制之列，而且一经厨师之手顿时就变成异品奇珍、美味佳肴，令中外人士刮目相看。

粤菜不仅主料丰富，配料和调料亦十分丰富。为了显出主料的风味，粤菜选择配料和调料十分讲究，配料不会杂，调料是为调出主料的原味，两者均以清新为本。讲求色、香、味、型，且以味鲜为主体。

粤菜的烹调方法有 21 种之多，尤以炒、煎、焗、焖、炸、煲、炖、扣等见长，讲究火候，尤重“镬气”和现炒现吃，做出的菜肴注重色、香、味、形。口味上以清、鲜、嫩、爽为主，而且随季节时令的不同而变化，夏秋力求清淡，冬春偏重浓郁，并有“五滋”（香、酥、脆、肥、浓）、“六味”（酸、甜、苦、辣、咸、鲜）之别。选料广博奇异，品种花样繁多；用量精而细，配料多而巧，装饰美而艳，而且善于在模仿中创新，品种繁多。

粤菜的烹调方法还有泡、扒、烤、川，是从北方菜的爆、扒、烤、氽移植而来。煎、炸的新法是吸取西菜同类方法改进之后形成的。但粤菜的移植，并不生搬硬套，乃是结合广东原料广博、质地鲜嫩，人们口味喜欢清鲜常新的特点，加以发展，触类旁通。如北方菜的扒，通常是将原料调味后，烤至酥烂，推芡打明油上碟，称为清扒。粤菜的扒，却是将原料煲或蒸至腻，然后推阔芡扒上，表现多为有料扒，代表作有八珍扒大鸭、鸡丝扒肉脯等。

粤菜的影响较为广泛。据近年来的一些报刊介绍，目前的美国有中国餐馆近万家；英国有 4000 家；法国、荷兰各有 2000 多家；日本不下数千家。这些地方的中国餐馆，多数是粤式茶楼、菜馆，生意很旺。澳大利亚的悉尼市，在“唐人街”的影响下，饮茶已成为一个专门名词，凡到悉尼市游览的人，都以到“唐人街”享受一下粤式饮茶用餐的韵味为时尚。粤菜以其独特的清淡风味独领风骚，以“食在广州”的声誉驰名中外。

第三节　糕饼点心

粤式点心又称广式点心，是以岭南小吃为基础，广泛吸取北方各地、包括六大古都的宫廷面点和西式糕饼技艺发展而成。据说品种有1000多款，为全国点心种类之冠。其特点是用料讲究，品种繁多，款式新颖，口味清新多样，制作精细，咸甜兼备，能适应四季节令和各种口味需要。各款点心都讲究色泽和谐，造型各异，相映成趣，令人百食不厌。

粤式点心发展到今天，又有了新的创新。现在的粤式点心，在粤派风格的基础上，以传统的粤式做法为主，在即点即蒸、保持最新鲜的味道的同时，融入了更多时尚与混搭及绿色、健康元素。比如：粤式南瓜煎堆仔，既未颠覆其软糯香甜的本质，又将外脆里香的流行元素融合进来，堪称一绝；粤式现煎黑芝麻糕看上去黑糊糊的，其貌不扬，但其中黑芝麻的味道十分地道新鲜，显然是现时磨制出来的，吃起来香甜可口，很有时尚的口感；粤式叉烧餐包，在叉烧餐包里面注入混合好的果酱等辅材，加热后果酱变成流动的浓稠状态，非常特别，趁热一口咬下去，包在里面的果酱混上麦片和奶粉的香味满溢唇舌，口感十分丰富，也迎合了“吃得健康”的概念；粤式招牌生煎包，咬下去是肉汁的鲜美，而底部煎得又脆又黑的包子皮很够劲，一口下去，咯吱一声，香酥到底。

在各类点心中，代表名品有：鲜虾荷叶饭、绿茵白兔饺、煎萝卜糕、皮蛋酥、冰肉千层酥、酥皮莲蓉包、刺猬包子、粉果、及第粥、干蒸蟹黄烧麦等。富有地方特色的点心小食有：虾饺、干蒸烧卖、娥姐粉果、马蹄糕、叉烧包、糯米鸡、蜂巢香芋角、鸡仔饼、家乡咸水角、白糖伦教糕等。

虾饺作为粤点之王，以鲜虾仁作馅，是名副其实的虾馅饺子。虾饺始于20世纪20年代，是广州河南乡间一家小茶楼的老板所创制。据说，小茶楼处于水乡，常有渔民在河面叫卖鱼虾，老板便收买活虾，配以猪肉、笋等作馅，别出心裁地制作出虾饺，以虾之鲜美而驰名广州。后来虾饺的制作不断改进，其形如拇指头般小，呈半月弯形，透明的皮裹着鲜红的虾仁，可谓“红装素裹”，小巧玲珑，色、形、味俱全，体现出岭南饮食的风味与特色，是广州早茶的美点。

干蒸烧卖始于20世纪30年代，现已风靡广东各地，近20年来又传遍广西的大中城市，成为岭南茶楼、酒家茶市必备之品。用鸡蛋液、水和面作皮，猪肉、虾肉、冬菇作馅，捏成石榴花形，蒸制而成。其皮色淡黄，蟹黄鲜艳，皮软、肉爽，稍含汁液，鲜美而香。

酥皮蛋挞。蛋挞即以蛋浆为馅料的糕点。做法是把饼皮放进小圆盆状的饼模中，倒入由砂糖及鸡蛋混合而成之蛋浆，然后放入烤炉；烤出的蛋挞外层为松脆之挞皮，内层则为香甜的黄色凝固蛋浆。

叉烧包是广东具代表性的点心之一。以切成小块的叉烧，加入蚝油等调味成为馅料，外面以面粉包裹，放在蒸笼内蒸熟而成。叉烧包一般大小约为直径5公分左右，一笼通常为三或四个。好的叉烧包采用肥瘦适中的叉烧作馅，包皮蒸熟后软滑刚好，稍为裂开露出叉烧馅料，渗发出阵阵叉烧的香味。又有一说传统叉烧包的标准要求是：高身雀笼型，大肚收笃（顶端），爆口而仅微微露馅。

糯米鸡是中国广东点心的一种。制法是在糯米里面放入鸡肉、叉烧肉、咸蛋黄、冬菇等馅料，然后以荷叶包实放到蒸具上蒸熟。相传糯米鸡起源于解放前广州的夜市，最初是以碗盖着蒸熟而成，后来小贩为方便肩挑出售，改为以荷叶包裹。古代糯米鸡以糯米、瑶柱、虾干粒或去骨的鸡翼等作馅料精制而成。传统的糯米鸡的份量较大，足有三四两米，吃一个糯米鸡已差不多是半顿饭量。因此1980年起，广东酒楼推出材料相同而体积小一半的“珍珠鸡”，深受顾客欢迎。

马蹄糕也是有名的广东小吃，以糖水拌和荸荠粉蒸制而成。荸荠粤语别称马蹄，故名。其色茶黄，呈半透明，可折而不裂，撅而不断，软、滑、爽、韧兼备，味极香甜。此品以泮塘所盛产马蹄而闻名，那里所产的马蹄粉粉质细腻，结晶体大，味道香甜，可以做成多种点心、小吃。以它做成的马蹄糕是传统名食，四季皆宜。

肠粉又叫布拉蒸肠粉，是一种米制品，亦称拉粉、卷粉、猪肠粉（因形似猪肠），因为早市销量大，多数店家又供不应求，人们常常是排队候吃，因此又被戏称为“抢粉”。出品时以“白如雪，薄如纸，油光闪亮，香滑可口”著称。在广东，肠粉是一种非常普遍的街坊美食，它价廉、美味，老少咸宜、妇孺皆知，从不起眼的食肆茶市到五星级的高级酒店，几乎都有供应。

云吞面是广东地道小吃的一种。据考，馄饨也叫云吞，起初是用于祭祀的。宋时每逢冬至，市镇店肆停业，各家包馄饨祭祖，祭毕全家长幼分食祭品馄饨。富贵人家祭祀馄饨有十多种馅，谓之“百味馄饨”，南宋后馄饨传入市肆。云吞面相传是同治年间从湖南传入，在清末民初时广州西关一带多由小贩肩挑着四处贩卖。

粉果也是广州传统的糕点，其皮与形状较虾饺略大，不一定是半月形，馅却有虾肉、鲜猪肉、叉烧、笋肉、冬菇等，风味与虾饺不同。与虾饺的另一点不同是粉果可以隔水蒸，也可以用油半煎炸，为煎粉果。粉果又称“娥姐粉果”，相传其创制人是抗战前一名叫“娥姐”的女佣，因粉果别具风味而被“茶香室”的老板看中，特聘娥姐到茶室主持制作，并以娥姐命名此点心。因粉果受到顾客欢迎，其他茶楼也纷纷仿效，逐渐成为广州的传统点心。由身份低微的佣人所创制的点心，居然可以登大雅之堂，可见岭南人观念的开放，讲究实惠而不拘泥于尊卑名分。

鸡仔饼是广州名饼，原名“小凤饼”。据说是清咸丰年间，广州西关姓伍的富家有一名叫小凤的女工所创制，其成为名饼却在半个世纪之后。传说广州河南成珠茶楼因中秋月饼滞销，制饼师傅急中生智，把制月饼的原料按小凤饼的方法制作，并大胆地用搓烂的月饼和猪肉、菜心混合为馅料，再调以南乳、蒜茸、胡椒粉、五香粉和盐，制作出甜中带咸、甘香酥脆的新品种“成珠小凤饼”来，因其异味香脆而受到顾客青睐。小凤饼形状像雏鸡，故又称鸡仔饼。其后又进一步改进，精制巧作并改进包装，或罐装或盒装，从此远销东南亚。

伦教糕是岭南典型的地方糕点，因始创于广东顺德伦教镇而得名，作为广州的风味小吃而流行。与一般用大米和白糖制作的松糕、马蹄糕不同，伦教糕以晶莹洁白而著称。据说优质的伦敦糕光洁如镜、雪白晶莹；糕身横竖小水泡似的孔眼，均匀有序；质地爽软、滑润而富有韧性，折时不留折纹；味道清甜、爽滑。

在饼食中，以粤式中秋月饼最为有名。月饼的制作有其独到之处，选料广泛，加工精细，皮簿馅精。不但在国内市场上十分畅销，而且远销港澳、海外。

传统的粤式月饼有：双黄白莲蓉月饼，在粤式月饼中拥有相当悠久的历史，精制而成的幼滑细嫩的莲蓉入口即化，加拌天然的咸蛋黄，甜而不腻。

粤式金华火腿五仁月饼，用金华火腿、杏仁、榄仁、核桃仁、瓜子仁、芝麻等这些高营养的材料制作而成，经多年的演变和不断的改造口感更好，香软可口、咸甜适中。还有营养核桃南枣月饼、莲茸月饼，此外还有“老婆饼”等。

第四节 特殊食俗

很多特殊食俗都与岁时节令有关，有一些是全国性的大众化的特殊食俗，比如除夕的年夜饭、正月十五吃元宵、端午节吃粽子及中秋节吃月饼等，千百年来在民间约定俗成。但由于地域不同，各地均有自己的区别于异地的食俗，比如入秋后广东人的食蛇习俗。

“油锤”是元宵节的食品，最早出现于唐宋时。宋代《岁时杂记》中说：“上元节食焦锤最盛且久。”说明油锤为宋代的汴中（今河南开封）元宵节的节日食品。据宋代的《太平广记》记载：油热后从银盒中取出锤子馅。用物在和好的软面中团之。将团得的锤子放到锅中煮熟，捞出，放到新打的井水中浸透。再将锤子投入油锅中，油沸后取出。吃起来“其味脆美，不可言状”。原来唐宋时的油锤就是后世所言的炸元宵。可以肯定“油锤”这种小吃是从中原传入的，经过一千多年的发展，其制法与品种已颇具地方特色，仅广东一省，便有番属的“通心煎堆”、东莞的“碌堆”、九江的“煎堆”等等，真可谓唐宋食风今犹在。

中山芦兜粽。端午节的粽子在最讲究吃的广东，被变换出多种模样，演绎出富有当地文化气息的饮食个性。中山人用芦兜叶包粽子早已成传统。过去，村民发现河边这种百合科野生植物叶长、味香，便尝试用来裹粽，据说这种做法已历时百年，每逢端午节，家家户户、宾馆酒楼，总少不了这个长达 30 公分圆筒粽的身影。在外形上，它与普通粽子有着明显的不同，直径约 12 厘米，长 30 厘米，两头交错一字平口，呈圆筒状，一只粽一般两至三斤重。在内容上，它来得更为丰富。比如，除了洗净的糯米和绿豆外，还有烧腩肉、两颗以上的咸蛋黄，有的还添有少量的五香粉，在色香味上样样做足工夫。一般用圆水草绑扎后，在武火下煲至水滚放入芦兜粽，文火煮 4 个小时，间中加些开水，收火留浸于汤内 4 小时。有些人家还会在煮粽的水中放菖蒲以增加香味。

最与众不同的要数用来裹粽的芦兜，它具有清热解暑的功效。在裹粽之前，还需要经过一系列的工序：去刺，再煮水去腥，放在院子中晒 3 天，5 条扎成一卷备用。这样还不能用来包粽，要裹粽子之前须浸水 12 小时以上，浸过后擦干，再浸再擦，重复 3 次，完工后即可。用芦兜煮粽味香醇、米滑嫩，有淡淡的芳香，润口粘稠，咸香浓郁。

潮州双烹粽球。在色香味形上，潮州粽子极具个性风格，粽球被咸水草扎得更紧，四个角中有一个较长，打开后可直接看到黑香菇、白猪肉、红蛋黄、虾米、豆沙，色彩十分好看。这种粽球同时具有咸、甜两种口味，红豆沙和咸蛋黄同时得以体现。在做法上，包兼具两种口味的粽子需要一定的技巧。把糯米、五花肉、香菇、咸蛋黄、虾米、红豆沙准备好后，先将糯米用水浸 3 小时，晾干，放锅中用蒜头炒香，放入鱼露，烹好糯米，将其放入三角斗形的竹叶中，再加五花肉、香菇、虾米、咸蛋黄、红豆沙，用草扎紧后蒸半小时后即可。需要注意的是，每个粽子球放入红豆沙便搓成小球，而后再用网包好，放入粽球中，这样网能将红豆沙与糯米隔开，避免糯米粘上甜豆沙后难熟。蒸煮粽子时一旦第一次未熟，便再也不熟了。这种粽子口味咸甜分明，相得益彰，红豆沙香味凸显，口感软绵。现在各类粽子不只限于端午时才能吃到，已经逐步成为人们常见的食品。

汕尾的擂茶。擂茶也叫咸茶。每当入夏，汕尾市的乡村圩镇时兴吃擂茶。每当亲戚朋友来访，热情好客的海陆丰农民便立即动手制作擂茶招待，倍感亲切。全国农村吃擂茶的地方并不多，广东的汕尾市和揭西县以及桂、赣、湘西的部分地区才有此习俗。吃擂茶时，先将绿茶叶、熟花生米、芝麻一起放进擂钵（一种特制的内壁有牙纹的陶钵），用石榴木做的擂槌来回搅拌，将其捣碎成稀粉糊，再放入少许的羌盐，然后将煮沸的开水冲入，即成擂茶。海丰县城以及沿海一带的乡镇吃擂茶时，还加进加工好的芹菜、葱、蒜、虾米、鱿丝，味道极佳，很能刺激食欲。陆河、揭西一带的农村却喜欢拌入炒米花，外佐以一碟酸浸蒜头或荞头，清脆爽口，别有风味。著名民间文学家钟敬文的故乡海丰县公平镇一带，习惯将刚煮熟的大米饭泡在咸茶里，加进各样香菜配料，他们叫做“饭茶”，权作点心，解渴又充饥。吃擂茶的习俗，古已有之。清代茹敦和在其所著的《越言释》中记载：“江广间有擂茶，是羌盐煎茶遣制，有存古意。”清代知名举人海丰的“阿凡提”黄汉宗曾写一诗：“海丰时俗尚咸茶，牙钵擎来共一家，厚薄人情何处见？看她多少下芝麻。”盛夏吃擂茶，能消暑止渴、生津润肺，又提神醒脑、消除疲劳；寒冬吃擂茶可促进新陈代谢、御寒保暖。

蛇。“秋风起，三蛇肥。”食蛇是广州人比较有名的食俗。广州人认为，蛇越毒越有营养，所以蛇宴上所用蛇多为金环蛇、银环蛇、饭勺蛇等。蛇的食法也是多种多样，有炒的、炖的、烩的、浸酒的，有生吞蛇胆的，等等。

广州人自古就有食蛇的习惯，算起来大概有两千多年的历史了。西汉人写的《淮南子》中就有记载。作为席上佳肴而入市肆，大概是清代以后的事。传说清末，番禺县有一个太史叫江孔殷，有一次与家人下乡游玩，中途在佃户家休息，无意中看见佃户在做“蛇馔”，香味诱人，拿来一尝觉得香美可口，对此赞叹不已，就向佃户学得了做蛇馔的方法。回到府上以后，他让厨子照着做，并不断改进，精益求精。官场中凡是在江府上吃过蛇馔的人都认为这是不可多得的佳肴。从此相互传颂，便有了太史厨的“三蛇羹”、“五蛇羹”。

广州人食蛇讲究节令，就是秋季。因为蛇在冬眠以前要贮足脂肪，因此这个时候的蛇最肥。另外，因为蛇肉极为滋补，人食了以后会产生大量的热能，夏天食会出大汗，所以秋冬季被认为是食蛇的最佳季节。

过去广州人食蛇在民间还有一条习俗，即是煮蛇要用土锅，而且要在室外搭灶来煮。食完以后，将土锅连同用过的碗筷一起丢掉，不过这种习俗现在已经破除了。

蟹。广州人中秋时节讲究食蟹。食蟹现在早已不再是件难事，无论什么季节、什么时令，螃蟹都是人们的盘中餐。然而，广东人全年中最令人难忘的食蟹经历想必是中秋时节了，品种、吃法、做法都十分讲究。螃蟹最精华的部分要数蟹黄和蟹膏。相关书籍介绍，蟹黄指母螃蟹的卵，蟹膏指公螃蟹的精巢。秋天是许多螃蟹的产卵季节，农历八月母蟹最肥、蟹黄足，农历九月公蟹最香、蟹脂多。所以秋季吃螃蟹时，区分雌雄两性可享受到时节最鲜美的蟹餐。谈及食法，配料和配酒最为讲究。清蒸或爆炒时，以姜葱醋为佐料，不仅有酸甜的口味，而且能祛螃蟹的寒凉，或者倒入一些黄酒，亦或是将其与黄酒一起搭配食用。因为黄酒性温，与性寒的螃蟹互补，有着姜末醋汁同等的功效。

腊味。广州人还有吃腊味的习俗。秋冬季节是制作腊味和吃腊味的好季节，腊味品种分别有腊肠、腊肉、肉脯、美极凤饼、蛋黄凤凰盏、酱封肉、晾肉、金钱片、腊猪心、腊猪俐、豉鸭、腊乳鸽、腊鸡腿、腊乳猪、腊大鱼柳等。腊味的制法一般采用先进的太阳能（无污染）干燥技术，使生产出来的腊味具有天然生晒、衣脆肉嫩、色泽鲜明、甘香可口、口感独特的特点。腊味饭也是广东人吃腊味一绝，即把腊肠、腊肉等放入煮好的煲仔饭里再煲一煲，上桌时再添一勺酱油，真是吃得又方便又美味。到了吃腊味的好季节，一煲煲油汪汪、香喷喷的煲仔饭最惹人胃口了。

第五节　特色佳肴

梅菜扣肉。“惠州三件宝”，梅菜不仅可独成一味菜，又可与其他材料制成梅菜蒸猪肉、梅菜蒸牛肉、梅菜蒸鲜鱼等菜肴。不过最出名的梅菜菜肴，应该要属梅菜扣肉了。梅菜扣肉精选横沥土桥梅菜芯，在清水中浸泡至爽口、淡口，把梅菜切成若干段备用，选五花肉，将五花肉皮刮干净，上汤锅煮透捞出，趁热在皮上上一层老抽，皮向下入烧热的花生油锅里炸，炸上色捞出，放净水盆内泡软，然后切成三至四毫米厚的大肉片，洗干净锅，注入花生油，下葱、姜、蒜、八角末炒出味后，放了五花肉炒片刻，然后再下汤、白酒、盐、生抽、白糖，待汤开后挪到小火直到焖烂为止，然后把烧好的五花肉拿出来，将肉（有皮的在底）平整地放入碗里，上面铺上一层梅菜段，再倒入原汤，上笼蒸透。走菜时滗出原汤，把肉反转扣在盘中，原汤烧开，用水淀粉勾芡，浇在肉上即可。这道菜的特点是肉烂味香，吃起来咸中略带甜味，肥而不腻。

鱼皮风味。这是一道味道极美的凉菜。将新鲜的鲮鱼皮过水后加入调料，如酱油、花生、白芝麻、姜葱丝、香料等，搅拌均匀后就可以上桌了。这道凉拌菜的最关键的工序，现在无需店家自己动手，因为已经白灼过的鱼皮是现成的，店员只需要将它们拿出来，甚至不用再清洗，直接放入饭盒内，加入调料后就基本完成了工序。不过，最关键的是“过冷河”工序，是决定鱼皮是否爽口的关键因素，如果做得到位，那么鱼皮干爽脆嫩的口感就能保持较久。鱼皮除了口感爽脆又惹味外，还富有丰富的骨胶原，对皮肤有好处。

广式番鸭。番鸭，也被称作洋鸭，与家鸭很大的不同是其体型硕大，肉也自然比较多，公番鸭平均约有六七斤重。番鸭原产于东南亚，早在100多年前，曾有华侨从南洋引进番鸭的养殖方法，后因脯大、皮薄、骨软、肉嫩、脂肪少，口感肥而不腻而远近驰名。

广式番鸭汤的制作方法是：先熬骨。用清补凉的汤料与鸭骨一起熬煮，约2个小时后，待煮至鸭肉剥离鸭骨后，清补凉的味道已经逐渐浸到鸭块上，汤汁的鲜味也就慢慢出现了。不用在汤中加入任何的调味料，包括食盐也可以舍弃，一锅品质“纯朴”的靓汤就出锅了。汤头味道鲜甜，鸭的腥味被清补凉的味道所抢，留下清淡而不失甜美的甘香。

再吃皮。与一般火锅的吃法不同，番鸭没有连骨带肉一块块往锅里丢，而是皮肉分开，番鸭皮薄，皮被切成小块，上面的油脂亦被切除，剔出其油腻且不健康的部分，以免其影响口味。鸭皮倒入汤锅内，入锅约2至3分钟，为保证其嫩滑的口感，时间不宜过长，出锅时蘸上酱油或蒜茸酱料便能让其口味更为丰富而具层次感。不过鸭皮除了含有蛋白质外，还含有一定的胆固醇及热量，肥胖者不宜多吃。

后吃肉。番鸭肉薄片作为最后一道菜被下入汤中，此时的汤除了清补凉和鸭肉的味道，还有煮鸭皮后所产生的一些油，在滚烫的汤中滚3至5下，为保其鲜嫩多汁，鸭肉片即熟出锅。番鸭肉质本身较为粗糙，弹性十足，松软感有限。鸭肉性甘、寒，有滋补、养胃、补肾、消水肿、止热痢等食疗功效，体质虚弱、发热或水肿的人食之则更有益。

萝卜牛杂。广州街头有着一道其他城市没有的独特风景，那就是吃萝卜牛杂。无论是繁华喧嚣的北京路、上下九，还是在狭窄破旧的古街小巷，你都可以见到飘着那种独特香味的萝卜牛杂店。它们多是一些小店，有时甚至就是一个窗口、一辆小推车。许多人捧着小碗、捏着竹签在那团团热气里大快朵颐，吃得满嘴留香。据说这美味的萝卜牛杂是清朝光绪年间一个厨师发明的。当时，他在广州开了一家牛香店，将牛肠、牛膀、牛肺、萝卜，与加了花椒、八角等五种味料的酱汁慢火焖几个小时，等牛杂焖透了萝卜也吸满了加入牛杂味的酱汁后，再剪成小块，用小竹签串着蘸辣椒酱吃，入口回味无穷。善食的广州人纷纷仿效，流传至今。

岭南佳果荔枝。荔枝能称得上是岭南果霸了，因为其是热带果实，经受不起寒冷的影响，所以只能在岭南范围内生长。荔枝味道鲜美，剥开深红色的皮，轻轻地咬上一口，鲜甜的果汁渗入口中，稍微有点儿酸，加上甜甜的味道，只要吃过的人，都会赞不绝口、回味无穷。难怪苏东坡感叹：“日啖荔枝三百颗，不辞长作岭南人。”唐代诗人白居易尝过荔枝也不禁赞叹道：“嚼疑天上味，嗅异世间香，润胜连生水，鲜逾桔汤霜”。但是荔枝较燥热，吃得太多会上火。

第六节　著名茶饮

一、广州茶文化

我国是茶的故乡，种茶、喝茶的历史十分悠久。据史料记载，最早的茶馆为茶摊形式的，出现在东晋的元帝时期（公元317—322年），南北朝时就形成了初级的茶寮，到唐代则已是茶馆遍地。宋、元、明、清及民国时期，茶馆经营逐渐演变为一种日常的生活方式，城市、乡镇甚至最偏远的农村，都有了形形色色的茶馆踪影。

“早茶”一词几乎已成为广州人的代名词，提到广州人就自然会联想到早茶。虽然早茶并非只限于广州，但因其早茶“出道”早，其他的自然也就不在话下了。

以前很多人对广州人喝“早茶”的习惯很不理解，特别是北方人。这是因为他们并不了解广州“早茶”的丰富内容，总以为只是清茶一杯，其实已经有越来越多制作精美的点心、小吃搬上了“早茶”的餐桌，如叉烧包、水晶包、水笼肉包、虾仁小笼包、蟹粉小笼包，以及凤爪、牛肉、肚片，再加上各类干蒸的烧卖、酥饼，还有鸡粥、牛肉粥、鱼片粥、猪肠粉、虾仁粉、云吞……真是让人目不暇接、垂涎三尺。

广州茶楼的历史其实并不算很长，大概也就是清道光年间才从当时的酒楼演变而来的。真正与广州现今的“早茶”形式有点接近的茶馆，考证下来大约有点像清代咸丰同治年间的一种叫做“一厘馆”的馆子，其设备很简陋，木桌板凳，供应糕点，门口挂一个木牌子，写着“茶话”两字，实际就是为客人提供了一个歇脚叙谈、吃点东西的地方。发展到后来，这样的场所逐渐变得专业起来，内容越来越丰富，场面也越来越豪华，并最终促成了广州人吃

“早茶”的习俗。到了今天，“喝早茶”已成为广州人生活中的一大内容，也成为广州城市特色中最浓墨重彩的一笔。

从“一厘馆”到现在的酒店茶楼，尽管广州人“喝早茶”的内容和形式已经有很大变化，但在本质上其功能并没有特别的变化。旧时广州的“妙奇香茶楼”有一幅对联：“为名忙，为利忙，忙里偷闲，饮杯茶去；劳心苦，劳力苦，苦中作乐，拿壶酒来。”这无疑说的是一种感觉，而且准确形象地描绘出了“喝早茶”的理念意境。

广州人不仅饮早茶，还饮下午茶、夜茶，再顺便叙叙旧、谈谈生意。可见，广州人饮茶实际上也是一种社会交际的方式，这也是广州茶楼业能历经百年而长盛不衰的一个重要原因。事实上，情趣性、休闲性、交际性和经济性始终是广州人“喝早茶”的不变主题。

二、潮州茶道

比起广州，潮州的茶道就要复杂得多了。潮州功夫茶起于明代，盛于清代，是潮州地区特有的文化现象，也是潮州饮食文化的重要组成部分。“功夫”本为茶名（一种中等茶），后演化为烹茶方法。《清朝野史大观·清代述异》称：“中国讲求烹茶，以闽之汀、漳、泉三府，粤之潮州府功夫茶为最。”

潮州功夫茶在当地不分雅俗，十分普遍，几乎人人都会以茶会友。不论是在公众场合还是在居民家中，不论是在路边村头还是在工厂商店，无处不见人们长斟短酌。品茶并不仅为了达到解渴的目的，而且在品茶中或联络感情，或互通信息，或闲聊消遣，或洽谈贸易，可见潮州功夫茶蕴含着丰富的文化内容。儒雅人家的功夫茶特讲究，有茶童（戏称“风炉县长”）专侍，挑担、入山、浮水，临清溪而烹茶，观山水而论道，赋诗词而抒情，别有一番情趣。功夫茶已成为文人骚客生活中不可或缺的雅事，故在许多诗文中均有言及。如近代诗人丘逢甲从日本回国后，在潮州生活时作《潮州春思》诗六首，其中一首记述春日烹品功夫茶的情景，曰：“曲院春风啜茗天，竹炉榄炭手亲煎。小砂壶瀹新鷓鸪，来试潮山处女泉。”

此外，潮州功夫茶还以茶具精致小巧、烹制考究与以茶寄情为特点。据翁辉东《潮州茶经》称：“功夫茶之特别处，不在茶之本质，而在茶具器皿之配备精良，以及闲情逸志之烹制法。”功夫茶一般不用红茶和绿茶，而用半发酵的乌龙、奇种与铁观音，不必要用上等茶，茶叶远没有茶具讲究。功夫茶的茶具往往是“一式多件”，一套茶具包括茶壶、茶盘、茶杯、茶垫、茶罐、水瓶、龙缸、水钵、红泥火炉、砂姚、茶担、羽扇等，一般以12件为常见。如12件皆为精品，则称“十二宝”；如其中有8件为精品，或4件为精品，则称“八宝”或“四宝”。茶具还讲究名产地、名厂家出品，精细、小巧、质量上乘的一套茶具体现了潮州茶文化高品位的价值取向。功夫茶的茶壶多用江苏宜兴所产的朱砂壶，要求“小浅齐老”。即：茶壶“宜小”，“小则香气氤氲，大则易于散烫”，“独自斟酌，愈小愈佳”；茶杯也宜小宜浅，犹如半只乒乓球，色白如玉，杯小则一啜而尽，浅则水不留底。

功夫茶之功夫，全在茶之烹法，虽有好的茶叶、茶具，若不善冲，也前功尽弃。潮州功夫茶的烹法有所谓的“十法”，即活火、虾须水、拣茶、装茶、烫盅、热罐、高冲、盖沫、淋顶与低筛。也有人把烹制功夫茶的具体程序概括为“高冲低洒，盖沫重眉，关公巡城，韩信点兵”，或称“八步法”。具体步骤如下：

治器——冲茶前的准备工作，从起火到烧开水，冲烫茶具；

纳茶——将茶叶分粗细后，分别把茶叶装入茶壶，粗者置于底、中者置于中、细者置于上，茶叶不可装得太满，仅七八成即可；

候茶——讲究煮水，以“蟹眼水”为度，如苏东坡所说，“蟹眼已过鱼眼生”，初沸的水冲茶最好；

冲点——讲究“高冲”、开水从茶壶边冲入，切忌直冲壶心，以防“冲破茶胆”，茶叶冲散，茶沫溢出；

刮沫——冲茶时溢出的白色茶沫，先用茶壶盖刮去，然后把茶壶盖好；

淋罐——茶壶盖好后，即用开水冲淋壶盖，既可冲去溢出的茶沫，又可在壶外加热；

烫杯——在筛茶前，先烫杯，一可消毒，二可使茶杯升温，茶不易凉，也能使茶生香；

筛茶——讲究“低筛”，这是潮州功夫茶的特有筛茶方法，把茶壶嘴贴近已整齐摆放好的茶杯，然后如“关公巡城”般连续不断地把茶均匀地筛洒在各个杯中，不能一次注满一杯，以示“一视同仁”，但一壶茶却必须循环筛酒以至于尽，即所谓“韩信点兵”多多益善。

潮州功夫茶不同于一般的喝茶，不是大口大杯地喝，而是小杯地品味，品茶之意与其说是为解渴，不如说是在品味茶之香，在以茶叙情。其次，潮州功夫茶特别讲究食茶的礼节，茶冲完后主客总是谦让一番，然后请长者、贵宾先尝，杯沿接唇，茶面迎鼻，闻茶之香，再一啜而尽。功夫茶这一套礼仪正是中国传统的“茶道”。

第 六 章

岭南的居住民俗

居住民俗是指经过较长历史时期逐渐演化而成的，在特定时代、特定地域、特定民族或特定人群中占主导地位的有关居住的生存方式。可以说，岭南人民居住文化的历史和其迈向人类文明的历史一样久远。岭南地区属于热带、亚热带的季风气候类型，天气潮湿、闷热，夏秋季节多台风，而且夏季的炎热持续时间长。因此，岭南居住建筑在适应气候环境的过程中，利用气候条件中的有利因素，回避不利因素，形成了较为有效的对策。岭南民居千姿百态，包括城镇型民居（如广州西关大屋）、广府的三间两廊式、潮汕式民居、客家民居及侨乡碉楼民居等。综观岭南民居之特点，可归纳为：开畅明朗，通透玲珑；求新自由，民俗味较浓；“中西结合”，常开建筑独特风格之先河。所以，岭南民居丰富多彩，既有海洋文化特色，也有崇山峻岭之文化特色。

第一节　西关大屋

西关大屋是清末豪门富商在广州城西“西关角”（今荔湾区）一带兴建的极具岭南特色的广州传统民间住宅形式。西关在明朝已成为广州城区的商业中心，名门望族、官僚巨贾皆聚集于此。

西关角形成于清代同治、光绪年间，范围包括文昌桥、大观桥、泮塘、昌华园周围一带。西关大屋集中在宝华路、多宝路、宝源路、逢源路，后来又扩展到西关的其他地区，多为名门望族、官僚巨贾所建。

西关大屋多为砖木结构、青砖石脚，其高大的正门用花岗石装嵌。平面布局按中原传统的正堂屋形式设计，基本上呈纵深方向展开。典型平面为三间两廊；左右对称，中间为主要厅堂。中轴线由前而后，由南而北，依次为门廊、门厅（门官厅）、轿厅（茶厅）、正厅（大厅或神厅）、头房（长辈房）、天井、二厅（饭厅）、二房（尾房）。每厅为一进，一般大屋为二三进，形成颇多的中轴线。两旁偏间前部左边为书房及小院，右边为偏厅和客房。客房顶为平天台，供乘凉、赏月和西关小姐们七夕拜月（拜七姐）等用。偏厅、客房后部为卧房、厨房等。庭园中栽种花木，筑有假山鱼池，颇为典雅清幽。

西关大屋的门廊装修颇具特色，设矮脚吊扇门（又叫脚门）、趟栊、硬木大门三重门扇。趟栊是一个活动的栏栅，用13条或15条坚硬的圆木条（一般为红木或硬木）构成，横向开合故称趟栊。脚门和趟栊有通风和保安的功能，是适应岭南炎热多雨的气候而特制的建筑构件。西关大屋的大门用红木或樟木等高级木材制造，厚约8厘米，门钮为铜环，门脚藏于石臼中，门后用横闩扣门，以防盗贼。

门厅（门官厅）中设天宫和土地神仕，其后有四扇中门，平时不开，只有乘轿的贵客来访时才开，以示隆重迎接，仅留左右两门出入，使路人看不见门内情景。轿厅是供乘轿客人及主人出入停轿之所。

大厅是大屋的主体建筑，面积最大，屋脊最高。整座大厅红栋（主梁油红漆）黑桷（木角油黑色）白瓦（衬瓦涂以白色），宽敞宏大。为使大厅更加明亮，屋顶还错落地装以明瓦，即玻璃瓦。

正厅后面是头房（或称长辈房），是长辈们居住之所，以明瓦、高窗采光。头房后依次是二厅（饭厅）、二房（供儿子婚后夫妇居住）。二房又称尾房，是中轴线上最后的房间。

厅与厅之间以小天井隔开，天井上加小屋盖，依靠高侧窗采光通风。中轴线两旁主要有书房、偏厅、卧室和楼梯间等，大体上左右对称布置。门厅右边一般设有小庭院，内栽种名贵花木，布置石山、石景、鱼池或荷花池，以供主人或来客游憩观赏。大屋两侧各有一条青云巷，取“平步青云”之意。青云巷又称冷巷、火巷、水巷等，具有交通（女眷或仆役出入）、通风、采光、排水、晾晒、栽花、清运粪便垃圾等多种功能。

西关大屋室内装修典雅，堪称集工艺美术之大成，其中的木石砖雕、陶塑灰塑、壁画石景、玻璃及铁漏花、满洲窗、刻彩图案、红木家具、木雕花饰、槛窗等等等，均极富岭南韵味与风采。

因此，西关大屋被称为广州传统建筑的瑰宝，据统计现存 100 多间，具有保留价值的有 10 多间。最著名的西关大屋包括：坐落于宝源北街 18 号的“梁资政第”、坐落于多宝路的邓宫保第以及坐落于宝华路正中约的钟家花园等。然而十分可惜的是，这些名园大宅大多早已不复存在。

第二节　广州骑楼

俗话说：“北京有四合院，上海有石库门，广州有骑楼。”在岭南窄窄的街道两旁，一幢幢房子就好像长了脚，被柱子架在半空。与此同时，底层的房子也似乎往里掏空了两米左右。这样便在街左右两旁各形成了一条宽敞的人行走廊，长可达数百米甚至上千米。这就是骑楼，岭南建筑的一个重要标志。

广州骑楼的特点是把门廊扩大串通成沿街廊道。廊道上面是骑楼，下面一边向街敞开，另一边是店面橱窗，顾客可以沿走廊自由选购商品，楼上一般住人。骑楼街可以避风雨、防日晒，特别适应岭南亚热带的气候。骑楼内的店铺还可以借用柱廊空间，以便于敞开铺面、陈列商品来招徕顾客。

有专家说：“民国七年（1918 年），广州拆城墙、扩马路，开通了越秀北、人民路、盘福路、文明路、大德路等今天仍服务民生的主干道。当时为了充分运用马路空间，同时又针对南方潮湿多雨、炎热高温的气候特征，便在马路两旁搭建起两三层的砖木混合结构的骑楼式楼房，就连现代化的建筑南方大厦、新大新公司等，也采用了这种骑楼式的建筑结构，一时风靡全城，形成了广州街景的主格局。”

当时，骑楼主要集中在中山路、解放路、人民南路等商业街道，以西濠口一带的骑楼最为壮观。这一带商业繁华，骑楼式建筑空间高敞，代表者有新亚酒店、新华酒店等，而 1934 年建成的爱群大酒店，首层也是典型的骑楼形式。说到骑楼的来源，目前比较流行的有两种看法。

一是“欧风美雨”说。广州是近代中国受欧洲影响较大的城市，欧洲的建筑风格对广州的影响也体现得很鲜明。如天主教圣心堂（石室）一类的宗教建筑，如广州邮务管理局大楼、粤海关大楼、市府大楼、省财政厅大楼、省总工会大楼一类的公共建筑，如西关大屋、竹筒屋以及东山花园洋房、小洋楼一类的住宅民居建筑，如中山纪念堂、海员亭一类的纪念性建筑，又如爱群大厦、南方大厦、市银行大楼、省银行大楼、新亚大酒店等商业建筑，均带着鲜明的欧美风格。

商业骑楼建筑最早见于2000多年前的古希腊，后来流行于欧洲，是近代才传至世界各地的。因此，一些专家认为，骑楼是广东人将西洋建筑和岭南建筑结合的产物，是典型的中西合璧。

第二种说法则认为，骑楼是越族先民“干栏”建筑的遗韵。《博物志》里说：“南越巢居。”《南越志》里说：“南越栅居。”所谓“巢居”、“栅居”，就是广州博物馆展出的“干栏”。专家说：“干指上面，栏指房屋。建筑文化和生产力的发展水平密切相关，在史前时代，岭南的原始建筑经历了洞穴、半地穴到完全地面式的发展过程。广州博物馆展出的汉墓出土遗物干栏，据考证是上屋住人，下面容纳家畜和杂物。这种干栏的特点是干爽、通风、避暑、防潮，适合岭南的亚热带气候和地理环境。”

但无论是“中西合璧”说，还是“继承传统”说，骑楼作为广州的一个符号，都充分地体现了广州的商城特色，更见证了广州的现代化进程。

依建筑风格，广州骑楼又可分为西关骑楼和东山骑楼两个流派。

西关骑楼是早期骑楼的代表，外观主要采取巴洛克风格的装饰，山花和楼身的设计大多直接具有古罗马的装饰特征，如罗马柱、卷曲花纹等，但也融入了中国传统建筑的元素，比如墙体多是中式清水砖材料。其中最具中式建筑特色的是在西关大屋中常见的满洲窗——由一块块细小的彩色玻璃组合而成的方形窗。顶部的山花挑檐也做成中国特色的柔和的拱形顶。

东山骑楼形成年代比西关骑楼略晚，更趋于现代化，也更加简洁。比如说，罗马柱变为简单的方柱、圆柱，细石米墙代替了清水砖墙，几何图案增多等等。山花挑檐是东山骑楼最为独特之处，即在正面墙挑出拱形雨篷，美观而且实用。

改革开放前，广州城市建设发展速度较慢，城市基本维持旧有格局，商业发展受到严重制约，骑楼建设大大减少。这一时期建设的骑楼街主要有越华路和豪贤路。这个时期的骑楼街建筑在体量、风格和街道功能方面都与

20 世纪 20—40 年代的骑楼街有明显的差异：沿街建筑多为住宅，首层为商店，商业功能较弱，服务范围仅限于街坊；建筑多为 7—9 层（22—30 米），街道空间更为狭窄压抑；建筑保留了骑楼的形式，但以现代主义建筑风格取代了传统骑楼的“洋式店面”，立面基本无装饰，沿街建筑整齐划一，街道景观比较单一。

20 世纪 70 年代末以来，广州市经济迅猛发展，城市不断扩张，交通量大大增加，老城区面临着大规模的旧城改造和基础设施改造。这一时期广州基本没有兴建新的完整的骑楼街，而是在一些原有骑楼街的更新改造过程中拆除旧骑楼，建设新骑楼。但由于不是整条街道实施整体改造，在一些路段形成了新老骑楼交错并列的景象，如万福路、大南路、龙津路、长堤大马路等。此外，老城区道路的拓宽改造也对一些骑楼街造成破坏，如人民路高架桥的建设对人民中路、人民南路骑楼街风貌的影响；解放路、中山路拓宽和人民桥、内环路的建设拆除了解放路、中山五路、中山六路、六二三路和洪福路的传统骑楼街。

现代式骑楼大多建于 20 世纪 80 年代以后，在各个方面都与传统的骑楼有很大差别，显得更简洁明快、趋于实用主义。

第三节　开平碉楼

开平碉楼位于广东省江门市下辖的开平市境内，共有碉楼 1833 座，主要由石楼、三合土楼、砖楼和钢筋混凝土楼组成，分布在全市 15 个镇，大都由海外华侨出资建造。作为近现代重要史迹和中国乡土建筑的代表，2001 年 6 月被国务院批准列入第五批全国重点文物保护单位名单。2007 年，被正式列入《世界遗产名录》，成为中国第 35 处和首个华侨文化的世界遗产项目。

在汉语里碉楼有特定的含义，碉一般是指使用夯土、砖石、铁或混凝土制成，具有军事防御功能的建筑物，楼是指两层或两层以上的房屋，是集防御、居住于一体的多层塔楼式建筑。开平碉楼始建于清初，大量兴建是在 20 世纪 20—30 年代，它的兴起与开平市的地理环境和过去的社会治安密切相关。自古以来，开平人就富于冒险精神。有关史料表明，世界上有 67 个国家和地区都曾有开平人的足迹。华侨用千辛万苦挣来的血汗钱建造类似保险箱式的建筑，有其深刻的社会原因和自然环境原因。开平市地势低洼、河网密布，因旧时长年水利失修，每遇台风暴雨常有洪涝之忧，加上开平所辖之境原为新会、台山、恩平、新会四县边远交界之地，向来有“四不管”之称，社会秩序混乱，土匪盗贼猖獗，经常打家劫舍、制造惨案。因此，清初便有乡民建筑碉楼作为防涝、防匪之用。开平人迫于战乱和生计曾大批出洋谋生，经过一辈乃至数辈人的艰苦奋斗，侨眷、归侨生活比较富裕，常常成为打劫者的首选目标。为了保护自己和家人的生命及财产安全，华侨纷纷效仿乡民建造这种集防卫和居住为一体的碉楼。

开平碉楼是融合了中国传统乡村建筑文化与西北方建筑文化的独特建筑，为高于一般民居的多层结构，墙体比普通民居坚固厚实，窗比民居开口小，外设铁板门窗。碉楼上部四角都建有突出悬、挑的全封闭或半封闭的角堡，可居高临下还击进攻之敌。开平碉楼上部造型既有中国传统硬山顶式、悬山顶式，也有国外古希腊、罗马、哥特、伊斯兰、巴洛克和洛可可风格的建筑元素，显得“洋气”十足。这种具有西方建筑风格的碉楼，充分显示出旅居世界各地的华侨坦然接受西方文化的传统。另一方面，随着华侨在家乡建造碉楼成为时尚，一些人开始用它来显示个人财富，提高在乡亲们中的社会地位。这种心理反映在碉楼建造中，进而引起了相互竞争和攀比。因此，开平碉楼随之出现了造型各异、竞相斗艳的景观。有调查结果表明，开平碉楼的设计大部分出自头脑灵活的乡村工匠之手，同专业建筑设计师相比少了许多拘束，显示出了充分的想象力。有学者考察碉楼后感慨道：开平碉楼群如同“建筑艺术的博物馆”，从古希腊、古罗马、欧洲中世纪的拜占庭和哥特到文艺复兴时期、资本主义革命时期的建筑；从基督教到伊斯兰教；从欧美到亚洲印度次大陆建筑，都可以在开平碉楼中找到它们的影子。

从使用功能来分，开平碉楼可分为更楼、众楼、居楼三种类型。众楼是由全村人家或若干户人家共同集资建在村后，造型封闭且简单，外部的装饰少、防卫性强，每户得房一间，以供临时躲避土匪或洪水之用。这类碉楼出现最早。居楼由富有人家独资建在村后，具有碉楼的防卫和居住两大功能，多为楼体高大，空间较开敞，生活设施比较完善，外部造型多样，在满足防御功能的基础上追求建筑的形式美，往往成为村落的标志。更楼主要建在村口或村外的山岗、河岸上，高耸挺立，视野开阔，多配有探照灯和报警器，是周边村落联防的需要。其中，塘口自力村碉楼群、塘口镇方氏灯楼、蚬冈镇锦江里村落、百合镇马降龙村落群、迎龙楼、锦江里的瑞石楼、升峰楼、锦江楼、赤坎镇骑楼、司徒氏及关族图书馆等都非常有名。如今，由于楼的主人行走于世界各地，虽然90%以上的碉楼、别墅和庐都人去楼空，但这也成为他们对乡土最深切的怀念。

开平碉楼与其村落密不可分、相互联系，楼前是广阔的绿色田野和清澈的小河，在花草树木的掩映下四周一片迷人的田园风光。碉楼与村前的半月形水塘、村头的茂密古榕以及四周苍翠的竹林、蕉林、稻田相映成趣，组成了竹报平安、好运聚财、人丁兴旺、昌盛和谐的环境，让人有种置身欧洲小镇的感觉。

第四节　客家围屋

客家围屋也称围龙屋、围屋、转龙屋、客家围龙屋，是中华客家文化中著名的特色民居建筑，在建筑类型上包括围龙式围屋、圆形围楼、方形围楼、椭圆形围屋等。其始于唐宋，盛行于明清，系客家人采用中原汉族建筑工艺中最先进的抬梁式与穿斗式相结合的技艺，选择丘陵地带或斜坡地段建造而成的，主体结构为“一进三厅两厢一围”。由于他们的居住地大多在偏远的山区，为防止盗贼的骚扰和当地人的排挤，从而建造了这种营垒式住宅。

围龙式围屋也称半圆形围屋，主要分布在广东省的兴宁、梅县等地，在东江流域以至珠江口流域的深圳都可以见到，是围屋中最常见的类型。

围龙式围屋一般背靠山坡而建，其结构以中间的正堂或堂屋为基准。正堂一般二进至三进，呈方形结构，分为上堂、中堂和下堂（三进）。正堂左右两旁有同样是方正结构的横屋，简称为“横”。自正堂向外以同心半圆形的房屋结构一层层扩张，每一层称为一“围”或一“围龙”。围龙的层数和一侧横屋的排数一般是相等的。普通的围龙屋有“两堂两横一围龙”（中间有个正堂、两侧各有一排横屋、对应一层围龙）、“三堂二横一围龙”、“四横一围龙”（一围龙对应两排横屋）、“四横双围龙”（两层围龙）等等，最多可以达到（十横五围龙）之多。围龙屋前一般会有一个半圆形的水塘，使得总体看来如同一个太极的图案：陆地屋为阳，屋前水为阴。这也是客家文化风水理论的体现。

圆形围楼的典型为福建土楼。圆形的围龙屋简称土楼、圆楼或圆寨，在闽西和粤东都有分布，并由于其正圆形的外形和全封闭的设计，较早为世人所知。客家式圆楼可能是围龙式的客家围屋和闽南当地福佬人的土楼结合的产物。和围龙式的客家围屋相比，圆形土楼具有更强的防御性功能。

方形的围楼主要分布在赣南和粤北，也称为四角楼。和圆形围楼一样，四角楼注重的是建筑的防御性，四边上一般有二至四层的围楼，四个边角都是碉楼或炮楼，有如堡垒，中间仍然保持“三堂二横”的祠堂形式或浓缩为一间祖祠。代表性的方形围楼有关西新围和燕翼围等等。

还有一些椭圆形围屋，是将一般的围龙式围屋的前坪（本来是水塘的部分）也围起来，称为前围，从而成为一个类似于带跑道的足球场的形状。这种围屋比起围龙式围屋来更加强调防御性。代表性的例子有闽西的长汀县涂坊乡的“为南堂”及台中东势的围龙屋群落。

围龙屋的设计与建造融科学性、实用性、观赏性于一体，显示出客家先人出色的才华及高超的技艺。所以，围龙屋与北京的四合院、陕西的窑洞、广西的“杆栏式”、云南的“一颗印”并列，被中外建筑学界誉为中国五大特色民居建筑，又被誉为“世界民居奇葩”。时至21世纪，虽然曾经的客家人早已搬出了低矮的老围屋，搬进了高楼大厦，但是每逢传统佳节还是可以见到从全国各地甚至海外赶回来的同姓子弟络绎不绝地涌入老围屋，欢聚一堂互诉离别愁绪。如今，客家人已走出封闭的围龙屋，走出狭窄的山门，走向辽阔的世界，围龙屋也成为一种历史遗存和独特景观，更成为客家人和客家精神乃至整个客家文化世界的聚散核心。

第五节　甲第巷

已经有几百年历史的潮州市区甲第巷，全长280米，宽不过3米，却排列着林立的府第、老宅。作为历史文脉遗存的标记，其以潮人明、清时代特有的传统民居建筑文化审美观念和科举入仕等理想追求，向人们展示着潮州曾经的繁华与沧桑，后人也因此得以穿过现代的时间隧道，步入潮州老宅，领略和感悟“京都帝王府，潮州百姓家”的文化意蕴。

构成潮州古城框架的“猷、灶、义、兴、甲、家、石、辜、郑、庵”概括了潮州城古民居的精华。这几条街巷位于古城中南部，呈并列状一字排开，是古代潮州城仕宦商贾望族聚居之地，至今仍保留着明清街巷格局和大量古民居。而甲第巷又是精华中的精华，在长不足300米的甲第巷里集中了数十座大大小小的明清宅院。

甲第巷头的饶宅，门匾名称为“半稳”，据说是一个书香门第。里面有一个名叫“半园”的小花园，面积不大，但构筑精巧、错落有致，简朴清幽的环境衬托出主人品性的清高和超逸。据专家介绍，这座宅院在建筑风格上属于中西合璧，外墙立面上采用传统的瓷花窗，还有井缸通栏，大门也是传统的中国凹式门廊、凹式大门石框、油漆木门；而大门的外框装饰采用当时比较流行的欧洲巴洛克装饰手法。从建筑布局来说，还是中式的传统布局，即一厅两房，而主体结构采用当时比较先进的西洋做法，即钢筋混凝土做法。室内的布置和立面的装修装饰还保留了本地比较地道的木（闪）门、木窗、木结构的一些做法。原来的墙上有一些当时比较时尚的装饰（如喷水池），还画了一些塔楼、飞机等新东西，由此可以看出当时的主人有文化、有知识，眼界也比较开阔。现在，宅院里的后人依然守着老屋不愿搬走。据主人说，饶宅的后人已散居在全国各地，有的还定居国外，但后人都继承了祖先尚文重教的传统，居住在外面的族人每年都要回到老宅院来看看。

尽管甲第巷里的宅院大多是豪商大贾所建，但无论是门楼匾额还是建筑风格，都透射出浓厚的儒雅之气，显得文质彬彬的。这从一个侧面也反映了古代潮州尚文重教的传统。位于饶宅斜对面的“儒林第”，其主人是从福建到潮州的林姓大户，匾额上的“儒林第”三个大字应该也是这种传统的一种反映。大宅深院气派恢宏，小屋浅庭却有着它的精致。同样走偏门的一座蔡姓宅居，里面有一株名叫“皇兰”的百年老树，小小的庭院就荫蔽在树阴下，古色古香的小屋里则飘着悠悠的花香，呈现出一幅充满闲适情调的生活写意图。偏门进来是一个大埕，这是一个返照厅，上、下厅成为返照，而这返照厅就通过这个埕进行交通，即传统的“四点金”（格局）的再发展，实际上是以“四点金”作单元来不断地发展成为两进、三进、四进甚至带“后包”等格局。巷里的蔡氏宗祠比之其他宅院显得更加恢宏气派。门楼处有诗书壁画雕刻，门对面的照壁浮凸彩绘，屋梁上的木雕美轮美奂、金碧辉煌。可见，“京都帝皇府，潮汕百姓家”这句民间俗语是有它的根据的。

潮汕历史文化研究中心的吴志敏说：“‘潮州大厝皇宫起’，主要是从潮州传统民居里面的特色看出来的。潮州传统建筑的序列，包括格局和装饰，可以说与皇宫接近，作为民居的精雕细琢，把潮州建筑文化和特有的金漆木雕、潮州嵌瓷，包括书画艺术、绘画，全部糅合在建筑物里面，形成潮州的一个特色。建房历史上就有一套礼制规定，普通家庭最大只能是三开间。虽然是普通格局，通过装饰中与其他文化的渗合，形成自身的风格。”如宗祠右侧的蔡老先生最先建造的“大夫第”，就是一座典型的“百凤朝阳”民居。

潮汕历史文化研究学者说：“甲第巷的厝局，类似这一座就是我们潮州传统的‘百凤朝阳’，主要特点是从门楼进来三大落两旁加两从厝巷。第一落进来的屏风作为埕口，两侧有两个厢房子；走过天井，到中厅，是一厅两房；再过来又是一个天井，上去是后落，也是一厅两房。”“四点金”就是两落，两旁两处厢房连接，有点类似于北方四合院的格局。“下山虎”实际上就是“四点金”去掉门楼间这一落，门楼间即是一堵墙。就潮州（民居）而言，“四点金”也好，“下山虎”也好，皆是中原文化、闽南文化、江浙文化、潮州文化等等的大汇合。”

第六节　黎族“船型屋”

中国古代的典籍里记载着南方民族最原始的居住方式为“南人巢居”。干栏式的房屋是南方居室的显著特征，有着悠久的历史。古代文献对这种居住方式也有所记载，如晋张华在《博物志》中记：“南越巢居，北朔穴居，避寒暑也”。《北史·蛮修传》则记：“依树积本，以后其上，名曰‘干阑’”。《新唐书·南平僚传》亦称：“土气多瘴疠，山有毒草及沙虱蝮蛇，人并楼居，登梯而上，号为‘干栏’”。

而生活在海南岛上的黎族，其传统的船型屋就保留着“巢居”的特点。也是许因为海南岛的黎族毗邻着一条琼州海峡，与南方其他民族的干栏式房屋相比，其房屋最大的特点就是有一个船形的屋顶。

关于黎族民居的文献记载，最直接的当见于宋朝范成大的《桂海虞衡志》，其中称黎族“居处架木两重，上以自居，下以畜牧”。此外，宋朝赵汝适的《诸蕃志·海南》中记：“屋宇以竹为棚，下居牲畜人处其上。”明朝顾岕的《海槎余录》曾提到黎族“栏房”，所谓“栏房”即今日称的“寮房”，属于一种黎族青年男女原始公寓性质的房子。

一般而言，黎族建屋多就地取材，砍树劈竹，采藤割茅；利用树干做梁柱，靠树杈接托，做成半圆拱形的构架，覆以茅草，这便是黎族最古老的居屋船形茅屋。其特点是屋盖和墙体合而为一，因而结构简单、建造容易。据说，一般的无脚船形屋备好材料，全村合力建造只需 1 天左右的时间便可建成。但此房使用年限较短，一般每隔 3 年就得更换一次新茅草，8 年左右就得更换一次梁柱。

从建造方法来看，黎族住宅还是有一些独特之处的：房屋的骨架由竹木构成，较为原始和简单；构件搭接处，均使用藤枝或野麻缚扎缠紧，有些柱子上部还插有小木杆，称“柱鼻子”，以便于缚扎；结构各部的构件连成一个整体，有利于增强房屋的稳定性和抵御台风的能力，同时达到了构造与美观的统一。

此外，黎族房屋的屋顶常用茅草作盖，即用竹片将茅草编夹成 120 厘米长、60 厘米宽、2 厘米厚左右的草排，以之盖顶。柱子多用原木，一般四五米高。传统的船形屋，往往将柱设在开间当中，与两侧檐柱不在一条直线上，柱往往构成梅花状，是一种比较特殊的造法。其墙身有编竹抹泥墙、竹条墙、椰树墙等几种。船形屋主要包括两种：一种为干栏式船形屋，是一种平面呈纵长方形，门口开在正面中间，屋盖和檐墙合而为一，利用木条、竹枝、藤条缚扎成斗圆拱形构架子，覆盖以葵叶、茅草，再用木条做柱、梁，看上去外形象船、内部间隔如船舱的船形屋。这种船形屋又分为两类：“隆咩”和“隆闺”，即楼居和地居两种。一般来说，这种屋只有门，没有窗，近代黎族“干栏”式船形屋还出现了高栏和低栏并存的现象。高栏底层离地面 1. 62 米，上面住人，下养禽畜，一般建在有一定坡度的坡地，呈垂直等高线布置。底层形成横形空间，四周以木、竹栏围住，平面布局已趋定型，一般由庭（晒台）、厅堂、卧房、杂用房等几部分组成，从山墙左侧入口，庭在最前面，有简易木梯上落，低栏的底层一般在离地面 0. 3—0. 5 米左右处铺一层厚竹片地板。而建在平地上的船形屋底层一般不再圈养禽畜，其布局是从前面山墙左侧入口，作纵深方向布置，由前庭、居室和后部杂用房三部分组成。

这类房从两端开门，前有一阳台与前段楼板等高，安置一座竹楼梯上下，阳台是早晚休息座谈的地方，进门后整个“船”身分为三节，如三个舱，各有小门相通。进门的第一舱是“厅”，这是全屋最高最大的部分，并设有阁楼，存放粮食与杂物家什等；第二舱是卧室，除放床之外，还放火灶，用来蒸酒或烤火用；第三舱面积最小，开一个后门，是每天舂米、放置鸡窝的地方。这种住宅一般都不设窗户，对防风、防兽和保温也有一定作用，但是房内十分阴暗，通风采光都很差。

另一种为地居式船形屋，直接建造在平地上。清末民初，黎胞在长期定居的环境里为节省材料，吸取汉族造床而眠以避免地面湿气的方法，逐渐将干栏式船形屋的栏脚去掉，直接在地面上建屋。这种地居式船形屋也出现了船篷顶盖与金字顶盖并存的现象，其顶盖两侧都是一直弯贴到地，顶盖与檐墙是合而为一的。其平面亦为纵长方形，一般由前廊和居室两部分组成，炉灶仍放在居室内。同时，黎胞又吸取汉式居屋有墙檐的优点，将船篷顶盖和金字顶盖升高，使之横向两面成为承重平衡的压力面，再用编竹抹泥或竹条、木条竹笪、椰叶做成檐墙。金字顶与檐墙分离式地居船形屋，是黎族传统住宅向汉式住宅演变过渡的形式。

现今，黎家村寨发生了巨变，干栏屋和船形屋逐渐减少，除了毛岸与毛感部分村寨还有少数的船形屋外，其他的黎族地区已经不见这种船形屋的踪影了，这或许也意味着先民留下的记忆也慢慢淡化了。

第七章

岭南的人生礼俗和禁忌

通俗来讲，礼俗指的就是礼仪与习俗。人是社会的人，礼俗在个人与群体的关系中起着重要的连接与沟通作用，个人以不同的身份、角色进入社会，都是通过人生之中的各种礼仪得以实现的。岭南是一个多礼俗的地区，一个人从呱呱坠地到最后瞑目而逝，诸多礼俗贯穿于生命的全过程。在这个生命过程中，人们必须经过诞生礼、成年礼、婚礼、葬礼等几个大环节，而在每一个环节中又包含着种种习丰富多彩的俗。

第一节　“出花园”成长礼仪

农历七月初七是我国传统的乞巧节，又称七夕，神话传说这一天牛郎织女会在鹊桥相会，因此又有人把这一天称为中国的情人节。

在广东潮阳的关埠一带，这一天是个特别重要的节日，且别有一番风俗，因为在当地人看来，这一天是年届十五的男女青年的成人节，俗称“出花园”。

因此，“出花园”是年届十五的青年男女人生中一个重要的里程碑。这一天，他们将最后一次拜别从出生满月起一直保佑他们健康成长的“婆母”。如果他或她是家中最小的孩子，那么从这一天起，这个家庭也就不再供奉“婆母”的香炉了。

“出花园”的青年不但可以穿新衣服、不必干活，更重要的是还要完成一项重要的仪式——“咬鸡头”。即：他们自出生以来第一次独自吃一只完整的公鸡，包括鸡头和鸡脚。在当地人看来，鸡在独立时，不着地的脚是经常颤抖的，因此大人们常说未“出花园”的孩子是不能吃鸡脚的，吃了手就会颤抖，不会写毛笔字。

通常情况下，被用来“咬鸡头”的公鸡是不能阉过的，且是舅父家送来的。与此同时，舅父家还要送来一双上了油漆的红屐，而其他至亲好友也会在节前送礼致贺，最常见的是送一只自家养的鸭子，也有人会送四个贴了红纸的鸡蛋，甚至有人会送给女孩子一块花布。

俗话说，礼尚往来乃人之常情。因此，凡当年有孩子“出花园”的家庭，从年初起就要养一大群鸭，以备孩子“出花园”时宴客或回礼之用。对于前来送礼者，除了摆酒宴请外，照例还要送一只或半只熟鸭，以及部分果品作为回礼。

对于孩子“出花园”，许多父母不但视为责任，更视为一种荣耀，如果有谁不让他们办，那可是会惹出麻烦来的。

过去，“出花园”后的男子就算“成丁”了，女子也可谈婚论嫁了。虽然也有个别“抱仔‘出花园’”的现象，但对于乡间的绝大多数人来说，“出花园”是必须遵守的底线。

第二节 婚嫁习俗

旧时，在广东惠东沿海的一些地方曾流行过奇特婚俗，即妇女出嫁3天后即回娘家长住，只有过年过节及农忙时到夫家住一两天，直到怀孕了方可长住夫家。住娘家的时间至少有二三年，最长者可住长达20年以上，住五六年、七八年的也是司空见惯。长住娘家的媳妇俗称为“不欠债的”，住夫家的则称为“欠债的”。她们每年到夫家不上10次，每次不超3日，回夫家时多半要用块布遮着脸，直到晚上熄灯后才能去掉，第二天天亮又得跑回娘家。怀孕生子时不能生在娘家，必须在夜间赶到夫家生产，因此常有生子于路上的情况发上。由于妻子很少到夫家，而到夫家又多在夜间，且多用布遮脸，所以常出现夫妻多年互不认识的怪事。

在这种奇特的婚俗下，即使夫妻双方感情不错，也不能表现出亲密，否则就会被娘家的女伴们讥笑。这种长住娘家的婚俗，其实并不只惠安一地独有，其他地方如广东、贵州也有过，在广东一般称“不落夫家”，在贵州称“坐家”。惠安女虽长住娘家，但大多都遵守一夫一妻制，不搞婚外恋，这可以说是忠贞于感情的一大明证。

潮汕地区的历史上则存在一种交换婚的习俗，叫做“粜米换豆”。过去，在穷困的农村，由于聘礼、聘金漫天要价，许多穷家子弟都娶不起老婆。因此，凡家中有较多女儿的，有时为了儿子的亲事，不得不打起女儿的主意。即：找一家同样有众多儿女，同样为儿女亲事发愁的人家，然后用交换的形式，即双方之间，甲方的儿子娶乙方的女儿，那么甲方的女儿就得给乙方当媳妇。更有甚者是，数家之间进行多家庭的交换婚，即双方或多方经过若干次的协商妥当后就可以举行婚礼。这种婚礼与一般的婚礼大体上相同，不过在迎接新娘时不能走同一条路线，要互相回避。还有一条，必须在预先约好的同一日子的同一时辰接走新娘，举行婚礼，不得一方临时借故擅自拖延婚期。如果有一方确有特殊原因不能如期举行婚礼的，就得事先通知，另行选择日子。由于这种形式没有任何保障，所以交换亲的双方总是担心“赔了夫人”。

而在婚嫁习俗中最为独特的当属自梳女现象。据说，此风俗兴起于清朝后期，当时位于珠三角的南海、顺德、三水等地由于蚕桑业比较发达，许多女工收入可观，经济独立。她们看到一些姐妹出嫁后在婆家地位低微，因此不甘受此束缚，情愿终身不嫁，于是便产生了自梳女。旧时，女子出嫁时须将辫子盘在头上，梳成髻子。自梳女不结婚，但也会择个良辰吉日，在亲友面前自己把辫子改梳成新妇发型，然后在神灵面前喝下鸡血酒，立下终身不嫁的重誓。“梳起”之后，自梳女终生不得反悔，如果今后有不轨行为，就会被捆入猪笼投河浸死。

一般来说，自梳女的晚年都十分凄惨，如果没有拼命积点血汗钱与其他姐妹共同买一间房子来作为姑婆屋，那么临死时会连停尸的地方都没有。按俗例，自梳女不能死在娘家或其他亲戚家，只能抬到村外，死后也只有自梳姐妹前往吊祭扫墓，因而一些自梳女被迫做“守墓清”。“守墓清”又叫“买门口”，即自梳女找一死人出嫁，做死者名义上的妻子，以便将来可以老死夫家。为此，自梳女还要付给婆家一笔钱来“买门口”，如此便可算作男方家族中人。

自梳女的风俗，现在在绝大部分地区已自行消失，但位于顺德均安镇的冰玉堂和肇庆市端州区塔脚路的观音堂，仍住着中国历史上最后一群自梳女。“自梳”是一生的承诺，“自己的头发自己梳，自己的饭自己煮，自己的苦乐自己享，自己的生活自己养。”这就是自梳女对自己生活的全部诠释。

随着时代的发展，广东人的婚礼习俗已越来越富于时代气息了，不少青年男女早已摆脱了“父母之命，媒妁之言”的婚姻习俗，然而传统婚礼还是存在，特别是在一些偏僻的地区。比如：在广东澄海一带，姑娘将要当新娘时，亲朋好友都会纷纷给她送礼，叫做“送花粉””。新娘将嫁妆和亲朋所送礼物带过夫家后，会堆放在新婚床上让人观看。之后，从嫁妆布料中找出合适的布料分赠给家公、家婆及丈夫的姐妹兄弟，以示礼貌。观看新娘的人则要给新娘“赏面钱”（见面礼）。而新娘要将这些赏面钱敛在一起后，再送还家公家婆。当然，实际上家公家婆过目后，一般分文不取，会送回给新娘做私房钱。

新郎在布置新房时，还要举行庄严的“安床”仪式。安床之时要请算命先生择日，床头朝向也有个讲究。安床完毕，要将一条“安床大吉”的条联以及事先请到的神符贴在床上，然后叫一个男孩到床上躺一会，意味着早生贵子。但是，忌讳床刚安好，女子便坐到床上去。此外，还要祭拜祖先，告诉家中又有人成家立业等。

海丰渔家人的婚娶，会以渔歌贯穿迎娶的全过程，并在双方的船上进行，而且渔歌唱得柔婉动人，令人闻之动容。渔女出嫁之前，女家母亲嫂嫂等亲人会以送嫁为契机，对着出嫁女一边哭泣一边唱歌，俗称“哭嫁”。母亲要唱出对女儿的关怀及良好的家教，女儿则以声声呼唤，倾诉对慈母依依不舍的报效之情。无论是男家新郎的母亲、新郎的姑妈，还是男女双方的亲友以及新娘，甚至骂媒人及媒人对答，都用唱渔歌的形式来表达各自的真情实感，男女双方的渔船则成为“对歌”的歌台。亲戚朋友的渔船往往停泊在旁听歌，凑凑热闹。

深圳一带，渔民家的姑娘们在出嫁前要“与世隔绝”地单独在一条小船上居住十多天，然后到一艘专为办喜酒及宴会用的大艇上举办婚礼。喜期这天，男女家中以酒相馈。当晚，男家和女家的船张红灯、挂新彩，同泊在一块，并邀请许多会唱歌的人相互竞唱，往往歌声不停，闹到天明。

如今，渔民们已移居陆地，在船上操办婚事的习俗也改为在岸上。大鹏半岛的南澳渔村，仍保留着婚嫁“划旱船”的习俗。如：新娘送嫁时披红挂彩，紧随着送嫁队伍的行列两侧各有三四名壮汉手执船桨，一簸一簸地模仿海上行船的模样，一直驶向夫家。

广西地区的壮族还流行“炮火”入洞房的婚俗，即迎亲那天新娘要经过“炮火”的洗礼后才能进门入房。这个婚俗在广西田阳县玉风等壮族村十分流行。届时，新娘来到新郎家以前要稍停片刻，做好进门“冲锋”的准备，因为在门口、厅堂、洞房等三个地方分别有由七八个男青年组成的“炮火”组，他们手拿着串串鞭炮就等着新娘过来。新娘将要靠近门口时，“炮手”们便点响鞭炮，形成道道“火墙”，挡住新娘的进路。如果是胆小的新娘，这时只好退却在门外，再进行第二次“冲锋”。“炮手”们也会总结胜利的经验，做好第二次的“阻击”准备。可以说，新娘不经过两三次的“冲锋”是进不了门的。围观的客人里三层外三层的，好不热闹。新娘经过苦战跃进到门口，来到洞房门前时，将要通过最后一关，因为“炮手”要放“火炮”。这时，聪明的伴娘和迎娘左右“侦察”，乘“炮火”稀疏时夹着新娘跳进洞房里，顿时洞房内外欢声雷动，祝贺新娘“旗开得胜”。婚宴后到掌灯时分，客人们还要观看新娘在迎娘的指引下摸黑出门“挑水”，指导把水缸挑满，意在考验新娘是否吃得了苦。这样一直到夜深了新娘才能入洞房。新娘过河是流行在广西桂北地区龙胜各族自治县内的壮族婚俗。在桂北山区，本来只有四五十里的山路，却要涉水过五六次河，跨过三四座桥。所以成亲时，新娘过河过桥都要请人背。背新娘的人称为“水手”，多是未婚男青年。过河时，鸣炮三声，喇叭齐鸣，“水手”两掌按住自己的膝盖，弓下腰，背好新娘后才能过河或过桥。背新娘特别讲究文明礼貌，行动上不能有半点粗野，更不能调笑，所以背新娘的人多是品德最佳者。过河时，“迎娘”（由未婚女青年担任）在旁边给新娘打雨伞遮荫，在宽约五六十米的河面上，迎亲队伍拉成一条线，热闹异常。上岸后，乖巧的“迎娘”把伞放得很低，不让别人偷看蒙着面纱的新娘。此外，龙胜的壮族婚姻还要过“三关”闯“十门”。即：先谈恋爱后定亲，才能成亲，谓之“三关”。迎接、对歌、出门、穿村过寨、过河过桥、入门、唱调、回门、回家、入洞房，则谓之“十门”。所以，“过河”只是“十门”中的第五个“门”，“十门”过了才能入洞房。

第三节　生育习俗

在潮州地区，祈求得子的习俗一直绵延不绝，且与灯关系密切。因为在潮语中，“灯”与“丁”谐音，因此人们对于“灯”寄托了一种承继香火的希望。正如潮州俗谚所说：“有游灯，家时生千丁；无游灯，家时要绝种。”因此，每次元宵晚上游灯，都有许多人敲锣打鼓，抬着神像出游，而且几乎每人手里都提着一盏灯，跟着神像一路游行到各姓的宗祠里大放焰火。游完回转神庙，各姓人家还会用三牲果饼酬谢神明，以祈得子。姑娘出嫁时，嫁妆少是没有人非议的，但一盏崭新的油灯却是不能少的。这盏灯带到婆家之后要放在床头，意思是为婆家带来了男丁。每年祭拜公婆时就点燃这盏灯，祭拜后不能吹灭，让其自然熄灭。

生了男孩的人家，会在元宵夜举行热闹非凡的“上灯”活动。海丰一带，那些去年生男孩的人家要在正月十三那天举行“开灯”、“庆灯”活动。届时，人们会在神庙里或宗祠里挂起许多花灯，这就是“开灯”。同时，还要准备茶菜邀请亲戚邻居一同来吃喝，这就是“庆灯”，又叫“喝灯茶”、“吃灯桌”。隆重的还要备上牲礼，祀神祭祖。这天晚上，该户人家灯烛辉煌、锣鼓喧天，要一直闹到深夜。也有一族的族众联合举办“灯酒”的习俗，即生了男孩的同族人集中在祠堂里于同一天举行盛大的“庆灯”宴会。在潮州，人们往往将灯挂到凤栖路口的凤栖庙门口，然后每晚抱着孩子到庙中，一方面往自己的灯笼里添点红蜡烛，一方面接受四邻的祝贺。此外，还要在庙前悬八屏大“花灯”，后面挂一只彩凤，并在供桌上摆满“花碗”。这些花灯和大彩凤就成了那些娶了媳妇而尚未产育或只生女未生男的人的争夺对象。他们会在菩萨面前掷杯许愿，并派人把一屏花灯送到自己家里，然后兴高采烈地把花灯屏挂在厅堂上，让四邻亲戚前来赏灯，预祝他家早得贵子。当然，那只象征着吉祥的彩凤更是难求。而且，无论是得花灯还是得彩凤的人，到明年“上灯”时都必须偿还一屏新扎的花灯屏或一只彩凤。

以“灯”谐“丁”祈子的习俗，不仅潮汕地区有，广州民间也有。一到元宵节，当地也要举行“请灯”活动。即：事先在庙里挂满灯，灯上写上吉祥的名目，并按等级定价。有人想请灯就先告诉庙里的司祝，说明喜欢哪一盏灯，再用红纸写上“某宅敬请”四个字贴在灯上。等到元宵过了三天，庙祝会邀人同挑花灯，敲着铜锣把灯送到请灯人家去。据说，这样那一家今年就可以添丁了。

每年三月二十三逢妈祖圣诞这一天，潮汕乡民都要到天妃庙去抬天妃出游。每到这时，那些结婚而未有子嗣的人最为踊跃，因为能为妈祖抬轿就意在求妈祖赠福赐子。而那些无能力为妈祖抬轿效劳的就站在一旁，待妈祖圣驾经过时，摸一摸妈祖轿，也算是沾了光。妈祖是海神，同时又是赐子的神祇。《三教搜神大全》载：妈祖“尤善司孕嗣，一邑共奉之。邑有某妇醮于人，十年不孕，万方高祷，终无有应者，卒祷于妃（指妈祖），即产男子嗣。是凡有不育者，随祷随应”。此外，送子观音也是人们崇拜的施赐子嗣的神祇。潮汕农村一带就流传着观音菩萨原是男身的故事。传说，一天他驾着彩云经过一个临产的妇女家上空，听到难产妇女的凄厉叫声，动了恻隐之心，因作为男子身份不便，他于是摇身变为接生婆，进去帮助那位临产的妇女。结果，妇女顺利产出了婴儿，菩萨却受了污秽，回不了真身。

除此之外，在民间的习俗活动中，还有不少是将这种希望得子的心理寄寓于民俗活动方式中的。比如：新娘出嫁时，除了备一盏油灯外，还得备些龙眼干，俗称“桂圆”，除含有富贵圆满的意义外，也含着早生贵子的愿望。婚后第二天，农村人总喜欢将新娘引到井边，往井里投放一颗汤圆，然后让新娘打水。这新娘应该眼急手快，将汤圆打捞起来，这就意味着她这一年能够得贵子。而以汤圆喻子嗣的习俗另有一种表现就是：每年的冬节家家户户都做汤圆，那些在这一年结婚的人家搓完了汤圆后，总会将汤圆数一数，如果汤圆是单数，那么就意味着生男孩，双数则意味生女孩。

生产时及生产后也有诸多讲究。比如：妇女临产时必须请接生婆，丈夫不能留在产房里服侍妻子，要和全家的男人一样离开产房。有些人为了分娩顺利，还会到庙宇里去祭拜“催生娘娘”，以保佑顺产。从怀孕至十月，有的产妇孩子尚未呱呱坠地，娘家就会送来一个熟蛋，就是寓意像母鸡下蛋一样顺利，这就是“送催生”。

产妇产下婴儿后，胎衣不能随便丢，有的地方会把胎衣埋在江滨沙滩，据说埋得越深孩子的胃力越好。有的地方则把胎衣撒上草木灰，密封在坛罐里，放在床底下。作父亲的干完了这些之后，就会立刻到产妇的娘家报喜。而产妇的娘家必须准备好鸡蛋送到产妇家，为其补养。

在过去，“办鸡蛋”可是一件颇为隆重的仪式，但日子不一定选择在婴儿初生时，而是在婴儿出生一个月或一年以至五年期内。选择吉日之后，娘家就会赶紧裁制小衣服，小衣服的件数则视娘家的财力而定，少则 12 件，多则五六十件。此外，还会准备一些金银饰器，诸如手镯、项链、脚镯等之类，当作婴儿的礼物，而礼物之中鸡蛋是必不可少的。娘家把这些礼物送到女儿家时，产妇家必须煮甜糯米粥来招待来客。有的地方则是由娘家送来“乌豆酒”，乌豆酒的制法是将乌豆煮熟后加浓糖，然后和以白醋酒酿制，但现在这种繁琐的仪式已经很少见了。

生产过后，产妇还有坐腊、开荤的习俗，一般是指在产后一个星期内妇女的产房不能透风，这段日子就叫作“坐腊”。为什么会形成这种风俗呢？原因就在于，在过去的潮汕乡村，产妇一般由接生婆接生。由于接生婆的器械落后，使用的工具大多没有经过严格的消毒，极容易感染病菌，这样做是为了避免感染，而一周以内是感染的易发期，需要避免。而到了第七天（有的地方是第九天或十二天），就要举行“开荤”仪式，即意味着产妇开始吃肉、吃鱼来滋养身体。同时，还要备办礼物送给邻里亲朋，生男孩的送甜面条，生女孩的送用薯粉制的圆子，称为“圆仔”。接受这些东西的人家则要备鸡蛋五枚以回赠。到了满月，生产的人家必须备办丰盛的酒菜来宴请亲朋好友，叫做喝“满月酒”，这点是比较普及的。

与此同时，为使婴儿顺利长大，民间又会有一系列民俗活动。比如：有的人会购买耳环、脚镯给小孩佩戴，据说这样可使小孩长寿。有的人将小孩的生辰日月，交给算命先生收禁。收禁的法子，就是把孩子的时辰八字写在布上，放入坛里，算命先生念咒作法后，为求收禁的孩子请来一张神符。然后，做母亲的将神符缝在一个红布袋里，让小孩随身带着，等到来年新正才将神符交付给算命先生开禁。还有，就是设置公婆神位祭拜。潮俗认为，公婆就是看护儿童的神祇，而祭拜公婆时使用的灯，就是新娘带过来的那盏灯。

广西壮族过去还曾流行过“拜花婆”的生育习俗，即壮族小孩诞生后要拜“花婆”。“花婆”又叫“花神”，是壮族的生育之神，也是儿童的守护神。按照当地迷信的说法，一个个可爱的小宝宝原本就是花婆家种下的神花的花朵，但这些花朵却不肯轻易到人间落户，为了让育龄妇女尽快地生儿育女，让这些“花朵”早日降临人间，壮乡人还会在婴儿出生之前，急急忙忙地举行一种“安花”、“架桥”的仪式，即给花朵架一座“桥”，好让他/她平安渡河以到达求嗣之家。

“安花”一般是请道公或师公喃摩，敬祀花神。进行仪式时，要做几朵绢花，绑在一根棍子上做成花柱，然后请一位多子多福的男性老人扛着，把花柱安放在求嗣妇女的卧室门口，这位老人还会同时被认作义父。“安花”的耗费很大，过去柳江壮族人“安花”时要牵来一头黄牛，绑好牵绳，再在脖子上挂一个花环。道公作法后，一人手持长棍，将末端的尖凿对准牛头，另一人用长柄木锤猛击凿杆，牛当即倒地，随后宰杀大宴宾客，此俗谓之“劈牛”。

“架桥”也叫“安桥”，大新县壮胞是用两条竹片在路上搭“桥”，马山县则是用一幅红布请师公喃摩作法。环江县也用红布，不过“桥”架在求嗣妇女的卧室门外，另外还要用纸剪成小孩的形象，以竹竿插在红布边，再以竹片在田野小沟上架竹桥，而且一般架的是双桥。其实，人们就是在以这些方式祈盼着“花神”出现。

小孩出生后，人们更是要感谢和敬拜“花婆”。届时，人们要特意在产妇的床头墙边立一个“花婆”神位，并扎上一束野花。以后，小孩若遇病灾，其父母就要及时给“花婆”上供，并在象征小孩的花朵上除虫淋水，以免除灾病，让小孩平安健康地成长。

婴儿满月，广西靖西壮族还流行一种“逛街”的习俗。满月那天早晨，外婆家的亲友便拿着精致的壮锦背带、衣服、鞋袜、褓巾等礼物前来祝贺。这时，婆家早已准备好了水圆、糕点之类的食品迎接客人。在场的人无论是谁，或多或少都要吃些水圆，表示家庭和睦、生活美满。然后，由一个穿戴一新的十三四岁的少女用崭新的背带背着小孩去“逛街”。出门前，老人们要送给少女一把伞，表示小孩长大了有胆有识，能出远门，走南闯北，风雨无阻。同时，要将几张纸或几页书放在小孩的怀抱中，以示婴儿长大后知书达理。另外，还要在背带中放几根小葱，寓意着小孩聪明伶俐、长大成才。逛街仪式结束，主人家才正式大宴宾客，同贺一番。

第四节 丧葬习俗

广东有一个比较独特的丧葬习俗，即筑生居。所谓“生居”就是为未死的人修的墓，因为广东人普遍认为一块墓地风水的好坏，关系着一家子孙的福灾，所谓“富贵官品皆由安葬所致；年寿延促，亦由坟垄所招”。故此，人们选择“风水”时总是十分慎重，务必请来风水先生探测一番。风水宝地选定后，即可开工修筑“生居”。“生居”修筑完毕，便可树墓碑。一般人死后碑文上的字要涂绿色油漆，而生居的碑文上要涂上红色，以示人尚未死亡。

除了预先选择墓地外，有的还提前准备棺木、寿衣。棺材通常选用梓木、樟木、柏木等细密坚固的优质木材。棺材的形制多呈长方匣状，由棺盖和棺身两部分构成，尺寸大小视死者的躯体而定，以适中为度。民间丧葬用棺视其家资而定，富者置棺不惜千金精雕细作，髹漆结彩，极尽奢华；穷者薄板白棺简易粗糙。寿衣的制作要择日选时，制成后要单独收藏，不能被其他衣物所压，而且每年六月初六这一天应该拿出来晒晒太阳，以除去霉气。有人认为，提前制作棺材、寿衣，有所不祥。其实大可不必这样认为，人之垂老死在旦夕，谁也无法预料，如果及早将这些东西准备妥当，老人一旦撒手归西就不会仓皇失措。

丧葬程序一般是如下：老人将要断气时将其移入厅堂，断气后，亲属带上锅钵到江边或泉边丢下钱币“买”回水，然后用这水为死者举行沐浴礼，接着为死者理发整容，并换上寿衣。一般是男的着双数长衣，女的着单数衣裙，俱是黑鞋白袜，手执手巾、扇子。尸体盖上天地被（即盖棺被），红布面在上，白布面在下。以棺被遮面，是因为俗称死人似虎，这样做是为了不让其惊吓活人。除此之外，担心其家属睹人伤情也是一大原因。死者脚尾还会摆一盏豆油灯，叫做“脚尾灯”，据说可以在地府给死者照明引路，所以千万不可吹灭。灯旁置饭一碗，称为“冥饭”，以供死者在阴间享用。

此外，旧时还有一道“报钟”程序。即：停尸后，死者儿孙俱执白灯笼，列队前到土地庙或城隍庙“办哭”，向土地神或城隍爷“报告”家中死了亲人。报钟后，即派人到亲戚、死者生前友好的门口报丧，称“赶老”。报丧的人不能直接进入人家家门，只能在门口谈。亲戚朋友得知消息后，便送报丧的人一点“脚皮钱”，一表示惊悉，二来向报丧者表示谢意。这就是潮汕俗话所说的“买水报地头”。

然后是丧葬“收殓”，即将尸体收殓入棺的仪式。收殓前举行“饲生”礼，由孝子、儿媳用筷子夹一小块豆腐、几粒米饭喂到死者口里。这是古代丧礼中“饭含”的承延。古人认为，饭含是尽孝之道，“孝子所以实亲口也，缘生以事死，不忍露其口”（《公羊传·文公五年》何休注），使亡故的亲长和生人一样享受饮食乐趣，同时也报答死者的抚养之恩。殓前要等死者兄弟姐妹儿女都见上一面，然后才可入棺。入棺前棺底要铺上纸钱，再用纸钱叠成五朵“柿花”加在上面。尸体下棺后又在额上、肚脐、脚尖各添放一朵“柿花”，然后封棺，用斧头钉上六颗钉并念悼词：“安头钉，万事兴；安二钉，仔孙昌盛；安三钉，三朝元老；安四钉，四季兴隆；安五钉，五代同堂；安六钉，安到圆，内外仔孙富贵万万年。”如果死者是男的，棺木油红漆，并由族中上辈封棺；如果死者是女的，棺木油黑色，并由外家上辈封棺。这就是大殓。

丧葬程序中还包括成服上孝，即大殓后死者家属亲眷要披麻戴孝。“成服上孝”也是古礼之一。丧服的形式有五种，即所谓的“五服”：斩衰、齐衰、大功、小功、缌麻。死者亲属按亲疏关系而穿用不同的服饰。“斩衰”是五服中最重的一种，意思是割布作衰，不言裁割而言斩，取悲痛至极的意思。这种丧服用极粗的生麻布做成，不缉边，使断处外露，以表示没有装饰，且衣缝向外、裳缝向内，裳前三幅后四幅。胸前缀一块长六寸宽四寸的布条，谓之“衰”；冠用厚纸做成，宽三寸，长跨过头顶，再用一根麻绳缠在额下，谓之“武”；多余的麻绳从两耳边垂下，谓之“缨”；头和腰部各缠以单股和双股黑麻，谓之“铚”。“齐衰”用粗麻作边，缉边，衣、裳边和下际皆缝起，其他形制与斩衰相似。“大功”的意思是指做工粗糙，用熟麻布做成。麻布经过加工，色白较细。“小功”意思是指做工细小，用较细的熟麻布做成，质地比大功细密。“缌麻”是五服中最轻的一种，用极细的麻布制成，做工更加讲究。

灵柩要在厅堂里放置一天，在这期间，亲戚、朋友会前来凭吊。办丧事的人应该在门口放一盘石榴枝叶和红头绳扎成的小花朵，吊唁者走出灵堂时各拿一枝，以示除去晦气，带来幸运。一天后即出柩，也称送葬。出葬时，棺材上要盖一张描龙绣凤的缎棺盖。棺材抬起时，要将安置棺材的两只板凳踢翻。这时，死者亲属必须放声大哭。出柩时，前头是挽联唁轴开路，然后是一个人在棺材前面撒放纸钱，贿赂孤魂野鬼，以免骚扰。左边扶棺的是孝子、孝孙、孝婿；右边扶棺的是孝媳、孝女。跟随在后面的是亲戚、生前好友及本族老人。以前，亲属送葬必须穿白长衫，所以潮俗说“穿白长衫缀行”，现在只穿素色衣服就行了。

棺材抬到大路口或桥头，送葬的人无论亲疏内外，一律与死者拜别回家。这时死者亲属要端出一盘糖让送葬的人吃，以示祛邪。送葬人回到家中，不能直接跨进家门，而应在事先置放在门口的一盆浸有红花与菝草的清水中洗涤。

棺材由孝子孝婿护送到墓地安葬，在途中不能歇息，不然的话会使死者阴魂流落荒野，无可归宿，故俗语说：“棺材扛上肩——孬歇。”所以，每次抬棺材必须有两组人马，若是其中有人累了，便有人来接替。

棺材到了山上，先在圹里播种子，拿出一些稻谷、麦种撒在圹里，并念一些诸如：种子落土万年青，内外仔孙大发家……之类的句子。

葬毕，送葬者脱去孝服，孝子在墓前点焚大贡香，把亡灵请回家中祭祀，称为“回灵”。亡灵到家后在家中设灵堂，逢七日祭奠一次，称作“头七”。到“七七”（49 天）或百日始毕，称“脱孝”。脱孝时，要请“师公”诵经超生，保佑亡灵安宁，并早日投胎出世。这时，家属要糊纸床纸被、金童玉女，以供亡灵享用，并做“白馃”分送亲友。

过去还流行着二次葬的习俗。据《潮州府志》载：“陋俗相沿，葬后 10 年或 20 年，则易其棺贮骨于瓷罂，名曰金罐，骨黄者复瘗原穴，骨黑者另觅佳城，不经甚矣。非一二缙绅明理之家，鲜不为俗所移者。”习俗认为，风水的选择关系到后代人的福灾，必须把踝骨、腿骨、脊椎骨等按顺序取出来，打扫干净后又按蹲坐姿势把骨骼一一装进一个口小腹大像花瓶一样的一个陶坛里，这个陶坛就叫做“金罐”。捡骨头时要小心，不能漏掉任何一个细小部位，更不能摆错位置。如果骨头显金黄色，说明风水好，可重新将金罐埋进去；如果骨头呈黑色，则说明风水欠佳，必须重新找墓地。

第五节　待客接物礼俗

礼貌地待客接物是一个民族精神文明的表现形式，也是一个民族历史文化的传承以及情趣、愿望、习惯等社会心理和道德观念的综合表现。岭南少数民族居多，每个民族都有着与众不同的礼俗表达形式，下面我们就介绍几种极具特色的代课礼俗。

例如，客家独有的问答礼。客家人讲究文明礼貌，日常的往来见面时多以问答为先。一般而言，问者尊，答者谦。

问人姓氏曰："先生贵姓?"或曰："先生尊姓（或高姓)?"答："免贵，小姓×（或敝姓×)。"

问人名字曰："大号?"、"尊字?"。答曰："贱名××"或"家名××"或"小字××"。

问人居所曰："尊府何处"。答曰："草舍（舍下）在××"。

问人年纪曰："贵庚"、"高寿几何"。答曰："××生人"（××指干支纪年，如"甲子生人"）或"虚度××"。也有答生肖的，如生年属虎。新俗可直答几岁。

问人父母，尊称"令尊"、"令堂"；自称父母为"家父"、"家母"或"家严"、"家慈"。

问人兄弟，尊称为"令兄"、"令弟"，或"令昆仲"；自称兄为"家兄"或"胞兄"，弟为"舍弟"、"胞弟"。

问人姊妹，尊称为"令姊"、"令妹"；自称为"胞姊"、"家姊"、"胞妹"、"舍妹"。

问人子女，称为"令郎"、"令爱"；自称子女为"犬子"、"犬女"或"小子"、"小女"。

问人丈夫称"尊先生"，自称为"敝外子"或俗称"我男人"或"当家的"；新俗称"我爱人"。

问人妻子称为"尊夫人"、"贤内助"或"嫂夫人"，自称妻子为"敝内人"、"敝内子"或"贱内"、"拙荆"。俗称"伢（我的）妇人家"，新俗称"我爱人"。

对不认识的人，通常尊称"阁下"、"先生"、"师傅"、"老兄"、"老表"（江西)、"老伯"、"阿姨"、"大姐"、"小姐"，可视年龄、性别、身份不同而区别，一般自称为"小弟"。

按照一般礼节，问人者以尊称，答人者以谦对。答者如又问对方，则说"转请"。对方则应以谦词答对。客家人自古至今因袭此风，全出于文明礼貌。

如果不看对象，不分老少、雅俗，一律要求以此礼对答，就可能弄出许多笑话来。古语云“入乡随俗”、“看人问话”，是为至理。

旧时，在广州还有行扣指礼的习俗，即右手大拇指、食指、中指捏在一起，指尖向下轻叩几下桌面。这种方法适用于中餐宴会上，相当于致敬。

行扣指礼是乾隆皇帝那个年代传下来的一个典故，在南方及港澳地区特别盛行。传说，有一次乾隆到苏州微服私访，当地的官员发现他独自在茶楼喝茶，对他跪也不是，不跪也不是。当那些人躬身致意时，乾隆很巧妙地用右手的中指和食指一曲，在桌子上敲了两三下，意为回礼，就此成为扣指礼，现在则成了约定俗成的动作。

此外，值得一提的还有壮族的酒规。壮族人敬客人的交杯酒并不用杯，而是两人用白瓷汤匙从酒碗中各舀一匙，相互交饮。这时主人还会唱起敬酒歌：“锡壶装酒白连连，酒到面前你莫嫌，我有真心敬贵客，敬你好比敬神仙。锡壶装酒白瓷杯，酒到成前你莫推，酒虽不好人情酿，你是神仙饮半杯。”

第六节　生育禁忌

旧时，客家民间曾流行着“六月六，伯劳掰伯母”之说，即认为六月六日出生的孩子将祸及父母，故有所禁忌。其实，不仅如此，过去妇女从怀孕开始就有着诸多禁忌。比如：忌动砖瓦土石、修葺房屋、拆窗、砌灶等，唯恐触动了胎神；忌钉钉子，恐有死胎之虞；忌动剪刀、针线，因为剪刀能断东西，针线、锥子等会扎穿衣物，动了这些利器，恐怕会伤了胎神而生下缺耳朵、瞎眼睛的孩子；忌捆绑东西，否则会生十指不会伸直或者手脚变形的怪胎，或者脐带会缠绕在胎儿的脖子上；忌搬动大型家具、器物，更忌安床，否则会导致流产，滑胎；忌接触嫁娶，孕妇不能参加别人的婚礼，不能到新娘身边去，也不能摸新娘的轿子、嫁妆，忌进洞房且坐到新娘的床上，否则于双方都不利；也忌接触丧葬。此外，孕妇还得戒口，不吃姜，以免将来婴儿长出姜似的第六只分叉手指；不吃田螺，免得将来孩子像田螺爬行流涎般爱流鼻涕；不吃蛇肉，免得孩子皮肤起蛇皮似的皱纹；不吃羊肉，免受羊肉的热毒，导致孩子将来爱烂嘴唇；不吃甲鱼，免得分娩时像甲鱼似的伸头缩头，导致婴儿娩出后又缩回去……

现在已经没有了这么多的禁忌和顾虑，但怀孕期间不能干重活、不能跑跑跳跳、不要踮脚伸手够高处的东西等还是保留了下来，因为这些禁忌都是为了保护孕妇的健康和胎儿的正常发育，以免发生流产等事故。而戒口之类的，如姜、羊肉一类的热性食物会引起胎儿上火，积下热毒，也是有一些道理的。

怀孕本为“有喜”，民间却有“喜冲喜”的忌讳，诸如婚嫁迎娶、生日寿诞、孩子满月、祭祀祖先、建造新屋、乔迁新居等，孕妇皆不得出席或到场观看。民间甚至将孕妇视为不洁的“四目人”，身带邪气，因而处处设禁回避。例如，孕妇不要去抚摸和抱别人的孩子，以免“惊吓”了这孩子，令孩子夜卧不宁，惊醒啼哭。路遇孕妇，行人还得主动避让一侧，以免让“四目人”冲犯了行人自己。自然，孕妇也不能参与或路遇办丧事的，免得“凶冲喜”，冲犯胎神，影响了胎儿的发育。很明显，这些民间禁忌有很多都是糟粕，已逐渐被废除，但在一些乡间村镇仍在流行。

此外，客家人还忌讳直呼“生孩子”，而雅称为“轻身”。在广东佛山一带，婴孩出生不能起大名，一般以排行数直呼，如二弟、三妹……或亚七、亚八；有些则给孩子起贱名，如猪、牛、狗仔、旦家；有些孩子出生满月即给带手镯、脚镯，材料多是银质，分男左女右。据说：孩子叫得越“贱”越易养；带镯子则是要把孩子圈住，不会被妖魔带走。如孩子长得胖，样子好看，也不能直接对着孩子说出“胖”、“靓”的话，只能说抵打、丑样、打得几下落等等。

至于孩子的出生时辰（年、月、日、时），父母在孩子生下来后即用一张红纸记下，放于笼底，不让孩子知道，直至孩子长达成人定亲时才能由父母开年生。

孩子出生还要请卜算先生定时（出生时辰八字），且须在满月之前。卜算先生会根据生辰八字，推算孩子一生的运情和寿命，俗称“批命”，并用红纸写成批命纸，由父母保存，按时运给孩子“祁福”、“还神”、“禁忌”、“开学”、“婚嫁”。尤其是给孩子推算的五行相属（金、木、水、火、土），父母应谨记相冲相克的禁忌，如水命不能配火命，因水火相克。给孩子起名也要按五行相属，如欠金，则名字中一定要有金字或金字做偏旁的字作名，否则对一生不利。另外，还有些地方禁忌问别人的孩子有多大，不能问“几多岁”（因岁与碎同音，不吉利），只能问“几只手指”（一只手指为一岁）。

第七节 婚姻、丧葬禁忌

婚姻是合两性之好，是人生历程中最重要的大事，婚姻的好坏对于当事人的一生幸福至关重要。岭南由于地理环境及人文等诸多因素的影响，禁忌颇多，从相亲到婚后也有诸多的禁忌，并且大部分都是针对女性的。比如：嫁女出门时忌踩地，必须换新鞋；忌抬轿即走，会带走娘家的财气；花轿上路禁忌喜冲喜，若与别的花轿相逢，新娘则要站在轿中与对方比高低，高过对方才吉利；新娘过门时忌讳踢门槛，忌踩到新郎的鞋；女人必须睡在床的外边，以防跨越男人的身躯；忌男女衣服混洗；女服只能晒在竹竿低处，男服则在高的向阳处；叠干净衣服时忌女服放在男服上等等。

在广州，结婚之日，新娘出门时嫂嫂不能相送，因为“嫂”与扫同音，不吉利。新娘出门的衣服忌有口袋，以免带走娘家的财运；婚礼未举办完毕，任何人皆不可坐新床，新娘则更不可躺下，以免一年到头都病在床上。此外，新娘结婚当天必须穿新鞋，寓意将旧物丢掉；出门时必须要佩戴耳环，以示听话，没有穿耳的可佩戴夹耳环。新人的长辈中如有已去世的人，在敬茶的时候应在他（她）应坐的位置上放上新人敬的茶，敬完茶后顺便移一下凳子，再让下一位就座。

有些地方的壮族人，如果兄弟或亲友两家于同年娶媳，那么他们之间互不相贺，因为向别人祝贺就意味着把福禄运气送给别人，自己则将不祥。不仅如此，他们也不希望对方来向自己贺喜，而且彼此并不相怪。有些地方若是祝贺别人乔迁等喜，必须送双数礼，表示好事成双，而不能送单，否则不吉。

至于丧葬方面，也是有颇多禁忌的。在梅州地区，死人入殓盖棺时，禁忌观看，因这时有煞气冲撞，犯禁者会鬼魂缠身。二次葬时，置放骨骸的金罂是万万碰不得的，如上山不慎挖到以致打破骨骸金罂将会带来衰运，需要赶快向鬼灵告罪，乞求免灾。女人不能死在娘家，万一在娘家过世，棺材也不能从正门抬出，必须从围墙传出，而这种女人还被称作“天吊嫲”。老人去世出殡前，孝子孝孙忌外出串门，而且一般要设灵堂请和尚、斋嫲（有些地方请道士）来超度灵魂，奏哀乐。孝子孝孙要披麻戴孝以寄托哀思；忌穿艳服、说笑、娱乐。此外，父母逝世后49天内不能理发，3年内赴宴不能坐上席，否则视为不孝。还有，儿孙到外家报丧下跪忌外家扶起，外家奔丧回归忌回头打招呼。

与此同时，还忌尸体入屋，因为他们认为“冷尸入屋败到原（底）”，故身死异地者尸体运回家乡时忌放屋内，只能停尸于屋檐下，并在屋外搭棚治丧，谓之“野死鬼不能进屋”。年少身亡的，尸体棺柩忌入厅堂；忌在门前种棺开圹，否则“门口种棺，药碗不断”或“门口开圹，家破人亡”。每逢清明、冬至前三日、后三日和正月三十日（俗称“天聋地哑日”），不能到祖坟动土，否则犯忌。

又如：壮族凡遇丧事，至亲近戚要捐钱赠米，前来致哀，互相帮办丧葬。盛殓死者的棺木上要用整块黑布或红毡覆盖，俗称“缠棺布”；棺木外涂朱红色，有些两端雕花，写上“福”、“寿”两字。自杀、横死者的棺木用黑色或原色（白木）。出丧时，由同一姓氏的青壮男性抬棺，抬时高托于肩，途中要进行“角力”，即由抬棺者前进、后退打转数次比赛力气，作“呜呼”吆喝声。丧仪进行中由几名妇女用七八市尺的白布作“布桥”，举在头顶作前导，俗称“渡河布”，意为引渡逝者升天安息。死者安葬若干年后，还有拾骨重葬的风尚，又称“二次葬”，也有少数三次、四次葬的。

第八节　岁时禁忌

春节禁忌也称“过年禁忌”，客家俗话说：“入哩年界（年关）禁忌多。”一般来说，客家民间奉行的春节禁忌包括：禁打骂小孩；禁打碎器皿；禁讲粗话恶语。台湾作家张祖基在《客家旧礼俗》一书中就说：“初一该日特别谨慎，不敢讲恶话骂人，也少人出门，若是在初一早晨碰到好的事情、听到好的话，就作为新一年的好兆头，作为今年会利市。所以碰到人，就互相恭贺，讲各样的好话”；忌用不吉利的字眼，如病、死、苦、贫、灾、乱、荒、杀等；初三日忌出门访友，初三各家都习惯扫倒垃圾，送出屋外空地或河边去，喊作送穷鬼。因此这日少人出门；忌用针线，尤其忌在厅堂做针线活。

在沙井和公明一带的居民，每逢农历初一、十五必须上香供神，且吃斋以示心诚，祈求神爷能驱除邪气，保全家平安。龙华人大年初一要吃素一天，忌荤腻食物；清明节吃鸡屎藤（中草药）、艾饼等以避邪、避瘟神。龙岗和大鹏人在婚嫁时，当迎亲队伍临近女方村庄，村中男子在路中燃火以避邪，迎亲者经火避邪后方可进村迎亲；他们在除夕夜要用香茅、柚叶、菖蒲和香石榴叶等煮成“年香水”沐浴净身，以洗去旧年的“霉气”，祈求新年里小孩能茁壮成长，大人能精力旺盛，老人能延年益寿……这种民间禁忌虽然带有浓厚的封建迷信色彩，但无一不体现出岭南民间百姓对健康和幸福的渴望。

在潮州市凤凰山区一带，民间讲究“三天不接客”，这既是当地群众待客的礼俗，也是一种风俗和禁忌。五月节、农历六月初六和正月初七不接客。农历五月初五是我国传统的端午节。这是纪念伟大的爱国诗人屈原投江殉国的日子。农历六月初六，传说这一天是“鬼日”（俗叫“六月六鬼过桥”）；“人日”的正月初七这一天，是一年里第一个七（即“头七”），“头七”是人死后的第七天，死者的家人和亲属在这一天“带孝”向死者致哀。故这两天同样不接客。如果在这三天接待客人，便被认为是没彩头、不吉利。

第九节　生活禁忌

潮俗在日常生活中，有许多禁忌。

外出远门或在亲友家小住，忌前后七天回家，犯着世俗为亡人“做七”的不好兆头。送葬路上，送葬人碰到过往相识者，禁忌打招呼和呼名搭话，唯恐被棺中的亡灵得知，对被招呼者不利。在山场上做葬事者，不得呼叫姓名，要叫对方只能比手势或暗示，唯恐叫了姓名被土地神知觉，错为亡人，当“代死鬼”。

凡人亡故，亲属守灵，严禁让猫走近死尸，俗传商朝妲妃被狐狸精所换魂，而猫是狸属，走近死尸，死尸会“还魂”起来走动吓人。

患了麻疹的人忌食木仔（即番石榴），因木仔多核会致吃者粗皮。忌食鸭肉，怕吃了以后会起麻疯病。

人在道路上行走，拾到扎红绳、包红纸的银币也不可去买东西，只能去买祭品祭神鬼。

前往友人家或随友人去不相识的地方喝茶，拿茶杯时禁忌擦盘沿，否则被人认为是寻衅。

在安床帐时禁止说话。认为在帐中谈话蚊蝇知道了会在晚上进入帐中。

如果发现家中有老鼠走动，主人要用老鼠夹来治它，当天不要声张，否则老鼠不中圈套。

庆寿避忌在50岁，以免犯着一百的对半；也不在70岁做寿，因为“人生七十古来稀”，做了寿庆对本人不利。

到人家养猪场、猪牢中看猪，不可说“大在”，否则被你称赞的猪就长不了膘，因为“在”即到此为止；也不可说土语“大到死绝”。俗称“生毛孬呵”。呵即夸赞，今后就不长进了。

亲友逢年节遇喜事送来的全牲礼物，忌收全鱼或带头部分，因为只有这样才能保持鱼儿游来游去，如果收用全鱼或带头部分就意味着要断交，今后友人再也不带全牲礼物上门了。

请客用餐汤菜要双，禁忌用三样菜，因为三道菜是死囚伏法前吃的。婚宴席上，禁忌吃席上三鸟“四点金”，即头、尾、两翅。

贺礼的现金、鸡蛋切忌奇数。送人丧事的钱俗称纸仪，数量不能为偶数。

老年人忌食牛肉，因为俗称牛是大牲畜，是农家宝，为人耕田劳动，历来受人爱护，老人心慈不忍。有的老年人忌食无鳞鱼，如龟、鳖、鳝鱼、鳗鱼、水鸡，这些东西被人们认为是佛祖保护的圣物。

男女婚礼，禁忌从定婚起合计三个年头，犯了丧事的“三年祭”，不吉利。

在广东台山民间，用筷子有许多禁忌：吃饭时筷子忌掉到地上，掉筷被视为不吉利，特别是初一、十五、家里有人出远门或有什么喜庆之日最忌掉筷。如不慎掉了筷，就说声“筷落”（快乐），以取回好兆头。吃饭时筷子忌插到碗中的饭头上，因为只有放在死人脚尾的送终饭才这样插筷子。吃饭时忌以筷子击饭，忌把筷子停插在嘴里，因为这都被认为会把饭神赶跑。吃饭时忌断筷，筷子断了被视为不吉利。

广西壮族的生活禁忌比较繁杂，主要从居住、饮食、社交几个方面反映出来。尤其是居住，讲究最多。盖房时要讲究房基和吉日的选择，建房期间还要躲避引起不祥的事物。一些地方的壮人盖房以门朝南开为吉，不能朝南则选择东向，忌朝西或北开。因为向西意味着“归西”，不仅人丁不发，还会造成人死屋空；向北则意味“败北”、“破落”，同样不吉。大门口不能有树，有树意味前途无望，生路被堵，家道不发，也不能有东流水，怕钱财随水流走。砌房期间，人们往往自动回避丧葬等不吉事物，不在外边过夜，不吃狗肉，夫妻也不同房。建房的各道关键工序要择吉日进行，尤其是上梁仪式隆重、讲究最多。大多数壮人不在午时上梁，怕将来子孙不孝；上梁时忌讲不吉利的话，亦不能让禽兽到屋宅上斗咬，怕将来主家家宅不宁。此外各地有一些不同的讲究，如大门或是开正中，或是开左侧，或是前后门错开，等等，都是基于避免家道不发、人丁不旺的思想。

壮族的居屋以神龛为中心，神龛前是堂屋，后边和左右为卧室或客房，只有男主人才有权利住神龛后面的房间。客人到家，男客不能进中门。若客人是夫妻，晚上住宿时不能同居，违反者要给主家挂红，或是送红包、挂红布于床上，并放炮驱邪；或是买肉杀鸡，请师公为主家做法事“去秽”。有些地方出嫁的女儿携女婿回家也不能同居。广西隆林县一带民间认为，妇女有月经“不干净”，尤忌媳妇睡楼上，祖宗会责怪。

壮族人普遍敬老爱幼，热情待客。晚辈要给长辈端碗盛饭，递碗时要用双手，忌用单手，并要绕到老人后侧呈上；老人专坐主位，其他人不能随便乱坐，好吃的菜要先挟给老人。有些地方姑娘进餐时要注意握好筷子，如果筷子掉到地上，只能捡起洗净再用，忌讳换筷，认为换筷意味婚后换夫，不是守寡就是离异。

壮族有忌食笼里死鸡的饮食禁忌。民间认为，中年以下的人忌吃死在笼里的鸡，否则意味着会“死在牢狱里”。

第十节　行业禁忌

农业禁忌。潮汕民间在农业上的禁忌不仅数量多，而且有其特色，反映了农民们改造自然的愿望而又缺乏自信的困境。

祭祀期间忌生产。祭祀期间，不得从事农事活动，否则神灵以为祭祀者不专心和少虔诚。尤其过年（农历正月初一至十五）期间，忌从事生产劳动，因为过年是祭祀拜神活动最集中最频繁的时期。禁忌生产的时间为 4 天。若过年从事耕作，则是冲犯神灵，来年百事不顺；节令、节日忌生产。如清明节、七夕节等节日，一般都不下田耕作；忌响雷期间犁田、耕地、播种，若违犯以为雨水不宜，庄稼歉收。忌雷主要是针对每年头次雷声而言。这种忌雷的生产民俗形成的原因，可能是敬畏雷神。

生产过程中的禁忌，忌将秧甩在种田人身上。若被甩中，俗称“中秧”，即为遭殃。解忌的办法是，中秧者不开口，打秧者高喊讨彩话，同田干活的人也跟着说些吉利话；收获季节忌说不吉利的话。忌问“收完了没有”之类的话。

渔业禁忌。在潮汕，渔业不仅是江河湖池的捕捞、养殖，更主要是海洋捕捞与养殖。渔业崇信龙王、水神、妈祖、河伯等。渔民以为自己的安全和捕捞的多少是与这些神灵有关的。神灵会保佑丰收，也会使人劳而无获；能使人们幸福，也能使人们遇难，所以要诚心敬奉、祭祀，不敢有半点怠慢或得罪。同时，人们又需要遵从传统的禁忌。

船的禁忌，船底的纵横两条中线上忌钉钉子。船是由大板和钉子联结而成，渔谚说“是船三千钉”，即指船身无处不着钉。但渔民把船拟人化、生命化，在船底的纵横两条中线上绝对不准钉钉子，说是这两条中线上有了钉子，会使船枭性（雄性）大，在海上会因雄性发作而失控，主动去追逐碰撞别人的船，危及人船安全；造船时，船头忌用桑木，因为犯了“桑”与“丧”同音；造新船或修旧木船，忌“墨斗”断线；船上吃饭也有禁忌，吃饭有固定的座位，不得随便乱坐；用餐时不论老少均是蹲着吃，更忌坐于舱口晃足吃饭，因为“坐”有“沉”积之意，“坐下”便是“沉下”；菜碗放在正中，各人只能吃自己一边的菜，禁忌吃对面或两边的菜；吃饭前忌先摆上碗筷或把碗勺摆于桌面上，海上生活的人认为这是敬神的做法；下船时，脚不能踢中船头，不能在船头小便，否则会触犯神灵；帽子摘下来后，也要口朝上放；船上的人都不能翻卷裤腿；渔船忌人坐在舱口边，双脚往仓里吊着。渔船上岸“除椲”（俗称旺船），忌人不食“戈饭”；还有，外人脚不洗净也不得上船头，忌外人从船头走过和客人在船上交媾等。

出海的禁忌。出海前忌洗头，尤忌见妇女洗头，认为把头发淋得落汤鸡的样子，尤如翻船落水，故忌之；忌说“坐”字和“翻”字，行船走海的人对此最为禁忌；忌女人走上船头和上渔船下海，恐冲犯船中神堂的供奉，对出海不利；忌女人跨过渔网，怕秽气冲犯了渔具，对捕鱼不利；忌“八”

字。船上设施或人员，都要尽量避开“八”这个在陆上认为最吉利的双数，如合伙造船，要避免八位股东，船上的人员构成，多要讲究奇数，或五人，或七人，不可有八人。行船人忌八，和八仙过海的传说有关。“八仙过海，各显神通”，八仙过海必风起云涌，而不管是行船人还是捕鱼的，求的是顺风得利，最怕海上风云突变。所以，行船人对“八”字忌而避之。遇到“水客”（即浮尸），忌因气味难闻而直吐口水，这是对死者的不恭敬，将会受到口水长流的惩罚；而在渔民海上碰到“水客”，忌装作没看见而离开，应做善事帮着收埋，或报善堂等慈善机构处理，否则将受到惩罚；忌与掌舵人顶嘴，否则会影响船行安全；行船人发现蛇游在水面，须极力使船抢在蛇的前面，以免带来不祥。

以上禁忌说明，旧时渔民生产十分艰难，人们对付自然恶劣环境的条件和能力相对低下，很难把握自己的命运，所以处处谨防；同时，也反映了渔民祈求平安，祈求丰收的美好愿望。如今，渔业生产的条件和环境都得到极大的发展与改善，靠天吃饭、成事在天的思想逐步被人们所抛弃，但水上作业特别是海洋生产的风险依然存在，渔业生产的禁忌习俗绝不可能完全消失。

在饲养业方面也有许多禁忌。习俗认为猪是财气的象征，所以建猪栏也很慎重。有的甚至要像建家宅房舍一样请人看风水、地基，还要择吉日才能破土动工。建猪栏的日子忌选择在单日；整个建栏期间，匠人忌说话，做猪栏时主人给匠人的茶、酒、饭食忌匠人客气不吃，或不吃完。他们以为，吃得越干净越好，那样将来猪就爱吃潲食，否则猪不爱吃潲食，不肯长肉。

买猪仔要选吉庆日，喜双忌单；忌买头太大的猪仔，俗称这样的猪不肯长；忌买“破头猪”（即黑猪头上有一线白毛或白猪头上有一线黑毛）和“戴孝猪”（黑猪白头或白猪黑头），俗以为这样的猪活不长，不吉利，买到家里难得顺畅；忌买脖子长一圈白毛的猪；忌买头上生“旋”的猪；忌猪嘴长、尖，忌白猪身上有黑绒毛，黑猪身上有白绒毛；忌猪全身的毛倒状，忌买五爪猪等畸形猪。在习俗中，逢亥日忌杀猪；杀猪时禁忌小孩和妇女观看；宰杀猪时，忌一刀杀不死，以为这是不祥之兆，预示来年养猪不顺手，人丁不旺；刺穿猪喉后要扔刀在地上，刀尖忌朝主人家的大门，否则该家将有凶事；开膛时，忌把猪挂在正对神位的地方，以免得罪神灵；忌杀灵官猪、五爪猪；忌杀花猪，否则妇女生孩子以及儿童“种痘”、麻疹后会全身发灰；养猪家一般忌杀吃老母猪（猪母），否则是丧失良心，或认为母猪肉有“毒”，吃了要生病；

屠夫忌吃猪血。

在商业禁忌方面，也有诸多讲究，如店主忌早上第一个客人不成交而去，恐带来一天的倒运；在店铺忌伸懒腰、打呵欠、踩踏或坐门槛、敲击账桌、手把门枋、背脊朝外、玩弄算盘和反搁算盘等。

第八章

岭南的岁时节俗

岁时节俗是人们在社会生活中约定俗成的一种集体性习俗活动。南朝梁人宗懔的《荆楚岁时记》是我国较早出现的一部记载地域性岁时习俗的笔记小品，反映了古代的社会现象和人们的生活情趣。各种岁时风俗活动的产生，显示了我们祖先对自然运动规律的认识与把握，探究其根源，应该是人们对五谷丰登、人畜两旺、岁岁平安的祈望。纵观岁时节俗的源流，应该包括三个方面：一是有来自旧时人民群众的原始信仰崇拜；二是民众历史情感在节日风俗中的积淀；三是宗教节日的渗透。

总的来说，岁时节庆民俗是一个展示民族文化的窗口，反映着民族的历史风貌和社会生活，具有鲜明的民族特色和乡土气息。岭南的节庆民俗堪称集南北之大全，纳中西之精华，是中华文明宝库中一颗璀璨的明珠，代代相传、约定俗成。每个节庆的背后都隐藏着一个引人入胜的传说或佳话，更饱含着岭南人民的智慧与汗水。

第一节　广州的除夕花市

散文大家秦牧曾于1961年写过《花城》一文，其中形容春节在广州逛花市“就正像北京人逛厂甸、上海人逛城隍庙、苏州人逛玄妙观所获得的那种特别亲切的感受一样”，一句话道出了岭南人对花市的深厚情谊。

广州的花市历史悠久、源远流长，是广州特有的传统民俗，且与广州的地理位置、历史文化、民俗传统不无关系。广州属亚热带季风气候，夏无酷暑，冬无严寒，年平均气温为21．7℃，年降雨量为1982．7毫米，平均相对湿度为77%。优越的地理位置和良好的自然环境，为各种花卉的成长提供了极佳的自然条件。据西晋永兴元年（304年）嵇含的《南方草木状》引汉初陆贾《南越行纪》记述，当时南越治所在今广州境内，已经是百花生长之地，而且从西域将具有特殊芳香气味的素馨花、茉莉花移植到这里，当时广州妇女已经懂得用“彩线穿花心，以为首饰”。由于人们爱花和栽花，于是出现了专门买花、卖花的市场，称为花市。相传在五代十国的南汉时代，南汉王的宠姬素馨是珠江南岸庄头村的种花女，进宫后还一直爱好种花。王姬的爱花带动了王宫贵族的好花，进而又带动了百姓们种花养花，并形成岭南地区的民风。后人为了纪念这位王姬，把岭南特有的一种茉莉花称为素馨茉莉。据南宋淳熙五年（1178年）周去非《岭外代答》记载，广州地区盛产素馨花，花开时“旋掇花头，装开他枝。或以竹丝贯之，卖于市，一枝二文，人竞买戴”。这是现在所能见到的关于广州花市最早的记载，广州也因此有了“天香茉莉素馨国”之称。明清之际，在广州老城的七个城门下已形成花农卖花的经营性“花墟”花市，一年一度的除夕花市就是由此逐步形成的。但真正有意识地作为迎春花市，约成型于清代的中后期。到了19世纪60年代初期，分散的花市基本上固定在春节前几天，由此就出现了“除夕案头齐供养，香风吹暖到人家”的景象。

新中国成立后，广州不但保持了花市的传统，而且使之发扬光大，在市区内分设多个花市点。花市上除了传统金橘、水仙、桃花等花卉以外，又增添了荷兰郁金香、日本杜鹃、米砂莲等外国名花。改革开放后，广州人的生活水平空前提高，花市的规模越来越大，花农搭棚架摊档售花沿街伸展，出入口处搭有花市牌坊，十里花街张灯结彩。

第二节 客家人的春节习俗

“百节年为首”，客家人历来视过年为一年中最隆重、最欢乐的节日，因此很早就开始为过年做准备。比如：农历九十月开始晒番薯片、米糕片，供过年油炸和炒食；冬至一到就开始蒸酒；年近三十，家家户户都要蒸糖糕、做米粿、杀猪、做豆腐、宰鸡等，欢欢喜喜迎新年。

农历十二月二十三时还要祭灶。届时，晚上要把灶台刷干净，把旧的灶君取下烧掉，年三十早晨再把新像贴上去，且送与迎都要摆置酒肉、糖果、甘蔗、米粿等，还要在灶前烧香、点烛、放纸炮。

客家人有入年界的习俗。从一进入年界至除夕，一项重要的活动就是“扫尘”，以示除旧迎新，使家庭面貌一新。除此之外，客家人家家收起农具，奔波于四处赴圩办年货，户户动手打黄元米粿、煎油粿子、做糖米泡、打颜片、打麻糕等，制作各色糕点迎接新年。

农历腊月二十四日为“小年”，晚餐较为丰盛，饭后祭灶，送“灶神”，是日谓之“偷心日”，客家人多在此日“动土”，无需请先生看风水朝向以及选时辰，一如冬至日。

大年三十，也就是除夕过大年，是过年气氛最为热烈、最为欢乐愉快的一日。这天上午，各家厅堂要挂起祖宗画像，在大门口贴上鲜红的春联，谷仓门上、禽畜栏前、家具床铺以及水缸边都要贴上红纸条，叫做“封岁”，也叫“上红”。各家厅堂还要陈设供桌，布置香案，摆起鸡、鱼、肉、果品等，拜菩萨、敬神，供奉祖先。大人小孩在这一天洗澡更新衣。

除夕晚上吃团圆饭，菜肴很丰盛。桌上还要多放几副碗筷，以示请祖先回来一起过年。饭前，要先给祖先筛酒，将酒洒地，然后开始吃饭。席间，老人小孩吃鸡腿，以示尊老爱幼。

除夕晚上还有守岁的习俗。吃罢团圆饭后灶具要洗干净，晚上守岁时每个房间要整夜灯火通明，叫“点岁火”，有些地方牛栏、猪舍也会点上灯。家长给小孩发压岁钱，有些地方还会给老人压岁钱。

正月初一午夜零时，人们争先恐后地焚香鸣炮，迎接新年，是谓“抢春”，因为这一天起得越早这年的福气越好。户主燃放开门炮，向“吉利”方向而行，谓之“出行”。清晨穿新衣，先拜祖宗，后拜尊长，道“恭贺新禧”。男人带小男孩提篮备茶酒鱼肉祭社公、龙神；小孩邀集众人一同把牛赶进山去，且一路燃放鞭炮相送，是谓“送春牛”。早餐吃素（赣县王母渡一带全天吃素），谓吃了一年健健康康，意在免灾保健康。是日，大人小孩整天玩乐，但不得出家门，尤忌小孩坐在别人家门槛上。妇女在晒坪或自家院坪上打毛线，纳鞋底、鞋垫，休闲聊天；男人打牌或玩“数豆子”；小孩燃放鞭炮等，整个村坊显得十分热闹。

初二开始走亲访友拜年，新年初见互道“恭喜发财”，各家由一名大人带小孩去给长辈拜年，旧时小辈给长辈下跪，长辈给小孩发红包压岁，并说些吉利祝福的话，压岁钱多少各依血脉亲疏、交情厚薄而异，多少都有打发。宗教信众多于此日上山敬神礼佛。一般家庭从初二开始备“九龙盘”，内盛腊鸭、猪肝、香肠等小吃，另加花生、瓜子、果碟待客。

初三早上吃“岁饭”。吃岁饭前先要供奉天神和祖先。岁饭有的是年前二十九晚上蒸好，有的是正月初二晚上蒸好。饭上插上筷子，家中有几个人就插几双筷子，再插上一根带叶的树枝，有的还要放上橘、柚等水果。吃岁饭要准备很多菜，有鸡有肉，与大年三十吃的团圆饭差不多。初三不能杀生，鸡要在初二杀好或过年时留下。

正月内亲来访多用酒娘蛋、满碗等厚待。此时节，乡间各地文娱活动丰富，请大戏（在宗祠祖堂的戏台演出）、唱采茶、打龙灯、狮子灯、鲤鱼灯、打狮等，从初二开始一直闹到正月十五夜，达到高潮后散灯。

客家的春节习俗发展到今天已经有所变化，随着生活节奏的加快，很多地方正月初五就算出年界。过了正月初五，厅堂的祖宗画像要收起，纸门帘要取下烧掉，外出做工干活的就可以启程了。

第三节　潮州人的春节习俗

潮州春节习俗中最有特色的当首推新年送大桔。

在潮州，有“新年赠桔，大吉大利”的讲究。在广东民间，人们习惯上把橘字写成桔字，而“桔”和“吉”又很相近。新春时节，民间相互馈赠橘子以求吉利，希望在新的一年里大吉大利。到亲戚家贺年都要带柑橘，主人就拿自家的大桔和贺客带来的互换，以便互尽好意、各得吉祥。

送桔送红包习俗。小辈向长辈拜年，长辈自然要犒赏小辈。至于用什么食物赠给小辈，自然是要选择孩子爱吃并且有吉利意义的物品，于是橘子当选为最有特殊含义的食品了。至于赏赐红包，则是让孩子们自己去买些他们爱吃、爱玩的东西，这是后来为简化手续而逐渐演化的，虽然意思相同，但还是不如传统的送个橘子更有意义。

送桔赔礼习俗。新春佳节期间，如果甲家的孩子打骂了乙家的孩子，甲家必须送一对大桔去赔礼，甲家的爸妈也不责备自己的孩子；乙家的人接受了大桔，也就原谅了甲家的孩子。乙家认为打架不吉祥，但甲家赔礼以吉祥献给乙家，就可以使两家孩子今年没有不吉利的事情发生。

带桔走亲戚习俗。潮州揭西县客家每年从正月初一到元宵节，是走亲戚最热闹的时节，路上人来人往，称为“游正”。所带的礼物必要有生柑一对、蒜子二条，表示新正大吉。主人不能收受客人的柑和蒜，要留着与回礼一起由来人带回。

潮州春节拜年也有自己的特色。农历正月初一称元日，为新岁之首、春天之始，也称春节。清早，家家燃放鞭炮，俗称“开门炮”，表示辞去旧岁迎来新年。春节一清早各家各户备齐菜到祠堂祭拜祖先。各个宗祠都要挂灯笼，写明姓氏，显示其先人的官职或贤哲家风。

正月初一至初三，小辈应向长辈拜年，亲朋则互相祝贺，名为拜年或拜正。当小孩一清早捧槟榔（或以橄榄代槟榔）向长辈请安拜年时，长者则赏些钱给他买糖果，俗称为赏面钱。这一天外出遇见熟人时，应互相道贺，共祝新年万事如意；交情较深的则互相登门拜正。

潮州过年对吃也有自己的讲究。正月初一全家吃素，初二各家才祭祖吃荤，俗称“开臊”，意在对祖先的尊重。

除夕夜，家家户户关门“围炉”，菜肴丰盛。桌中央摆着“火炉”，俗称“宾炉”。远离桑梓诸亲人都赶在除夕来家围炉团聚。妙趣横生的是吃完年饭，家长要拿出事先制好的“龟粿”，让每人尝一点，以祝贺健康，来年顺遂。

过年时潮州人说话也有了特别的讲究。大年初一，人人都要说吉利话，不准恶口骂人；遇上小孩打破碗碟，马上说“无禁忌、勿过是”或“缶开嘴、大富贵”、“碗开花”的吉利话；如不慎点火烧了灯笼，则说是“灯火旺”；亲朋熟识者路上见面互道“新正如意、大吉利市”。

此外这一天还有禁忌。例如不能扫地，应把扫帚藏起来，让垃圾积下，说是“堆金积玉”；不准倒脏水；不准动刀、剪；不得向人家讨债务，春节期间，潮州人也有自己特色的娱乐方式。潮汕春节文娱活动最活跃，有赛锣鼓班的，有舞龙、舞蜈蚣、舞狮、扣鹦哥等。有些乡村还要通过舞狮队拜年，联络乡情友谊。正月初一至初三，一连拜祭祖先三天。祭拜时有鼓乐助祭的习俗。一些民间乐社和皮影戏班便在这时组成小乐队，到各地宗祠巡回弹唱助祭，参贺新喜。主人要发红包给乐队，还要由小孩以槟榔盘奉送乐队。

第四节　阳江人的“埋年二十几”

阳江市是广东西南沿海的一个城市。阳江人过春节的时间较长，从农历十二月二十三晚上起，至正月十六止，这段时间统称“埋年二十几”（埋，接近之意）。

十二月二十二叫送灶神日。这天要把灶君神位打扫干净，净手焚香把灶君送上天。为了防止灶君上天诉说家中今年的丑事，祭灶常供上些用糯米做的糕点，为的是把灶君的嘴粘住。传说灶君此去要到年初一黎明前才回来。

十二月二十四日，俗称“小年晚”。家家户户开始清洁屋宇，意为把旧的、污秽的东西驱除出去，干干净净地以全新的面貌迎接新年。这天，家庭主妇把早已准备好的竹枝或甘蔗尾叶绑扎在长竹竿上，打扫房屋里的灰尘，这叫“扫屋尘”。竹枝扎帚寓意长寿；蔗叶则寓意“一年甜到尾”。同时还要把家具、碗碟通通洗刷干净。

十二月二十五日到二十七日，家家开始浸米舂粉。从前，农村有碓的人家不多，通常要排队轮流把粉舂好。冬末天气干燥，人们用簸箕把粉放在屋外晾干备用。

除夕日的午后即开始贴春联（俗称“贴对”）、门神和广钱，广钱有的贴两张，有的并排贴四张，但一定是双数。广钱是贴在门楣上的红纸，小的两寸宽、六寸长，大的三寸宽、八寸长。一般的广钱是一张红纸，讲究些的则在广钱两头刻出菱形小空格，下面剪成流苏状。还有人在广钱上写上“招财进宝、出入平安”等字，每张广钱上写一个字。

屋内外其他显眼的地方也要贴一横额。如窗户上贴的是“紫气东来、喜出望外”；楼梯上贴的是“上落平安”；猪栏贴的是“猪栏旺相”；谷囤边贴的是“五谷丰登”；厨房贴的是“美味清香”；小门两边贴的是“左宜、右有”，等等。

贴门神、对联的事一般是男人干，女人则忙着杀鸡、杀鹅、做饼。春节所做米饼，必有煎糍（煎堆）、松糕，将米粉用苏打发酵蒸成，取其“团圆、发达”之意。所食主菜则为鸡、鹅、猪肉等。

晚上吃团年饭前须先祭祖，待香烛烧完、放过炮仗后方能吃饭。倘到团年时，家中仍有远行人未归，则在桌上摆上未归人的坐位及碗筷，象征团聚以示思念。因此远行人不管多忙多远，总要设法在团年前赶回来。若家中有新婚夫妇，则多摆一副碗筷，取明年生子添孙之吉意。团年这顿饭主妇要多下些米，吃不完的留到明天，谓之有余有剩，因而有“一餐饭吃两年”的说法。

团年饭后围炉守岁，一家人围在火炉四周，或喝酒、饮茶、吃饼，或打边炉（火锅）、畅谈，或讨论明年的家庭计划。到深夜，家中老人便会把桌上一条羹匙放到水缸上浮起，待羹匙定下来后，看匙柄所示方向，然后到这个方向的屋角，静听外面的动静，根据不同动静，预测本年的凶吉。守岁一直到第二天凌晨，接着是“斥噩神”。

元旦第一次放爆竹开门谓之“斥噩神”。阳江话念成“的鹤神”。“的”（音 di）为“赶走”之意，意思是把家中的邪神驱逐出去，也喻新的一年开门大吉。此时全村爆竹声连绵起伏、持续很久。

此后，家中主妇便开始扑圆子（滚汤圆）。圆子用糯米粉搓成如手指般大小的粉条，然后用刀切成指节长。园子分甜咸两种，甜的加黄糖水和姜末，咸的则加虾米、瘦猪肉等。扑圆子意为“团圆、发达”。（扑，阳江话“浮”的意思，意为“发”，因为圆子一熟，均浮到水面上来。）扑熟圆子后，盛起三碗甜的，先祭祖宗，后祭门灶神位，然后一家大小围食。

年初一早上，老年人按昨夜羹匙所示方向，出门在村外远行，兜一个大圈子再回来，谓之“行大运”，以示今年行好运。近些年来，年轻人则在“斥噩神”后就相约出门，天大亮才归来。

这天早上，晚辈按年龄由小到大给长辈拜年。长辈则把预先用红纸包好的钱（叫“插花”，这些插花钱又叫“扎年钱”）分给晚辈，小至出世婴儿，大到未婚男女，均有领插花的资格。接下来邻居、族人也开始互相拜年，互道“恭喜发财”等吉庆话。

天明以后，舞狮舞鲤队前来拜门。舞龙必先舞鲤鱼，取“鲤鱼化龙”之意；舞凤则兼演诸如采莲船一类的杂耍。舞鲤鱼的通常只有一个人，一边舞鲤鱼，一边口中念着“鲤鱼来，鲤鱼来，日里添丁月发财”之类的祝词，在门边贴上巴掌大的红纸，纸块上一般都是“恭喜发财”之类的字。户主则送给舞鲤的人一个红包或几个糕饼。舞狮队少则几人，多则十几人，沿门叩拜。狮头向着各家门口，门楣悬挂着红包的则是有意纳拜。倘屋里几个门口均有红包，则进屋里各门口逐拜。新婚夫妇则引狮头到床上翻滚，以祈今年生个男孩（阳江话念“狮子”为“示子”，谐音“是子”）。有钱人家则多给钱，让狮队在门口旷地上表演武术，艺高的狮队还可表演“狮子吃青”——爬到高处取下一株青菜及红包，有绝技的还可在上面砸开一个椰子再下来。

从初一开始，祖先神位前就象征性地摆上一些茶水、果饼，直到元宵节后才撤走，这叫“订年”。家中书房客厅装饰一新，设九子盒，摆有果饼，以招待来拜年的客人。

年初二为开年，这时便有民间艺人沿门拜年。吹打弹唱的有五到十人，大笛（即唢呐）一定要两支。艺人入门先吹一曲《大开门》，然后演唱庆贺吉祥的粤曲。酬金由户主随意施给，用红纸包好。

年初三后方可出门远行，探亲访友。从初一至初十，每天都是一个特定的节日，依次为“一鸡、二犬、三猪、四羊、五牛、六马、七人、八谷、九兵、十贼”。其中最隆重的算初七的“人日”，这一天要像年初一那样杀鸡、杀鹅、扑圆子等。

初十是接菩萨，即把菩萨从庙里接回来，到本村门楼供奉。这一天家家户户要把屋、巷、大路打扫干净。接菩萨的队伍约百人，都是未婚男丁，事先斋戒，打扮漂亮整齐。一路上八音（民间乐器）齐鸣，前头的两人扛着“肃静”、“回避”的牌子，接着两人擎着大旗，旗上用篆体写“鸣金”二字，旗杆一头挑着大锣，边走边敲。再有两个身扎红腰带的小童手捧红盒，一路放爆竹；跟着是两个打扮相同的打鼓小童，再后面的是同样装束、手捧令旗大印的小童，走在菩萨大轿两边。菩萨坐八抬大轿，面前置香炉，后面一男子高擎大浪伞，再后面是神旗、八音，一路吹吹打打直到门楼灯棚。随后是在灯棚开灯。大凡去年一年内出生的男丁，家长都要在灯棚挂上一盏灯。请来道士祭神，日夜烧香添油。到第二天还得摆“灯酒”，请村中父老来饮酒，然后再交一斗米、半埕酒和一笔香烛钱，作供奉菩萨用。开灯仪式要花一笔钱，穷苦人家因花不起而不敢当年开灯的就等到有钱时再开灯。有的甚至到结婚时再一起进行，这叫“开老灯”。

春节期间，有的地方还做“万人缘”，打醮祈求年丰吉庆（也有的改在二月或十一、十二月）。在演戏拜神的同时，还有两人抬着纸扎花船沿门过巷，此叫“遣花船”。抬船者多为孤寡的“丑命人”。船到每家门口，家长拉着小孩把一个装鸡毛、麻豆、火炭的烂碗丢下船，口中念道“丑时丑运都装去”，然后拉小孩回来。这些破烂都由那两人抬到江河大海去倒掉。

正月十五是上元节，闹元宵，放烟火、花炮。接到“炮头”者被认为是今年运气最好的人，下一年这人得购同样的花炮拿去燃放。下半夜，新婚妇女或婚后未生小孩的少妇摸黑起来到别人家的菜园去偷菜，叫做“偷青”。传说黑暗中“偷”的是白花菜会生男孩；“偷”的是黄花或红花菜，则生女孩。偷青时，菜园主人明知也不管，倒是那些未婚的男子闻声追出来嬉闹，如追上偷青妇女者则预示年内可得佳偶，但乡俗严禁借此调戏妇女，犯者严惩不贷。

正月十六叫“完灯”，人们用同样仪式把菩萨从灯棚送回庙里，春节活动就此结束。

第五节　罗定人的过年习俗

在罗定地区，腊月二十三至正月十六为过年时间。这段时间，可以分为年前、过年、年后三个阶段。直至今天，这里还大致保留着这样的习俗。

年前阶段是从腊月二十三至过年前一天。这个阶段是做好过年的一切准备工作，所谓“二十三扫屋，二十四磨谷，二十五洗头，二十六搽油，二十七赶墟，二十八劏猪，二十九年三十晚。”

二十三扫屋。家家户户打扫房子，洗刷被帐与家具杂物。腊月二十三，俗称“小年夜”，是年前小节日。过去，家家户户灶台立有“灶王爷”（俗称“灶头君”），人们习惯于当天砌新灶，杀鸡、买猪肉、烧香拜祭灶头君上天

“述职”，祈望它“上天言好事，下界保平安”。这是罗定过年习俗的开始。

二十四磨谷。过去，家家户户置有一盘谷磨将谷磨成米，然后用碓将米舂臼，储足整个春节期间（至正月十六）的食用。

二十五洗头。过去，妇女习惯于这一天用茶子麸洗干净头发，以迎接新年的到来。

二十六搽油。妇女都用茶子油染发打扮，使头发乌黑发亮。

二十七赶墟。过去墟期统一，腊月二十七是年前最后一个墟期，家家户户都去墟上选购过年所需的食品、用品。

二十八劏猪。农家都在这一天宰大猪，精制成扣肉、肉丸、卤肉，待过年时食用；余下的制成粉肉、腊肉，在正月期间食用。

过年前阶段，除了上述各项准备之外，家家户户还精心制作糯米糍、油糍、米粉饼、鱼丸等传统食品，同时为孩子做新衣服、纳新鞋子，并写好春联。

过年阶段是自年三十起至正月初二止，分为过年、春节、开年三个段落。这个阶段的主要特征是喜庆、欢乐、祥和。

过年时家家户户张贴春联，挂利市钱，杀鸡拜祭太公与社坛公，制作丰盛菜肴，放鞭炮，以驱鬼避邪、除旧迎新。之后，合家围聚在八仙桌旁吃团年晚饭。饭后，大多吃上一些水果、瓜子、甜品之类的小食。晚上，家家户户亲人聚在一起叙谈，厅堂、灶间每个房子均点上油灯，彻夜通明。

过年这天，不少家庭为孩子挂灯，祈求神灵保佑孩子身体健康、聪明伶俐。灯为走马彩灯，挂在社坛公旁的大树上，挂后要拜祭一番，油灯要日夜添油，点至正月十六。

年初一是过年的高潮。凌晨，家家户户齐放鞭炮迎接灶王爷上天归来，欢庆他带回吉祥万福，使新的一年风调雨顺、五谷丰登、六畜兴旺、平平安安。传说灶王爷五更才回，所以鞭炮要一直鸣放至五更。人们一早起床，首先要再燃放鞭炮，二度迎新，然后洗刷碗碟，制作汤丸，拿出糯米糍、米粉饼等甜品摆在桌上（意为一家甜蜜），长辈给孩子发利市并共进早餐。早餐后，长辈带孩子赶墟买些玩具、鞭炮，或拿出自己制作的风筝、陀螺让孩子在晒场玩耍，或带他们走家串户互相拜年，互给孩子利市，尝尝主家制作的美点，直至中午才回家吃饭。午饭后，有的村寨专门请舞狮队前来“采青”，有的请八音班（民间乐队）来家中贺新年助兴，以增喜庆、欢乐的气氛。晚饭后，大多合家叙谈，也有走家串户拜年的。晚上，家家户户的屋内仍灯火通明，以示喜庆。

年初二，开年日，俗称“小开年”。这天一早放鞭炮，合家吃过汤丸（汤圆）等甜品早餐之后，算是开年了。跟着要打扫厅堂，按习俗是从门口往里扫，忌从里往外扫，意思是大吉大利从门外扫进来，而不要往外扫出去。随后，家人带上猪肉、银面（扎成团状的面条）、糯米糍、油糍、米粉饼等礼品去探望亲戚、朋友。

小开年后禁忌少了，家家户户的夜明灯也摘了。

年后阶段为正月初三至十六为止。这个阶段主要是年后余庆，有忌日，亦有几个喜庆日子。

年初三这天，户主不喜欢亲友、客人来。来了也不招喜欢，走时主人大多也不给利市，以示不高兴。

年后的喜庆日子是人日，也就是正月初七。家家放鞭炮，合家吃喜庆饭，家家户户均欢迎亲友来探望，以助人丁兴旺。但亲友又都不愿在这一天到别人家去，传说会只助别人，而不发自己。所以，各家只好分头行动，既有人出门探望，又有人在家中待客，你来我往，十分热闹。

还有遵从做醮（又叫“打醮”、“醮期”）的习俗。初九这天，村民聚集于有神灵的山坡、草坪或田野上。该处有事前用竹排栅搭起几丈高的塔形“大炮架”，其四面与中央挂上五长串鞭炮直垂地面。还立有扎上几十把锋利的、刀口向上的、几丈高的“刀山架”，做好举行仪典的准备。

举行仪典有：一是祭神。由醮会长带头烧香、即席宰杀公鸡，用鸡血拜祭菩萨，杀鸡、猪祭神，祈求菩萨、鬼神保佑村民人畜兴旺、五谷丰登。二是“上刀山”。由有胆量、有杂技本领的男子，光着上身和脚板上刀山。每上一个刀级都要做一个惊险动作，上到顶端时，还要做一个令人惊心动魄的绝技。之后，又一级一级地踏着刀锋下来。有时两三个人同时上刀山。传说这是在显示村民不怕鬼神，个个刀山敢上。三是过火海。地上烧着一堆堆熊熊大火，成年男子（也有个别女子）光着脚板踩着火堆走过去（不能跨过）。传说能上刀山、过火海的人就会大吉大利，逢凶化吉，平安无事。四是抢炮。抢炮是做醮的高潮，最为热闹。此时，五长串鞭炮齐鸣，惊天动地。鞭炮一完，立即有一个炮圈（钢或铁做的）飞起，男子汉即争抢炮圈。醮会规定：谁抢到炮圈，要回到庙堂跪拜菩萨，烧了鞭炮后才算胜利者。胜者能获得醮会几十担稻谷的奖赏，并被委以醮会长的职务，筹办下一期

（3—5 年为一期）醮会。五是菩萨游行。菩萨游行是醮会尾声。村民把庙堂所有菩萨（事先已移置醮会聚集点）抬着游行，少则五六百人，多则近千人参加，声势浩大。前面是醮会会长、成员，跟着是八音队、锣鼓队、舞狮队、罗伞队、彩旗队，中间是菩萨队依次排先后，伴有穿上长衫马褂道服的喃呒（道士、道公）队列，后面又是一队队罗伞、彩旗以及醮会的部分村民。待游完菩萨，醮会所属的各村寨最后又回到庙堂里，把菩萨放回原处。这时醮会长、成员要烧香磕头，隆重祭拜一番，向菩萨谢恩，鸣炮。至此，做醮就算结束了。

元宵节也是在正月十五。元宵是过年圆满之夜。传统闹元宵的习俗，至今还在继承发扬。这天家家户户吃汤丸、油糍等元宵品，晚上举办舞狮、舞龙、八音吹奏等活动，热闹极了。

落灯习俗是在正月十六。落灯节也叫“大开年”，是过年结束日。不管是过年时或正月十五，各家为孩子所挂的花灯均在这天取下，吃过团圆饭后鸣放鞭炮，过年活动就此结束。

第六节　壮族人的过年习俗

广西地域有 12 个常住少数民族，其中主干少数民族为壮族，壮族受汉族文化的影响，也过春节，与汉族春节不同的是，壮族人除过春节之外，还要在正月三十再过一个“晚年”，而且壮族春节夹杂了更多本民族的特色。

除夕这一天要多煮米饭，俗称“压年饭”，预示着来年五谷丰登、米食充足。大年初一零时起，家家燃放鞭炮，表示辞旧迎新。天刚亮，大姑娘、小媳妇都要挑着水桶，拿着三柱香火、唱着歌去河边挑水。到了河边或者取水处，先把香插好，用红纸包好的钱币作“利市”往水里投放，挑回新年的头一担新水。这一天壮族人是绝对不喝去年存水的，他们相信大年初一的水最纯净、最吉利，可以给一家人带来整年的好运气。给挑来的新水放入红糖、生姜、竹叶，煮成“伶俐水”，让全家每人喝上一碗，据说喝了此水，小孩会变得聪明伶俐；姑娘会嗓子清甜；老人会祛病长寿。

家里的小孩子、年轻人这一天一早就跑出去放炮竹、舞春牛去了。舞春牛更为有趣。“春牛”是用竹片巧妙编织而成，牛头、牛角糊上棉纸，画上牛眼，牛身是一块黑布或灰布。舞牛人敲锣打鼓在村中表演，钻进布底的两人，一人在前撑牛头，一人在后弯腰拱背甩尾巴，后面跟着的是一个手拿犁架的汉子。表演惟妙惟肖，让人忍俊不禁。此外，还有敲锣打鼓的、领唱春牛歌的，他们走到哪里，哪里就有歌声笑声。舞罢上村又到下村，从初一闹到元宵节。舞春牛的人们为农家带来了节日的欢乐，同时也寄托着对农家丰收、祥和的祝愿。

南宁周边的壮族地区还有在大年初一抢头鸭、抬纸狗拜年的习俗。绝大多数的壮家人大年初一是不串门的，白天吃汤圆，晚上才吃荤菜，据说可以消灾去病。到了年初二，妇女便带着孩子在丈夫的陪同下拿着礼品纷纷回娘家。

到了元宵节再次祭祖以后，家家户户才把供品撤掉，这被称为“散年”。当天由家中长女搀扶其父母或家中最年长者坐在堂屋中央，然后剥开“母粽”(超级大的粽子)，按家中年龄长幼有序地分发，每个人须恭敬地接受并将其吃完，这就是“吃母粽”。吃完“母粽”，全家老小便拿着粽叶、香火，到叉路口或江河边焚香肃立，边唱“避邪歌”边抛撒粽叶，以此“送凶祸”。

壮人没有作揖、跪拜、握手的习俗，而是直接通过语言和丰富的表情来表达自己的节日问候。因此在春节壮族人是不会给长辈磕头拜年或者作揖的。熟人在路上相见互相道贺“恭喜发财”，这可不是一句普通的客气话，而是壮族人最真心的祝福。

第七节　瑶族人的过年习俗

“二十一打主意，二十二买蛋去，二十三送灶王，二十四过小年，二十五磨豆腐，二十六杀肉猪，二十七杀现鸡，二十八杀水鸭，二十九种种有，三十夜晚团圆酒。”

这是一首描述瑶人过年的民谣。其实，早在腊月二十前的上半年，瑶人就已开始“打主意”了。即使是春播一粒种，也是为的能过个好年，夏天采撷的黄花，秋天收获的瓜子，都要留着过年才吃。不过，真正有过年气氛的，当然是腊月二十一以后。那时节，平时看不见几个人影的崎岖不平的山路上，都会充满欢声笑语。等鸡唱头遍后，出山赶墟选购年货的山民们便高举着松明火把，火龙般行进在赶墟的路上。天将黄昏，家中的人还得沿途去接。这一天往返百来里，赶墟的人却也不知疲倦，完全沉浸在要过新年的喜悦当中。

留在家中的人便忙着磨豆腐、炸果子、包荷叶，清扫房前屋后，在门口贴“净扫寒门迎宾客，满斟热酒贺新朋”之类的春联，等待年三十夜晚的来临。

除夕是瑶人最隆重的节日，这天晚上的餐桌上摆满了老鼠、鹿子、野猪、山鸡、青蛙、墨鱼、螃蟹、泥鳅等做的美味佳肴，还有荷包肉、酿豆腐、香菇鸡等瑶家风味的食品，最后一道菜是门前小溪里的鲢拐鱼。有些人家里太穷，做不出三五道菜，但也要千方百计地做一道叫“鱼”的菜，意为连年有余。酒为红薯酒或米酒。瑶人不善饮用白酒，也不饮啤酒。主食是不夹一粒苞米的红米饭。

饭菜准备完毕，瑶人将隆重地请长辈坐在上席，三通鼓响点燃鞭炮，祭奠了天、地、国、君、师和列祖列宗后便开怀享用辛苦一年后的甘甜。席间免不了回顾一年来的种种酸甜苦辣，记挂远嫁他乡和在外工作的亲人。

晚餐过后，全家人围坐在灶前守岁，老人摆古（讲故事），灶里燃烧着专门供除夕夜晚烧的桐树或棕榈树。有串门的来了便殷勤邀人用茶，品尝自制的南瓜籽、葵花籽、毛粟和糯米果子，偶尔也抽上几口竹筒水烟。当然，如今抽希尔顿、大中华等名牌烟也不是什么稀奇事。

正月初一是农历的春节，虽然瑶人只兴过年，不兴过春节，但初一这一天却是个极其重要的大喜日子。天刚蒙蒙亮，人们便争先恐后地打开大门，燃放鞭炮，这叫做“出行”。只要有一家的鞭炮响了，整个寨子都一呼百应，噼里啪啦地放起炮竹来。顿时，山谷震撼，群鸟惊飞。天亮后，每家的门上就会插有一枝象征吉祥如意、春到人间的白腊树枝。小孩子们则挨家挨户地去说些恭禧发财的吉利话。

早餐一律继续享用昨晚的残汤剩菜，不得另起锅台，重做佳肴，这大概也是寓意连年有余的意思吧。饭后，新的一年便算重新开始了，老人便出“一只母鸡孵小鸡，从去年腊月三十孵到今天正月初一，一共孵了多久”之类的谜语给小孩们猜，大人便去走亲戚。除了女婿、女儿先回女方家外，其他的亲戚倒也没什么贵贱亲疏之分。

走亲戚、探亲朋。出门的人手提肩挑一些竹篮子，里面装上几份猪肉、鸡蛋、大米、黄糖、糯米粑粑之类的礼物，然后翻山越岭地往亲戚家去。如果是带着未满5岁的孩子出门，遇到过桥时还得一边过桥一边祷告：“仔古啊，跟来跟去哟！仔古哟，跟来跟去啊！”生怕孩子的魂魄不敢过桥。到了亲戚家附近，访客便偷偷地点上香火或香烟，等快到门口时点燃一串鞭炮报喜。这样，主人闻声而出，也赶忙点燃一串鞭炮将客人迎进正堂嘘寒问暖、互道相思、敬茶敬烟、烫脚洗尘，忙得不亦乐乎。带有孩子的大人还得将孩子领到神龛前祷告一番，求神灵护佑，走亲戚一住便是三五天，每日主人倾其珍藏，用上好的食品殷勤款待。饭间瑶人喜爱猜枚子，六六顺、七巧媒地热闹一番，因此往往是早、中、晚餐连在一起，一醉方休。

瑶人不仅勤劳，而且懂得劳逸结合。有一首民谣说得好：“耍正月，玩二月，做工就看三四月。”正月里还是年青人相亲相爱的大好时光，他们利用走亲访友的机会寻觅自己未来的伴侣。每当寨子里来了年轻客人，夜间的火塘边便围满了人，情歌唱了几大箩，个个想法设法表现自己的聪明才智，以博取客人的青睐。

第八节　各地别样的端午节

在潮州，端午节也叫五月节。端午这天，家家门上要插艾，“艾虎形以辟邪秽”；要饮龙舟划过的江水，这种水俗称“节水”、“龙舟水”。据说饮节水能使人身体健壮，妇女用它洗头发还能治头风。这一天又称为“圣日”，吃药最有效，许多人把栽在庭院或门外的使君子花摘下来做菜吃，自己没有栽种就到街上去买。还有人到山上采草药，煎煮凉茶。

这一天，户户要做棕子吃。山里人尤其喜爱制作“大糯棕”。村民事先上山砍下杉尾、三丫苦等，泡水取出有效成分，浸出液澄清后泡糯米，再把糯米包进竹叶里用水煮熟。吃时，剥开大糯棕的竹叶，用纱线切割成小片，蘸砂糖吃。大糯棕口感柔润滑腻，有一种特殊的香味，具有健胃、祛湿、清热等功效，是老百姓喜爱的保健食品。

一些地方有“送纸”的习俗。在村前的韩江边供一个惟妙惟肖的五彩龙头，家家都在龙王面前祈求消灾除难、保佑合家平安，并把一叠事先在家里祭了煞的纸钱戳在龙角上。全乡祭祀完毕后，就把龙头抬进一条小船里，敲锣打鼓地划出乡界以外的地方，把纸钱抛进江里，象征着把晦气驱逐出去。还有些地方，家家要裱糊长三四尺的纸船，船上有划桨的纸人。是夜，人们点亮纸船里的油灯，一齐把纸船放到韩江里，灿若繁星的船队四处游弋，这叫“放花灯”。

在广州等地，端午节里老百姓最喜爱的活动是赛龙舟。比赛之前，要举行开赛仪式：分别把龙舟划到妈祖庙前祭拜龙尾爷，龙首朝庙门，划进划退参拜三次，谓“三参灯”，保佑旗开得胜。夺标点设在一只五肚船上，上插绫缎彩标。参赛夺标的龙舟各在起点待发，当妈祖庙前鞭炮一响，龙舟上鼓手则闻声起鼓，健儿们奋臂划桨，力争上游。锣鼓手统率全船，划桨的只管划桨，掌舵的把稳方向。夺标进入高潮时，击桨溅起的水花能把整个船都罩住，岸上观看的群众几乎看不见龙舟，只见一团团雨雾在江面上掠过。

佛山人过端午节时，认为屈原之死是邪魔所害，因此民间把端午节称为“驱邪节”，家家门口插菖蒲和“龙船花”以辟邪。初五正午十二时，居民个个要洗龙船水（河、井水），用红朱砂替小孩子点印堂（俗称号猪仔），给小孩挂香包（手工缝成人物、寿桃等形状，内放香术），点燃艾枝，将屋内各处薰过，拜过神祖之后，全家吃五色豆粥及粽子（五色豆粥，用红、白、黑、绿豆及赤小豆煮的粥，据说五色可驱邪），然后乘船游玩或观看扒龙船。

在东莞，农历五月初五这天男人以龙舟竞渡为节，女儿却过女儿节。东莞素来盛产香，并冠以莞香之名。东莞香市与羊城花市、罗浮药市、廉州珠市合称“广东四大市”。生产莞香中洗、晒、收藏的程序多落在女儿身上。种香人家的女儿，往往偷偷地凿下最好的香藏在怀中，然后拿去与收买佬换取化妆品、小首饰之类的东西。这种香特别好，又入过姑娘的酥胸，好事者常争购。因此莞香以女儿香驰名。《东莞县志》说：“邑人多纫小香囊，午时袋。”东莞女子在女儿节这天要赠给弟妹小香囊，这种小香囊全由姑娘们亲手制作，以小巧为佳。姑娘们用花布碎料包以棉花、樟脑、臭丸，再用银丝线缝成牛、马、兔、鸡、桃、梅等动植物形状，互相比赛斗巧。她们给弟妹挂上自己缝制的香囊，然后抱着弟妹与人家比试。据说，这种香囊可以防治脑膜炎等疾病。

在乐昌县梅辽四地一带，每年端午节家家户户门口都要挂上一枝“青”，即用布荆枝条和塘边、沟边生长的水菖蒲（此处叫“香炉头”）扎合而成的植物枝叶，而且至今仍很盛行。

关于这个习俗的渊源还有一个故事。传说唐末黄巢造反，弄得人心惶惶。有一天，黄巢在路上碰到一妇女，见她背着一个大小孩，手牵着一个小小孩，黄巢觉得奇怪，便问道："你为什么背大的牵小的?"妇女答："手牵的是我儿子，背的是我侄子，他是个孤儿，父母双亡，他代表一房人。如果黄巢来杀人，我背侄儿走，丢下儿子给他杀。儿子死了我还可再生，侄子却不能再生了，所以我背侄子牵儿子。"当时黄巢听了该妇女的话深受感动，叫那妇女赶快回家在门前插上青。妇女回家后，在家门前插了青，又叫全村的人都在家门口插上青。因黄巢吩咐将士见插了青的就不杀，所以保护了全村人。而这一天刚好是端午节。这个村原在福建，梅辽四地的多数农户都是从福建搬来，因此这个风俗也就一直流传至今。

第九节　乞巧节摆七夕

乞巧节即七夕，在广州亦称作"七姐诞"。每年农历七月初七，传说牛郎织女鹊桥相会，人们便在凡间举行各种各样的祭祀和节庆活动，女性向织女乞求巧智，以求得美满婚姻，故七夕亦称作乞巧节。宋人刘克庄诗曰："瓜果跽拳祝，喉罗朴卖声。粤人重巧夕，灯火到天明。"诗中生动形象地描绘了古时候广州人过乞巧节隆重热闹的情景。

旧时，广州乞巧节之隆重，在节日来临之前便可被乞巧的气氛所感染。大概在农历四五月，姑娘们就要准备乞巧玩品，制作各种模型。节日来到之前，将禾苗和绿豆放在小盒里面浸泡发芽，待芽苗长到二寸多长时拿去拜神，这小豆苗因此被称作"拜仙禾"、"拜神菜"。七夕当晚（多从初六晚开始至初七晚），姑娘们穿上新衣服，戴上新首饰，把早已准备好的各式物品，如古董珍玩、鲜花、瓜果以及脂粉等摆放在厅堂的八仙台上，还要将一盏油灯放置在仙禾或仙菜中间。八仙台上供品摆放的位置极其讲究，传统工艺放于台中间位置，包括拜仙禾、拜仙菜，五谷粘制的"斋塔"，三注芝麻梅花香，村庄的牌坊模型，鹊桥模型，牛郎织女和七仙女模型，由前往后依次排列，最后挂上神圣的七娘盘和七娘衣（共9件衣服，其中1套男衣献给牛郎，8套女衣献给七姑八姐，相传七夕织女与牛郎相会，由八姐下凡代替织女接收贡品，故共9件七娘衣）。八仙台左右居后的位置摆放用泡沫珠片粘制的瓜果，用腊水溶制的梅花，用通草、色纸、芝麻、绿豆、米粒、瓜子壳、银杏壳粘制的花朵和泡沫制作的农舍宫室等等。

当一切都安排稳当以后，姑娘们便焚香点烛对星空跪拜，称作“迎仙”，自三更至五更要连拜七次。拜仙之后，姑娘们手执彩线对着灯影将线穿过针孔，若一次能穿过七枚针孔者被称做“得巧”，穿不过者则“输巧”。而后姑娘们便焚烧纸制的梳妆盒，里面装有纸制的衣服、鞋子、脂粉、梳妆镜、梳子等，每样一式七份，以献给七仙女。

姑娘们会邀请亲戚朋友前来做客，还拉上邻里中相识或不相识的姑娘们一起拜祭，观赏巧艺与玩具。七夕过后，姑娘们互相赠送所制作的工艺品、玩具，以示友情。

广州的七夕拜仙有一个特别之处——已婚女子不能参加，但新婚的新娘在过第一个七夕时，要举行一次“辞仙”仪式。即在初六晚上祀神时，除了牲、醴、红鸡蛋、酸姜等，还要加上梨子，表示与姑娘离别之意。

乞巧的盛况，随着时间的推移和社会的发展，在广州市内逐渐淡化。不少书籍均记载广州地区的乞巧节活动消失于20世纪60年代初。然而实际上乞巧节活动在番禺石镇凌边村一直延续。如今这一节日已成为该村亲友团聚欢乐的特有风俗。民间又有制作微型工艺品的传统，又使“摆七夕”风俗于20世纪90年代重现于广州市郊一些农村。与以前不同的是，参加活动的多是中老年妇女，未嫁的姑娘较少。

在番禺凌边村，人们用对联表达良好的祝愿。如“织女佳期聚会牛郎共享天伦乐，人间乞巧梨园助兴同歌颂太平”。对联上的字有的是珠绣，有的用纤维棉制作，各有特色。当地人说：“一年中最热闹的节日，洋人是圣诞，我们凌边人就是七姐诞，比春节还热闹。”现今，乞巧节活动在凌边早已不局限于未嫁女子的范围，而是全村百姓团聚欢乐的节日了。民俗风情的凝聚力可见一斑。

黄埔区的沙蒲村恢复“摆七夕”也已多年，制工艺品的妇女老中青皆有，有人在春节后便开始策划制作，七夕前一周集中人一起做，初六、初七两晚还请本村曲艺队演唱，大众同乐，其乐融融。

天河区珠村七娘会与广州市民间文艺家协会、荔湾区文物管理所曾一起主办“乞巧民间工艺展览”，把一批精品送去展出，精美的芝麻梅花香及七个

"斋塔"显现了正宗的七夕工艺传统。

第十节 中元节

中元节，即农历七月十五，俗称"鬼节"。相传到了这一天，阎罗王就会打开地狱之门"鬼门关"，让关押的鬼出来自由活动，直至七月结束才回归地府。因此民间便盛行在这段时间对死去的亲人进行拜祭招魂，烧冥钱元宝、纸衣蜡烛，放河灯、做法事，以祈求祖宗保佑、消灾增福，或超度亡魂、化解怨气。

在潮汕地区，这一天人们往往在街头巷口搭起法师座和祭孤堂，设起普渡坛。普渡坛中央悬挂着"盂兰盆会"的横幅或三官大帝像。祭孤台上立着几块灵位，有"男孤魂之位"和"女孤魂之位"，这是召唤各方没有主儿的"饿鬼"前来受祭。为了怕施食时"小鬼"抢不过"大鬼"，还特设"儿童男女孤魂之位"的灵牌。在坛前边摆有上下两层桌子，上桌放一个斗灯，下桌放神像、香炉之类。斗灯内放白米、古剑、铜镜、剪刀、小秤等物，以作避邪之用。另外，坛前还特设一排长桌，以供民众摆牲。中午过后，各家各户便挑起三牲、粿品、水果、纸钱、衣帽、竹笠等祭品前来祭拜。主事者分别在每一件祭品上插上一把黄、绿、红颜色的三角纸旗，并写上"盂兰胜会"、"甘露门开"等字形，以作纪念。之后便请和尚、道士各念其经，进行祭拜，仪式在一阵庄严肃穆的庙堂音乐中开始。祭拜孤魂野鬼后，主持人便将祭品或物牌子向棚下抛掷，让那些贫苦者抢夺，这叫做"抢孤"。据记载，清代潮阳县祭孤时，还出现买犁耙、水车、家具，甚至买下穷家女孩子，分别写在纸片上，施食时也把纸片撒下，买不起家具或娶不起老婆的可以凭单领取之现象。抢孤者有将织成漏斗形状的网袋用竹圈将口张开，装上柄，名叫"孤承"，以承接棚上抛下的东西。在孤棚前都立有一纸糊的青面獠牙鬼王（也称为孤王）。据说，过去施孤时各方饿鬼云集、互相抢食、秩序混乱，观音大士想加以制止，可谁也不理他。结果他只好变成鬼王，展威弹压，处理了一些欺凌弱者的恶鬼，才恢复秩序。此后，每次施孤时一定要糊孤王镇坛。

潮汕地区有祭拜祖先的习俗。潮俗在中元节也要祭祀祖先。潮汕的施孤普渡不限定在这一天，不过这一日是正日，比较隆重。一般由善堂或父母会等组织善信备办三牲粿品，到义冢埔去修整裸露孤骨和祭拜，隆重者举行盂兰胜会，搭孤棚（祭坛），陈列大量三牲粿品、酒饭、纸钱、纸扎衣物，请和尚、道士到来念经、主祭。祭品除上述食物外，还有衣帽、竹笠等，甚至还有活猪、活羊和耕牛。祭拜之后，散发实物或竹签牌子让观众去抢，这就是所谓抢孤。

潮汕地区有放焰口的习俗。“焰口”传说是印度的一种饿鬼的名称。这种鬼喉头细如针孔，常出口喷火焰。在放大焰口时，要派船溯韩江至距城百余里的三河坝，赶在仪式开始前边返航边点燃一只只用大陶钵制成的豆油灯，并把它们放下江里，意在引领八方孤魂野鬼前来受祭，称为放“水灯”。当法师高坐祭台之上敲响引钟，带领座下一帮僧众诵念经文后，便将座边一盘盘面桃子及大米撒向四方，反复三次。而法师诵经是使他们的喉头放开扩大，才能咽得下食物。

潮州城中有拖死鬼的习俗，即通过神巫请死去的人来对话。这个神巫通常是妇女，人们用布蒙上她的眼睛，点上香，周围的人念咒，使其入迷。当发现神巫昏昏似睡时，即念“一步催，二步催，催童姐，脚行路，手放开；一步吼，二步吼，吼童姐，脚行路，嘴开口”。于是神巫就成了人鬼对话的媒体，人们可以通过她同死去的人谈话。当“死鬼”拖完时，即念“日落西山是冥昏，家家处处人关门，鸡鹅鸟鸭上条了，请阮童姐回家门。”这样才能解除神巫的昏迷状态，让其清醒复原。这种民俗显然是一种迷信活动，但民间信者不少。除了七月，其他月份也有人请神巫“拖死鬼”。

潮汕地区有游灯的习俗。中元节午后，小孩子忙着赶制鲤鱼灯，以模仿上元（元宵）节游灯进行游乐。有些人把家中的竹箸竖上一个鲤鱼粿，再在粿的身上增插各色彩旗、香枝、蜡烛，点起火便算是简单的小鲤鱼灯了。年小的由大人代制，年纪稍大的则能够自运匠手。有些人别具心裁，经精作巧制出来的鲤鱼灯，极为美观；有些人先用番薯雕成鱼形，或者是飞禽走兽的形状，再染彩上各种颜色，惟妙惟肖；有些人先用面块搓成形上色后也极为好看，缀一彩旗香烛，火光美丽可观，也算是一种美术品；更有意思的是有些人用麻骨制成灯架，糊以透明蜡纸，内点明蜡烛，也算作提灯。此外，还有一种叫灯球的，普通是用荆棘所生的刺重子（跟朴子差不多），插上纸旗香火，从子心穿着一条几尺长的韧绳，可以任意的提起来，摆动盘旋，叫做摆灯球。当摆旋时，火花成为联串的长条，在眼光上起到变幻的作用。每当傍晚人们到户外时，便可看到小孩子们的鲤鱼灯、雕鱼灯、纸灯、灯球，照得四处红光片片、烛火耀彩。特别是灯球的纸旗，摆起来窣窣作响，点缀静夜的热闹，也有一番情趣。不过，七月十五人们认为是鬼节，故这一夜不准孩子在附近游玩至深夜，而且要早点睡觉。

潮汕地区还有祈丰收的习俗。中元节施祭孤魂与祈望丰收又常联系在一起。施孤之夜，家家户户要在自己家门口焚香祷祝稻谷丰收，并把香枝插于地上，这叫做“布田”（插秧），插得越多越好，以此象征着秋收稻谷丰登。淘气的孩子们常悄悄跑到别家门口偷割“稻谷”，不免会引起家长们的争吵。

第十一节　中秋节

岭南中秋之夜，家家户户都会拜月。人们在桌上摆满供品。入秋之后，成熟的柚子、青皮梨、红梨、菠萝、香蕉、林檎、龙眼、杨桃、红柿、牛心柿等竞相上市，琳琅满目的水果自然就成了中秋拜月的佳品。这些时鲜瓜果，形状多是圆的，以应团圆之意。

中秋必少不了月饼，广东的月饼全国有名。中秋节各地吃月饼是一种共同的风俗，而在广州，除了制作考究的广式月饼以外，还有吃芋头的习俗。粤语“芋头”与“护头”谐音，中秋节吃芋头必须一家大小一起吃，大芋头代表大人，小芋头代表小孩，一家人一起吃芋头表示合家团圆平安，并能辟邪消灾。

广州中秋民俗还有吃炒田螺。清代《羊城竹枝词》中说到中秋佳节，“拜罢嫦娥斟月下，香芋啖遍更炒螺”。可见，炒螺是中秋节必不可少的美味。岭南民间认为，中秋吃田螺可以明目。农历七八月间，田螺肥美便宜，人们用清水浸泡田螺几天以吐出污泥，敲碎了壳尖以便啜吸，又配以蒜茸、豆豉、紫苏、辣椒爆炒。还未上桌，这道“农家菜”便奇香四溢，让你食欲大动。于是人人拈起田螺，啜啜连声，直到油香满嘴，为拜月的场面平添了几分趣味。

中秋之夜，用意溪膀饼和芋头拜月娘、烧瓦塔、燃烟堆、荡秋千都是这里古老的传统活动。据说潮州人把元兵称作元番或胡人，元兵攻进潮州城后为巩固其统治，实行联户制三家一保，每三家人供养一个元兵，只准养胖不准养瘦；还规定三家人晚上不得关门，任由元兵随意睡觉；更不能容忍的是谁家娶媳妇，新娘头天晚上只准与元兵同房睡觉。受尽欺凌忍无可忍的百姓在八月十五那天，家家户户拜月娘的供桌上都多了一盘朥饼和一个蒸熟的芋头。原来这是起义者事先安排好的，朥饼底下垫着一小块四四方方的白纸，乍看似乎是防止油渍出来，其实上面写了个“杀”字，暗中传递消息，约定拜完月娘请元兵吃朥饼时，一见“杀”字，男女老少一齐端起烛台、香炉、棍棒、菜刀痛杀元兵。结果一夜之间元兵被斩尽杀绝。芋头取“芋”字与潮州话的“胡”字谐音，拜芋头是鼓舞百姓树立砍下胡人头颅打败元兵的信心。中秋节杀鞑子后便以其头祭月，后改以芋头代替，至今广东人剥芋皮时仍称为“剥鬼皮”。

潮州的孩子们从小就听过很多月娘的传说，月娘成了孩子们金色的梦。于是到了中秋节，大人们就用竹子劈成材蔑，扎成了脚盆大小的骨架子，用毛边纸糊成一轮满月。中秋夜，孩子们就在“月娘”肚子里点上蜡烛扛在肩上，手舞足蹈悠游在朦朦胧胧的深巷中。

除了拜月娘，有的农村还要烧瓦塔、燃烟堆。烧瓦塔是潮汕地区在中秋节开展的一项民俗活动。每到中秋前几天，人们就忙碌起来，四处捡拾残破瓦片，积聚枯树枝、废木片，于中秋下午开始砌瓦塔。瓦塔垒砌也有讲究，大瓦塔的塔基要铺上红砖条或灰砖块，然后按“品”字形的格局构建。为了使塔身通风透气且造型美观，大的瓦塔常是两片瓦片合在一起按“品”字形架放。塔下留出两个门，一个用于投放燃料，另一个掏出木灰。砌建瓦塔地方，大都在广场上，在同一场地中，有时砌上几个瓦塔。月亮升至半空以后瓦塔开始燃烧起来，至燃烧猛烈时，瓦片被烧得通红透亮，塔口的火焰直冲云天，就在这个时候，人们把粗粒的海盐，大把撒向塔里，瓦塔发出像鞭炮一样的噼啪响声，再撒上硫磺，燃放出蓝色光焰，十分壮观。有的地方，还把烧塔作为竞赛项目，塔建得高、烧得旺的，经评议后给予奖励。

此外，当地还有荡秋千的讲究。村民预先在空旷的草地上搭起高达两层楼的单双座秋千和“十”字秋千。棚顶四周拉起一道道绳子，挂满五颜六色的绸花彩。当月亮升上中天时，青年男女便纷纷聚集到秋千前。按风俗，女的不能荡秋千只能观看，大显身手的是小伙子们。他们争着荡秋千，比赛谁荡得高、转得快。

中秋节时，在广州还有种富有情趣的传统风俗，叫“树中秋”，也叫“竖中秋”。每逢中秋节，各家要用竹条扎灯。灯有果品灯，也有鸟兽、鱼虫灯，也可砌成字灯。到了夜里，就在灯内燃烛，下面再联结许多小灯，用绳系在竹竿上，然后将竹竿插在房屋高处，如平台、屋顶或高树之上。入夜，满城灯火，如繁星点点，和天上明月争辉，以此庆贺中秋。

第十二节 重阳节

农历九月初九是重阳节，俗称重九。九为阳数，月日重叠，所以也称为重阳。广州话“九”和“久”谐音。古人认为，这天有长久和幸福的含意，是一个值得庆贺的节日。可是这个重阳节的风俗和别的节日不一样，不拜神，不摆酒欢庆，而是登高。据梁朝吴均《续齐谐记》记载，东汉时汝南县有一个叫桓景的小伙子，在瘟疫中父母得病而死，决心拜大仙学艺来战胜瘟魔，大仙让其日夜练剑。一天大仙要他九月九带上茱萸叶子和菊花酒与家乡父老登高避祸。桓景召集乡亲各自在胳膊上系茱萸香袋、喝了菊花酒后登上附近的山。瘟魔穿过村庄不见人影就窜到山下，只觉得酒气刺鼻，茱萸冲肺，掉头就跑，乡亲们躲过了灾难才回家。从此后，九月初九重阳登高的风俗便流传了下来。

重阳节放风筝是惠州较为独特的习俗。惠州民谣中唱道：九月九，是重阳；放纸鹞，线爱长。到了重阳节，放风筝的爱好者带着各式各样的风筝来到空旷的地方展示各自的技能。后来重阳节还增加了扫墓的习俗，扫墓风不减清明节。因这时草木开始凋零，秋风起，夏蝉停，菊花盛开，在野外扫墓无论是气候还是环境都是最合适的。广东人将扫墓叫“拜山”，上山也是登高，所以这几样风俗便连在了一起，成为重阳节当地人重要的民俗。

惠州博罗县境内的罗浮山是广州、深圳的登高者最喜爱的去处。每年重阳节，登山爱好者陆续登上罗浮山的顶峰飞云顶，通宵等待日出的人们在山顶围坐，互相祝福。日出时，烟花、炮竹响彻云霄，与初升的太阳交融在一起，颇为壮观。据有关部门统计，近年到罗浮山登高的人数每年都有 10 多万，最多时达 30 多万，使罗浮山重阳登高成为岭南重阳节的盛事。

第九章

岭南的民间信仰与祭祀

民间信仰从意识形态上讲，属非官方的文化；从文化形态上讲，重在实践，较少利用文本并以地方的方言形式传承；从社会力量上讲，它受社会中的多数（即农民）的支撑，并与民间的生活密不可分。

民间信仰主要是指俗神信仰，就是说，是非宗教信仰。这种信仰在中国具有悠久的历史，而且比佛教信仰和道教信仰更具有民间的特色。中国民间俗神信仰的一个典型特征，就是把传统信仰的神灵和各种宗教的神灵进行反复筛选、淘汰、组合，构成一个杂乱的神灵信仰体系。不问各路神灵的出身来历，有灵就香火旺。这鲜明地反映了中国世俗信仰的多元性和功利性。所以说，中国民间信仰具有多教合一、多神崇拜的特点。

岭南一带的民间信仰具有地域特色，在这一地域，自古海事活动十分活跃，海洋生存环境的风云变化使得民众迫切需要寻求护佑的神灵，获得精神上的寄托和内心的安定，岭南民间信仰也由此被打上了独特的沿海烙印。

民间祭祀源于信仰。在岭南，受众人敬仰崇拜的海神最多。这些源自于民间信仰的诸神与百姓的日常生活密切相关。百姓认为，敬神可保佑他们平安无事、无病无灾、心想事成。所以，对于诸神的祭拜在民间非常普遍，形式也多种多样。

第一节 龙母诞

相传龙母姓温，生于楚怀王辛未年（公元前290年），卒于秦始皇三十六年（公元前211年）。龙母原是广西滕县人，由于家境贫寒，父母将她放在木盆里顺西江漂流，后被德庆程溪打鱼人收养。龙母长到十几岁时在西江河边拾到巨卵，孵出了五条小龙，从此她便养了这五龙子，因而人们称她为龙母。龙母有非凡的本事，能耕能织，能渔能牧，能预知风雨，能医治百病，能消灾解祸，能保境安民。龙母去世后，人们为了纪念这位有德于民、有功于国的女中英杰，便为她立庙，岁岁祭祀。在西江流域不少地方都有龙母庙奉祀龙母。龙母诞，是纪念龙母出生和“升天”的日子。龙母诞的诞期有“诞辰”和“升天得道”两个。诞辰以农历五月初八为正日，八月十五为龙母“升天”的日子。

来朝拜的香客，一般是本县稔村邻近乡村和邻近县市的人。最热烈的是龙母的“诞辰”，贺诞的人数最多，也最为热闹。到了诞辰那天，来自新兴县内的稔村、东成、县城，县外的开平、高明、南海等地的香客，有三五成群的或集体组成“贺诞团”前来参观朝拜。是日，如潮的人流把小小的稔村挤得水泄不通。庙里庙外，人山人海，鞭炮声震耳欲聋，香烛火烟熏天。在贺诞期间，众善男信女为表对龙母的虔诚，有献龙袍的、有捐香油钱的、有买龙母像和符印的，甚至有捐上金饰的，十分踊跃。龙母诞期间的民俗内容相当丰富，主要有：

祭龙母。祭龙母一般是善信自发参与的祭祀。龙母诞期间，民祭龙母的祭祀活动变得活跃起来，总能看见熙熙攘攘的人群，手拿着各种祭品，在稔村龙母庙虔诚祭拜，正诞日达到高潮。程序一般是：进庙前先净手，象征着洗去世尘，拔除污秽，才能献祭圣洁的龙母。然后是引香火。香烛是祭祀的必备物品，在香坛里把香点燃，再以香火将蜡烛点燃。下来是呈供品。供品五花八门，因人而异，原意是满足神明的饮食需要，一般有“三牲”、食品、茶点、酒水。之后是跪叩、祈祷。面对龙母像，双手举香于额前，许愿或还愿，然后行三跪九叩之首礼。再者是燃金银纸，有路路通、龙船、金山，甚至有彩票，覆以红纸做的龙袍，放入“聚宝炉”内焚烧。最后是放炮竹，表示欢迎神明鉴纳。

摸龙床。摸龙床就是到龙母祖庙梳妆楼上的龙母卧床上摸摸龙枕、龙被和龙帐。据说，摸一摸便时来运转，坐一坐就早生贵子。有人说：“摸摸龙枕，高枕无忧；摸摸龙被，一年好到尾。”

鲤鱼放生。在龙母诞期间民间有自发的放生活动。这是一种为家人和自己积德、造福的活动，也是文明的一种体现。

求龙母灵符。据说龙母灵符经开光以后便有神秘的法力，可以免祸消灾。来到龙母祖庙你就可以看到名种各样的龙母符。如龙母神像护身符、水府元君护身符、十二生肖金箔龙母护身符、龙母护身卡、龙母平安符等。

扶乩。此项目为稔村龙母诞所特有，据说可以请得龙母回答所要问卜的事情。以一把“丫”字形树枝作为乩具，约尺余长。开椏末端相距的一尺，称为乩手。乩柄未开椏处为乩头，末端装上一段像鹤嘴的小硬木，还另有一个平底圆竹筛，内装满面粉，将面粉筛下乩盘或桌面，摊开抹平后用乩嘴写字用。由“乩童”恭敬地向龙母发问（要问的内容由请求的人告诉），然后乩童在砂盘上来回划动，开始时乩柄不动，随后两只握着乩柄的手身不由己地在乩盘上来回划动。乩嘴在面粉盘上划出一些奇特的文字，据说这就是龙母的指示。

龙母祖庙坐落在德庆县悦城镇水口，始建于秦汉时代，现为国家级重点文物保护单位。现存的龙母祖庙重建于清光绪末年，为砖木石结构，建有石级码头、石牌坊、山门、香亭、正殿、两厩、妆楼、行宫、龙母坟。悦城龙母祖庙优美的自然环境和独有的龙母文化名扬海内外，是一座凝聚了历代建筑和造型艺术的殿堂。整个龙母祖庙建筑群与周围的山水和谐成趣、浑然一体，不仅极具艺术性，而且还有良好的防洪、防火、防虫、防雷功能，虽经百年风雨雷电，至今瓦不漏、墙不裂、柱不弯、地不陷，令人叹为观止。

第二节　拜妈祖

岭南地区信仰妈祖。据说妈祖确有其人，姓林名默，人称默娘，宋建隆元年（960 年）三月廿三日生于福建莆田湄州湾贤良港一渔村。传说她自出生至满月都不啼哭，父母便给她取名默。她自小聪慧，曾从师读书过目成诵，晓天文、熟水性、懂卦爻、知医理，心地善良且有神力，曾多次搭救遇难船只，船民倍加爱戴。卒后，她更被视为见义勇为、无私奉献的榜样。渐渐地，妈祖信仰演化为一种文化现象。人们寄希望于这些神话传说，是在同自然和命运搏斗中所产生的愿望和美好理想。它植根于民众心中，成为华夏文化的一部分。

潮汕众多的天后宫是潮汕人民为纪念妈祖建的庙宇，也是潮汕沿海民俗信仰的集中体现。昔时，渔民祭海是因大海不仅是耕耘的“土地”，也是祖先的归葬地，追忆先人的祭海仪式代代相传。宋以后，海神天后宫成了海的标志，既是渔民出海前跪拜之地，也是往昔穷人离乡背井拜别之地，更是亲人祈祷平安或呼喊亡魂的地方，演化成为潮汕人民消灾祈福的地方。

在深圳市南山赤湾天后宫一带，一般在农历三月二十三（天后诞）和秋天要举行“辞沙”祭妈祖大典。“辞沙”即辞别沙滩，去茫茫大海开辟生产的新领域。“辞沙”祭妈祖大典活动要进行三天，分别进行摆供品、点油灯、扎“鬼王”、竖“城隍”、集体拜祭妈祖、舞狮和武术表演、个体祭拜妈祖、烧“鬼王”、盛大祭拜仪式和烧“城隍”等程序，大批信众虔诚地祭拜妈祖，期望给家人带来吉祥幸福。

第三节　游邓公

“游邓公”是吴川平泽李氏家族的盛大节日。据李氏族谱记载：平泽李氏的先祖李晟公是李渊的第四代孙，自幼在军中跟随李世民左右。李世民曾命其侄孙李晟率兵讨伐突厥却屡战屡败。一夜，李晟大醉昏沉睡去，雷公模样者托梦给他：“鸡叫之时就是进攻之机。”李晟问他是何方神灵？答曰：姓邓名忠，胜后可立为家神。果然，李军攻克西域，平定突厥，李晟被唐太宗封为西平王。李家族遂立邓公为自家神世代拜祭。邓公托梦给李晟那天是四月初八。是日，他们将邓公从神庙会中请出来巡游，供千家万户瞻仰，辟邪消灾以保平安，故名游邓公。

此后，李晟公的后代承祖荫，出任岭南节度使，传至宋末时李承元任化州郡（当时化州郡统管今茂名市、高州市等粤西十几县），为政清廉公正深得民心，任期满后当地百姓挽留，李承元也不忍离去，便卜卦定居于犀湾（今化州长岐镇犀湾区），其长子迁至吴川平泽定居，迄今700年有余，传世33代，盛唐古俗也随之带到平泽。

南粤大地在1300多年间虽经历朝更替，吴川市黄坡镇平泽村的李氏族人在每年的农历四月初八仍保持了游邓公的习俗。这天，一匹匹骠悍的马和骆驼载负着盛装的“李世民”、“长孙皇后”、“长孙无忌”、“秦叔宝”、“尉迟恭”、“魏征”、“房玄龄”等唐朝开国元勋，伴随着隆隆战鼓，连续八天穿行在村野之中。“邓公像”所到之处鞭炮齐鸣，巡游完毕抬回神庙安放，来年再巡。

平泽不乏强壮男子汉，但舞龙队却由纤纤弱质的女子扮成男装。据说，此俗与文武德才貌兼备、辅助李世民打江山治天下的长孙皇后有关。游行队伍擎刀、枪、戈、戟等古代兵器前行，夺目的“唐”字军旗迎风飘扬，铁马金戈追随唐皇驰骋疆场的遗风犹存。

第四节　游神

游神是潮汕民间的信仰习俗。人们在喜庆节日里诸如元宵节或诸神圣诞的这天，到神庙里将神像抬出来游街，认为只有让神出来与民同乐，神才保佑四方百姓。

潮汕流传着一句俗语：“盐灶神欠拖。”说的是从前澄海县盐灶乡有一人外出经商，临走前带牲礼到神庙得到一吉签，于是满心高兴而去，结果却亏本而归。这人一气之下将神像推倒在地，又用绳子套住神像在地上拖行。此后，他再出门经商，却是盈利而归。人们听到这消息都纷纷效法，以拖神为乐。久而久之，便相沿成俗。

跟这种方式相差不多的是潮州卧石乡的游“三山国王”。每年的正月初九，乡民便将庙中的“大王爷”等六尊木雕偶像抬出来，初十这天全乡家家户户摆牲祭祀，焚香烧元宝，到了十一日便将神像送回庙中。送回神像时，有的人将神像夹在腋下，有的人将其扛在肩上，还要故意让神像相碰撞。游行结束时，人们将神像集中在空旷的地方，抱着神像狠狠一摔，这叫“舂老爷”。有的地方，甚至用草绳子套住神像的脖子在地上“五马分尸”。这种方式，潮州俗语叫做：“卧石老爷（神）愈食愈惊。”据说是把神像弄得越破越烂则来年的运气越兴旺，只要游神后把神像修补完整就行。

游神活动最隆重的莫过于游“安济圣王”。传说，明初潮州人谢少苍任永昌府官。有一次，当地发生旱灾，谢开仓济民，不料触怒朝廷被处酷刑。行刑时梦见一神明暗中庇护，谢少苍觉得这位神明同王伉庙里的塑像一模一样。为了感恩，便将他们带回潮州。适逢韩江水急，便将神像供置于“青龙古庙”，洪水果然解除。后人感恩，称之为“安济圣王”。

游“安济圣王”时，先掷杯茭选择吉日，日期一般在元月二十三或二十四。首先是“洗安路”。“洗安路”的队伍前头是马头锣，后面是“肃静”、“回避”仪仗，沿着未来要出游的路线行进，敲锣宣布出游日期。“洗安路”的目的在于扫清路障、驱除妖邪，同时也提前通知各家各户，每家闻知后便纷纷大扫除，准备五牲，蒸做甜粿、红粿桃、发粿、元宝、鞭炮。

经过紧张准备，到了游神这一天，人们便到青龙庙门前鸣放礼炮，之后将安济王爷及“大夫人”、“二夫人”的神像请进銮轿，然后举行“拜起马”仪式。仪式完成后，由几名大汉抬神轿游行。游行队伍最前面的是马头锣、六对绫罗绸缎描金绣银的五彩大标、安路牌“肃静”、“回避”和八宝法器；接着由一长者着长衫马褂双手捧着小香案，再接着是二十四对锡香炉；后面才是“安济圣王”的第一乘轿，“大夫人”、“二夫人”的第二、三乘轿；然后便是十三班潮州大锣鼓，每班有三或六面彩标，一面大鼓、八面锣、两双钹、亢锣、月锣、小钹、钦仔、深波、苏锣、大小唢呐、二十八节大笛、扬琴、古筝、木琴、云锣、大宛、大提胡，等等。神轿经过路段，各家各户都在门口设祭。

游妈祖神也十分隆重，富豪人家往往向妈祖神像赠金戒指、金项链。游街时候，妈祖戴玉佩金，十分荣耀。

在潮州的澄海冠山一带，每年的游神还要举行规模盛大的“赛大猪”活动，真可谓独具特色。“赛大猪”是一种民间庆丰年的仪式，和平时过节拜神祈求五谷丰登、六畜兴旺有同样的意义。只是其仪式之隆重、场面之壮观实为罕见，加之“赛大猪”的方式有着促进生产、繁荣经济的积极意义，遂成为远近闻名的一大盛事。每年农历正月十八，澄海赛大猪的场面十分壮观。只见密密麻麻五百多头开膛破肚的大肥猪各趴在一个约有一米多高特制的木架上，一式高昂着头，嘴里塞着大桔，作奔跃状，呈现一派喜气。木架上都贴有

“×××喜敬”的字样，以便各家辨认自己的供品。

澄海“赛大猪”都会决出最大的一头供在最前列，并详细地标上重量，一般都有上千斤。其余的除了标识出谁家的外，相对较大的还被戴上了大红花。被决出大猪的那家便成了这年乡里最光荣的传颂对象，直到来年赛出新的大猪才代替之。因为正月里农活少，“赛大猪”每年正月十七、十八都有一次，由各个姓氏轮流主持。办这样的赛事不单能活跃乡民的生产积极性，也增添了欢乐喜庆的气氛。

第五节　社坛与祭社

社坛是广东佛山民间供奉后稷神的民俗活动，故称社稷，俗称社公。但供奉之神不是神像，多是以石头代替或以石碑刻上后稷之神，有的只是刻里社的社名（因明代制度一里设一社）。第一忠义社，社内置有石麒麟图像，故有麒麟社之称。自明至清代，佛山约有40余社之多。

祭祀社坛与古代祭祀地祇的传说有关，因相沿日久，举行祭社多有不同，古代祭祀春社、秋社。春节祭社多在元宵节日，除祭祀外日间还举行“社火”活动。民众在地上或台上击鼓打锣、舞龙、舞狮、耍杂技和表演歌舞。是日，民间如生有男孩的人家，除在家中神厅高挂花灯欢宴亲友外，必备祭品到社坛参拜，并在社坛挂上纸扎四方灯。此外，还有丧家持死者入殓衣服在社前烧穿一孔，名为“过社”。对于拜扫新坟日期，也有“新丧不过春社”的俗例。

当地传说，古代社坛原有瓦遮盖，由于当时人民不珍惜粮食，吃饭时散满地上，后稷上奏玉帝，派昴日星君，命属下的鸡下凡啄饭，免民间浪费粮食。昴日星君恐鸡后代被人宰食不允，后稷立誓保证，日后鸡如被人宰食，甘愿无瓦遮体受雨淋。后来人果贪美食而杀鸡，后稷致遭责罚，所有社坛上盖全被风吹塌，从此社坛都是无上盖的，但独有大口社（癸向社）、窖边社因社内祀奉观音神像，故建有上盖。

汕头市潮阳区民俗“祭社”活动，是民间为纪念南宋末年与元兵血战殁于小北山麓的文天祥部属将士而举办的大型社祭。每年活动期间盛典隆仪、侨梓感动，民间文艺活动异彩纷呈，形成当地传统的乡风民俗。

潮汕是古代闽越人与南越人的聚居之所。潮人另一主干为“福老”和直接迁自河东（即山西）以及河南的“河老”。由于战乱和天灾被迫南迁的民众，一直情系故土。南宋末年元兵大举入侵南下，右丞相文天祥勤王转战入潮，小北山麓尸横遍野，民众自觉将阵亡将士收殓合葬，香火不断地祭祀追念。在元朝统治中，民众祭拜阵亡将士的活动还处于自发的、半隐蔽状态，后来由于明朝廷的敕封追认，由附近村民轮流配祭才逐渐制度化。这也反映了潮阳人潜意识中根深蒂固的念旧、思祖、安邦、报国观念。

改革开放以来，随着经济水平的提升，对于当年值祭的村民来说，祭社是一个比春节还要重要的日子。祭社期间，家家张灯，户户结彩，游子纷纷赶回桑梓，男女老小总动员。大北山下的潮人祭社规模之隆重、情愫之虔诚、气氛之浓烈，远远超乎了外人的想象。祭社的游行队伍从旭日东升一直到夜色阑珊。“神厂”（祭坛）有惟妙惟肖的“活景”，有璀璨华丽的花灯，有栩栩如生的仿生面制品，有精美秀丽的潮阳剪纸。素有“南国奇葩”之称的潮剧更是祭社的重头戏，各地潮剧团应邀云集前来，连续演出，展示了农民文化生活的另一道亮丽的风景线。

第六节　拜峒主爷

舞火狗拜峒主爷源自蓝田瑶族对狗的崇拜。相传瑶族峒主年幼丧母，其父用母狗奶水把他养大。因此，狗对瑶族有育人之恩，蓝田瑶乡世代与狗和睦相处，舞火狗也是图腾崇拜的表现形式。

每年农历八月十五，这里的村寨要举行舞火狗活动，据说这一习俗至少已有三百年历史。“舞火狗”在瑶族文化中是独一无二的，古朴美贯穿始终。舞蹈以“叩拜”为主，反复吟唱古朴歌谣，礼毕后还有与意中人的对歌。

据介绍，“舞火狗”的服饰道具主要有线香、竹笠、黄姜叶、山藤。黄姜叶是一种山溪边的野生植物。旧时，蓝田瑶族先祖没有布衣服穿，只得用黄姜叶遮身。上山采集黄姜叶，用黄姜叶做“舞火狗”“服饰”的打扮，以表不忘先祖生活艰辛之意。黄姜叶的生长具有一定的季节性，每年农历八九月份长成，易于采集和捆扎。农历八月十五晚上，饭后由年长“有福分”的妇女给未婚姑娘捆上黄姜叶、山藤，戴上四方插着香火的竹帽，扮演“火狗”。

装扮成“火狗”的少女，按照高矮顺序排列，选择第三次参加舞火狗的少女带队，有秩序地去祠堂叩拜先祖，感激先人的恩德。祭拜先祖仪式由村里德高望重的男性长辈主持，教育少女成年之后要有仁慈母爱、尊老爱幼、贤能俭朴的好品德。“舞火狗”的少女先在宗祠里奉上狗粮袋，点燃香火祭拜祖先，祈求风调雨顺，然后围着篝火跳起舞蹈，反复唱着旋律古老、悠扬的歌谣：“火狗仔，总唔来（还不来）？来罗！来罗……”“春的什么糍？黄姜（包的）芋头糍……”接着少女们开始围转地塘并到每户人家的厨房和菜园进行舞拜，祈求蔬菜茂盛、丰衣足食。少女们的舞拜动作古朴简单，持香抬头看前上方叩拜，然后双手向前靠拢，这是舞火狗中重复得最多的动作。舞拜中，没有音乐伴奏，只有少女反复清唱的悠扬歌谣响彻耳畔。

最后，各村的火狗队汇集在一起，似一条长龙蜿蜒游舞到村外河边，活动开始达到高潮。少女们走向溪流，将身上佩戴的黄姜叶、山藤、香火等统统扔进河流或是小溪中，用河水或是溪水濯洗手脚并互相泼水嬉戏，以示驱逐瘟疫、保佑健康。燃放鞭炮的男青年也来到河的对岸，与姑娘们隔河相望，古老的情歌在小河两岸的上空悠然飘起，歌声此起彼伏，一来一往，表达年轻人心中的爱慕之情。欢愉的人们在通宵达旦后才依依不舍地散去。

“舞火狗”既是舞蹈，也是蓝田瑶族少女们的一种成年礼。每个少女要参加二到三次的“舞火狗”，方能向族人宣示自己已经成年，进入谈婚论嫁的行列。由此在特定的“团圆节”上，以少女为主体形成了社会性的群体活动，从而形成了蓝田瑶族独具特色的“舞火狗”民间舞蹈。

现在，“舞火狗”成为居住在广东惠州市龙门县的蓝田瑶族特有的传统文化，2006 年 6 月“舞火狗”被选为广东省第一批非物质文化遗产。

第十章

岭南的工艺民俗

岭南工艺是岭南文化不可分割的一部分。其发端甚早，新石器时代已有石器加工，贝雕和陶艺也显示出艺术的灵气。后来历代艺人继承了岭南古越族人的原始艺术，不断进取，力求创新，使得有我国南方独特风格的工艺美术品更加精巧和实用。与其他艺术形式不同的是，岭南工艺美术更多植根本土，并沿着自己的发展方向成长，因此也就有着更多的地方文化特色。岭南的各种工艺美术作品以其细腻的艺术表现、充满地方风情的特点和悠久的历史沉淀，成为中华艺术的瑰宝之一。岭南民间工艺品品种繁多，广州的三雕一彩一绣（象牙雕、玉雕、木雕、广彩、广绣）、粤绣（广绣和潮绣）、增城榄雕、潮州木雕、潮州陶瓷、潮州剪纸、潮州嵌瓷、石湾工艺陶瓷、佛山剪纸、佛山秋色、潮州抽纱、枫溪瓷雕、肇庆端砚、新会葵艺、高州角雕、东莞烟花以及肇庆草席、阳江风筝、佛山醒狮、岭南盆景、广州红木家具、潮州锣鼓和麦秆贴画等传统手工艺品，琳琅满目，素享盛名，产品远销世界各地，同时又是上乘的旅游购物工艺品，深受人们喜爱。

第一节　粤绣

唐代《杜阳杂编》记载，永贞元年（805 年），南海（郡名，治所在番禺，即今广州市）贡奇女卢眉娘在一尺绢上绣《法华经》七卷，“字之大小，不逾粟粒”，“点画分明，细如毫发，其品题、章句无不具矣”。她又绣制阔一丈（3 米多）的“飞仙盖”，上面绣有山水、神仙、玉女，“执幢、捧节童子亦不啻千数”。明代正德年间（1506—1521 年），粤绣经由欧洲商舶出口到葡萄牙、英、法等国，成为宫廷和皇室、贵族们宠爱的服饰品。据《存素堂丝绣录》记载，清代宫廷曾收藏有明代粤绣“博古围屏”等 8 幅，上面绣制古鼎、器、玉器等 95 件，“铺针细于毫发，下针不忘规矩”，有的“以马尾缠作勒线，从而钩勒（轮廓）之”，图案工整，“针眼掩藏，天衣无缝”，充分显示了明代粤绣的高超技艺。清代乾隆二十二年（1757 年），清高宗诏令西方商舶只限进广州港，促进了粤绣的发展，使粤绣名扬国外。乾隆五十八年，广州成立刺绣行会“锦绣行”和专营刺绣出口的洋行，对于绣品的工时、用料、图案、色彩、规格、绣工价格等，都有具体的规定。乾隆年间（1736—1795 年），广东潮州也成为粤绣的主要产地，有绣庄 20 多家，绣品通过汕头出口泰国、马来亚（今新加坡和马来西亚）等国。光绪年间（1875—1908 年），广东工艺局在广州举办缤华艺术学校，专设刺绣科，致力于提高刺绣技艺，培养人才。

潮汕妇女多勤纺织，女子到了十一二岁，其母即为她预制嫁衣，家家户户都会纺织刺绣。清代粤绣工人大多是广州、潮州人，其中以潮州绣工技巧更高，而且男子精于绣功，为其他省市所罕见。刺绣艺术被广泛应用于日常生活实用装饰品上。潮绣以金碧、粗犷、雄浑的浮雕效果和钉金绣为特色异于其他绣种。题材有人物、龙凤、博古、动物、花卉等，以饱满、匀称的构图和热烈喜庆的色彩，气氛鲜明、生动地表现题材，使潮绣产生了丰富瑰丽的艺术效果。潮绣有绒绣、钉金绣、金绒混合绣、线绣等品种，各具特色。《百鸟朝凤》便是其代表作品。

粤绣构图丰满，繁而不乱；图案工整，富于夸张；色彩艳丽，对比强烈；

针法多样，善于变化。粤绣运用“水路”的独特技法，使绣出的图案既层次分明又和谐统一。而这种“水路”的技法，即在每一相邻近的刺绣面积之间，在起针和落针点之间留出约0.5毫米的距离，从而在绣面形成空白的线条。例如，在花卉的每朵花瓣、鸟禽的鸟羽之间，都留有一条清晰而均齐的“水路”，使形象更加醒目。

粤绣题材广泛，其中以龙、凤、牡丹、百鸟朝凤、南国佳果（如荔枝）、孔雀、鹦鹉、博古（仿古器皿）等传统题材为主。其针法丰富，有基础针法、辅助针法、象形针法3大类，直针、续针、捆咬针、铺针、钉针、勒针、网绣针、打子针等45种。绣制时，根据设计意图及物像形状、质感和神态，巧妙地将各种针法互相配合和转换，以求达到良好的艺术效果。

粤绣包括“广绣”和“潮绣”两大流派，因而其针法也因其流派的不同而不尽相同。“广绣”的针法主要有7大类30余种，包括直扭针、捆咬针、续插针、辅助针、编绣、饶绣、变体绣等以及广州钉金绣中的平绣、织锦绣、饶绣、凸绣、贴花绣等6大类10余种针法。而“潮绣”则有60多种钉金针法以及40余种绒绣针法，艺人还运用了折绣、插绣、金银勾勒、棕丝勾勒等多种技巧，使“潮绣”在“绣、钉、垫、贴、拼、缀”等技艺上更趋完善，产生“平、浮、突、活”的艺术效果。粤绣除采用丰富而多变的针法外，在创作设计方面还注重立意，善于把寓意吉祥和美好的愿望融入绣品中。在创作方法上采用了源于生活而又重视传统，不满足于现实的描绘而追求着更为美好的理想。与此同时，粤绣还善于涉取绘画和民间剪纸等多种艺术形式的长处，使绣品的构图饱满、繁而不乱、针步均匀、光亮平整、纹理清晰分明，物像形神兼备、栩栩如生、惟妙惟肖，充分地体现了粤绣的地方风格和艺术特色。

第二节　广彩

广彩即广彩瓷器的简称。始于明代的广州三彩，到清代发展为五彩，并在乾隆年间逐步形成独特的艺术风格。据《中国陶瓷史》载：“从17世纪下半叶开始至18世纪的清代前期，中国瓷器在世界各地，特别是在欧洲，不仅作为日用品受到广大顾客的喜爱，而且在贵族上层中，优质的中国瓷器已经作为夸耀财富的手段。在1713—1740年间，普鲁士皇帝选皇后，曾以600名撒克逊龙骑兵和临近的君主换取一批中国瓷器，以为他的婚礼增色。”清朝政府在消灭了沿海抗清势力后，于康熙二十三年（1684年）开放海禁，扩大对外贸易和交往。广州是当时对外贸易的最大口岸，外商云集，一些商行可直接接受外商的订货，这就给广彩的产生和发展创造了条件。

广彩的全称是广州织金彩瓷。广州工匠借西方传入的金胎烧珐琅技法，用进口材料，创制出铜胎烧珐琅，后又把这种方法用在白瓷胎上，成为著名的珐琅彩，这是广州彩瓷的萌芽。

所谓织金彩瓷，就是在各种白胎瓷器的釉上绘上金色花纹图案，仿佛锦缎上绣以色彩绚丽、高雅华贵的万缕金丝，然后用低温焙烧而成。作为广州彩瓷初期产品的珐琅彩，其高贵艳丽的特色备受中外富豪贵族的喜爱，清廷列为贡品，外国一些王室贵族派官员专程来广州求购，后来干脆由欧洲商人带来彩瓷图样由中国商人按要求制造，专供出口。那时广东商人从景德镇运来瓷坯，采用江西粉彩技艺仿照西洋彩画的方法加以彩绘，再焙烧而成。后来广彩艺人继承明代彩瓷的艺术特色，吸收西洋画法，绘上具有岭南地方特色的图案，逐渐形成独特的岭南艺术风格，并将许多图案固定下来，成为广彩的传统花款，例如花篮、龙凤、彩蝶、金鱼、古装人物等。最常用的构图是用花边图案围出若干形状各异的空格，在空格内绘以花卉、物景和人物。也有不设圈格的，进行满花彩绘，表现一花多姿、百花齐放的画图。

广彩瓷的素白瓷胎来自江西、湖南、广东等瓷区，所用颜料有大红、西红、水青、大绿、鹤春、艳黑、双黄等20多种，用织、填、染、洗、描、堆、刻、刷等陶瓷器装饰技巧，绘制花纹图案、花卉、山水、人物，用立式或井式电窑于800℃左右温度下烤烧而成。广彩瓷色彩鲜艳浓重，构图精致紧密，在洁白的瓷器上织上金壁，如万缕金丝织于宝石之上，有雍容华贵之感，在中国釉上彩系列中独树一帜、自成风格。

17世纪是广彩瓷对外贸易的鼎盛时期。当时，法王路易十四命令宰相马扎兰派人到广州定制带有法国甲胄纹章的瓷器。从此，广州人用景德镇的素胎瓷器，描绘出奇特的外国纹章、风光、图案，注上外文款识，制成彩瓷销往国外。18世纪中叶至19世纪初，中国瓷器在世界畅销，广彩瓷出口量亦不断扩大，生产迅速发展。广彩瓷逐渐与铜胎烧珐琅分离，成为独立的行业，并于乾隆四十三年（1778年）成立了行会组织“灵思堂’。广彩产品亦分为艺术瓷和日用瓷两大类，欣赏艺术瓷的彩绘技法以国画画法为主，讲究技巧，笔工精湛，内容多为人物花卉，亦有外国油画的西方风景、人物和故事。日用瓷包括碗、碟、壶、盅等，加彩方法简单、豪放，富有民间装饰风味。

19 世纪末到 20 世纪初，岭南画家居巢、居廉、高剑父、陈树人等积极参与了广彩的技术研究和实践。高陈二人还开设彩瓷艺术室和瓷画厂，进一步提高了广彩的技艺。高剑父的学生刘群兴创作了 150 件“十二王击球”瓷箭筒，曾获 1915 年巴拿马万博会奖项。

20 世纪 40 年代，广彩瓷渐趋衰落，生产一度中断，直到 1956 年才恢复生产。广彩瓷主要由广州织金彩瓷工艺厂生产。香港、澳门等地也有中小型的工厂生产同类产品。

近年，随着民间收藏热的兴起，不少国外广彩回流国内，从这些作品可以看到广彩 300 多年的缩影，也可见广彩艺术魅力是永远不可磨灭的。广彩现已被列入国家非物质文化遗产名录，相信不久的将来一定会重放异彩。

第三节　象牙雕

象牙雕刻是指以象牙为材料的雕刻工艺及其成品，是一门古老的传统艺术和民间工艺美术。象牙为大象身上最坚固的部分，其光洁如玉、耐用、珍贵堪与宝玉石媲美，因此象牙又有“有机宝石”之美誉。象牙雕刻艺术品以坚实细密、色泽柔润、质地光滑，雕刻精美而倍受收藏家珍爱，成为古玩中独具特色的品种之一。

远在秦汉时期，广州牙雕已有了一定的发展；到了明清时期，其工艺与生产规模达到高峰。清康熙海禁以后，广州成为对外贸易的唯一港口，这种得天独厚的地位使得东南亚等地的象牙大量输入广州，为牙雕工艺提供了充足的原料。从此广州牙雕工艺远远超过了其他地方，成为全国之冠，同时形成了自己的风格特点，有别于苏州、北京、扬州、杭州等地的艺术格调，并对其他地方的牙雕工艺产生了影响。

广东牙雕又称南派牙雕，制作着重于雕工，并讲究牙料的漂白和色彩装饰，作品多以玉质莹润、精镂细刻见长，玲珑精巧、华丽美观。按工艺技法，广州牙雕有雕刻、镶嵌、编织三大类。雕刻多采用阴刻、隐起、起突、镂雕。品种有象牙球、画舫、人物、笔筒、插屏、鸟兽等欣赏品，筷子、梳子、图章、鼻烟壶、瓶、烟嘴、灯具、粉盒等日用品。其中以象牙球最有名。象牙雕刻与其他多种材料，如紫檀、犀角、玳瑁、翠羽等巧妙镶嵌于一器之上，使图案更富有立体感，图案层次更丰富，是广州牙雕工艺的显著特色。

广州气候温暖湿润，象牙不易脆裂，宜于制作钻镂、透雕的作品，再加上原先的工艺水平，镂雕逐渐成为广州牙雕工艺最具特色的技艺。牙片可以做到薄如纸，呈半透明状，镂空玲珑剔透，雕镌细如游丝。广州牙雕染色极为娇艳富丽，并吸收了西方的明暗法，以增强物象的立体感。但是染色也掩盖了象牙的质之美感，这是它的弱点。

为了适合外销的需要，广州牙雕风格趋向写实，并且吸收了大卷叶、写实花卉等外国图案的长处，又以染色、螺旋状的连接部件为特色。趋于清代晚期，广东牙雕风格纤细繁琐，并逐渐走向衰落。

第四节　玉雕

玉，石之美者，以其细腻、致密、坚韧的质地，温润、柔和、雅致的色泽，深受中国人所钟爱，被奉为无价之宝。《越绝书》称："轩辕、神农、赫胥之时，以石为兵……至黄帝时，以玉为兵。"《管子》也说："先王以珠玉为上币，黄金为中币，刀布为下币。"西周时代，社会等级森严，玉器具有礼制的象征意义。《周礼》称："以玉作六器，以礼天地四方，以苍璧礼天，以黄琮礼地，以青圭礼东方，以赤璋礼南方，以白琥礼西方，以玄黄礼北方。"

1983 年，南越王墓中出土了大量的玉器，其中有玉璧、玉盒、丝褛玉衣、玉印、玉佩、玉角杯等 130 多种"汉玉中的稀世之宝"。这些工饰精品均经精雕细刻，构思奇妙、工艺精湛。这说明广州的玉雕工艺在西汉时代已经达到了相当高的水平。而广州的玉雕工艺兴盛于唐代中后期，亦有一千多年的历史，可谓源远流长。广州玉雕艺术继承了宋代巧色玉的传统，创造了"留色"的特技，突出了原玉的天然颜色，特别精美。到清代道光年间（19 世纪初叶），广州玉雕工艺制造业已成行成市，而且出现了玉器工商行会组织。

广州玉雕艺人汲取各地玉雕技术，博采众长，与广州牙雕技艺结合起来，在品种、工艺、用料等方面创造出自己的风格。广州玉雕的原料多选自粤西信宜的“南方玉”。信宜玉呈草绿色，半透明，多自然斑纹，磨琢后晶莹通透，别具一格。广川玉雕制品有首饰品和摆设品两大类。首饰品有玉镯、戒指、耳环、玉坠以及以金银宝石镶嵌的玉饰等。摆设品有传统的花卉、人物、鸟兽、瓶罐以及玉球、花舫、宝塔等别具风格的高级工艺品。其中通雕玉球是广州玉雕艺人攻克玉石高硬度、难加工的产品，这种玉球构思独特，造型精美，多达20多层，大球套小球，厚薄均匀，各层转动自如，托在手上轻轻晃动，会传出玉石碰击的清脆声，而球上还雕上山水、花卉、人物、虫鱼、花鸟等衬花，形象生动逼真。其中一座18层吊缚双狮子母球曾获1978年全国科学大会奖。薄胎南方玉碗和玉雕小茶具也是广州玉雕中的精品，是中国玉雕艺术的珍品。

第五节　石雕

在漫长的旧、新石器时代，石器加工是岭南原始先民谋生的手段。珠江口的香港、澳门、珠海被发现有多处岩刻，以复杂的抽象图案为主，采用凿刻的技法，尤以珠海南水镇高栏岛岩刻为巨，最大的一幅高3米、长5米，明文凿刻，线条清晰，从复杂的线条中还可辨认出人物和船刻。

据研究，该处岩刻年代约为公元前1000年，是青铜时代的作品。南越王宫署遗址发现有多根四方基座八角棱柱形石栏杆，是中国建筑史上目前已知最早的石栏杆构件。南越国御苑遗址，以石板作冰裂纹精工铺砌的石池、婉蜒曲折的石渠、巨大石板架设的石室以及多种石构件，为中国秦汉遗址所首见。

南越王赵昧墓，是迄今所知岭南规模最大的石室墓，墓室巨石重达2.6吨。墓中出土的244件（套）的玉器，其中包括71件玉璧以及2件青玉圆雕舞女、1件浮雕卷云纹的青白玉雕角杯，还有丝镂玉衣、龙虎并体玉带钩，龙凤纹重环玉佩、兽首衔璧，均可谓精美绝伦的珍品，反映了当时加工玉石的高超工艺水平，可见南越国已掌握了开料、造型、钻孔、琢制、抛光、改制等手法以及镶嵌工艺。在南越王墓中，还发现滑石烤炉、耳杯、猪、枕以及石砚、研石、砺石及磨制精细的石斧等。这说明石雕也是当时被重视的工艺。

第六节　榄核雕

榄雕工艺是选用橄榄核雕刻而成的艺术品。据说明朝熹宗天启二年（1622年），有一个著名的匠人姓王名毅，字叔远，为江苏省常熟县人。他选用了一个长形的桃核，雕刻了一只名为《苏轼泛舟游赤壁》的桃核船，送给《茅檐集》的作者魏学洢。魏学洢接到这件稀世的工艺品时仔细地观看：在不到一寸（约三公厘左右）的桃核上，雕刻有一只小船，船上有五个人，八扇窗门；还雕刻了一个竹篷，一根船桨，一个炉子，一个茶壶，一卷书画和一串念珠；并且刻上对联、题名、篆章等，一共有34个字。这个桃核雕不但内容丰富，而且人物的姿势、神态各异，物件的逼真达到衣褶清楚、念珠也历历可数的程度，文字的勾画如蚊足却清晰了然。魏学洢所著的《核舟记》就生动细致地描写了这一核雕工艺品。这恐怕是我国最完善地记录核雕工艺的第一篇文章。从此明末的巧匠王叔远遂被我国的核雕行业奉为祖师爷。以此为据，核雕工艺也被视为始于明朝天启年间，即17世纪20年代。

广州地处南方，雨量充沛，土地肥沃，极宜橄榄树的生长，这给榄雕工艺提供了充足的雕刻材料。进行艺术品加工，首先要学会选择榄核。按核定型，即按照榄核的大小、肥瘦、曲直、异变等本来的核型进行艺术构思。此外，还有浮雕式和立体雕式，都一一在选择榄核时定下来。

在过去，精致、小巧玲珑的榄雕品，既是颇有欣赏价值的民间工艺品，又是驱瘟辟邪的吉祥物。人们无不以其作为馈赠亲友的礼品，小孩则多把其挂于胸前，以祈求健康平安。因此广州的榄雕素来很受社会各阶层及民间的欢迎。目前广州仅有欧宇仁一家从事榄雕业。

欧宇仁从师欧伦，1959年开始创作，至今已有30多年的榄雕工龄。他创作的作品除船类榄雕外，还有人物类榄雕，尤以水浒一百零八条好汉的榄雕闻名。他在榄雕中重视通花工艺的雕刻，特别以船类和笼类为难，此两类精品10多件为广东民间艺术馆所收藏。他雕的鸟笼，仅有约2厘米高，直径不到1厘米，笼罩有两个围圈，枝条分3层，上中下共有96根，根根细如发丝，枝距相等，对看相迭。笼顶镂花盖，笼座镂花饰。笼中有小链，链环如菜籽，链末系一蝇头小鸟，其羽毛清晰可数，连小鸟的眼珠子也表现了一种欢快的神情。微动鸟笼，小鸟像在笼中飞扑，实属微型榄雕中的精品，令人叫绝。

第七节 铜鼓

广西有“铜鼓之乡”的美誉。在广西，不仅有关铜鼓的历史记载极为丰富，而且至今所发现的铜鼓种类繁多，数量逾千。广西铜鼓是中华民族古代文化艺术中一颗璀璨的明珠，蕴藏着丰富的南方少数民族的历史文化内涵。在南宁博物馆，有许多精美的铜鼓。这些铜鼓精品可以让人感受到迄今两千多年的青铜制造工艺的精湛和艺术造型的美妙，显示出以壮族先民为中心的西南各少数民族早已达到很高的文明程度。

铜鼓制作工艺考究，用以铜为主要成分的铜、锡、铝合金等铸造。面、胸、腰、足、耳五部分浑然一体。鼓身上段为胸，中段是腰，下段是足，腰间有两对鼓耳。铜鼓大小、轻重不一，鼓面多铸有太阳纹、翎眼纹、云纹、乳钉纹、栉纹、游旗纹等纹饰。

研究发现，铜鼓文化是与稻作文化紧密相联的。稻作文化是铜鼓文化产生的人文背景和物质基础。壮侗语民族先民最早发现和改造了稻谷并广泛种植，也是流行于中国西南各民族的“铜鼓文化”的最早创造者。

铜鼓上多有鸟的雕塑，与青蛙、牛橇、乘骑和巨龟的地位相当。鸟是一种与稻作生产有着密切联系的动物。壮族学者认为，这大约和百越人发现鸟粪中有没消化的谷种，落地长出禾苗有关，从而成为百越人对鸟崇拜的原因之一。在以壮族为中心的西南少数民族传统文化中，鸟与农耕、与祈求丰饶的文化相关联着。在壮族古老的神话传说中就有关于始祖布洛陀派出鸟等动物去为人类寻找谷种的内容。也就是说，是鸟类的努力才使得人类进入了农耕时代。

铜鼓上还有大量的青蛙雕塑。青蛙在铜鼓上出现，同样是由于青蛙与稻作文化有着密切的联系。在传统的稻作生产中，水是最为重要的因素之一，青蛙是生活在水中的善益动物，青蛙的多寡与活跃与否，实际就是丰收与否的晴雨表。在古代社会，农业生产所需要的水基本上受制于自然降雨，因此在西南少数民族的传统文化中，对青蛙的崇拜也就成了铜鼓雕塑的主要表现内容之一。

人们敲打铜鼓时所唱的歌谣，也是和稻作文化相联系的。在使用铜鼓的地区，人们通常把铜鼓悬挂于堂中，然后用鼓律击鼓三声，细听铜鼓音色和余音的长短。如果铜鼓声洪亮圆浑，余音长，则预示着来年世界太平、国泰民安、风调雨顺、五谷丰登，人们健康长寿。如果铜鼓声坚硬、燥音徐青，则预示来年世界不太平。如果铜鼓沙哑，余音尾短，则预示来年风不调、雨不顺，会有疾病、地震、洪涝、干旱、虫灾之威胁。

正因为铜鼓对生产、生活有着重要的影响，各民族形成了一系列铜鼓使用的特定程序。新铜鼓要通过一定的仪式为其命名。命名时，要杀鸡鸭请鬼师来祭。需要使用铜鼓的时候，也要有“请铜鼓”的仪式。把两碗酒、半碗水放到铜鼓的鼓面上，再用一块竹片粘上酒，点撒于鼓面，然后对铜鼓说：今天要带你去那里，打雷下雨你不要怕，声音要宏亮……用完铜鼓之后，也需要用一些肉和酒来举行封鼓仪式，告诉铜鼓已经回来了，要安心待在家里。

铜鼓在古代多用于祭神、征战和喜庆活动。祭神时，它是神圣的法器；节日里，它是最激动人心的打击乐器；征战时，它又成为号令军队和振作士气的鼓角。时移世易，虽然如今壮族人对铜鼓的依赖和崇拜已大为改变，但在他们今天的习俗中仍能找到铜鼓文化的影子。这些都说明，铜鼓是中国南方和东南亚各民族文化互动的载体，已成为这些民族凝聚力和认同感的标志。

第八节 佛山剪纸

佛山剪纸历史悠久，源于宋代，盛于明清时期。从明代起佛山剪纸已有专门行业大量生产，产品销往省内及中南、西南各省，并远销南洋各国。

佛山剪纸按其制作原料和方法分别有铜衬、纸衬、铜写、银写、木刻套印、铜凿、纯色等大类。其利用本地特产的铜箔银箔，用剪、刻、凿等技法，套衬各种色纸，绘印上各种图案，形成色彩强烈、金碧辉煌、富有南方特色的剪纸。佛山剪纸既纤巧秀逸，又有浑厚苍劲的表现手法，按使用的需要而选材施艺。

在古代，剪纸的主要用途是节日礼品的装饰、祭祀装饰、刺绣雕刻图样、产品商标等。随着社会的发展，佛山剪纸保留构图严谨、装饰性强、剔透雅致、金碧辉煌的特点的基础上，又添加了反映时代生活的题材，开创了传统艺术创新之路，在我国剪纸艺术中较具代表性。

佛山剪纸，至清代乾隆年间为鼎盛。佛山剪纸艺术，在制作上有剪、刻两大类。刻纸是在民间剪纸的基础上，顺应商品生产和群众的需要而兴起的。刻纸利用佛山名特产铜箔和色纸作主要原料，具有色彩丰富、苍劲豪放等独特的地方风格。在制作方法上，有材料刻纸、写料刻纸、纯色剪纸三大类，以铜衬料、铜写料、铜凿料最具特色。

铜衬料是用刻刀在铜箔上镂刻出画面线条、骨架，然后根据制作设计需要，在背面衬上色纸；铜写料是绘画与剪纸相结合的艺术形式，先用刻刀在铜箔上镂刻出画面的外轮廓，然后用胶水调粉彩，绘画画面。铜凿料与铜写料大致相同，其特点是画面或人物轮廓是用特制的凿子凿成一点点凸出的珠子般的线条，空间不需刻通，而是以粉彩绘画成金辉灿烂、色彩斑斓的画面。

佛山剪纸的题材绝大多数是劳动群众所喜爱的，寄寓如意吉祥的花鸟鱼兽以及群众喜闻乐见的戏曲人物和民间故事。如“龙”、“凤”、“鲤鱼”、“孔雀”、“四时瓜果”、“福禄寿全”、“和合二仙”、“六国封相”、“唐明皇游月殿”、“嫦娥奔月”、“八仙闹东海”、“赛龙舟”等等。铜凿料的色彩以粉红、玫瑰红、粉蓝、红丹白等为主，和谐夺目。铜衬料的衬色以橙红、粉红、槐黄、芥黄、紫、深绿和浅蓝为主，画面鲜艳调和。

佛山剪纸在本地民俗中有着重要地位，无论岁时节日、婚丧嫁娶，还是寿辰祭祀、交际礼仪，以至人们日常生活用品、儿童玩具，都喜欢用剪纸作装饰。如春节，家家门楣上都贴上“五福临门”的横批，在横批下帖上五张铜衬料福字笺花钱。大神、祖先、门官、土地、灶君、井神等，在左右上角都插上一对“金花”。大神的金花有两层或三层，每层一张铜凿料剪纸，中间用通木架起，下层大、上层小，富有立体感。金花上还用绒球作装饰，十分夺目。图案多是金瓜顶、莲花座、左右招财童子。其他家神所用金花大致相同，祖先神用中号，其他神用小号，也是一至两层不等。婚嫁喜庆，所用礼盒、礼品都用剪纸贴上作装饰；七月摆七夕时，妇女们用剪纸装饰果盘、香案、烛台，放供品的碗也用剪纸盖顶，姑娘们精心制作的冬瓜灯、芝麻船、柚子等以及各式人物扎作，都少不了用剪纸作装饰（通常乞巧节所用的剪纸，也是姑娘们比手艺的项目之一）。炮竹包装也用剪纸作装潢，烟袋、茶篓（盛茶壶用）、米缸、甚至眼镜盒，人们都喜欢用剪纸作装饰。

此外，祭祀品上用剪纸也较多。佛山俗例，丧祭要做七个“七”，每个“七”都要焚烧大量的祭品，尤其以“三七”为甚。所烧有金山、银山、金桥、银桥、大屋及屋内陈设、衣服鞋等等。这些纸扎品全都贴上剪纸装饰，如柜箱面和四角都贴上图案剪纸，连手帕都用剪纸作图案。

多彩多姿的佛山民俗促进了剪纸的发展，而剪纸工艺的发展又使佛山民俗更具地方特色，两者相辅相成，为岭南民俗与工艺增添了瑰丽的一笔。

第九节　石湾陶塑

石湾陶瓷早在新石器时代晚期的贝丘遗址中已揭开烧陶的历史序篇，石湾出现大型窑场的历史最迟可上溯唐朝。20 世纪 50—70 年代先后在佛山石湾和南海奇石发现的唐宋窑址中，发掘出的均属半陶瓷器，火候偏低，硬度不高，坯胎厚重，胎质松弛，属较典型的唐代南方陶器。

石湾地处南国一隅，以生产日用陶器为主，制陶技艺虽然达到了一定水准，但与北方诸名窑比较，要逊色得多，在宋代陶瓷之林中尚无显著地位。南宋至元，佛山是中原移民的聚居地。他们把北方的陶瓷技艺带到石湾，与石湾原有的制陶技艺相融合，大大地提高了石湾陶器的制造水平与艺术水准。因此“石湾集宋代各名窑之大成”，定、汝、官、哥、钧诸名窑产品被石湾模仿得惟妙惟肖，八大瓷系的造型与釉色之美以及装饰手段也全被石湾消化吸收，从而成为南国“善仿”为特色的名窑。

石湾陶塑工艺的第一特色是造型生动传神，产品不论人物、动物或器皿的刻画，都致力于艺术典型化的塑造。每件作品都有鲜明的个性特征。各种造型达到了“百物百形，千人千面”的艺术境界，较少雷同化，对物象的刻画细致入微，因此形象栩栩如生。自明清至今，历代艺人们塑造了数以百次的屈原、钟馗和关公的形象，面貌长相大同小异、各具特色，绝无相同。这是艺人们各自强调自己的艺术理解形成的风格，不抄袭照搬的缘故。这种造型方法正是石湾陶塑工艺的优良传统。建国后，石湾陶塑工艺从作品的题材内容到表现手法都有很大的发展，人才辈出。不少古代和现代的杰出人物成为创作题材。

石湾陶塑的第二个特点是胎釉浑厚朴实。它有胎壁厚、釉层厚的古雅厚重的特色。目前传统的釉色有70多种，加上1963年在国内首创的12种结晶釉，共有90多种釉色。这近百种釉色为石湾陶塑艺术增添了五彩斑斓的艺术美感。石湾的名釉品种繁多，有很高的欣赏价值和科学成就，如石榴红、翠毛釉、天目和东瓜皮等，在国内享有名望。由于石湾制釉采用本地原料为主，并有自己的一套烧制技术，各种釉色均有突出的地方特色。陶器胎土的使用方面，石湾的红、白陶土混合使用，成了区别于国内外其他产区的主要标志。由于造型和釉色互相配合，使产品有深邃的艺术境界，耐人寻味。

技法多样性为石湾陶塑的第三特色，分成型技法、造型技法、产品的施釉技术等多种不同层面的创作方法。陶塑工艺产品生产的成型技法，适当采用了现代的注浆成型技法，既保留了传统的手工特色，又满足了大批生产的要求；产品的造型技法继承和发展了传统的刀塑、按塑、捏塑、贴塑四种方法，使各种造型具有气韵生动的艺术效果；在产品的施釉技术方面，也是多法并用，经常采用的上釉方法有搽、挂、挡、泼、滇、刮、雕等十多种技法，各种单色釉和复色釉都要求有艺术效果的大统一和小变化，因此窑变也是石湾美术陶瓷工艺产品的一个主要特色。

石湾陶艺精品的种类繁多，除了有令无数人为之倾倒、俗称为“石湾公仔”的陶塑人物外，还有陶塑动物、陶塑盆景、各种陶塑器皿和陶塑壁画等。人称“石湾公仔”的陶塑人物，具有典雅朴拙、浑厚凝重、刚健豪放、生动传神等艺术特色，口碑载誉，家喻户晓，深受喜爱。陶塑人物之中，则主要以宗教人物、古代人物以及表达现实生活百态的民间人物为主。在表现手法上，除了传统的制陶方式，近代的一些名师根据石湾泥的特点结合更现代的方法，手法愈发精细，连胡须都根根分明，十分见功夫。制作的人物风格极具现代感，这类陶艺品也成为最受欢迎的陶艺品之一。

第十节　金漆木雕

金漆木雕简称“金木雕”，用樟木雕刻，再上漆贴金。其特色是金碧辉煌、工精秀美、技艺精湛。其表现形式是浮雕、通花透雕和立体通雕，尤以经路通畅、镂空多层次的雕刻为擅长。

金漆木雕最初是我国古代的一种建筑装饰艺术，流传到南方后又受到某些地方特色的影响，形成一种木雕流派。它历史悠久，早在明清两代就有很高的艺术水平，历史上分潮州和广州两大类，潮州地区最为著名，因而又通称潮州木雕。

广州地区的金漆木雕以雕工雄浑、粗犷、生动流畅见长。它与传统建筑结合十分密切，喜欢把人物山水，翎毛花卉、走兽虫鱼和各种图案选入画面。既有帝王将相、才子佳人，也有渔樵耕读，还有古典诗词或朱子家训之类的格言警句。特点是刀法利落、流畅、雕塑感较强，适合于高、远的视距欣赏。广东金木雕有很多作品被选送参加全国和国际工艺美术品展览，获得中外人士好评并获奖。北京人民大会堂广东厅有两件大型金木雕《花鸟》和《鱼虾》，是广东金木雕已故老艺人张鉴轩的佳作，也是广东金木雕传统题材鱼虾蚧篓代表作。由于艺术精湛、刻工细腻、形神生动，其曾荣获国际奖。

潮州金木雕主要用于挂屏、座屏等装饰陈设品，以花鸟鱼虾为主要题材，内容丰富多彩，表现手法擅长透雕，刻工细腻，形象生动传神，作品立体感强。

在潮州地区，房屋的脊、檐、外壁通常饰以灰批、嵌磁、砖雕或石雕；木雕则被安置在门、窗、前廊的梁架、柱头等显眼而又不受日晒雨淋的地方。家具方面，大至屏风、几案、床榻，次则橱柜、椅凳，小至放灯芯、盛纸媒的筒子，莫不加以雕饰。在过去，与祭祀有关的神龛、神轿、馔盒、炉罩、烛台等上更是倾注了木雕艺人们的心血。

潮州木雕用的是当地出产的普通木材。建筑装饰雕刻比较粗大，一般采用杉木；家具器物的雕饰则多采用樟木。樟木的质地并不坚密，艺人取其有一定的韧性和易于奏刀的优点，刻得层层叠叠、玲珑剔透；刻后再予以髹漆贴金，不仅辉煌灿烂，且能抗潮避蛀，经久不致崩裂变形或腐朽。

潮州木雕密切联系着群众实用生活的各个方面，更适应着群众的思想感情和审美上的需要。它的题材内容多数来自民间为人们所喜爱和熟知的神话、传说、戏曲和历史故事，如颂扬勇敢和机智的《苦肉计》、追怀先贤的《兰关雪》、赞美纯真爱情的《陈三五娘》等。也有些直接反映了当时的社会生活，如《渔樵耕读》、《修房盖屋》描写了普通劳动，《洋鬼子烛台》表露了人民对帝国主义者的嘲讽。还有的施以种种珍禽瑞兽、花果虫鱼，而对于江海中的水族、亚热带植物的表现，尤为出色。至于千变万化的几何纹样，也同样表现出无穷的智慧和丰富的美感。

第十一节 端砚

端砚是中国四大名砚之一，肇庆是端砚产地，为砚台之首，久负盛名。

端砚自唐朝初年开始生产。不过当年的端砚纯粹是文人墨客书写的实用工具，石面上无任何图案花纹装饰，显得粗陋、简朴，唐朝李肇的《唐国史补》云：“内邱瓷瓯，端州紫石砚，天下无贵贱通用之。”

相传在唐朝中叶，老砚工路经端溪时，看见有两只仙鹤飞落溪水之中，久而不起，于是心生疑窦，张网捞捕，但捞起的却是一块石头。这块石头十分奇异，上有裂缝，不时发出鹤鸣声响，老砚工顺着裂缝把奇石撬开，奇石竟一分为二，化作两只砚台，砚边各有一只仙鹤伫立在苍松之上。消息传开，砚工们纷纷仿制，或各展其艺，在砚台上雕以各种图案花纹。这大概就是端砚从实用品变为实用工艺品之始。

在唐代初期，广东肇庆（古称端州）东郊羚羊峡栏柯山的端溪一带就出现了依靠采砚石、生产端砚为生的劳动者。这里滚滚东流的西江水穿峡而过，直奔南海，夹岸崇山峻岭、气势磅礴、重岩叠翠。端砚名坑中的水岩（老坑）、坑仔岩、麻子坑、朝天岩、古塔岩、宣德岩就错落地分布在这风景如画的环境中。而以其为材料生产的端砚慢慢地成了肇庆独有的工艺美术品，深受文人墨客的喜爱，并得到达官贵人和帝王将相的赏识。宋朝开始把端砚列为“贡品”，蜚声中外。

砚是古人磨墨的工具，故古人鉴赏端砚，首先看它是否发墨。发墨的关键在于砚石的石质，所以古人制作砚最看重石质，在采石过程中不得使用炸药爆破，全靠手工操作，尽可能使采出的石料完好成材。端砚以紫色为基调，但各名坑砚石色泽有差异。观察、比较、分辨端砚石色时，一定要以水浸石（最好是沉水观之）才能看得清楚、准确。比如拿一块优质老坑砚石湿水之后观察，就会发现它的色泽是以紫蓝色主要色调，在紫蓝色的基调上可以观察到老坑砚石色彩斑澜、富有变化，纹理清晰、明净、纯洁。

雕刻要依照石材的特点构思施艺，注重立意、砚形和雕工。砚的四周多雕刻有云龙、花鸟、飞禽走兽、人物山水等图案，雕刻刀法上分深刀、浅刀、细刻和线刻几种。此外，端砚的配盒也十分考究，多以紫檀木、花梨木、红木等制作。

端砚的样式多种多样，制砚艺人们在保持传统技艺和特色的基础上不断创新，开发出一系列精美实用的新产品，包括各种实用的淌池砚、单打砚、斗方砚以及融实用性和观赏性于一身的雕花长方砚、雕花天然砚等。近年来，为适应大量出口的需要，一批传统仿古样式的产品走入市场，为端砚的发展注入了新的活力。

第十二节　高州版画

高州是广东有名的历史文化名城，有着深厚的文化底蕴。早在明代已有民间木刻艺人刻制红纸墨印的年画。现代群众版画兴于20世纪40年代，最早一幅版画作品《石船丹灶》刊于1942年初的《高州民国日报》上，作者为黄文山。在其影响下，一批爱好美术的青年开始学习和创作版画。

高州版画的兴盛，要追溯到20世纪50年代。当时正值新中国建立之初，百废待兴，很需要些有品位的文体活动来提高市民的士气及丰富业余生活。当地版画好手卢西林办起了版画学习班，几十名对绘画感兴趣的青年农民进入学习班学习版画技艺，高州农民版画人才由此而开枝散叶。

经过三年的分期分批培训，高州拥有了一支300多人的农民版画创作队伍。学员们在名师的指点下技艺日渐长进，一批版画人才崭露头角。他们以黑白木刻为主要创作形式，素材全部来自农村生活，展现质朴、粗犷、敦厚、雅拙等艺术特征，首批52名作者的152件作品被送往香港参加会展，首度亮相就震动香江，欲罢不能。

从工农班学有所成出来的版画学员，既要从事繁忙的农活，又要操持家政养家糊口，面临的压力可想而知，但他们硬是挤出时间深入生活，体验生活，刻苦钻研，画技精益求精，创作了一批版画精品。1960年，应广东美协的邀请，高州208件农民版画作品被送到广州文化公园展出，一时间轰动了美术界，省内外多家媒体转载其作品及发表评论，好评如潮。

进入20世纪七八十年代，高州农民版画进入全盛时期，每年都有近百幅佳作问世，曾多次送作品到广州、香港等地展出，拍成纪录片向全国放映，不少佳作还飘洋过海被选送到外国展出，让外国人欣赏高州农民艺术成果。石鼓镇林屋村农民林智深通过工农班培训后创作了一批水平较高的版画作品，其中《机耕路上》、《岭南果香》等富有浓郁乡土气息的佳作获得全国大奖，并跨出国门送往境外展出，大获好评。

第十一章

岭南的文学

岭南文学是受中原文化和其他地域文化的影响发展起来，并在发展变迁中逐渐形成了自己的特色。唐代前，岭南诗坛冷寂，在全国影响不大。唐宋文人流入岭南后，带动了岭南诗歌创作。至明代开始岭南诗派正式形成，到清朝达到鼎盛，前期有屈大均、陈恭尹、梁佩兰岭南三大家，中期有程可则、方殿元、冯敏昌，后期有宋湘、张维屏等，近代更出现了黄遵宪、康有为、梁启超等大家。而清代中叶的岭南四家——张锦芳、黄丹书、黎简、吕坚互相唱和，为诗为人各具特色，在文坛上留下了一道亮丽的风景线。据《广东文征》所辑录，自汉至清，广东有文传世的作家达712人。岭南词从清初开始崛起，此期以“岭南三家”屈大均、陈恭尹、梁佩兰最为出色。屈大均词多抒写故国之思与哀怨之情，词风雄浑，词境开阔，想像飞腾，成就较高；梁佩兰词清刚幽峭；陈恭尹词寄托深远，。“岭南三家”使得岭南词坛风气大开，在岭南词史上有特殊意义。至近代，岭南的散文始闻名全国，当时康有为和梁启超是闻名全国的散文大家。而近代作家吴研人的出现，使得之前几近荒芜的岭南小说界为之一振，康有为、梁启超、黄遵宪的维新思想、提倡白话、看重小说等，都为“五四”运动以后广东新文化（新文学）运动的萌生作了准备，也为现代新文学起了先导作用。

第一节 岭南诗派

岭南诗歌是指局限于岭南地区的诗人所作的诗歌，他们都是岭南人或者落籍岭南的人，由于岭南地区地处偏远，与繁华的中原地区的气氛完全不同，因此诗歌自成一家。

对于岭南诗歌何时发端，有专家称，岭南最早的诗人当属东汉人杨孚，其《南裔异物志》中对岭南风物的赞颂之辞颇有《诗经》风韵，应为岭南文人诗作之始。

实际上，从能确凿考证的历史说起，岭南真正成熟的诗作应从初唐的张九龄开始。张九龄，唐开元尚书丞相、诗人，韶州曲江（今广东韶关市）人，长安年间进士，官至中书侍郎同中书门下平章事。后罢相，现存《曲江集》收有他的诗作230多首，《全唐诗》录为3卷。有《曲江集》20卷传世。他早年的诗词采清丽，情致深婉，被贬后风格转趋朴素遒劲。《感遇》诗十二首是他的代表作，其一云：“兰叶春葳蕤，桂花秋皎洁。欣欣此生意，自尔为佳节。谁知林栖者，闻风坐相悦。草木有本心，何求美人折！”为世人传诵的《望月怀远》这样写道：“海上生明月，天涯共此时。情人怨遥夜，竟夕起相思。灭烛怜光满，披衣觉露滋。不堪盈手赠，还寝梦佳期”。其中“海上升明月，天涯共此时”成为千古绝句。诗评家认为，张九龄的诗“直接汉魏，骨峻神疏，思深力遒”，为后代所推崇。作为唐初诗坛的革新者，张九龄用他的创作实践力排梁陈宫廷诗的颓靡风气，为唐诗的繁荣做出了贡献。他的一些抒情诗颇为清新淡雅，被认为是“清淡派”的首创者。他的五言古诗以素练质朴的语言，寄托深远的人生慨望，对扫除唐初所沿习的六朝绮靡诗风贡献尤大。因此，他被誉为“岭南第一人”。

唐后宋朝，岭南作为官宦的贬所，不少著名文人诗客被贬南来，其时间延续之长、地域流布之广几乎前朝未见，后朝难及。他们在岭南的创作，既丰富了岭南诗坛，也为岭南诗坛日后的繁荣奠定了基础。在这些诗家中，影响最大的当推苏轼。苏轼，字子瞻，北宋著名散文家、书画家、词人、诗人，人称“苏东坡”，晚年被贬惠州、儋州。苏轼作为一代文豪诗名显著，在岭南活动时间长、所到的地方多，粤中、粤东、粤西、粤北、海南岛几乎都留有他的诗篇。“罗浮山下四时春，卢橘黄梅次第新。日啖荔枝三百颗，不妨长做岭南人。”在岭南，苏轼写下了这首脍炙人口的诗作。

宋末朝廷南逃岭南，士大夫一时云集，如文天祥、陆秀夫等慷慨悲歌，对岭南诗坛也不无影响。遗憾的是，南宋末年岭南罹及战乱，为后人留下的诗作很少。

入明以后，岭南诗坛经过中原诗风的长期浸染，开始走向自为阶段，一般士大夫都能为诗，而大家也代有人出。在岭南诗派形成后，创作上更是高潮迭起，出现一派繁荣的景象。

明初“南圆五子”之一孙卉被誉为“岭南诗宗”，他的诗“气象雄浑”、“清圆流丽”、“五古远师汉魏，近体亦不是唐音，歌行尤琳琅可颂”，而五子的诗作，上追唐人格调，力矫当时诗坛纤弱萎靡之风，为一代岭南诗坛开创新局面。

唐人创造了诗歌艺术的最高峰，之后无论后人怎样推陈出新都无法超越。清朝中原一带的诗人沉迷于追险求怪、引经据典，而这个时候岭南文学却能保持自身的独立，以其雄直之风自成一家。清朝是岭南诗歌的鼎盛时期，专家研究这与官商经济的发展和清王朝对沿海要地的重视是难以分割的。

清代中叶的岭南诗人有黎简、张锦芳、黄丹书、吕坚，亦为岭南诗坛做出了不可磨灭的贡献，其中黎简、张锦芳均以诗书画全能而驰名岭南艺坛，双峰并立，各具特色。黎简号称诗、书、画、印四绝，对岭南诗歌的发展起过积极的作用，且影响至中原。他一生虽然足迹未出岭南，但中年时诗画名气已远播中原。其诗以境新、句奇、意深、情真而独树一帜。但是这位出色的诗人在中国文学史上长期没有位置，直到改革开放后才引起权威文学研究者的注意，收入《中国文学史》中。其诗作有：《野碧》（“野碧春天合，天青野色高。吾今适莽苍，力足翔蓬蒿。已觉此身远，亦怜归雁劳。惊弦满关塞，孤影堕江涛。”）；《四更》（“柳梢缺月一痕明，雨后星前欲四更。天色苍苍风瑟瑟，谁家有泪冻无声。”）；《二月十三夜梦于邕江上》（“一度花时两梦之，一回无语一相思。相思坟上种红豆，豆熟打坟知不知?”）；《村饮》（“村饮家家醵酒钱，竹枝篱外野塘边。谷丝久倍灵常价，父老休谈少壮年。细雨人归芳草晚，东风牛藉落花眠。秧苗已长桑芽短，忙甚春分寒食天。”）

张锦芳的诗作造诣很高，在天津和许多名人唱和。所著《修竹斋引玉咏》

问世后，很受世人欣赏。其中《项城八景》、《高丘寺八景》、《南顿八景》等诗，记录旧时项城风貌，很有文史价值。其诗作中整理成册的有《逃虚阁诗钞》6卷、《南雪轩文钞》2卷、《南雪轩诗余》1卷。

在岭南及中国近代文学和当代文学史上，冼玉清当占一席之地。冼玉清(1895—1965年)，被称为“千百年来岭南巾帼无人能出其右”的杰出女诗人。她的贡献不仅在诗文上，而是多方面的，在历史文献的考据、乡邦掌故的溯源、诗词书画的创作、金石丛帖的鉴藏等方面功昭学林，被誉为“不栉进士”、“岭南才女”。冼玉清说过：“诗是人间最美丽的东西，情感是世上最微妙轻灵的东西。”诗是她一生的热爱，也是她自身经历与内心世界的真实见证。其诗的境界之高备受推崇，后人更称她为“岭南数百年来第一女诗人”。冼玉清的诗风是典型的岭南风格，以真切与热情为底色，这既是其个性体现，也与岭南的地理环境有关联，因为岭南山清水秀四季如春，在这种明媚的风光环境中歌颂自然，热情、真切之情跃然而出。其主要诗作有《碧琅馆诗集》、《流离百咏》等，其中《水仙花》题诗（“约素含娟总自然，不矜香色不争妍。自怜时世留清照，别许闲身托净禅。罗袜凌波珠作佩，缟衣湔雪阆风圆。兰幽菊淡输清艳，独捧擅心洛水边。”）正是她一生的真实写照。

第二节　岭南词风

词是唐代兴起的一种新的文体，到了宋代已经进入繁盛时期。但是岭南词坛在北宋以前还很孤寂，直到南宋中期以后，词风才在岭南开始广泛传播，而增城人崔与之因成就较高，被誉为“粤词之祖”。崔与之生当南宋后期，外有强敌，内多骚乱，作为守土大员他忧国忧民，其词作《水调歌头·题剑阁》正是他任成都知府、本路安抚使时所填，此词感情深挚，表现了守边御敌的决心。词云：“万里云间戍，立马剑门关。乱山极目无际，直北是长安。人苦百年涂炭，鬼泣三边锋镝，天道久应还。手写留屯奏，炯炯寸心丹。对青灯，搔白发，漏声残。老来勋业未就，妨却一身闲。蒲涧清泉白石，梅岭绿阴青子，怪我旧盟寒。烽火平安夜，归梦绕家山。”岭南词由此逐渐形成雅健的风格。南宋后期岭南人李昴英、赵必豫、陈纪等颇有词名，他们的词作或高华亢爽，或沉郁苍凉，都能自成格调，在当时有一定影响。

元代词坛萧条，能以词名世的不多。明朝岭南的词作也不多。论者谓明朝以经术取士，导致词学衰落，诗亦如是。其实这与明初大兴文字狱，无辜屠杀诗人有关。直至明朝中期，岭南文人词作渐多，我们才看到岭南文人的词作。邱濬之词，韵致颇佳，其《酹江月·和东坡韵题〈赤壁图〉》，别出心裁，着力刻画苏东坡的豪放情怀，给人以不袭前贤的感觉。霍韬的《水调歌头·古边情》云："天骄横汉世，戾飞渺边关。一任彀弓驰突，赤子若为安？嫚书主臣忍辱，拊髀颇牧兴叹，劲气竟谁还。贾生晁错策，炯然万世丹。匡相君，石内史，吻涎残。坐使金戈销铄，战士豢嬉闲。有日阴山胶劲，胡虏南驰马壮，铁甲为谁寒？我也嫖姚后，梦见燕然山。"词风及用典手法，可与辛弃疾媲美，进一步体现岭南词的刚健气质。

明末清初，岭南词臻于成熟，词学振兴，超越元、明两朝。据叶恭绰《全清词钞》不完全统计，岭南词人有140余家之多，李继燕、张锦芳、黎简、黄丹书、张惠言等以各自的风格各领风骚。当时词坛有浙西词派、阳羡词派、常州词派等，岭南较少受其影响。清初岭南词家首推屈大均，屈氏词的成就主要体现在创作的量既多而境界又高这两个方面。《骚屑词》收有存词373首，以此数量，即使与两宋的名家相比也毫不逊色。其《扬州慢》云："萤苑烟寒，雁池霜老，一秋懒吊隋宫。念梅花小岭，有碧血又红。自元老、金陵不救，六朝春色，都入回中。剩无情、垂柳依依，犹弄东风。君臣一掷，早知他、孤注江东。恨燕子新笺，牟尼旧合，歌曲难终。二十四桥如叶，笳声苦、卷去匆匆。问雷塘磷火，光含多少英雄！"词论者认为，屈大均的词善用比兴，有屈原风貌，不论从思想内涵还是艺术造诣上看，都具有时代的代表性，"当为有明一代殿军"。

鸦片战争以后，随着民族矛盾的激化，救亡图存、要求变革的精神也进入词坛，这表现在谭莹、桂文耀的词里，更表现在康有为、梁启超、黄遵宪等的词里。

这一时期梁启超的词风很有南宋辛词的风骨。《贺新郎·壬寅》云："昨夜东风里。忍回首、月明故国，凄凉到此。鹑首赐秦寻常梦，莫是钧天沈醉。也不管、人间憔悴。落日长烟关塞黑，望阴山铁骑纵横地。汉帜拔，鼓声死。物华依旧山河异。是谁家、庄严卧榻，尽伊鼾睡。不信千年神明胄，一个更无男子。问春水、干卿何事？我自伤心人不见，访明夷别有英雄泪。鸡声乱，剑光起。”

此时的岭南词坛，就思想内涵来说已处于全国词坛的前列。

第三节 岭南散文

“岭南的散文，其特点为朴素平实，明白流畅，不事修饰，重在实用。”

屈大均认为：“南越文章，以尉佗（即赵佗）为始，所上汉文帝书，辞甚醇雅。”又说：“论者以文帝赐佗书，纯作家人父子语，不用欺，亦不示恩，所谓以德服人；然亦佗明哲炳于先几，故能变逆为顺，以相安于无事耳。噫！文之不可以已也如是哉。”但是赵佗《报文帝书》这篇名作为何人所撰，后世不得而知。确凿可考的散文作者，最早见诸史籍是东汉初年的广信（今封开）人陈元，他给光武帝的《请立〈左传〉疏》，立论平允，文辞优美，其中驳斥范升等人的观点，持之有据，说理透彻，故其建议能为光武帝接受。其后和帝时，出动大军征伐匈奴，南海杨孚《谏止用兵疏》，全文仅百余字，言简意赅，引经据史，颇有说服力，惜不为和帝采纳。

其后在很长的岁月里，岭南间或有散文家出现，但因战乱及各种原因，名作不见于后世，直到清朝，岭南散文作家才多了起来，著名的有顺德温汝能。

汝能号谦山，在乾隆五十三年（1788 年）中举，做过几年七品京官。他为人正派，不沾染官场酒色征逐的恶习，公余埋头读书，与学者名流谈论学问。到了中年，他终于厌倦游宦生涯，辞官南归，隐居莲溪（今黄连），筑室藏书数万卷，埋头研读著述。他喜欢搜集岭南历代诗文，经过长期深入钻研，钩沉抉隐，去芜存精，将选定的优秀作品编辑成《粤东诗海》、《粤东文海》两部大型集子刊刻行世；并搜集陈岩野及其子孙的遗作，编成《陈氏五代集》。这几部书的问世，对广东历代优秀诗文的保存及传播起了重要作用，至今仍然是研究岭南文学不可不读的文献。

此外还有南海曾钊，撰有《面城楼文存》；番禺张维屏，撰有《松心文集》；顺德梁廷枏，撰有《藤花亭文集》；番禺陈澧，撰《东塾集》；南海朱次琦，撰《九江集》等。

到了近代，岭南的散文始闻名全国，当时康有为和梁启超是闻名全国的散文大家。康有为的政治论文，内容充实，说理透彻，采用中外典故和排比句法，形成一种新的文风，其散文后人辑为《康南海文钞》。梁启超学识渊博，才华卓越，倡导“文界革命”，其作品深受广大读者欢迎，辑有《饮冰室合集》。

“五四”前后的新文化运动，对中国散文创作产生了划时代意义的影响。岭南散文跟上这一全新的步伐，并取得辉煌的成就。

岭南早期议论性散文多在报刊上出现，多为“随感”、“时评”，重在揭露社会问题，抨击封建思想观念，宣传革命道理。叙事抒情散文也从一开始就接触新生事物，通过对新生事物的描写，抒发积极向上的情感。这一时期影响较大的作者有阮啸仙、钟敬文、杨匏安、郑志云、李国珍、李春涛等。

阮啸仙（1897—1935 年），河源人。议论文语言朴实，材料扎实，注重以情入理，富有说服力。1917 年写成的《黄种白种之智力论》，列举大量的历史资料，证明中国人在世界发明史上的成就不在白种人之下，以批驳“中国黄种人智力不如欧美白种人”的谬误。1920 年，陈独秀南来广东，阮啸仙在他的影响下，创《新学生》，向青年灌输新观念。他的《青年创造环境的工具》教导青年人不要向险恶的环境屈服，而是应该去开创新的环境，在青年中产生了强烈的反响。阮啸仙的叙事抒情散文也写得很出色，如写于 1920 年的《一个奋斗的女子》和写于 1922 年的《一个人家的蜜蜂》，是岭南这类散文的早期代表作。

岭南叙事抒情散文似乎一开始便表现出岭南文化特有的平实淡泊、潇洒脱俗的风格，这种风格被不断继承和发扬下来。

钟敬文，海丰人。1927 年出版第一本散文集《荔枝小品》，这是岭南新文学的第一本散文集。《荔枝小品》和《再谈荔枝》写荔枝和吃荔枝，很有独特的“风韵”。

刘思慕和杜埃的散文在当时也有较大影响。刘思慕的散文主要是国外的游记，他以清丽潇洒而又饱含感情的笔调去描画他所经游的异国风光，生动地体现出这些风光的自然美。由于他对国际问题颇有研究，所以他的散文除了描画大自然外，对一些现实社会问题也给予充分的关注，如《莱茵河畔之城》、《暴风雨的前夜》、《十字街头的风暴》等，对希特勒上台后德国以至欧洲局势有所描述，以引起读者去关心国际间的风云变幻。所以，有学者认为刘思慕的作品“不仅在现代文学史上是理应珍视的文献，而且在今天仍然有它的现实意义和美学价值”（《野菊集·序》）。1940年出版的《樱花与梅雨》描写“七七”事变后作者在日本的亲见亲闻，反映军国主义横行的日本社会，使读者对日本军国主义有更深的认识。

杜埃也有不少散文作品，《都市，动乱的天堂》写了20世纪30年代的广州，用笔去揭露社会的黑暗，赞颂革命力量的成长，将广州各层面的社会面貌作了描述，让读者看到这里军阀的横行、官僚的欺压、破产农民的饿毙街头，听到革命志士临刑前的呼声和反动派为镇压革命的枪声。在这种背景下，作者喊出：“真理，这伟大的北风，咆哮了！”预示革命将荡涤一切污秽，还世界一个清白。

曾敏之，梅县人。散文集《拾荒者》描写粤桂山水民情，饱含浓郁的生活气息，其中《芦笙会》、《山鸟婆》、《旧遇》等颇有独特个性，感人至深。

秦牧（1919—1992年），澄海人，原名林觉夫。1941年开始杂文写作，1847年出版《秦特杂文》。“秦牧的杂文，在表现方法上都有一个特色，那就是善于选择奇警、独特又富于知识性的事物，阐发一种生活的哲理和情思。在这过程中，他始终不离开形象，把知识、生活、哲理和形象融于一体，寓思想哲理于生活趣谈之中”，“能使人不断看到生活、智慧和艺术的闪光”。

南海人黄秋耘1948年出版第一本散文集《浮沉》。黄秋耘这一时期的作品注重对自我心灵的探索，对人们思想情态和心态作深层的剖析。因此，题材上很是与众不同。他的散文，有一些流露出一种浓重的孤独和哀伤情调，如《浮沉》、《一年祭》、《悼亡友志良》、《超越愁城》等，都有他那“淡淡的哀愁”的风格。其实他对理想的追求是执著的，这一“淡淡的哀愁”只是对自己理想主义境界缺乏信心而折射出来的一点浮光而已，并不能抵消他的进取热情。他善于选择生活中典型的事例，用他那优美的语言，把生动的叙述、深沉的抒情、富于哲理的议论，紧密地结合起来，因此既有深刻的思想内涵，又有感人的艺术力量。

岭南当代散文虽然起步不算早，但始终能够紧跟时代的步伐，并最后跻身前列，这也是岭南文化对中华主体文化的贡献。

第四节　岭南小说

岭南小说，从总体上看起步较晚，而且数量也不多。特别是整个古代时期，小说的作者及作品非常零碎，从来没有构成过一个群体。近代以后，吴趼人成为“清末四大小说家”之一，岭南小说界才出现繁荣局面。

比较完善的小说是清代出现的《岭南逸史》和《蜃楼志》。这两部小说写的都是岭南事物，取材新颖，文笔流畅，对社会的黑暗有一定的批判性。曾被多次被翻刻，甚至传播到中原地区。

《岭南逸史》成书于乾隆五十九年（1794 年）。作者黄岩，字耐庵，号花溪居士，嘉应州人。小说以岭南瑶民反抗清朝统治者的压迫，进行武装斗争为背景，写汉族少年才士黄逢玉与四位女中豪杰（其中两位是瑶民）的坎坷际遇，并最终成为眷属的故事，反映当时“官逼民反”的历史事实。《岭南逸史》是岭南小说从无到有的标志，所以有较高的地域文化价值。

继《岭南逸史》之后问世的是《蜃楼志》（也称《蜃楼志传奇》），共二十四回，现存最早刊本是嘉庆九年所刻。作者庚岭劳人，生平情况未明。小说托言演绎明代嘉靖故事，实际是反映乾隆末、嘉庆初南粤沿海城乡的社会生活。故事讲述广州十三行商总苏万魁及其子受粤海关新任关差赫广大和假扮番僧的匪首摩刺的迫害，最后幸得义士李匠山、姚广武的帮助，终于报仇除害，并得到朝廷的嘉奖。这部小说题材独特，在中国小说史上有着不可取代的地位。近代以后，西方文化逐渐进入中国。岭南得风气之先，小说创作取得前所未有的成就，吴妍人和黄小配的作品，不仅数量甚丰，而且进入时代前列，产生很大的影响。

吴趼人（1866—1910 年），名沃尧，号甚多，用于作品中最有影响的是“我佛山人”。吴是清末小说创作最多的小说家，先后发表《二十年目睹之怪现状》、《九命奇冤》及《痛史》等长篇小说十六七部（其中部分未完成），还有短篇 12 篇。《二十年目睹之怪现状》和《痛史》的社会影响最大。《九命奇冤》在艺术上已显得十分成熟。

《二十年目睹之怪现状》，全书一百零八回，是清末谴责小说代表作之一。

书中通过主人公“九死一生”的经历，反映自1884年中法战争前后到1904年前后20多年间的社会面貌，并对由于朝廷的腐败而导致的各种社会怪现象进行尖锐的谴责和讽刺。《痛史》写南宋末年的抗元斗争，塑造出文天祥、谢枋得等历史人物的艺术形象。小说发表时，正值反封建的民主革命以反清的形式在社会上出现，因此引起强烈的反响。《二十年目睹之怪现状》的主题，在岭南人特有的不依附政治、官场，保持个人独立人格，以第三者的身份去观察、思考社会问题的前提下，被潇洒、轻松地体现出来，所以它不像同类小说《官场现形记》那样对丑恶现象做严肃而直接地指责，而是更多地使用“恢诡之词”，讽刺意味更强。在小说的写法上，《二十年目睹之怪现状》采用第一人称的写法，《九命奇冤》则以“西洋侦探小说来做一个总结构”，这相对于传统小说来说，明显是引进了新的东西，体现出岭南文化善于借鉴外来优秀文化和兼收并蓄的特点。从文化发展意义上看，吴趼人的小说在传统小说与后来出现的现代小说间，显然起到承先启后的桥梁作用。

黄小配（1871—1912年），番禺人，是继吴趼人之后岭南小说界又一多产作家，先后发表了《洪秀全演义》、《廿载繁华梦》（又名《粤东繁华梦》）、《宦海升沉录》（又名《袁世凯》）、《岑春煊》、《党人碑》、《大马扁》、《宦海潮》、《黄粱梦》、《镜中影》、《陈开演义》、《广东世家传》等15种中、长篇章回体小说。其中影响最大的当推《洪秀全演义》，全书已写五十四回，按作者原来的安排，还未完成。已完成部分从道光后期清朝政府的腐败，洪秀全、冯云山酝酿起义写起，直至后来天国由李秀成、陈玉成支撑为止。小说在安排情节、塑造人物、描写战斗场面上颇有独到之处，有一定的感染力。书中强调的“种族革命”，宣扬“上下平等”和“男女平权”、“去专制独裁”等，实际上也是革命党人推翻清朝统治所宣传的内容，这是黄小配利用小说进行革命宣传的成功尝试。

苏曼殊的小说在清末民初也很有影响，有的还被译为英文或俄文。《悲惨世界》是他早期小说的代表作，全书共十四回，前半部分根据法国雨果的《悲惨世界》第一部第二卷《沉沦》改编写成，后半部基本是他创作的。他对《沉沦》的改编，完全根据自己的需要进行，如任意改变人物的名字和思想性格，或添油加醋地进行议论，而矛头则直指清朝政府。1912年起，苏曼殊先后发表了《断鸿零雁记》、《绛纱记》、《焚剑记》、《碎簪记》、《非梦记》及《天涯红泪记》（未完）等六篇小说，“写的都是青年男女爱情婚姻的故事。其大体可以概括为：以封建家长为一方，以要求爱情婚姻自方的男女青年为一方，双方发生冲突，最后以悲剧结局——男女青年或是死去，或是出家”。作品通过这些爱情悲剧揭露封建礼教的吃人本质，这在当时是有很高的现实意义的。值得称道的是在这些小说的写法上，除了仍用文言外，其他如思想观念的提出、表现手法等已经可以与后来的新文学小说媲美，也丰富了我国小说的表现形式。

在新文学小说方面，岭南新文学的第一篇是朱执信在1919年发表于《新建设》第一卷第二号上的《超儿》。全篇5000多字，从人与人之间的“支配”角度探讨人生问题。语言清新流畅，注重人物性格的刻画，初具近代西方小说的结构与表现特点，可以说是中国现代短篇小说的滥觞。

新文化运动后，岭南文坛作家辈出，呈现繁荣景象，出现了很多知名作家和重要作品。

张资平（1893—1959年），梅县人。1921年与郭沫若、郁达夫等组织“创造社”，从事文学创作，一生出版小说30多部。《约檀河之水》是处女作，以自传体的形式描写“他”与日本房东女儿的恋爱悲剧。1922年出版的长篇小说《冲积期化石》，这是中国现代文学史上最早的一部长篇小说。

张资平的作品反映“五四”时期青年男女对恋爱自由、婚姻自主的热烈追求，以及陈腐的封建伦理道德和金钱势力对他们的束缚。他以客观平实的写作态度，清新流畅的笔调，再加上甜熟柔婉的情致，使作品很快一纸风行。为此张资平恋爱小说拥有众多青年读者，常常是一本书刚刚出版便被抢购一空，如《苔莉》则共印9版之多。在20世纪三四十年代，上海的贵妇人在闲聊时以手捧张资平的恋爱小说和张爱玲反映市民生活的散文为时髦。他的作品从三角恋爱写到多角恋爱，以致被称为“三角恋爱小说作家”，在当时的青年学生中有广泛的影响。

冯铿的小说创作始于1925年，有作品《一个可怜的女子》《最后的出路》、《重新起来》、《突变》、《乐园的幻灭》、《小阿强》、《红的日记》等中短篇小说。

戴平万的小说创作开始于1928年，横跨抗日战争时期，但主要成就反映在1928年至1930年之间。这一时期他出版有《出路》、《都市之夜》、《陆阿六》等短篇小说集，还发表中篇《前夜》、《荔清》等。

这一时期还有不少小说的作者写出他们很有影响的作品：如欧阳山的

《玫瑰残了》《鬼巢》、《失败的失败者》等一系列小说；草明的《倾跌》等短篇和中篇《绝地》等；还有萧殷“喊出了农村衰败的第一声悲叹”的作品《乌龟》、《疯子》、《父与女》及《倒闭》、《沉落》等；廖子东《流霞盏》、《从孤岛上来》、《黎明期的船》也有一定的影响。在现代小说史上，丘东平的小说《梅岭之春》是最早开拓革命战争题材的作品之一。这方面的作品还有《暴风雨的一天》、《友军营长》、《玉凌岗的战斗》和与欧阳山、草明等五人集体创作，由他执笔的《给予者》。代表作是长篇小说《茅山下》，至牺牲时只完成了前五章，1945 年 12 月出版。

20 世纪 40 年代，岭南文坛出现了两部重要的长篇小说，黄谷柳的《虾球传》和侣伦的《穷巷》。黄谷柳（1908—1977 年），梅县人。《虾球传》以主人公虾球从一个流浪儿成长为游击队的小英雄为线索，广泛描写以香港、广州为中心的珠江三角洲地区的社会生活及广东游击区的艰苦斗争生活，故事曲折完整，引人入胜，在市民中影响很大。侣伦（1911—1987 年），宝安人，早期香港文学的拓荒者。《穷巷》围绕四个不同经历、身份的穷人，在抗战胜利后到香港寻求新的生活这一线索展开故事，描写战后香港社会。作品善于揭示深刻的社会问题，并具有一定的艺术感染力。黄谷柳和侣伦还创作有其他一批小说，侣伦的创作尤为丰富。陈残云、秦牧、江萍等这一时期的小说创作对岭南小说的繁荣也做出了一定的贡献。

第十二章

岭南的艺术

秦始皇统一岭南前，越族先民已经在负山带海的岭南地区创造了自己的土著艺术，与民间生产土耕文化密切相关的百越舞蹈，但远不及已经发展到相当水平的中原汉文化和岭北楚文化，仍处于较低的、朦胧的状态。秦统一岭南和南越国的建立，特别是广州建城后的2000多年间，在与先进的中原汉文化交融中，在古代广州商业和对外贸易非常发达的社会背景下，以及在近代西学东渐的影响下，逐渐形成风格独特、品类繁多、以广州为中心的岭南艺术。

粤乐（广东音乐）、粤剧、粤曲和岭南画派是岭南文化百花园中一朵朵艳丽奇葩。粤乐，音色清脆明亮，旋律流畅优美，节奏活泼欢快，深受当地人喜爱，一些优秀曲目如《雨打芭蕉》、《旱天雷》、《平湖秋月》世人皆知，耳熟能详。粤剧作为岭南最重要的艺术成就，是中国最先走向世界的剧种，可见其魅力。粤曲是广东最大的地方曲种，流行于广东、广西的粤语地区、港澳及海外粤籍华侨聚居的地方，是珠江三角洲地区以及西江流域一带人民群众爱好的艺术品种。岭南画派是岭南文化中最具特色的祖国优秀文化之一，它和粤剧、广东音乐被称为“岭南三秀”。而广泛开展于民间的舞蹈广东醒狮，是广东舞苑中的一宝，长盛不衰，历代相传。

第一节　岭南音乐

广东音乐又称粤乐，是以广东民间曲调和部分粤剧音乐、牌子曲为基础，发展和完善起来的，具有浓郁岭南地方特色的民间音乐。广东音乐与粤剧一样，也是在国内外很有影响的岭南文化奇葩。

有学者考据，广东音乐远在明朝万历（1573 年）年间就开始孕育，经历了近 300 年，到 1860 年左右，正式具备了特色曲目、群众基础以及代表人物三大条件，从而形成单一乐种。

早期的广东音乐，在乐器方面以琵琶或扬琴为主奏乐器，辅以箫、筝、椰胡、二胡、三弦等。民国初年逐渐形成三种基本乐器组合：一是二弦、竹提琴、三弦（或月琴）的“三架头”硬弓组合；二是以唢呐为主奏，配以打击乐器；三是洞箫、椰胡、琵琶（秦琴）的组合。

乐曲基本上是民间流传过程中集体创作的。到了 20 世纪初，出现了广东音乐的代表人物严公尚。在他的带领推动下，创作日趋成熟，出现了《旱天雷》、《连环扣》、《倒垂帘》、《三潭印月》、《饿马摇铃》、《小桃红》、《汉宫秋月》、《双声恨》、《雨打芭蕉》等一批流传至今的优秀作品。20 世纪 20 年代至 30 年代是广东音乐广泛流传与发展的兴盛时期。其主要标志是在早期演奏改编传统乐曲的基础上，出现了大量民间创作乐曲，使广东音乐在旋法、节奏、调式、结构、演奏特点等方面得到进一步的发展和完备。这一时期涌现了一大批优秀的专业作曲和演奏名家，如何柳堂、吕文成、易剑泉、丘鹤俦、尹自重等。其代表曲作有：《赛龙夺锦》、《鸟惊喧》、《醉翁捞月》、《七星伴月》（何柳堂）；《步步高》、《平湖秋月》、《醒狮》、《岐山凤》、《焦石鸣琴》（吕文成）；《凯旋》（陈俊英）、《惊涛》（陈文达）、《华胄英雄》（尹自重）及《鸟投林》（易剑泉）等，一时远近争演，深入人心，蜚声海内外。

到 20 世纪 20 年代，广东音乐伴奏乐器受西方乐器的启发，把二胡的丝弦改为钢弦，创出粤胡（又称高胡），改良了扬琴，加入琵琶（或秦琴），形成软弓“三架头”组合。到 20 世纪 40 年代，广东音乐又尝试用数十种西洋乐器与中式民族乐器合奏，从中筛选出小提琴、萨克斯管、电吉他、木琴等几种，使广东音乐音色变化更丰富，表现力更强。

新中国成立后，广东音乐获得新生。音乐工作者们对广东音乐进行搜集、整理，并对其和声、配器等方面进行研究改革，出版了不少的乐谱，创作并演出了大量的优秀曲目，如陈德巨的《春郊试马》、林韵的《春到田间》、刘天一的《鱼游春水》和乔飞的《山乡春早》等等。总体看来广东音乐的艺术特色具有音响色彩清脆明亮、华美；旋律风格华彩、跳跃、活泼；乐曲结构多为短小单一的小品三大特点，决定了它既不像西方音乐的壮观雄美、激昂刚健，具有哲理省思，也不像我国中原古曲悠深空旷，充满历史苍凉感。广东音乐是一种包含着强烈现世性、平民性和开放性的音乐。

现世性：广东音乐无论作品题材还是创作灵感大都来源于日常生活，比如《雨打芭蕉》，乐曲以流畅明快的旋律表现了南国生活的愉悦情绪。曲调运用顿音、加花等技巧，描写打在芭蕉上淅沥的雨声、芭蕉在雨中婆娑摇曳的形态以及人们旱热逢雨的欢乐。《龙飞凤舞》所表现的是民俗节日中挑着龙灯耍戏的长龙的情景。乐曲的主题音调采用切分节奏，富有极强的推动性，顿挫有致，若舞者的步态，前迈后撤，辗转腾挪。小锣的清爽音色，唢呐的声声鸣唱，弹拨乐器的整齐节奏，共同演绎出欢乐的气氛。《旱天雷》、《三潭印月》、《饿马摇铃》、《小桃红》、《赛龙夺锦》、《鸟惊喧》、《步步高》、《平湖秋月》、《华胄英雄》、《鸟投林》、《春郊试马》、《春到田间》、《鱼游春水》、《山乡春早》等等。光从题目就不难看出它们与现世生活有着多么密切的联系。

平民性：诞生、完善、流行于民间的乐种，天生就具有平民性，十分注意与人民大众的情感息息相通。无论是在呱呱坠地的早期，还是已经成熟为一个名作迭出的重要乐派，广东音乐从来没有走向孤傲、艰涩和高深，变成曲高和寡的“阳春白雪”。广东音乐发展到现在，一方面越来越在专业圈内受到重视，另一方面仍旧一直为人民大众所喜闻乐见，有着极强的亲和力。

开放性：一方面是乐器的采用。其中唯有椰胡（以椰壳为槽，蠡壳为柱，最初流行于海南、广东、福建等省）出自岭南本土，其他如琵琶、箫、筝、三弦都属于中原乐器。二胡（又称南胡），过去则主要流行于长江中下游一带，引入后改造为“粤胡”。还有扬琴，最早源于中东阿拉伯、波斯等地区，约于明末经由海上丝绸之路传入广东。20 世纪 30 年代前后，广东音乐又加上小提琴、萨克斯管、电吉他、木琴等西洋乐器。可以说只要是合用有效的，广东乐人就不拘一格大胆引进。另一方面是广东音乐构成本身，早期主要有中原古乐、昆曲牌子、江南地区的小曲小调三个来源。这三种音乐都是由“外江班”（受邀来广州演出外省的戏曲班子）带来的，在漫长的流传岁月里，经群众业余实践和专业人士改造，才最终形成了具有独特地方风格的广东音乐。例如《平湖秋月》曲调显然采用了浙江的民间音乐，《三潭印月》则在北曲《汉宫秋月》的旋律主干上加以广东化的改造，成为现在的样子。广东音乐不拘一格，不定一尊，不守一隅。在数百年悠长的岁月里，广东一代代音乐人，把他们的爱与恨、喜与悲、乐与苦凝结成一个个音符、一首首乐曲。他们以敏感的心灵与灵巧的手，再加上一些现代技巧，将心海的激情挥洒自如，淋漓尽致，达到了“此乐只应天上有，人间难得几回闻”的崇高境界。

第二节　传统戏剧

粤剧又称“广东大戏”，是融汇明清以来流入广东的海盐、弋阳、昆山、梆子等诸腔，并吸收珠江三角洲的民间音乐所形成的以梆子（京剧称西皮）、二黄为主的我国南方一大剧种。

粤剧自明朝嘉靖年间开始在广东、广西出现，是糅合唱做念打、乐师配乐、戏台服饰、抽象形体等的表演艺术。最初演出的语言是中原音韵，后来逐渐演变成粤语，流行于两广和港澳地区。随着广府人徙居海外开枝散叶，粤剧也变成了世界上流传最广的地方剧种，可谓有华人的地方必有粤剧。

清雍正五年间，北京名伶张五，人称摊手五，因躲避清廷追捕，化装易服逃亡来粤，寄居于佛山镇大基尾以京剧昆曲教授红船子弟（粤伶以红船为交通工具，“红船子弟”便成为粤剧艺人的代称），建立“琼花会馆”，是粤剧界最早的戏行组织，佛山遂被称为粤剧的故乡。其时佛山多迎神赛会，逢神诞必要上演粤剧。清代有一首竹枝词描写了这一盛况：“梨园歌舞赛繁华，一带红船泊晚沙，但到年年天贶年，万人围住看琼花。”

旧时，佛山的粤剧戏班有一个惯例：每年六、七月份，在外演出的各个戏班都会返回佛山，解散旧班底，重组新班。新班的首场戏定要在祖庙万福台上演，审阅通过之后，新班才可以乘着红船下到广东四乡演出。

由于广府人的先祖来自不同地域，所以粤剧的发展也受到弋阳腔、昆腔、汉剧、徽剧、秦腔等多个剧种的滋润与影响，取各家之长，自成风格：既与传统的戏曲文化一脉相承，又具有浓郁的岭南文化特色。

粤剧的传统剧目也非常丰富，据发掘统计，将近有3000多个剧目，早期主要有《一捧雪》等“江湖十八本”和《黄花山》等“新江湖十八本”，后又有《黛玉葬花》等“大排场十八本”。1949年以后又创作了大批有一定艺术质量的剧目。

新编的历史题材和现代题材剧目中，影响较大的有《搜书院》、《关汉卿》。移植改编的剧目所占比重最大，整理改编的剧目有《宝莲灯》、《平贵别窑》和《赵子龙催归》等。

20世纪三四十年代，粤剧界被称为“薛马争雄”的时代，文武生薛觉先和丑生马师曾对粤剧的革新都做出较大的贡献。他们俩与小生白驹荣、小武桂被称为粤剧“四大家”或“五大流派”（加上演丑的廖侠荣）。后以红线女影响最大。同时，广州的罗品超、文觉非、陈笑风和香港的新马师曾、何非凡、林家声等也各有擅长，颇有影响。粤剧的影响已不仅仅限于珠三角，东南亚一带且有世代相承的艺人、固定的班社组织、同业行会和传统演出场地，如新加坡的“庆维新”、吉隆坡的“普长春”，都曾培养出不少著名的粤剧演员。

潮剧又名潮州戏、潮音戏、潮调、白字戏，主要流行于潮州方言区。潮剧的形成和发展也经历了几百年的历史，由宋元时期的南戏逐渐演化，吸收了弋阳、昆曲、皮黄、梆子戏的特长，结合本地民间艺术，如潮州音乐等，最终形成自己独特的艺术形式和风格。

潮剧的伴奏乐器随着时代的发展和文化的交流而不断发展丰富。20世纪20年代以前，乐器只有竹弦、唢呐、椰胡和月琴，以竹弦为领奏乐器。二三十年代，竹弦被二弦取代；月琴为扬琴取代，还增加了大笛和小笛。20世纪40年代开始，又增加二胡、琵琶和大胡。潮剧曲牌很多，板式多变，常用二板、二板慢、三板慢等板式。早期潮剧的“帮声”，即登台演员唱至最精彩片段时后台众声“齐唱”相和的现象，在其他戏曲中甚为少见，是潮剧的特点之一。

潮剧的传统剧目，以取材于本地民间传说及历史故事的创作剧最有地方特色，如《荔镜记》、《苏六娘》、《金花女》、《刘进忠反潮州》等；还有一些来源于南戏或明清传奇杂剧，如《琵琶记》、《荆钗记》、《白兔记》等。现存早期潮剧剧本有明代宣德七年（1432年）的手抄本《刘希必金钗记》。潮剧也能结合时代需要，编演一些与现实生活关系密切的剧目，如抗日战争期间，反映抗战时事的剧目大批出现，著名的有《卢沟桥纪实》、《韩复榘伏法记》等，对鼓舞群众投身抗日战争起到积极作用。

潮剧的著名编剧有谢吟，代表作有《秦凤兰》、《赵少卿》、《大义灭亲》等；还有吴师吾、林先玉、洪逊、陈名振等，各有一批名作传世。著名艺人有李德意、蔡龙汉、洪妙等。

汉剧，旧称"乱弹"、"外江戏"、"兴梅汉戏"，1933 年广东大埔县人钱热储著《汉剧提纲》，定名为汉剧，从此约定俗成，沿称至今。该剧流行于广东的梅县、汕头和粤东北、粤闽赣边区各地。据记载：广东汉剧之戏班多是随外籍官员携带入粤东，兴盛于清末民初，当时即有著名的四大班：老三多、荣天彩、新天彩、老福顺。广东汉剧的表演程式与京剧、湘剧、祁剧、湖北汉剧等剧种大同小异，但也有自己的特点和风格。它的武功属南派，脸谱有百多种，以黑、红、白三色为主，黑色象征刚勇，红色象征忠贤，白色和青色象征阴险、奸诈。广东汉剧的音乐唱腔以皮黄为主，兼收昆曲、高腔、吹腔、小调等，并保存很多古老的曲牌。朴实淳厚、高昂悲壮是广东汉剧音乐唱腔固有的风格特点。广东汉剧传统剧目有 800 多个，较著名的有《百里奚认妻》、《齐王求将》，现代剧目《一袋麦种》。

雷剧，流行于雷州半岛，是用雷州方言演出的独特剧种，具有浓郁而鲜明的地方特色。湛江是雷剧的故乡。由于它语言通俗易懂，并能很好地反映现实生活，为雷州人所喜爱。雷剧是从雷州半岛的民歌雷州歌发展起来的，由雷州歌演变为雷剧已有 300 多年历史，其发展分为姑娘歌、劝世歌、大班歌（后称雷州歌剧）、雷剧四个阶段。姑娘歌产生于清康熙年间，劝世歌始于清乾隆、嘉庆年间，并于清道光至清末逐步衍成戏曲剧种——雷州大班歌，大班歌后来改称雷州歌剧，1964 年定称雷剧。据传第一个雷剧专业剧团是雷州市的和雷歌班，成立于嘉庆末年（大约 1816—1820 年）。其剧本、表演以及服装、道具、脸谱等与粤剧无异，唱也没有固定的板腔，一到唱歌锣鼓息停，十分单调。直到解放前，雷州歌班还是不为人瞩目的一种民间小戏。雷剧用雷州地区方言表演，以雷胡为主要伴奏乐器，声腔体系完整、曲调优美。唱腔创作以板式变化结构为主，采用原雷讴散、慢、中快板，高商雷讴散、中、快板，高台羽调慢、中板，高台宫调中板，原腔混合复、慢板等 11 种板式，根据剧情和不同的意境采用女声伴唱，男女声重唱的作曲手法来渲染不同的戏剧氛围。雷剧在漫长的发展过程中，积累了数以百计的传统剧目，这些剧目情节曲折、故事性强、唱词通俗易懂，深受广大观众的欢迎。

采茶戏。过去在客家地区，茶农上山采茶时都有唱采茶歌的习惯，后来这些采茶歌与民间歌舞相结合，形成了载歌载舞的采茶灯，后来逐渐发展成活跃于客家地区广大农村的采茶戏。粤北采茶戏流行于广东省韶关地区和梅县、湛江一带，是赣南、湖南采茶戏流入粤北后，同当地的民间艺术相结合而形成的。据清乾隆年间李调元《南越笔记》载："粤俗岁之正元，饰儿童为采女，为队十二人，人持篮，篮中燃一宝灯，罩以绛纱，以絙为大圈缘之，踏歌，歌十二月采茶。"可见清乾隆年间广东已有茶篮灯，粤北采茶戏的形成年代当在此之后。

采茶戏的伴奏乐器有二胡、笛子、唢呐和大锣、大钹等，过门或过场音乐以唢呐为主。采茶戏的音乐曲调有三类：一是单纯的"茶歌"，为茶农劳动时唱的歌。茶歌的体裁有山歌、劳动号子、民间小调等，音乐结构比较简单。二是载歌载舞的"茶灯"，即茶农将劳动动作稍做加工，伴之以茶歌，边歌边舞。其音乐南方诸省各有特色，但骨架音基本相同，与当地流行的民歌、歌舞相结合，形成各省的独特风格。采茶歌舞中插入的小调很多，采茶音乐受小调影响很大，有些曲调甚至被小调所代替。三是有简单情节的小戏。就是在采茶歌舞的基础上发展形成的板腔体音乐。它以富有茶歌特点的"茶腔"、"灯腔"为主，保留了大量采茶山歌、茶灯的曲调，并吸收了湖南花鼓戏、广西彩调的曲牌，形成乡土气息浓郁的地方小戏。

西秦戏。西秦戏又称乱弹戏，流行于广东海丰、陆丰、潮汕和福建南部及台湾等地。明代西北地区的西秦腔流入海陆丰，与地方民间艺术结合，至清初形成西秦戏，属板式变化体声腔系统。主要唱腔有正线、西皮二簧等。正线是其主要声腔，是正宗曲调；西皮二簧和粤剧、汉剧基本相同，是后来吸收的。

西秦戏植根海陆丰之后，深为广大群众喜闻乐见。西秦戏的唱白虽然沿用中州音韵，但曲文通俗浅显，加上艺人们不断学习正字、白字等兄弟剧种和民间艺术的长处，以丰富和提高自己，因而使之逐渐发展成为一个别具风格与特色的地方剧种。在清代乾隆、嘉庆年间，海陆丰就有40多个西秦戏班，流行地区从原来的粤东、闽南、台北，扩大到广州、香港及东南亚等地。

西秦戏表演风格粗犷豪放、雄浑激昂，长于武戏，其武打技巧取法南派武功。西秦戏传统剧目有1000多个，其中较有影响的包括《龚克己》、《三官堂》、《宝珠串》、《贩马记》等“四大弓马戏”，《打李凤》、《棋盘会》等“三十六本头戏”，《斩郑恩》等“七十二提纲戏”等，《回窑》、《葛嫩娘》、《秦香莲》、《赵氏孤儿》、《游西湖》等剧目也深受观众欢迎。

第三节 岭南曲艺

粤曲。广东曲艺首推粤曲演唱，粤曲是广州方言区流行最广的一大曲种，约有150年历史。粤曲原为粤剧的曲调，后形成独立的曲种。粤曲音乐性强，注重听觉艺术，讲究唱工，不长念表，其唱腔属于皮黄系统的板腔体，梆子、二黄、牌子曲、小曲、歌谣构成其整体，分平喉、子喉、大喉三种主要喉腔。粤曲流行区域极广，以广东省及港澳地区为主要活动基地。凡在粤籍华侨聚居的世界各地均有粤曲的演唱。

粤曲的形成和发展，大体分为三个阶段：一是初创阶段。从诞生至清末，初以八音班乐工组成，以器乐演奏为主，兼唱广东外江班（戏曲）唱腔，后改唱粤剧唱腔。二是“师娘”阶段。从清末至民国初年，出现以盲女（艺称“师娘”）演唱为主，自弹自唱，应邀登门卖唱谋生；民国初年开始进入茶楼酒馆开设的曲艺茶座演唱，开创“一几两椅”（坐唱）的演出形式。三是“女伶”阶段。从民国初年至20世纪40年代进入专业女艺人（女伶）阶段，由非失明女艺人取代“师娘”，改坐唱为站唱，改“一人多角”和“一人多腔”套唱有故事情节的“套曲”（又称“头曲”）为多段体的单曲，奠定了广东曲艺演唱的基本形式。

近百年来，粤曲紧跟时代而发展，它善于吸收，能够兼融并蓄，不断丰富创新，拓宽了唱腔音乐，如将粤剧的“梆、簧”，广东的曲艺龙舟、南音、粤讴、木鱼歌，乃至广东音乐（包括杂曲小调或器乐曲）均拿来填词演唱。伴奏除高胡、扬琴为主奏乐器外，还加入了萨克管、小提琴、电子琴等等。粤曲脱胎于粤剧，它和粤剧在唱腔音乐方面长期存在着互相吸收、互相融化、互相促进、共同发展的极为密切的关系，因而粤曲和粤剧至今仍基本唱着相同的腔调。传统曲目有八大名曲：《百里奚会妻》、《辨才释妖》、《黛玉葬花》、《六郎罪子》、《弃楚归汉》、《鲁智深出家》、《附荐何文秀》、

《雪中贤》。

潮汕歌册。其是潮汕地区民间说唱文学的一种，一般认为由唐代以来的潮汕弹词演变而成，形成于明代中叶，繁盛于晚清至民国。作为一种自娱互乐的民间文艺活动，它流行500多年，深深扎根于群众中，很受民众尤其是妇女的欢迎，基于此，它有一个“半边天文学”的别称。歌文用潮汕方言编写，有曲有白，一般曲文多为七字句，四句为一组，押韵以组为单位，流行于潮汕方言区。数百年流传之下，潮汕歌册总数不下500种，但由于不断流失和损毁，现在保存下来的约有200部左右，能开列书目的有300多部。篇幅长短不一，以数万字一部的占多数，最长的篇幅达五六十万字。

潮汕歌册取材十分广泛，包括历史故事、古代小说、各种戏剧、神话传说、民间故事等，“底层人文”的艺术冲动使歌册作者将上述种种作了通俗化处理，如此引车卖浆者也能心领神会，如《仁贵东征》、《正德皇帝游江南》、《十八寡妇征西》、《过番歌》、《陈三五娘》等等。歌册的作者大都来自市民阶层，因此使歌册能真正抒发底层人民的心声和愿望，也是潮汕人民一笔珍贵的文化遗产。

龙舟歌。龙舟歌用广州白话演唱，流行于珠江三角洲及港、澳地区，形成于18世纪后期。内容来自三个方面：由佛曲转化而来，主要讲因果报应、生死轮回。二是来自歌谣，以抒情动听、情节曲折取胜。三是由木鱼歌转化而来，比木鱼歌更适合演唱长篇书目。龙舟歌与木鱼歌、南音、粤曲、粤讴、咸水歌相近，但又有独特的艺术手法和曲调。它以七字句为基本句式，也有三言、九言、十一言等，省起式和弱尾。上句辙韵自由，下句合辙押韵，曲调低沉婉转。演唱者手执木雕小龙舟，舟上人物可用牵线引动，并在胸前挂小锣小鼓击节。传统曲目丰富，有《八仙贺寿》、《三聘孔明》等。辛亥革命后，革命党人曾举行社会龙舟、政治龙舟，编演过《庚戌年广东大事记》等曲目宣传革命，形式灵活，格律自由。

木鱼。木鱼也叫摸鱼歌，形成于明末，是吟诵式曲艺，清代至民国初期流行于珠江三角洲一带。木鱼初为清唱，不用伴奏，腔调朴素简单，特别受民间妇女喜爱，往往居家传唱、自娱自乐。后有失明艺人以唱木鱼为业，加上乐器伴奏，男的称“瞽师”，女的称“瞽姬”；腔调有所变化，创出苦喉梅花腔表达哀伤情感，常有妇女请他们回家演唱。由于木鱼受群众喜爱，木鱼歌书也大量流行，产生过一批有鲜明岭南文学特色并有较高艺术价值的作品。其中

《花笺记》、《二荷花史》在国际文坛上亦有声名。

南音。南音也是用广州方言演唱的说唱形式，曲种历史更加悠久，早在清朝乾隆嘉庆年间便已形成，一直流行至民国时期。由于它的音乐性较之木鱼更强，故为许多民间艺人在舞台上演唱，并逐渐被艺人们转化为粤剧和粤曲演唱的曲牌。南音的著名曲牌《客途秋恨》一直传唱至今，数百年常唱不衰。

粤讴。粤讴出现于清代嘉庆年间，相传是由冯询和招子庸在木鱼、南音的说唱形式基础上创制而成。粤讴也是一种粤语方言文学形式，主要流行于粤语方言区。粤讴除了使用粤语方言外，创作上还有篇幅和句法长短随意及有韵而不限制格律等特点。演唱时用琵琶伴奏（后改用扬琴），但也可不用伴奏。一般前唱先奏引子，唱完一节奏过门以四句为节，每节中间有“过序”，全歌唱完奏煞板。音乐贯穿始终，结构上非常完备。

竹枝词也叫竹枝歌。据说最早的竹枝词出自唐代刘禹锡，后人将这种歌咏地方风俗及男女之请的、格律要求比较宽松的七言绝句称为竹枝词。岭南竹枝词的作者更多的是本地人，他们中间有达官显宦，也有一般乡村的读书人。从现存众多岭南竹枝词的情况看，竹枝词随着创作的繁盛，从原来笼统称为“竹枝词”而发展到后来的分门类：如以地域分，出现广州竹枝词、珠江竹枝词、番禺竹枝词、南海竹枝词、潮州竹枝词、汾江竹枝词等；又如以所咏事物分，有西关八桥竹枝词、羊城七夕竹枝词、岭南荔枝词，甚至还有专咏妓馆的羊城青楼竹枝词。从这里可以看到岭南竹枝词贴近生活、广泛描写社会生活的特点。

岭南竹枝词还折射出岭南的某种历史现象，有些甚至具有较高的史料价值。如朱树轩写十三行对外贸易情景的竹枝词：“番舶来时集贾胡，紫须碧眼语喑呜。十三行畔搬洋货，如看波斯进宝图。”屈大均《广州竹枝词》第四首更为史家所经常引用：“洋船争出是官商，十字门开向二洋。五丝八丝广缎好，银钱堆满十三行。”鸦片战争时期，广东人民奋起抗英的英雄行为在竹枝词里也得到反映，如梁芳田的竹枝词云：“飞凫一鼓去如风，夫婿家家亦自雄。我愿即君起舞剑，占鲸直出虎门东！”竹枝词以其通俗简易的形式为岭南所接受。

雷州歌。简称雷歌，是流传于广东雷州半岛的民歌。起源于宋代，定型于明朝，可谓源远流长。雷州歌的出现就一直伴随和记载着雷州的历史，成为雷州人的诞生、迁徙、劳动、生活等一部口传的历史。雷州歌的对唱歌衍生了

“姑娘”歌，“姑娘”歌中的劝世歌又衍生出雷剧，因此雷州歌在雷州文化中具有极高的历史价值和艺术价值。

雷州歌的基本特征：结构严谨，平仄协调，韵律优美。每首4句，每句7字，一、二、四句末字押雷州音韵，二、四句的第4字是阳平声，这就是雷州歌格律。这种格律接近七绝，唱起来琅琅上口。其腔调自由，喜怒哀乐随心所欲自由唱。雷州有一句很流行的俗语叫做“一条歌唱到城”，即赶集时沿途接连不断地唱歌，直唱到城镇。这种自由腔调开口即唱，才使雷州歌得以一代代传承下来。

第四节　岭南民间舞蹈

岭南为古越族之地，越人迷信鬼神，在祭神祈福的时候每以歌舞娱神，民间舞蹈即在这一基础上发展起来。舞狮、舞龙、舞鲤鱼、舞公鸡、舞麒麟等祥瑞舞蹈形式几乎在岭南各地普遍存在；某些庙堂舞蹈也被保持下来，如客家地区的“打莲池”和潮汕地区的“走五方”；而以潮阳、普宁为中心的英哥舞和以平远为中心的船灯舞颇具特色，艺术化程度较高，有一定的代表性。

舞狮这一舞蹈形式存在于岭南各地。广东醒狮属于中国狮舞中的南狮，是地道的广东民间舞，是广东舞苑中的一宝。历史上由唐代宫廷狮子舞脱胎而来。五代十国之后，随着中原移民的南迁，舞狮文化传入岭南地区。广东醒狮被认为是驱邪避害的吉祥瑞物，每逢节庆或有重大活动必有醒狮助兴，长盛不衰，历代相传。

醒狮是融武术、舞蹈、音乐等为一体的文化活动。表演时，锣鼓擂响，舞狮人先打一阵南拳，称为“开桩”，然后由两人扮演一头狮子耍舞，另一人头戴笑面“大头佛”，手执大葵扇引狮登场。舞狮人动作多以南拳马步为主，狮子动作有睁眼、洗须、舔身、抖毛等，主要套路有采青、高台饮水、狮子吐球、踩梅花桩等。

醒狮有多种，一种是金狮，又叫太狮，用于迎宾或隆重的交往礼仪，一般不易出动。一旦出动，其他狮子要向他三跪九叩。金狮相遇，则要互相点睛，然后互相跪拜，以狮口交换请帖才又开始舞狮。金狮之外，有黑狮、红狮和彩狮，据说分别代表张飞、关公和刘备的不同性格，如黑狮威武凶猛，红狮凝重，彩狮温和。另外，因造型不同各地民间对醒狮都有不同叫法，如南海的大头狮，鹤山县的鸭嘴狮，清远、英德的鸡公狮，雷州半岛的鹦雄狮，等等。

鼓是醒狮舞的主要乐器，加上锣、钱，形成锣鼓喧天、排山倒海之势。鼓声的强弱、快慢、急速与柔和是配合醒狮舞的不同套路，光看中国醒狮舞的鼓乐队表演，已是一种很高的艺术享受。

舞龙在岭南地区也是一种普遍存在的舞蹈形式。龙的样式要比狮的样式多，有用稻草扎成的草龙，有用布缝制的布龙，有在草龙的基础上插上火把或焰火、香火的火龙，等等。一般龙身有 10 节左右，视节数的多寡决定参舞人数的多少。舞蹈动作也以武术功底为基础，仿龙的升腾、盘旋、翻滚等。如果有双龙同舞，还有双龙戏珠的表演项目。火龙大都以夜幕为背景，舞龙者在硝烟焰火中狂舞，更有一番浪漫气息。舞龙也以鼓乐伴奏，与舞狮一样，各地多用本地民间传统音乐，所以略有不同。

打莲池又叫莲池舞，是粤东地区“香花佛事舞”民间舞蹈活动在流传中不断发展形成的佛教舞蹈，用于为死亡的妇女超度亡魂、劝善信佛。据传，莲池舞的创始人为牧原和尚（梅州兴宁人，举人出身，中举后到曹源寺出家，创立“横山堂”学说，曾主持兴宁、龙川、江西、福建等庵寺，广收门徒传播教义，其流派传入泰国等东南亚一带），其创作该佛教舞蹈的目的，是通过在丧事中表演莲池舞，运用唱、跳、念、做这些花样繁多的动作手法，转移死者家属的注意力，减轻对死者的哀思。还有莲池舞源于佛经《目莲救母》的故事。据说，佛家大弟子目莲为救母亲脱离地狱（莲池），持神通广大的法宝池杖（锡杖）破地狱救母，以宣扬佛教慈悲的涵义。同时，莲池舞还具有劝善惩恶，宣传驱难报恩、敬老孝道的功能，阐发佛家的教义。莲池舞在蕉岭地区流传 300 多年，是群众喜闻乐见的民俗文化，教化功能强，表演地点在气氛肃穆的灵堂，加之唱腔低沉哀切，舞态轻盈，在发展中不断掺进客家民间其他的艺术，形成了蕉岭客家地区民俗文化独特的风格。

船灯舞，客家人舞“船灯”，表达“接丰收、庆太平、度佳节”的喜庆之情。虽然戏名带着“船”字，但并不在水里表演，如北方的“走旱船”，但表演方式不同。船灯舞主要反映客家青年男女的爱情故事，一般由三人表演，一人藏于船舱操纵船只，船头有艄公，船尾有船婆。一男一女在船头船尾表演，通过三人高度默契的系列化动作，传神地表现了“江上行船”的艺术效果。

小船一路划来，上滩、下滩、触礁，拉船划桨，前后呼应，间插插科打诨，常常令人忍俊不禁，给节日增添许多喜庆的气氛。船灯的曲调十分通俗，常以《八板头》起奏，《渔家乐》为主歌，穿插演奏《十二月古人》等几十种小曲。吹拉起来顺手，唱起来也流畅。

在广西壮族，民间舞蹈多和反映劳动生活有关。扁担舞也叫“打虏列”、“谷榔”，是壮族群众中最常见的一种舞蹈。流传于广西马山、都安等村寨。谷榔一词壮语意为舂米用的木臼。过去壮族用粗原木掏空成舂，用木杵舂米。此舞源于舂米劳动，最初的形式是围着木臼表演，后来发展为用竹扁担敲打板凳。可以说，唯有壮族“扁担舞”是摆脱了舂碓的局限，比原有形式更加活泼自如与音响节奏更加多样动听的道具舞蹈。此舞不但能表现插秧、收割、打谷、舂米等劳动过程，而且依然保留用竹筒的敲击声作伴奏的古朴风韵。“扁担舞”尤为中年妇女所喜爱，表演时人数一般为 4 人，多则 10 人为一组，或同击板凳或互相交叉击打，此起彼伏，错落有致，舞姿健美。春节的夜晚灯火处处，人们自行组织敲击起舞，笑声阵阵，村寨沸腾，一派丰收的景象。壮族谚语有“正月舂堂闹轰轰，今年到处禾泰丰”的说法。

在岭南一些地区还流行舂米舞。这种舞原是古骆越、西瓯人的“舂堂”，后发展为许多民族的歌舞形式，如布依族、黎族的“舂米舞”，佤族的“舂碓舞”、“舂棒舞”，高山族的“杵歌”等。舂碓之舞古已有之，唐人刘恂在《岭表录异》中对舂米之声有描述：“广南有舂堂，以浑木刳为槽，两边约十杵，男女间立，以舂稻粮，敲磕槽舷，皆有偏拍，槽声若鼓，闻于数里，虽思妇之巧弄秋砧，不能比其浏亮也。”关于舂堂一词，宋人周去非在《岭外代答》中解：“取禾舂于槽中，其声如僧寺之木鱼，女伴以意，运杵成韵，名曰舂堂……”由此可知，舂堂意指妇女舂米时有节律而动听的乐音。其他地区也将舂碓舞叫做“打砻舞”、“经砻舞”等。

连南瑶族长鼓舞。连南瑶族自治县位于粤北山区西北部，瑶族长鼓舞流传在其境内的排瑶村寨中。瑶族长鼓舞是排瑶祖先在隋唐时期迁徙到连南时一同传入的，随着耍歌堂的兴盛而发展起来的。长鼓舞属广场性的喜庆舞蹈，有 36 套表演程式，可分单人舞、双人舞、群舞等，人数愈多气氛愈热烈。每逢春节、三月三、六月六、十月十六等传统节日和耍歌堂，排瑶就聚集到村前的旷地或收割后的田野，吹牛角、敲铜锣、跳长鼓舞，欢庆节日。长鼓舞的舞蹈语言较为丰富，是从各个方面反映排瑶生产活动、生活习俗和宗教信仰，配以精美的服饰，舞蹈独特。现在一些长鼓舞的跳法基本失传，制作的长鼓舞音质也不是很好，出现了后继乏人的状况，保存较为完整的仅有团圆鼓、十二姓鼓、歌堂长鼓、欢乐鼓。

第五节 岭南画派

岭南画派是指由广东籍画家组成的一个画派。这一画派是在西方艺术思潮的冲击下，近代中国艺术革新运动中逐步形成的。“岭南画派”注重写生，融汇中西绘画之长，以革命的精神和强烈的时代责任感改造中国画，并保持了传统中国画的笔墨特色，创制出有时代精神、有地方特色、气氛酣畅热烈、笔墨劲爽豪纵、色彩鲜艳明亮、水分淋漓、晕染柔和匀净的现代绘画新格局。

岭南绘画艺术萌芽较早。新石器时代的彩陶上已经可以看到一些简单的图画；青铜时代的珠海宝镜湾摩崖石刻画，不仅规模较大，构图也已非常复杂。但是从传统中国画意义上讲，岭南这一艺术形式仍然起步很晚，并且是在中原的影响下发展起来的。岭南的画家，据说最早的有唐代张询、宋代白玉蟾及元代孔伯明，但影响甚微，作品不见于后世。明代以后，岭南开始闻名中原。中国画坛岭南派的花鸟画已负盛名，自明代林良“以画名天下”，为岭南花鸟画树立了楷模。他继承了宋、元的写生传统，并以水墨苍劲的画法独创一格，称雄画院。他最大特点是在淋漓奔放中见精谨，写中有工，工中有写，得意妙处入化机。他的花鸟画具有深厚的写生功力，为广东艺坛奠定了现实主义的优良传统，对后代产生了深远的影响。

明、清以来，广东画家擅长花鸟者，名手颇多，如招子庸画蟹见称，陈广祥的红棉，何翀的八哥，以其清新灵秀的写实画风和撞水撞粉的独特技巧，创立了与同时代的各家流派迥然不同的居派艺术，卓立于风靡全国的写意文人画之外，独树一帜。居巢、居廉两兄弟是当时的代表人物，亦是后来“岭南三杰”高剑父、高奇峰、陈树人的恩师。

居巢、居廉的作品题材宽广，几乎无物不写，前人从未画过的都敢入画，甚至月饼、粽子、火腿、甲鱼、苦瓜、荷叶饭、茉莉串、菠萝蜜等，一经涉笔，别有新趣，一种岭南乡土的芬芳气息氤氲于画面，产生特殊的艺术魅力。

由此可见，二居的画法有深厚的现实生活基础，饱含了对家乡的热爱之情，通过他们的笔墨妙用，化平凡为精奇，使艺术从文人画的体系中解放出来，成为雅俗共赏、广受群众喜爱的作品。从二居的作品中，可以看出他们的画法重视生活，以造化为师，赋采象表，皆创新意，不懂得物之真，尤得物之神。故薄如蝉翼，细若蛛丝，艳似牡丹，淡如野竹，无不得心应手，意足神全，发展了工笔没骨花鸟草虫的写生传统。二居的得意门生——高剑父、高奇峰、陈树人，都得到了这些真传，为后来岭南画派的绘画艺术风格奠定了坚实的传统写生基础。

高剑父（1879—1951 年），广州番禺人。早年在广州河南隔山师从居廉学习画法，后来留学日本。曾参加孙中山领导的辛亥革命，后从事美术教育工作。1924 年在广州创办春睡画院，先后任中山大学、南京中央大学教授。抗战时移居澳门，1946 年返广州创办南中美术院并出任广州市立艺术学校校长。高剑父擅画山水、花鸟、走兽及人物画。其画作曾在意大利万国博览会及巴拿马万国博览会获金牌奖等，代表作有《东战场上的烈焰》、《松风水月图》等，出版有《高剑父画集》。高剑父毕生致力于推广新国画运动，对传统有很深的研究，上至宋、元，下至清末，各家流派，博采兼收。他赴日本后又广泛借鉴外来技法，可谓学贯古今、艺参中外。他学古而不泥古，引外以为中用，不论花卉、山水、鸟兽、虫鱼，无所不精。其笔力沉雄豪放，富于生活气息，充分反映了他所提倡的“不管你用什么形式，力求在作品上具有民族特点和时代精神”的主张。

高奇峰（1889—1933 年），岭南画派创始人之一，是高剑父的胞弟。他的绘画技艺、主张及人生经历均受其兄影响。作品以翎毛、走兽、花卉最为擅长，写生尤为突出。作品《海鹰》、《白马》、《雄狮》三幅被选作中山纪念堂的锦壁画，代表作为《枫鹰图轴》。

陈树人（1883—1948 年），广东番禺人，岭南画派创始人之一，作品有：诗集《战尘集》、画集《陈树人中国画选集》、《陈树人写生集》等。陈树人的画则以韵胜，含蓄蕴藉，富于诗意。他的笔法保留了较多的居廉特点。他不仅以写生擅名，同时又是一位品操高洁的诗人，素以廉洁自恃，不与官僚汉奸同流合污。晚年厌倦仕途，只想以绘画终其天年。“吾生也更无他愿，得作江南一画师”之句，体现了他平生的志趣。

“岭南三杰”门徒众多，其中公认的第二代继承人为关山月、黎雄才、赵少昂、杨善深。

关山月，广东省阳江人，师承高剑父，其作品秉承岭南画派“折衷中西，融会古今”的精神，具有鲜明的时代感和写实性，以山水画和画梅见长，绘画风格倾向于奔放苍劲，常多方面试探新课题，且重想象的因素。关山月喜画梅，并以画梅著称，其作多为巨幅作品，气势磅礴，构图险而气势雄，与传统画梅不同。1963 年他所作的《报春图》，就是用倒挂的梅枝与冰峰雪岳形成强烈的视觉冲击力。

黎雄才，广东高要人，师承高剑父，1933 年获“春睡画院”资助，曾到日本东京美术学校深造。他善于把雄健与秀润相结合，在开掘自然本身之美的同时，发挥笔墨与渲染的精纯技巧，并独创了“黎氏山水”之风貌。

赵少昂，广东番禺人，师承高奇峰，深得高奇峰艺术的精粹，山水、禽鸟、走兽、花卉均有创新，并且更重视新颖独特的意境。其被誉为高奇峰以后最佳传人，海外友人多以收藏少昂花鸟为贵。

杨善深，广东台山人，1935 年赴日本京都堂本美术专科学校学画。抗战期间，他避居澳门，与高剑父交往甚密，对岭南派画艺术有深刻的研究，受高剑父的影响很大。杨氏作画取材甚广，章法奇崛、意趣超脱，雄浑恣肆。

这四人于 80 年代初期合作完成了百余幅作品，每幅作品都凝聚着集体的智慧，体现了四位大师谐和默契、心照神交的深厚友情，可谓：“岭南四家荟萃一堂叹为观止。”

岭南画派是中国传统国画中的革命派，它主张创新，以岭南特有景物丰富题材；主张写实，引入西洋画派；博取诸家之长，发扬了国画优良传统，在绘画技术上，一反勾勒法而用“没骨法”，用“撞水撞粉”法，以求其真。所以岭南画派是中华民族绘画史上的一个重要民族绘画流派。

第十三章

岭南的宗教文明

宗教是人类社会发展进程中特殊的文化现象，是人类传统文化的重要组成部分，影响到人们的思想意识、生活习俗等方面。广义上讲，宗教本身是一种以信仰为核心的文化，同时又是整个社会文化的组成部分。同样宗教是构成岭南文化的一个重要内容。岭南历史上曾有过道教、佛教、伊斯兰教、天主教和基督教的传播，并且在中国宗教史上占据着重要的地位。宗教的传播无外乎两种，境内和境外传播。道教诞生于我国本土，大约于东汉末年传入岭南；其他外来宗教文化是由境外传播而入的。岭南地区濒临南海，从汉代开始，海上交通就十分发达。广州一直是中国一个重要的对外通商口岸。即使是明清海禁时期，广州仍保留着“一口通商”的特殊地位。这就使得包括宗教在内的外国文化得以最早进入岭南。佛教虽然被认为最早是于汉代通过西域由陆路传入中国的，但交广海路仍是佛教入传中国最早的途径之一且影响更大。天主教以澳门为基地、基督教以香港为基地首先进入岭南，伊斯兰教则是通过广州海上通道登陆中国。这些宗教文化通过岭南向中国北方广为传播。岭南这座桥梁对外来宗教在中国的传播发挥了十分重要的作用。

第一节　葛洪与岭南道教

一提起道教，我们不由就会想起老庄。道教起源于老庄，也发展于老庄，是中国传统文化的主干之一。

道教是中国土生土长的传统文化，传入岭南的时间一直是学者们长期争论的焦点之一。目前较为一致观点是，岭南道教起源于东汉末年的太平道和五斗米道，至魏晋时期有了长足的发展。

东晋道教学者、著名炼丹家、医药学家葛洪（283—363 年），丹阳句容人（今江苏人），自号抱朴子。葛洪的著作颇丰，对后世道教流派影响甚大，他死后不久，其地位即上升到可以与三张（张陵、张衡、张鲁）相提并论。岭南不仅成就了葛洪的学说理论体系，而且他还先后在山上建立都虚观、九天观、黄龙观、酥醪观等修炼场所，罗浮山因此成为道教的十大洞天之一，可见葛洪对岭南道教的发展功不可没。

熟悉道教的人都清楚，道教有很多神仙，大部分都属于行业崇拜神。岭南除了有全国共有的行业神仙之外，由于其独特的地缘、文化等因素，还有其特有的行业崇拜神，如：陶瓷业以石湾为代表，奉舜为祖师；搭棚业以有巢氏为祖师；医药业以华佗和孙思邈为祖师；银钱业奉玄坛为祖师，等等。

道教自传入岭南后，先后均兴建有道教宫观，其中以罗浮山和岭南文化中心的广州所建道教宫观最多，成为岭南道教的重地。历代道教宫观有兴有废，先后兴建有多少，难以确切统计。较为著名的有广州的三元宫、纯阳观、应元宫，罗浮山的冲虚观、酥醪观，西樵山的云泉仙馆等。其中以罗浮山冲虚观、广州三元宫最为著名。

第二节　六祖惠能与佛教禅宗

佛教在岭南传播的历史可谓源远流长，因而有人说岭南是“佛之山，禅之城”。

佛教传入岭南的具体时间，可谓众说纷纭，但是可以肯定地说，佛教传入岭南不晚于西汉。这是因为到了东汉末年，岭南的佛教已经相当兴盛；六朝时期，不少来自外国的僧人进入岭南后，又转而北上建康等地传教；隋唐两代，岭南仍是佛教兴盛的地区，特别是唐代岭南佛教形成了第一个鼎盛时期，其突出的表现是惠能南派禅宗的创立及其广泛的传播；时至五代，岭南佛教依然繁盛；到了宋代，岭南佛教逊于前朝，可谓盛极难继；延至明代，由于岭南理学盛行，又因理学本源于禅，禅理相通，故理学的盛行为佛教的兴盛提供了有利的条件，直至清朝康熙中期，岭南佛教达到了其发展的又一鼎盛时期；康熙中叶以后，由于经济的衰退，加之新学兴起、西教东渐。这些都对佛教形成了巨大的冲击，等到了近代科学的兴起，新文化新思想激荡其间，佛教的衰落成为了必然，直至中华人民共和国成立时，一直没有得到恢复。可见，岭南佛教的发展历程与中国历史的发展进程是密不可分的。

岭南的佛教在中国佛教发展史上的重要地位离不开禅宗六组慧能。惠能(638—713 年)，新州人，因出身贫寒未接受过教育，北上东山寺向禅宗五祖弘忍求学佛法，凭借智慧压倒弘忍首席弟子神秀，得传五祖衣钵，深得五祖弘忍的慧识。唐高宗仪风元年（676 年)，惠能来到广州法性寺。该寺住持印宗为其削发授戒，承认其为禅宗正统，惠能遂成为禅宗的六祖，开始为大众开示禅门，讲授佛法。第二年，惠能到曲江曹溪宝林寺传教，年仅 36 岁就成为中国禅宗的第六代祖师，完成了印度佛教中国化的过程，创立了适合中国国情的佛教，至今在世界各地仍有广泛而巨大的影响。

六祖慧能生活的地域和时代，佛教文化氛围非常浓厚，在这种文化氛围的熏陶下，对本具慧根的慧能来说是如沐法雨、犹饮甘露。除了岭南的佛教文化，岭南人那种敢说敢为、吃苦耐劳的特质，也影响着慧能的成长和成功。初见五祖时，五祖问他来这里做什么，他说是来“做佛”而不是“学佛”，这就折射出他敢字当头的直率和底气。惠能最主要的佛学思想是顿悟，认为佛性人人皆有，一切般若智皆从自性而生，不从外入，若识自性，一悟即至佛地。因此他并不以静坐敛心才算是禅，而主张只要随时随地修行用功，靠内心顿悟即可成佛，世称南宗，为禅宗之顿教。南派禅宗的创立，是中国佛教史上的一次重大改革，摆脱了经院式的繁琐佛理束缚，较易为中国各阶层所接受，为佛教的广泛传播起了非常巨大的作用，影响直至今日。

第三节 唐代广州的伊斯兰教

伊斯兰教最早传入中国的地方就是广州。据《新唐书》记载，隋唐之时，外来商船来往广州参与贸易最盛时每年可达4000多艘，而这些外商中尤以波斯、大食商人居多，波斯、大食商人信仰的伊斯兰教也自然而然地传入广州。

在广州的阿拉伯商人，由于语言、风俗习惯、宗教信仰的关系，他们常常聚居在一起，逐渐形成以怀圣寺为中心的“番坊”。番客们在番坊内建有礼拜寺（怀圣寺及光塔）进行宗教活动，有些人还在广州娶妻生子。那个时候，在广州伊斯兰教徒中，最有名的是唐初来华传教的阿布·宛葛士此。相传他为穆罕默德的近臣，广州怀圣寺就是他创建的。唐代，岭南除了广州有不少大食、波斯人外，海南岛的振州亦有。大量番客聚居于振州，形成岭南地区的又一伊斯兰教文化聚落。

到了宋代，中国的对外贸易更加发达，广州的番客更多。此后，除了因海难被迫居留的波斯、大食商人外，还有因避战乱或出海作业为台风所逼移居而来的番客，使得广州的番客继续增多，成为广州伊斯兰教的信徒。

元代，中国版图扩及西域诸国，西北陆路通西域之途畅顺，伊斯兰教由陆路大量传入西北及中原诸行省，为中国伊斯兰教传播的极盛时期。但此时，由于广东地处南海边缘，伊斯兰教势力在广东的传播与发展影响甚微。

伊斯兰教在岭南宗教中的影响有限，其中主要的原因除了文化背景差异较大外，伊斯兰教教徒所遵行的生活习惯（如不吃猪肉等）是岭南人所难以接受的。所以伊斯兰教只在唐宋间阿拉伯商人大批前来岭南贸易时兴盛一时，后来随着这种贸易的衰落，伊斯兰教在岭中也就随之衰落。只是到了明清两代，少量回族士兵南戍，岭南又开始兴盛了一段伊斯兰教，但是也仅仅是限于回族士兵及他们的后裔中。

据现有资料查考，伊斯兰教传入广州后建有多座清真寺，如怀圣寺、南胜寺、濠畔寺、东营寺和东郊寺等。其中，怀圣寺是伊斯兰教最早兴建的清真寺，为广州伊斯兰教徒的宗教活动场所。

第四节　明清时期的岭南基督教

清嘉庆十二年（1807 年），英国伦敦传道会的马礼逊来到广州传教，他成为第一个进入中国传教的基督教传教士。那时，清政府禁止外国教士在华传教。马礼逊供职于英国东印度公司，因其取得在华居留的合法身份，得以往来于广州、澳门之间暗中进行传教。之后，米怜、梁发、麦部思、郭实腊、裨治文、卫三畏、伯驾等外国传教士都来到广东，一边经商一边进行隐蔽的传教活动。由于清政府禁教，中国的民众对于基督教尚持怀疑态度，故这一时期基督教在岭南的传教收效甚微，一些传教士在岭南居留不久即离去。

第一次鸦片战争后，《中美望厦条约》、《中法黄埔条约》、《天津条约》等不平等条约陆续签订，清政府开始允许外国传教士在中国各通商口岸建立教堂、医院、学校等，进行传教活动。于是欧美各国教士大批进入广州，传教士得以自由进入内地传教，往来无阻，且得到官府的保护，英圣公会、约老会、德信义会、瑞美会、基督同寅会、德长老会、宣道会等差会纷纷进入岭南建立传教事业。

随着外国差会在岭南势力的日益扩大，一些华人牧师不满于基督教事业被外国教士把持，开始试图摆脱外国差会的控制，实行自立自传。同治十三年（1874 年），华人牧师陈梦南、杨海峰等在广州创办潮音街华人宣道堂，由华人传教，揭开了华人自立教会运动的序幕。

从光绪二十六年（1900 年）至民国 15 年（1926 年），为基督教在岭南的发达时期。这一时期，各大差会主要是巩固和扩大已有传教事业，同时致力于教会内部的调整工作。这时期进入岭南的新差会多是小差会，且不属任何宗派。由于西方列强对华侵略的日益加深，一些外国传教士及中国教民又倚仗不平等条约的保护欺压乡民，加之受义和团运动的影响，这时期发生的教案较多，对基督教传播有一定的影响，但总体来讲，岭南的基督教还在发展中。

由于基督教在岭南传播最早，传播的历史较长，教派众多，故其所办的各项事业也较多。各差会创办的这些事业，其目的是通过这些事业来传播福音，扩大基督教的社会影响，在客观上则促进了岭南地区科技文化的发展。比如，在医疗及慈善事业方面，岭南地区最早的西医院是由教会创办的，近代西方医术得以传入岭南，对培养中国早期的西医人才起到积极的作用。基督教会在岭南创办的第一个慈善机构为北美长老会在广州创办的明心书院，此后各教会先后创办孤儿院、安老院、盲目院、麻风院、救良所等。在文化教育方面，因为基督教会历来重视兴办各种文化教育事业，使之为传道服务，因此教会所办的学校均设有《圣经》的必修课，还举办经常性的宗教活动。

第十四章

岭南的科学技术

科学技术是推进人类社会发展的最强动力，为人类社会的发展做出了重大贡献，这已成为不争之事实。回顾中国科学技术发展史，不难发现中国古代历史上科学技术有其自身的发展特点。比如：对世界本源的虚幻性认识，技术先进而科学不发达；重实用，轻理论；重人文，轻物理；长于综合，短于分析；科举制度的合一，官学合一，等等。岭南文化中科学技术的特点也恰恰体现了这些特点，也更好印证了岭南文化是中华传统文化中一个重要分支。

在岭南文化中，科学技术的成就写下了以往的辉煌。从传统的农业技术成就，到先进的造船和航海技术，从宋代陶瓷业的空前繁荣，到元代黄道婆对纺织业的重大革新，无不向世人展示着岭南人的聪明才智。

第一节　源远流长的农业技术

由于岭南特殊的地理位置，岭南人创造了独特的海洋农业文化的科学技术，主要表现在农耕方式、农业生产技术、饲养业和农业著述等方面。

一、农耕方式

农田与耕作是一个问题的两个方面。岭南的传统耕作方式主要分为两种形式，即“火耕”与“水褥。”《史记·平准书》称：“江南火耕水褥。”同书《货殖列传》也说：“楚越之地，地广人稀，饭稻羹鱼，或火耕而水褥。”《汉书·武帝纪》的说法则与《史记·准书》几无二致：“江南之地，火耕水褥。”由此可见，“火耕水褥”是岭南之地（古楚越之地）所特有的耕作方式。

“火耕”与“水褥”是岭南人因地制宜所分别施行的两种不同耕作方式。“火耕”，即“欲稼菜地，先难其草，草干烧之”。后来，随着岭南人向江汉平原乃至洞庭湖平原纵深的推进，稻取代粟成为岭南地区的主要粮食作物。与此同时，“水褥”便成为楚人的主要耕作方式了。“水褥”，即“将以泽地为稼者，必于夏六月之时，大雨时行，以水病绝草之后生者，至秋水涸茎之，明年乃稼”。也就是说，在水田种稻之前，必须先用水灌灭新生的杂草，这是“水褥”的确切含义。因为岭南人种植水稻的主要地区当时是一大片湖泊纵横的沼泽地，在水利设施未修之前，这里涨水季节水乡泽国，枯水季节则草丛林蔽。因此可以说，岭南地区特殊的地理条件，促使岭南人学会并完善了“水褥”这一耕作方式。

随着岭南地区的不断扩展，地理条件也日渐复杂，既有平原泽地又有山地丘陵。因此“水褥”与“火耕”得以双管齐下，相辅而行。遇有丘陵山野，便行“火耕”，辟为旱地，以种粟或其他干旱农作物；遇有水乡泽国，便待枯水季节施用“水褥”，使之变成稻田。如此一来，山陵得到开发，平原得到垦殖，岭南地区的农田与日俱增，粮食产量也不断增加。

二、农业生产技术

在农业生产技术和农产品加工技术方面，岭南也有很多创造。例如，中国水稻栽培的连作技术源于岭南地区。最迟在东汉，岭南当地人已掌握种植水稻一年两种的技术，而长江流域至宋代尚无此方面记载。杨孚在《异物志》中说，水稻种植“夏冬又熟，农者一岁再种”。这是中国关于水稻一年两种的最早记载。

东汉时，岭南人已掌握从甘蔗中提炼蔗糖的技术。据《异物志》记载，其方法是“煎而曝”，使其“凝如冰”，即通过火熬、太阳暴晒的方法蒸发水分，凝结成为“石密”。可见，“石密”是片糖之类的加工材料，这是中国关于甘蔗制糖技术的最早记载。此后，有关甘蔗的栽培技术发展又有很多记载，比如明代的广东《番禺县志》记有棉花地中套种甘蔗，既提高了土地利用率又荫蔽地面，抑制杂草生长；清初的《广东新语》记有用水浸种、待种苗萌芽后栽种甘蔗的技术。

公元3世纪70年代，西晋资料有记载，岭南稻区已种植豆科植物作肥料。北魏贾思勰的《齐民要术·苕》记载：“苕草色青黄，紫华。十二月稻下种之。蔓延殷盛，可以关田，叶可食。”这是中国人工种植绿肥作肥料的最早记录。在唐代郑熊的《番禺杂记》等古籍中，载有南广荔枝“率生稻田间”，即荔枝与水稻间种的记录，这样既提高了土地利用率，又便于松土、施肥，这种间种方法至今在岭南地区仍在继续使用。

岭南农业的发展和技术的进步，同铁农具的使用息息相关。最迟在春秋晚期，岭南人已开始使用铁器。就目前所发现的大量战国时期的楚国铁器来看，以生产工具为大宗。如长沙战国楚墓出土的241件铁器中，生产工具即有124件，占51%；广西平乐银山岭战国楚墓出土的181件铁器中，生产工具177件，占近98%。在楚墓出土的铁工具中，铁农具占有很大的比例，而且种类齐全。就目前接触到的资料看，除铁犁外，其他铁农具大体都有了，如锄、镶、铲、耙、镰等。

岭南古代农耕和农业科技的繁荣发展，使得岭南地区农产品极为丰富。比如，现代岭南人食用的粮食作物、果蔬、禽畜和水产品，在古代大多已经种植或养殖。东汉杨孚所著的《异物志》记载两汉时岭南的果类就有荔枝、橄榄、龙眼、甘蔗、梅、柑橘等；考古还发现，岭南秦汉墓葬中已有农产品稻谷、粟粒、芋头、葫芦、麻、木瓜、桃、橄榄、荔枝等，还有羊、马、猪、鸡、鹅、狗等模型。据清初屈大均所著《广东新语》记载，明代以前中国四大家鱼（青鱼、草鱼、维鱼、缩鱼）已由单养发展为混合放养。

三、饲养业

岭南饲养业也相当发达。岭南是中国最早饲养猪的地区之一，如广东新石器时代早、中期的遗址中挖出的兽骨以家猪为多。李时珍在《本草纲目》中对产于岭南的广东猪给予很高评价，指出这种猪骨骼细致，早熟易肥，肉质嫩美，繁殖力高，抗病力强，耐粗好养，因而扬名海外。1813—1817年，广东猪被引入美国，与当地猪交配而育成波中猪、彻斯特白猪。

公元前1世纪时，交趾（今两广至越南北方）就向汉成帝朝贡长鸣鸡。这是一种专供报时用的鸡，据梁《舆地志》记载，它鸣如吹角，潮至则鸣，故又称潮鸡。

四、农业著作

岭南古代有一些农业专著。例如，比中国现存最早论述福建荔枝蔡襄著的《荔枝谱》（成于1059年）还早的，是论述岭南荔枝的专书——宋初郑熊著的《广中荔枝谱》，可惜该书已经失传。此后还有北宋中期成于1076年粤人撰写的《增城荔枝谱》、清代吴应速的《岭南荔枝谱》等。

东番禺人赵古农著成中国第一本关于槟榔的专书，此外还有《龙眼谱》、《葵谱》（葵为烟草）等。中国第一本总结肉桂生产经验的著作是岭南人梁廷栋的《种桂》等。

五、近代农业发展

岭南农业科学在近代有长足的进步。1895年春，孙中山在广州发起成立中国第一个农学会，也是掩护革命组织兴中会广州分会活动的公开团体。1906年，华侨何麟书从南洋引进橡胶树苗4000余株，植种于海南岛安定县，建立中国第一个橡胶园——琼安橡胶园。以后，华侨和国内商人纷纷在海南岛建橡胶园。1907年，欧慕颐、胡子清又从南洋引种到海南岛。同年，秘鲁华侨曾记源、曾金城父子从新加坡引入10万多棵胶苗，在海南岛那大建立侨植园。1920年，曾金城又从马来西亚购回大批胶苗，在那大建立天任橡胶园、蔡慧橡胶园。这批胶园成为我国重要的橡胶种源基地。

1909年，广西培养农业人才的第一专科学校—广西中等农学堂成立，1912年改称广西省立第一甲等农业学校。

1914年，广东治河处成立；1929年，建立广东治河委员会，1936年改称广东水利局，又称珠江水利局；后又增设珠江水利局广西分局，有力地促进了岭南水利事业的发展。

1920 年前后，中国台湾人罗国瑞研究设计出我国第一个较完备而又有实用价值的沼气池——中华国瑞天然瓦斯库。1929 年，广东汕头市开办汕头市国瑞瓦斯汽灯公司，推广沼气技术。1926 年，中国著名农学家、广东茂名人丁颖在广州东郊犀牛尾沼泽地发现野生稻，并在中山大学农学院创办稻作试验场。同年，丁颖用野生稻与农家稻品种竹粘杂交，成功地育成“中山一号”稻。这在世界上为首次将野生稻的抗恶劣环境的种质，成功地转移给栽培稻种的科学试验。

1929—1936 年，陈济棠执掌广东军政大权时期，广东省农业局长冯锐为改良广东原有蔗的种茎小、含糖分不高、纤维脆弱、不易抗风等缺点，先后引进国外良种，有力地推动了岭南甘蔗种植业和蔗糖生产业的发展。

第二节　领先的造船与航海技术

一、造船业

岭南地区负山临海，水陆交通方便，造船业已有悠久的历史。《淮南子》曰：“胡人便于马，越人便于舟。”据《南越志》记载；“越王造大舟，溺死三千。”可见当时造船规模已相当可观。考古挖掘也证实了这些记载。1974 年，在广州市发现了我国迄今建造时代最早、规模较大的秦汉造船工场遗址。该遗址有 3 排东西走向成行排列的造船台，其中一号船台长 10 米以上，中宽 18 米；二号船台宽 28 米，仅裸露一小段。同时出土的有铁凿、铁铸、铁挣凿、木垂球、磨刀石等造船工具。据估算，这里能建造船身有 5—8 米宽、20—30 米长、载重 20—30 吨的木船。在西汉时期，岭南的造船技术已达到很高的水平。1955 年，广州市出土的东汉陶船，结构复杂完备，船首系锚，船尾设舵，尾部有望楼，船中部有两舱，后舱右侧附设厕所，船两舷设置为撑篙走道，在船首每舷设有桨架三副。类似船模仅广州西汉墓中已出土 14 艘，另在广东德庆县、广西贵县等地亦有船模出土，其数量之多居全国之首。船首系锚、船尾设舵、装置桨槽和建水密舱这 4 项装置，都是最早见于岭南出土西汉前期的船模，它们的创造发明是我们祖国对世界造船业的重大贡献。

总之，早在秦汉时期，岭南的造船业已发展到比较成熟的木帆船阶段，已能制造“楼船”等各种木帆海船，并出现了楼船，形成了岭南第一次造船业的高潮。唐代岭南的造船业进一步发展，所造船舶规模巨大，船体坚固，设备完善，“大者长二十丈，载六、七百人”。在宋代，岭南的远洋造船技术达到新水平，形成又一次高潮，广州成为中国三大造船中心之一。此时的船上拥有当时世界上最为先进的航海设备罗盘针、转轴、水密舱、桅、棺（同舵）、锚等装置。明代，“广舶”扬名天下，广州、潮州、高州成为岭南造船业中心。它用材精良，设计构造能抵挡大风大浪；规模巨大，可容纳 2000 余人，遇恶风怒涛也不中断航行，被称为“凌波至宝”。明后期所造的战船，可发射“佛朗机炮”，在中国也是最早的。

二、航海业

造船业的繁荣同时也促进了航海业的发展。古代岭南人擅长航海，据《汉书·地理志》记载，在公元前 2 世纪末到公元前 1 世纪初，已形成以今广州为散集地，从今广东徐闻和今广西合浦出发的中国最古的一条海上丝绸之路航线：由番禺（今广州），经徐闻、合浦两港，过南海和马来半岛海域，越印度半岛南部海域，到达已不程国（今斯里兰卡）。东汉延熹九年（公元 166 年），大秦国（罗马帝国）派遣使者首次直接航行到中国广州。从考古挖掘的资料悉知，广州至西亚的间接航线早已开通。比如，1983 年广州市象岗南越王墓中出土西汉前期文物中，有一个西亚公元前 5 世纪制造的银盒。这说明公元前 2—公元前 5 世纪乃至以前，广州与西亚、地中海沿岸国家和地区已有间接航线。

唐朝形成了著名的广州通海夷道：由广州出发，经南海、印度洋，到波斯湾沿岸各国，最远达非洲东部海岸。这是当时世界上最长的远洋航线，长度不少于 14 万公里。而且以广州为起点的中西海上丝路开始向东伸展，接通朝鲜、日本，它标志着以中国广州为中心的世界性海洋贸易圈已经形成。

明代虽然采取“禁海”政策，但在中国海商和西班牙商人的共同努力下，开辟了横越太平洋的中国广州经菲律宾马尼拉到拉丁美洲墨西哥的新远洋航线。这是岭南航海史上的新篇章。

清代前期，广州除了原有的欧洲、非洲、拉丁美洲航线外，又新辟 3 条新航线：一条是乾隆四十九年（1784 年）美国“中国皇后”号商船由纽约启航，到达广东的北美洲航线；二是嘉庆十年（1805 年）俄罗斯“希望”号、“涅瓦”号商船抵达广州的俄罗斯航线；三是嘉庆二十四年（1819 年）由广州开出“哈斯丁侯爵”号茶叶船，驶向新南威尔士的大洋洲航线。这样，广州的航海业已从南海、印度洋渐次发展到太平洋、大西洋，其航线进一步形成为全球性的大循环。清康熙二十四年（1683 年）在广州建立粤海关，是中国最早建立的几个海关中的一个。此后，清政府撤销其他几个海关，仅保留粤海关，广州成为全中国唯一对外的航海港口，直到 1840 年鸦片战争。

第三节　陶瓷技术

岭南陶瓷在岭南文化发展史上占有重要地位，是岭南文化得以在全国独树一帜、享有盛名，并且使岭南文化甚至中国文化引起世界瞩目的主要文化门类之一。岭南陶器文化开始于新石器时代，经历从早期、中期到晚期的发展，特别是秦汉陶瓷、岭南宋代陶瓷、清代广彩瓷器等。

一、秦汉时期岭南陶瓷的发展

秦汉时期是岭南社会经济文化的大发展时期，表现在陶器制作上也是如此。无论器类、器形、装饰和制作工艺等都表现出前所未有的新面貌，各种日用器形大量出现，如陶盒、联罐、陶薰炉等，以适应社会不断增长的生活需要。

陪葬用的陶制明器空前发达，制作各种各样的陶俑、陶模代替奴隶社会时代的人殉，开启了岭南陶瓷雕塑的先河，取得了很高的艺术成就。这种明器有两大类，一类是模制现实生活中建筑式样、工具、用具以及生产劳动情景，即陶模，如陶屋、陶仓、陶囷、陶井、陶灶、陶船、陶车、陶水田等；另一类是陶俑，陶塑各种人物形象和各种动物模型，如镇墓俑、女侍俑、托灯俑、舞乐俑、坐俑、劳作俑等。这两类可以看作是艺术陶的器物，在西汉中期以后的汉墓出土陶器中，这一类所占的比例很大。汉代岭南的陶俑虽然不可与北方的秦汉俑例如秦始皇兵马俑同日而语，但其艺术特色和成就也是不能忽视的。

陶模、陶俑是汉代岭南极为重要的器物文化。汉代岭南陶塑之所以发达，从社会原因来看，是因为汉代岭南完成了从奴隶社会到封建社会的转变，取消了殉葬制度，但厚葬风气甚浓。除陪葬品之外，还制作各种陶模陶俑，给死去的人再造一个世界，让他们带去人间的富贵，供他们在阴间享用。从艺术基因来看，岭南在战国时代就出现陶塑艺术，社会需要的刺激使陶塑艺术迅速得到发展。从文化影响来看，秦汉时代中原陶塑艺术特别发达，处在汉越文化加速融合的汉代，岭南的陶塑艺术也加速发展起来。

岭南汉代的陶模陶俑具有很高的艺术与历史的双重价值。生动的造型、传神的表现以及鲜明的写实风格能给人以强烈的审美感受，同时还让后代人从中获得多方面的社会历史信息。陶屋让人们直观到汉代岭南建筑特点和社会生活方式；陶船、陶车让人们了解汉代岭南的水陆运输；陶水田让人们知道岭南汉代的农业与水利；侍俑、歌舞俑和托灯俑让人们看到汉代岭南贵族的享乐生活及其蓄养家奴的奢靡风气。因此，陶模陶俑是历史学家研究汉代岭南历史的重要资料。

二、宋代岭南陶瓷的发展与成就

在全国陶瓷空前发展的大环境影响下，岭南也于宋代进入陶瓷发展高峰。这主要体现在几个方面。

第一，窑场分布广。据不完全统计，广东的潮州、惠州、佛山、南海广州、从化、番禺、新会中山、东莞、封开、德庆、遂溪廉江海康等地，以及海南岛的陵水、澄迈等地均有宋窑分布。

第二，器物品类多。宋代岭南陶瓷品种、器形类别空前增多，日用类、文房类、美术类、丧葬类、工具类等，都有新器形的出现。

第三，工艺水平提高。岭南陶瓷工艺水平在两宋时期有巨大的进步。他们精选提炼瓷土，瓷器胎质普遍转薄，器身轻巧规整，器表光滑细腻，制作技术也相对成熟。虽然以轮制技术为主，但也同时辅之以各种手制方式。

第四，陶瓷美更为凸显。造型、釉色和装饰是陶瓷美的三要素。宋代岭南的日用陶瓷器的制作工艺在这三方面开辟了本地区陶瓷美的新境界，具体表现出多、新、特的特点。“多”即丰富多彩，如碗的形制多达数十种。“新”即新的造型层出不穷。宋代岭南出现不少前所未有的新器形，即使是世代相传的器形也不甘因循守旧，尽量打破传统，设计出新形制。“特”即富有地方特色和时代特色。岭南陶瓷艺人吸收中原器形的特点并加以改造，使之具有本地特色。

第五，釉色更为丰富。青釉是宋代岭南最主要的釉色，碗、碟、钵、罐等大批量器形施青釉为多。由于烧成的温度、气氛以及釉料中铁的含量不尽相同，青釉的着色深浅也就不同，于是显出灰青、天青、浅青、青褐、青绿等不同颜色。石湾窑即是如此，青白釉白中泛青，故又称影青釉。潮州窑是宋代岭南最主要的影青瓷产地。

第六，装饰手法多样。宋代岭南陶瓷的装饰手法比前代更为多样化，初步归纳有印花、彩绘点彩、刻画镂孔雕塑和题诗题字等。

宋代岭南陶瓷之所以得到这么大的发展，其原因归纳起来有如下几点：首先，社会安定，文明进步。进入宋代之后，因为结束了唐末的动乱和南汉刘氏政权半个多世纪的统治，岭南社会终于安定下来，而且有一个相当长的发展时期。社会经济文化的发展和社会文明的进步，以及社会对陶瓷器日益增长的需求，是岭南宋代陶瓷大发展的根本原因。其次，经济的发展促进了城镇建设和交通的发展，交通设施也不断得到改善，同时扩展海上航线带来了商贸业的兴旺，无疑极大地刺激了岭南陶瓷的发展。

三、清代广彩的辉煌

广彩的全称是“广州织金彩瓷”，其生产始于清康熙年间，至今已有 300 多年的历史。这是一种广州烧制的织金彩瓷及其采用低温釉上彩的装饰技法，以构图紧密、色彩浓艳、金碧辉煌为特色，犹如万缕金丝织白玉。其始于明代的广州三彩，到清代发展为五彩，并在乾隆年间逐步形成独特的艺术风格。当时广州工匠借西方传入的“金胎烧珐琅”技法，用进口材料创制出“铜胎烧珐琅”，后又把这种方法用在白瓷胎上，成为著名的珐琅彩，这是广州彩瓷的萌芽。作为广州彩瓷初期产品的珐琅彩，以其高贵艳丽特色备受中外富豪贵族的喜爱。

后来广彩艺人继承明代彩瓷的艺术特色，吸收西洋画法，绘上具有岭南地方特色的图案，逐渐形成独特的岭南艺术风格，并将许多图案固定下来，成为广彩的传统花款，例如花篮、龙凤、彩蝶、金鱼、古装人物等。最常用的构图是用花边图案围出若干形状各异的空格，在空格内绘以花卉、物景和人物。

18 世纪中叶至 19 世纪初，中国瓷器在世界畅销，广彩瓷出口量亦不断扩大，生产迅速发展。19 世纪末 20 世纪初，岭南画家居巢、居廉、高剑父、陈树人等积极参与了广彩的技术研究和实践。高、陈二人还开设彩瓷艺术室和瓷画厂，进一步提高了广彩的技艺。高剑父的学生刘群兴创作了 150 件“十二王击球”瓷箭筒，曾获 1915 年巴拿马万博会奖项。

总的来说，广彩瓷器既有我国传统彩绘艺术的风格，又吸收了欧美的艺术精华，可说是中西文化交流的结晶，是数百年来广彩艺人们辛勤劳动的硕果。它已赢得国内外人士的赞誉，当今销售遍及世界五大洲 100 多个国家和地区。

第四节　冶铁技术

岭南古代的铸造业较早形成，后以“广铁”名扬天下。先秦时期，岭南的青铜器铸造远落后于中原地区，但到战国时期青铜器大大增加，尤其是铜鼓不但形体大，而且纹饰讲究，反映出冶铸技术已达到较高的水平。广西北流出土的铜鼓，重 300 千克，体形高大，周身密饰云雷纹。这种纹饰与中原地区青铜器纹饰相似，既受到商周文化的影响，又保留有南方少数民族的特殊风格。

1983 年，在广州象岗南越王墓中出土铁器 230 多件，包括 70 多件冶铁工具，成捆的铁剑、铁矛等武器和完整的铁铠甲，以及含碳量不同的钢材锻打制成的锉刀和重达 265 千克的越式大铁鼎，技术精良，地方特色明显，说明“南越国这时已掌握锻铸铁器技术”。黄展岳先生根据大量资料论证岭南地区是我国历史上最早冶铁和使用铁器的国家。郭仁成先生进一步做出了这样的推测：考虑到从生铁的发明到铸铁件的生产进而到韧性铸铁的诞生，需要经历较长时间，所以岭南地区冶铁业的出现可能在春秋以前，比欧洲要早 2000 多年。

根据文献资料来看，岭南铁的冶炼和铸造水平也是首屈一指的。考古发现也证实，岭南冶铁和铸造铁器的水平是相当高的。值得注意的是，岭南地区发现的铁器中，生产工具占绝大多数。其中既包括前文所述的各种农具，也包括金属采冶、铸造所用的工具，如在铜绿山古矿井中就发现了属于战国时代的铁锤、铁锄、铁耙、铁斧、铁钻等。这些铁质采掘工具的使用，为局部穿过裂隙发育的矿岩地带和开凿大面积的深井与平巷创造了条件，从而也就为矿业生产开辟了广阔的前景。

广州光孝寺中的东、西铁塔工艺精致，自古就有“涂金千佛塔”之称，为中国现存最大、最完整的古代铁塔。以后佛山等地的冶炼业崛起，于明代设置铁厂，天启、崇祯年间有铁锅行、铸造铁灶行、炒炼熟铁行、铁线行、铁锁行、农具杂器行、铁钉行等。冶铁所需生铁来自广东各地，尤其是罗定等地的优质生铁。至清乾隆年间，有妙铁炉数十、铸铁炉百余，产品质量极佳，远销中外，形成“广铁”，当时有“铁莫良于广铁”的称赞。

经典的传世之作有广州工匠冼运行制作于1316年的明代铜壶滴漏，其是中国现存最大、最完整的古代计时器；铸于1378年最大的青铜巨钟、明代的“禁钟”，至今“扣之声闻十里”；明代顾应祥从葡人处获取制造方法，首先在广东的东莞制造成功的“佛朗机炮”；铸于1663年广州六榕寺的清初3尊三世佛像，每尊高6米重约10吨，是现存广东最大的古代青铜铸像。

第五节　黄道婆与纺织技术

一、黄道婆对岭南纺织业的贡献

黄道婆，又名黄婆或黄母，松江乌泥泾镇（今上海华泾镇）人，宋末元初知名棉纺织家。由于传授先进的纺织技术以及推广先进的纺织工具，而受到百姓的敬仰。在清代的时候，其被尊为布业的始祖。

传说黄道婆小时候给人家当童养媳，不堪忍受虐待逃出了家门，来到了海南岛的崖州（今海口市）。她向黎族人民学习纺织，不仅全部掌握了先进技术，还把崖州黎族使用的纺织工具带回家乡，并逐步加以改进和革新。

13世纪后期以前，脱棉籽有的地方用手推“铁筋”碾去，有的地方直接用手剖去籽，效率相当低，以致原棉常常积压在脱棉籽这道工序上。黄道婆推广了轧棉的搅车之后，工效大为提高。在弹棉设备方面，黄道婆之前，江南虽已有弹棉弓，但很小且效率低。黄道婆推广了装绳的大弹弓，使弹棉的速度加快了。同时黄道婆推广了三锭棉纺车，使效率大为提高。此外，黄道婆还推广和传授了“错纱配色，综线挈花”织法，把“崖州被”的织造方法传授给镇上的妇女。

自从黄道婆传授了新工具、新技术后，乌泥泾棉织业得到了迅速发展。到了明代，乌泥泾所在的松江成了全国的棉织业中心，赢得了“衣被天下”的声誉。

二、岭南纺织业的发展与特色

岭南古代纺织业较为发展，后形成“广绣”，成为中国古代重要的纺织中心。从广州象岗南越王墓出土的纺织物可知，秦汉时岭南不但有麻织品，还有丝织品；不但拥有一般的织机，还拥有提花装置的织机。墓中出土的大小两件青铜印花凸版，是迄今世界上已知的最早的一套彩色套印织物的印花工具。据《汉书》记载：“自合浦徐闻入海得大州，东西南北方千里。武帝元封之年略以澹耳、珠崖郡，……男子耕农，种禾稻、苎麻，女子桑蚕织绩。”书中所称的“大州”，即今海南岛。说明海南岛在秦汉时期已种植兰麻，并桑蚕织绩，早已闻名为中原人士所知。又据考古发现，岭南先秦时期的“陶器和铜器上留下麻布和丝绢痕迹”。

在岭南，古代还有棉织品，即用棉花为原料织成的布。据有关专家考证，海南岛是中国棉花最早种植的主要地区，以后经广东、福建传入长江流域、中原地区。

除此之外，还有木棉品，即用木棉（又名红棉、攀枝花）纤维织成的木棉布，现在广东尚有木棉布实物遗存；还有柞蚕丝织品，包括野蚕品、山蚕品等；还有竹布或称竹疏布，即用竹子为原料织成的布，曾为贡品。

在织造方法上，有青、红两色布帛相间织成的“黎单”，有锦彩的色丝与棉丝相间挑织成的“黎幕”，有拆取锦彩的色丝，间以鹅毛丝线织成人物、花鸟和诗词字体的“黎锦”。当时棉纺织工艺，岭南黎族的技术和装备遥遥领先于全国。相应的装备如搅车、纺车、拨车、线架等应运而生，生产效率成倍提高。直至今天，这些纺织技术依然在民间使用并发挥着自己独特的文化价值。

第六节　历史悠久的岭南医药

一、中医

中华医药学被称为人类的宝库之一，而由独特地理环境造就的岭南中医，更是其中一份重要的瑰宝。

从古到今，岭南中医的行医人数都是全国最多的，只是岭南中医虽然临床经验丰富，却不重理论，因此传世著作不多，但这并不影响岭南医学在中华医学中“独树一帜”。一些岭南医学名家如何克谏、潘兰坪、陈任枚、陈伯坛等更是医学史上有名的人物。而中医在此发展至今，更是结出了丰厚的硕果，成就远远超过了其他地区。特别是作为岭南中医发源之地的广东省，更是将打造“中医药强省”作为了发展目标。

古代岭南的中医学、药物学已有相当发展。1956 年广州先烈路西汉古墓中，发现有中药朱砂和供煎药、预防疾病使用的铜熏。1983 年，在广州西汉初期的象岗南越王墓中出土有完整的、实用的制药工具铜杵、铜臼、铁杵等；有朱砂、铅块、紫水晶、硫磺、孔雀石等矿物药物，以及一些中草药、药丸等。

长期隐居广东罗浮山并在广东谢世的东晋医学家、炼丹术家葛洪所著的《肘后备急方》，是一部实用的医疗急救专著，书中记述有急性传染病、各种慢性病以及外科、内科、眼科等多种疾病的症状和治疗方法，其中对天花、恙虫病、脚气病的症状和治疗方法的记载，不但在中国而且在世界上都是最早的；在中国和世界上首次提倡使用狂犬的脑组织来治疗狂犬病，被认为是中国免疫思想的萌芽；所载著篙绞汁治疗疟疾、食道异物急救术、捏脊疗法、烧灼疗法、拔罐疗法等都有很高的医疗价值。这本著作是中国三四世纪之前医学发展的结晶，对后世中医影响很大。葛洪所著的《抱朴子》是中国炼丹术史上一部极为重要的著作，它总结了魏晋以前炼丹术的理论和成果，收集有大量丹方、丹经，该书是中国化学制药的鼻祖。

直至宋初，岭南的医生数量很少，药价昂贵，百姓有病多依赖于巫医祭祀或民间草药和一些简易疗法（例如艾灸、刮痞等）。宋真宗时，岭南才始有官办医疗机构，在广州建立惠济军民药局（简称惠民药局）。清代惠民药局附设养生堂（即住院部）。明清两代，岭南名医辈出，仅广州地区就有马应勋、何梦瑶、郭治、潘名熊等多位名医。

到了近代，岭南中医学也有相当发展，尤其是在辛亥革命以后，北洋军阀政府和国民政府由于崇洋媚外思想，对中医持否定态度，采取一系列限制措施，但中医学仍取得了可观的成果。1906 年，著名中医罗熙如、黎棣初等在岭南创办广州医学求益社，为讲授中医为主的学校；1924 年，广州和香港中药行业团体联合广州中医界共同在广州创办广东中医药学校；1934 年，名医邓伯游、谢香浦等发起创办广州私立汉兴中医学校。这 3 所中医学校都历经曲折，但都培养了大批中医人才。

岭南近代中医、中药界的名医辈出，成果显著。例如，中医学家广东番禺人黄省三，擅长运用中医中药医疗疑难重病，对心力衰竭、肾中毒、急性高热休克等都研制了有效方剂，还发表《流行性感冒实验疗法》、《肾脏炎肾变性实验新疗法》等著名医学著作。此外，江西人自幼来粤的郭梅峰，中医内科专家、广东开平人胡香云，骨伤科中医学家、广东南海人何竹林，妇科中医学家、广东澄海人蔡仰高等名医都为岭南中医事业的发展做出了不朽贡献。

二、西医

西医是由岭南传入中国的。早在 2000 多年前，外国医药已分别传入岭南、中原等地。例如，距今 2000 多年的广州象岗山出土的西汉南越王墓中，发现有一种产于非洲和阿拉伯半岛的药物——乳香。据屈大均《广东新语》记载，现广州等地种植的素馨花，是西汉初期陆贾得到的西域种子，为说服南越王赵佗降服汉王朝时从长安带来的。但是在 19 世纪以前，从国外传来的医药，除部分被我国传统医学所吸收外，都未能在中国独立发展。直到 19 世纪始，西方医学才有了很大的发展，并随着英、美列强的扩张政策，从岭南进入了我国内地，在岭南和内地出现了中医和西医两种医学并存发展的局面。

近代西医的另一个发展是西医医院的建立，同样也是始于岭南。清嘉庆二十五年（1820 年），英国传教士马礼逊与英国东印度公司李文斯敦合作，在澳门开设西医诊所，为中国西医医院之始。据记载，该所曾与中草药专家共同工作，并建立了一个藏有800多卷的中医书籍图书馆。道光七年（1827年），英国东印度公司传教士郭雷枢在澳门开设第一所眼科医院；次年，到广州开设赠医所，是为中国内地的第一个西医医院。此后，相继有金利埠医院、南华医学堂等成立。1871年，中国香港东华医院在香港成立，该院对患者采用中西两种方法诊治，是中国医学史上第一所中西医院。与此同时，私人医院亦纷纷成立，据民国18年（1929年）不完全统计，当年仅广州市的医院达60家，其中公立10家、外国教会医院4家、军医院2家、私立或私人医院44家。可见，20世纪二三十年代，岭南的西医医疗事业一度曾发展迅速。

在岭南还涌现了一批有成就的西医医生和医学家。中国第一位西医医生是广州关亚杜。1835年，眼科医局在广州成立后，关亚杜在开展医疗活动时训练学徒，培养助手和护理人员。次年，其去当学徒，在不到一年时间内已掌握了眼睑内翻、翼状胬肉等手术，后成为一名技术优良的眼科和外科医生。广东香山（今中山）人黄宽，是中国第一位西医博士、从国外留学归来的西医医生。黄宽不仅学术成就卓越，而且成为我国产科史上第一位施行堕胎术的医生。1863年，黄宽受聘为广州海关医务处医官，为该处17人中唯一的中国人。1857年，博济医院嘉约翰因病离华，黄宽代理院长，同年执刀在该院进行中国首例尸体解剖，被誉为“好望角之东”最负盛名的外科医师。这样的著名西医还有不少，他们为中国西医事业的发展做出了卓越的贡献，也为岭南医学史谱写了不凡的篇章。

第十五章

岭南的名山

以山为魂，以水展魅，以绿致韵，方显一个地域之灵气。岭南境内之山，雄、奇、灵、秀，各具特色。白云山是九连山脉的南延部分，素有南越第一山之称。据说每到秋季，常有白云冉冉升起，使山上一个侧面变成白云漫漫的一片，犹如面纱笼罩，故而得名。人们常用白云珠海来形容广州。罗浮山，“我国道教十大名山之一，北宋苏东坡曾在这里作下“罗浮山下四时春，卢桔杨梅次第新。日啖荔枝三百颗，不辞长作岭南人”的名句，不仅让人认识了岭南，还使罗浮山闻名于世。越秀山是广州有名的风景胜地。越秀山公园是全市最大的公园，面积达 92 万平方米。越秀山更以其有五羊石雕、镇海楼和中山纪念碑等名胜而闻名海外。而地处海南的五指山，四季如春，森林覆盖率达到 85%，被人们称赞为“翡翠山城”。

第一节　白云山

广州白云山，是新“羊城八景”之首，国家 5A 级景区和国家重点风景名胜区，位于广州市的东北部，为南粤名山之一，自古就有“羊城第一秀”之称。白云山山体宽阔，聚拢着 30 多个山峰，为广东最高峰九连山的支脉；面积 20.98 平方公里，主峰摩星岭高 382 米。白云山峰峦重叠，溪涧纵横，登高可俯览全市，遥望珠江。每当雨后天晴或暮春时节，山间白云缭绕，蔚为奇观，白云山之名由此得来。

白云山有着十分浓厚的文化沉淀，最早可追溯到山北黄婆洞的新石器时代史前文化的遗址；秦末高士郑安期隐居在白云山采药济世，并在白云山“成仙而去”；晋代江苏人葛洪曾在白云山炼丹，著有《抱朴子》这部道家名作；南梁时景泰禅师来此建寺，是白云山最早的寺庙，还留下“景泰僧归”一景，是羊城旧八景之一；唐宋以后，陆续有杜审言、韩愈、李群玉、苏轼等著名文人登山吟诗，他们的诗文寓情于物，成为岭南宝贵的历史精神财富。中国近现代革命的众多战争人物也曾在此留下足迹。在社会主义建设初期，老一辈革命家朱德、董必武、郭沫若等曾留下题词。改革开放以后，党和国家多位领导人及国际友人也都曾在此观光并题名，为白云山风景区留下了不少墨宝。

风景优美，名胜古迹星罗棋布。明清的羊城八景中白云山占其三：“蒲涧濂泉、景泰僧归、白云晚望”。目前白云山风景区从南至北散落着 7 个游览区，依次是：麓湖游览区、三台岭游览区、鸣春谷游览区、摩星岭游览区、明珠楼游览区、飞鹅岭游览区及荷依岭游览区。

白云山有丰富的自然资源。白云山因地处我国南方，属亚热带气候区，植被种类相当丰富，拥有各种植物 876 种，其中有 5 种国家保护的珍稀濒危植物：鹅掌楸、土沉香、降香黄檀、油杉、大叶竹柏。野生的 657 种植物中，许多种类具有潜在的经济价值，如用材树种 86 种，药用植物 343 种，野生观赏植物 97 种。目前白云山共有绿化面积 4.2 万亩，绿化覆盖率已达 95% 以上，每天可吸收 2800 吨二氧化碳，放出 2100 吨氧气，可供近 300 万人正常呼吸之用，被称为广州的“市肺”。据测定，白云山空气质量已达国家一级标准，噪声质量达国家 0 类标准，地表水质也达到国际规定。一些山涧水、泉水甚至可以直接饮用。

正是白云山极具魅力的人文景观、得天独厚的地理条件和丰富多元的自然资源，每天都吸引着世界各地的旅游者们亲临其境，去感受和体验白云山的壮丽。

第二节 越秀山

越秀山，位于广州市北侧，广州火车站东南约1公里处，历史上又称粤秀山、越王山、尧山、观音山。越秀山因越王台故址得名。

从现有的文史资料考证，越秀山在东晋时即为道教名山，建有道观三元宫。宫内有求龙仙井，传说其即晋时鲍姑井。鲍姑是东晋南海太守鲍靓之女、名道葛洪之妻，善针灸，为世人称道，此井即为纪念她而得名。宋代以后，道教益盛，宫址扩大，并在山腰另建道观，今越秀楼即为故址。明永乐年间都指挥使花英，在山顶建观音阁，此山才又称“观音山”。今天的越秀山属于越秀公园的一部分，是广州市最大的公园。除越秀山外，还包括周围的6个小山岗及东秀湖、南秀湖、北秀湖3个人工湖。越秀山最值得人们津津乐道的当属五羊石像、镇海楼、明代古城墙。

五羊石像是广州市的标志。五羊石像位于越秀公园西部的山岗上，因岗顶矗立着一座高11米的五羊石像而得名。五羊石像是由著名雕塑家尹积昌等人设计的，其全部用花岗石塑砌而成。细细观看雕像，五羊神态各异。传说周夷王时有五个仙人，骑着口衔六支谷穗的五只羊降临楚庭（广州古名），把谷穗赠给州人，并祝州人永无饥荒。仙人言毕隐去，羊化为石。

镇海楼雄踞于越秀山顶，又称“五层楼”，始建于明太祖洪武十三年(1380年)，是广州最著名的历史古迹之一。据说元朝大将朱亮祖兵败后投降，并为朱元璋打江山出力被封为永嘉侯，镇守广东。一天，朱亮祖登临越秀游览，只见江流如带、沃野争碧。风水先生说越秀山有“帝王之气”，于是朱亮祖就下令在越秀山盖起这座镇海楼。镇海楼大门两侧有清光绪两广总督彭玉麟幕僚李棣华所作对联：“千万劫，危楼尚存，问谁摘斗摩霄，目空今古；五百年，故侯安在，使我倚栏看剑，泪洒英雄。”联中“故侯”即指朱亮祖。此楼曾五毁五建，原为砖木结构，1928年重修时内部已改为钢筋水泥结构。解放后人民政府将其加以修葺，列为省级重点文物保护单位。镇海楼似楼似塔，红墙绿瓦，造型十分古朴奇特，楼前对峙高达2米的一对红砂岩石狮子为明代雕刻。楼顶层正面高悬“镇海楼”金色巨匾。五层楼前面有一碑廊，有历代碑刻24块儿，其中最前面的四石鼓文碑刻，原刻于公元前770年，是我国现存最古的碑刻。碑廊旁边有12门古炮是鸦片战争时期的证物。

明代广州的城市建设有了较大的发展。明洪武十三年（1380年），永嘉侯朱亮祖将宋元时的三城合为一城，并向东、向北扩展。城区东起今天的越秀路，西到人民路，南抵文明路、大南路和大德路，北跨越秀山。此时，越秀山才正式列入城内，山上的镇海楼也同时兴建。今天，广州绝大部分城墙已拆，越秀山镇海楼还残存着一段长1100米的明城墙。该墙高度由1米至10米不等。城墙下部为红砂岩条石砌筑，上部为青色大城砖，是广东省级文物保护单位。

第三节　五指山

五指山位于海南岛中部，峰峦起伏成锯齿状，形似人的五指。五指山是海南的第一高山，也是海南岛的象征。

有关五指山的传说很多，其中广为流传的是五子护剑感天地。相传从前，海南岛居住着一对夫妻，生了五个儿子，辛勤劳动但是收成甚少。有一夜，丈夫梦见神人指点找到宝锄，把荒地变成了良田。父亲临死时，嘱咐儿子保管好锄。五子遵父遗嘱，把宝锄埋藏起来。消息让海贼知道后，捉了五子逼问宝锄藏处。他们至死也没有说出来。五子死后，四面八方的熊、豹、白蚁、毒蜂、恶鸟成群结队地扑来把海贼咬死，并搬来泥石埋了五子，坟墓堆成五座高高的山。从此后，人们便把这座山叫做五子山，又因其形状像五个手指头，就命名为五指山。

近看五指山，只见五指由西南向东北，先疏而后密地排列。最前面是五指山第一峰，海拔1300多米，峥嵘壁立，顶峰倾斜指着天际。五指山中的最高峰为二指，海拔1876米，比五岳之首的泰山还要高出300多米，山势非常险要，还有由天然巨石架成的“仙桥”，传说神童仙女常到桥上玩耍。二峰之后是三峰，原是五指山的最高峰，后被雷劈去一截。五峰虽然峰巅分立，但却山体相连。

五指山位于热带雨林腹地，处于热带北缘，素有“南国夏宫”、“天然别墅”的美誉，属热带海洋季风气候，冬暖夏凉、光照充足。雨量充沛，适宜多种农作物生长。五指山是海南主要河流发源地，是全省最大的水源涵养区。大小河溪32条，年平均流量11.28亿立方米，为发展高效农业和绿色生态产业提供可靠的灌溉水源。五指山区遍布热带原始森林，层层叠叠，逶迤不尽。海南主要的江河皆从此地发源，有不少山泉及湖泊，山光水色交相辉映，构成奇特瑰丽的风光。五指山动植物种类达4900多种，占全国动植种类的22%以上，很多人把五指山称为天然动植物园。同时，五指山地区具有独特的民族风情，是黎族苗族主要聚居地，至今保留着质朴淳厚的民风。

第四节 鹿回头

鹿回头位于三亚市南3公里处，是海南岛最南端的山头。所处的公园三面环海，一面毗邻三亚市区，是登高望海和观看日出日落的制高点，登上鹿回头山顶，三亚市全景尽收眼底。

鹿回头的传说源于一个美丽的爱情故事。相传，很久以前，五指山一位勇敢的黎族青年猎手向南紧紧追赶一只斑斓雌坡鹿3天3夜。这时坡鹿被逼到悬崖尽头，面前是汹涌浩瀚的大海，背后是穷追不舍的猎人。猎人向坡鹿引弓搭箭，就在这千钧一发之际，坡鹿蓦然回首，忽然变成一位含情脉脉的黎族少女，凝睇着年轻猎人。那已在弦上的箭，慢慢地从被爱神一箭射中的猎人手中掉下来。这样，他俩便结成夫妻男耕女织、繁衍生息，形成一个黎族村寨。

余秋雨先生在《天涯故事》中有这样一段精彩描述：“鹿回头山崖的前方有‘天涯海角’，再前方就是茫茫的大海。人们知道，尽管南方海域中还有一些零星的岛屿，就整块大陆地而言那儿恰恰是中华大地的南端，于是那儿也便成了民族真正的天涯海角。既然如此，那头鹿的回头也就非同小可了。中国的帝王面南而坐，中国的民居朝南而筑，中国发明的指南针永远神奇地指向南方，中国大地上无数石狮、铁牛、铜马、陶俑也都面对南方站立着或匍匐着，这种目光穿越群山、越过江湖，全都迷迷茫茫地探询着碧天南海，探询着一种宏大的社会心理走向的终点，一种绵延千年的争斗和向往的极限，而那头美丽的鹿一回头，就把这所有的目光都兜住了……”此段美文道出了鹿回头的文化和精神境界。如今，鹿回头已定位为情爱文化和生态展示并重的主题公园，鹿回头雕塑是海南全岛最高的雕塑，三亚市被称为“鹿城”。

鹿回头还是著名的“黎族圣山”和“生态之山”。公园开辟有黎族民俗文化长廊、黎族村寨风格的“玫瑰抱”和黎族歌舞表演场，以及“丰收图”等黎族图腾石刻，展示着黎族人民多姿多彩的风土人情。作为海南唯一的山顶公园，鹿回头还是登高望海和观赏南国海滨城市景色的唯一佳处。山上艺术夜景灯光系统的开放，使其倍添迷人风采。白天放眼望去，山、河、城、海浑然一体，大海长空一色；夜晚山下万家灯火，山上玉树琼花，夜空五彩斑斓，水面波光粼粼，梦幻如诗般醉人。

第五节 天涯海角

天涯海角风景区位于天涯镇马岭山麓，距三亚市约 26 公里，风景区总体规划陆地面积 10.4 平方公里，海域面积 6 平方公里，背负马岭山，面向茫茫大海。这里海水澄碧，烟波浩瀚，帆影点点，椰林婆娑，奇石林立，水天一色。

古时候这里交通闭塞，“飞鸟尚需半年程”的琼岛，人迹罕至，凄凉荒芜，是封建王朝流放“逆臣”之地。来到这里的人，来去无路，只能望洋兴叹，故谓之“天涯海角”。

为什么古人把这里定为天涯海角？长期以来，一直是难解的历史之谜。近年经过多方考察，这一历史之谜已经揭开。清代康熙盛世时期，曾进行了第一次全国性版图《皇舆全览图》的测绘活动，位于海南岛南端的天涯海角景区所在地，成为这次测绘中国陆地版图南极点的标志。负责主持测绘的钦差官员们在此处剖石刻碑镌书“海判南天”四个大字，“以为标志，并须永久保存”。由此“海判南天”成为天涯海角游览区内最早的石刻。

清代雍正年间崖州知州程哲和民国时期王毅将军，又在景区内两块相依相邻的海边巨石上题刻了“天涯”与“海角”四个大字，使人们的“天涯情结”最终得以物化并找到寄托，也使天涯海角游览区成为“天涯文化情结”的地理落脚点和特定载体。而景区内清代末期崖州知州范云梯题刻的“南天一柱”石刻群，巍然屹立于南海之滨，笑傲惊涛骇浪，后被绘制为2元人民币的背面图案，深入在我们日常生活的每一天。

如今，这里已建起风格独特的园林式建筑和“天涯购物寨”等，还开展多项海上游乐项目。天涯海角自然风光漫游区，建有海水浴场、钓鱼台及海上游艇等设施，附近有“点火台”、“望海阁”、“怀苏亭”和曲径通幽组成的登山多层次游览胜地。一批与三亚有缘的历史名人雕像在此矗立。附近热带海洋动物园，可观千奇百怪的南海鱼类和泰国湾鳄。相信这些必将为岭南迎来更多的朋友。

第六节 湖光岩

湖光岩位于广东省湛江市西南部，距湛江市霞山区约15公里，是雷州半岛上山清水秀、风景奇特的游览胜地，也是全国著名的火山口旅游区、世界地质公园，在全球享有盛誉。

湖光岩之名甚雅，但往往使人误以为是奇突的山崖。其实这里仅代表着湖光岩的地形地貌，并无山崖，给人印象最深的是秀丽神奇的一湖碧水。据科学考证，湖光岩是20万年前熔岩爆发凹陷而成的一座火山湖。湖光岩的爆发口在地平面以下300多米，岩浆回落形成的“湖底”仍然低于海平面，丰富的地下水成为湖水的主要来源。在地质学上，像湖光岩这样的火山口湖统称为“玛珥湖”。湖光岩是中国玛珥湖的起源地，蕴藏着丰富的热带、亚热带气候环境信息，是全国乃至全球研究的最为详尽的湖泊之一。

湖光岩有极高的旅游观光价值。湖光岩青山绿水、终年气温比湖外低3度，人称“天然氧吧”。湖光岩水深无底，长年不枯，洪水季节，水也不溢，四季常青。湖水中无任何枯叶杂物和蛇蛙杂虫，清纯至极，可以饮用。湖内有建于隋朝末的楞严寺和白衣庵，湖四周原始雨林区有近百种鸟和几十种野生动物，湖里有4米多长的大鱼和直径约2米的大龟。传说湖里的龟救过许多溺水的人，人称“龙鱼神龟”。这里盛传的湖光岩九大自然谜团，也吸引着世界各地的人们来这里寻找谜团的答案。

湖光岩有极高的科学价值。1997年，联合国地球研究中心会同中国科学院地质研究所的专家对湖光岩进行了勘探，从沉积物分析，确定湖光岩为世界罕见、中国唯一的玛珥湖。科学家们经过研究分析，湖光岩是在14—16万年前形成，从形成到现在的湖底积层就像一部浓缩的地壳史、物理史、生物史、自然史，具有极其珍贵的科学研究价值。从其沉积物可分析到整个地球16万年以来的变化情况和整个地球人类的兴衰和植物的变迁，对目前地球环境保护提供重要科学依据。

湖光岩有极高的医疗保健价值。据联合国及中科院专家组鉴定，湖光岩的火山泥是世界上最好的美容品，具有抗衰老作用，能治30多种疾病，尤其对高血压、关节炎、皮肤病方面治愈率几乎达100%。湖水含有很高的矿物质，喝了这里的水可以促进血液循环，起到降血压、解闷气、清肠胃的作用，十分有利于人体健康。

湖光岩有丰富悠久的人文旅游资源。现在湖光岩大小共有50多处千姿百态、风景优美的景点。这里也是国家滑水训练基地，曾举办过2004年世界滑水锦标赛。湖光岩主要的景点有门口景区、神龟池、楞严寺、白衣庵、望海楼、火山博物馆、热带雨林等，其优美的景色、神奇的传说和极高的历史和科学价值，成为湖光岩为世人瞩目的鲜明特色。

第七节　凌霄岩

凌霄岩位于阳春北部的河朗镇，面积3万多平方公里，是以喀斯特岩溶地貌为特征，自然山水与溶洞是其主要的风景名胜区，是广东省颁布的第一批风景名胜区之一，也是第三批国家地质公园之一。

凌霄岩周围有十几座秀丽的山峰环绕，山间是平整的秧田和农舍，一条小河在高大的凌霄岩前穿山而过，与另一条名叫玉溪的河水汇合后一直向南，180公里之后进入南中国海。

凌霄岩的洞口是一个天然的山洞，高约60米，宽约30米，洞内就是千姿百态的钟乳石，气势十分宏大，当地人将这里比作“玉皇大帝的皇宫”，“凌霄岩”的名字由此而来。凌霄岩的溶洞从地下暗河的河面算起有177米高，全洞分为四层，第一层是一条纵贯全洞的暗河，这条河发源在阳春境内，流过山洞后便进入了另一个县境。溶洞的第二层是60米高的熔岩大厅，19根巨大的石笋、石柱矗立在大厅周围，被命名为凌霄大殿。在凌霄大殿的上方还有第三层、第四层，每一层都有不同的熔岩景观。经过亿万年河水的冲刷、地下水的侵蚀，凌霄岩内部的岩石被水一点点吃掉了，形成了这个高不可测的山洞。

凌霄大殿高66米，面积1万平方米，有“寿星迎宾，灵芝巨柱”等景观。19支通到“殿”顶的“擎天柱”，形象惟妙惟肖，其中大的20人连手才能合抱。最上一层是“观景台”，观看凌霄岩美景有仙女思凡、八仙过海、群狮起舞等，其中一线天、水底印月、吉星高照和滴水名珠被称为“凌霄四绝”。大殿后有400米长的岩底河，游客划艇游览，常常留连忘返。

玉溪三洞，原名桃源洞，距凌霄岩6公里，是由漠阳江上游的甘婪河穿过3座石山形成的天然溶洞景观。玉溪三洞地下河长3公里，河水清澈，全程皆可坐艇游览。洞中景物丰富。第一洞长400米，高50米，旁有一旱洞。第二洞长330米，水深2—5米，水面宽20—30米，河水清澈如玉，水中多生长鲤鱼。第三洞长500米，既可步行又可坐船游览，洞内景物繁多，形象栩栩如生。

春湾景区位于春湾镇，含龙宫岩、春湾石林、通天蜡烛、慈云通真寺等景点。龙宫岩长1000多米，景色像传说中的海底龙宫；春湾石林，也称“百页剑门”，草地四周矗立着无数如刀似剑的石峰；通天蜡烛位于春湾镇春湾公园湖畔，高近100米，底宽30米，是春湾石群中拔地擎天的圆柱形奇峰；慈云岩的慈云寺建于岩前高台上，内有天然大山洞，是阳春著名的古迹之一；通真岩又名“刘三姐歌台”，传说刘三姐在此传歌台升仙，故此地又叫“通真岩”。

凌霄岩国家地质公园的核心范围，就在凌霄岩与春湾一带。而在地质公园的外围，还有大量的自然、人文历史景观，如马兰风光、鱼王石影、白水瀑布、冠溪松涛等，为凌霄岩地质公园增添了更多内容。同时，由于地壳运动，在阳春境内还形成了许多温泉。无论冬夏，总有人来到流淌出来的泉水中，享受地层深处水的问候。

第八节　丹霞山

丹霞山位于广东韶关，与鼎湖山、西樵山、罗浮山并称为广东四大名山，历史上居广东四大名山之首，被誉为岭南第一奇山。其总面积 292 平方千米，是广东省面积最大、景色最美的、以丹霞地貌景观为主的风景区和自然遗产地。

丹霞山由红色砂砾岩构成，以赤壁丹崖为特色，它因“色如渥丹，灿若明霞”称之为丹霞山。由于丹霞山的整体呈现一种红层峰林式结构，有大小石峰、石壁、石墙、石桥 680 座，山石林立，高低参差，错落有致，形象万千，故又称中国红石公园。2010 年 8 月，经联合国教科文组织世界遗产委员会批准，丹霞山被正式列入《世界遗产名录》。

丹霞山的古文化价值。丹霞地貌孕育和沉淀了丰富的人类文化遗产。丹霞地貌最突出的形态要素是赤壁丹崖，单体或群体形态上常呈完整的块状或城堡状，紫红色调，给人以庄重和神圣之感，同中国传统文化表现权威、富贵、吉祥的色彩一致，也是中国宗教崇尚的主色调，从环境角度加强了宗教场所的威严感和神秘感。这种自然风光与神秘意境的结合，常使丹霞地貌区成为宗教圣地。组成赤壁丹崖的厚层红色砂岩层，其岩性致密均一，硬度较小，易于雕刻，因而留下大量摩崖石刻、摩崖造像、崖壁画等，如龟峰、丹霞山上广为分布的摩崖石刻群。

丹霞山的景观价值。丹霞地貌以红色陡崖坡为特色。这种陡崖坡的任意组合就构成了不同的丹霞地貌单体形态，如梁状、堡状、墙状、柱状、锥状等，更有复杂多变次级地貌形态和群体地貌形态。加上红层不同的岩性和外动力环境，更使得丹霞地貌形态各异，富有特色，具有极高的美学价值。此外，红色的山块往往与盆地的河流组合，形成丹山碧水景观，红色的山石与植被的组合，形成绿树丹崖景观等，使得丹霞地貌景观更加丰富多彩。

丹霞山的科学价值。与世界其他地区的陆相红层相比，中国的红层主要形成于中生代，反映了红层是地壳发育到一定阶段的产物。因此，中国红层层积和丹霞地貌的形成反映了中国区域地壳特定的演化过程，是中国大陆地壳走向成熟的标志。丹霞地貌是中国科学家确认的一种独立地貌类型，随着全球地质地貌科学研究的不断深入和中国旅游业的发展，丹霞地貌的科学、美学价值日益引起国人及世人的关注和重视。

丹霞山如同岭南其他名山一样，也有其动听的神话故事。相传人类始祖女娲在这里取水造人即成，在锦江采五色石补天而就，并卧于江畔，脱身成石。舜帝南巡曾在丹霞登山奏乐，为三十六石命名。此后历代文人僧侣纷至，香火大盛。隋唐以来此处成为岭南风景名山和佛教圣地，留下众多诗文，游记，碑刻与摩崖。遍布全山的天然洞穴有几十处被开辟为道场，保存至今并已经修复一新的锦石崖石窟寺和别传禅寺香客如云，游人不绝。因此也留下了许多传说、诗文、崖刻与碑刻，仅在长老峰主景区一带现存的摩崖石刻和碑刻就有130多处，均具有较高的可读性和可鉴性。丹霞山现有佛教、别传禅寺，以及石崖遗址共80多处，具有极大的历史文化价值，是珍贵的文化遗产，又是重要的旅游资源。

第九节　罗浮山

罗浮山位于中国广东省惠州博罗县的西北部，横跨博罗县、龙门县、增城市三地，总面积260多平方公里，罗浮山又名东樵山，是我国道教十大名山之一，为道教十大洞天的第七洞天，七十二福地的第三十四福地，素有“岭南第一山”之称。罗浮山山势雄伟奇特、层峦叠嶂、景色秀丽、气候适宜，是我国著名的风景区和避暑胜地。

罗浮山是罗山和浮山的合成。大约在8000万年前，这一带的地壳发生断层，巨大的花岗岩体受挤压而隆起，再经过几千万年的风雨侵蚀，才逐渐形成奇峰突兀的罗浮山。

东晋年间，葛洪入山中修道炼丹、采药济世、著书立说，创建九天观、黄龙观、冲虚观、酥醪观、白鹤观。葛洪居山多年，优游闲养，笔耕不辍，著述极丰，他继承并发展了早期道教的神仙理论，整理了当时流行的各种炼丹术，总结了自己在研制金丹过程中所积累的丰富经验，撰写而成《抱朴子·内篇》一书，既确定了我国的神仙理论体系，又丰富了道教的思想内容，从而使罗浮山逐渐成为岭南道教名山。

罗浮山有奇峰怪石、飞瀑名泉和洞天奇景三大特色，据《云笈七签》卷二十七《洞天福地》记载，罗浮山山中有72石室、18洞天、432峰峦、980瀑布与飞泉，可见三大景色早已有之。罗浮山的山峰较有名的有飞云峰、铁桥峰、玉女峰、骆驼峰和上界峰等，其中飞云顶是主峰，海拔1281米，因为高耸入云而得名。罗浮山的多处飞瀑名泉，著名的有白漓瀑布、白水门瀑布、黄龙洞瀑布、白莲湖、芙蓉池以及北宋文人苏东坡所推崇的卓锡泉等。罗浮山有朱明、蓬莱、桃源、蝴蝶、夜乐等18个大洞天，有通天、罗汉、伏虎和滴水等72个小洞天，其中朱明洞是山上最大的洞穴。

罗浮山之所以命名为道教名山，不仅因为有道教名人在此著书立说，道观众多也是其中的一个代表，俗称“罗浮九观”可见一斑。其中的冲虚观始建于东晋成和五年（330年），历代香火鼎盛，游客如云，观旁有葛洪炼丹炉。其中的黄龙观始建于南汉前，原为葛仙西庵故址。其中的酥醪观始建于晋代，为葛仙北庵旧址，有“安期神女会玄丘”的传说。其中的九天观始建于南汉，此处为泉源福地，读书人多在此攻读，官至尚书。其中始建于晋前的白鹤观，为葛仙东庵旧址，现存有宋时摩崖石刻。始建于唐前的长春观原为“孤青观”，唐时改为“长春观”，宋代又改为孤青观。始建于清乾隆末年的茶山观，是为供奉赤松大仙黄野人而建。始建于宋代的何仙观是为奉祀何仙姑而建。还有始建于明太祖洪武二十四年的丛林观，是响应明太祖朱元璋下诏“寺观合并为一”而建。

罗浮山处在北回归线上，属亚热带季风气候，雨量充足，植物茂密，呈垂直分布变化明显。山顶是低矮的灌木林和草甸，山腰是灌木林和松木林，山底是常绿阔叶林。山上生长着1200多种药用植物和各种水果，形成了独特的罗浮山特产，包括有罗浮山百草油、酥醪菜、云雾甜茶、矿泉水等。

第十节　七星岩

七星岩风景区位于广东肇庆市北约4公里处，其风景自古就以峰险、石异、洞奇、庙古著称。景区主要包括了星湖和七座山峰，其中七座奇峰列峙如北斗七星；星湖总面积达649万平方米，湖堤长达20多公里，烟波浩渺，串起数个翠绿的小岛，景色十分宜人，有“岭南第一奇观”、“人间仙景”、“天然山水盘景”之美誉。

七星岩的来历传说很多，有说七星岩的七座山峰是女娲补天时留下的七块灵石；有说是天上七仙女羡慕人间、独爱肇庆而下凡不归等等。据史料记载，七星岩的开辟始于唐代初年，此后历代皆有开发建设。1982年，七星岩景区成为国务院批准的第一批国家重点风景名胜区。

七星岩风景区由阆风、玉屏、石室、天柱、蟾蜍、仙掌、阿坡等七座奇峰以及东湖、青莲湖、中心湖、波海湖、里湖等五个大湖组成。千多年来不知倾倒了多少名人墨客，留下了不计其数的诗文。“借得西湖水一圜，更移阳朔七堆山；堤边添上丝丝柳，画幅长留天地间。”叶剑英的诗句高度概括了七星岩风景的诗情画意。

七星岩除了自然景观奇特之外，最著名的当属七星岩摩崖石刻群了。七星岩的七座石山，就崖壁而言，其面积不足1.5平方公里，但其上却镌刻着上至唐朝下至现代的石刻题勒523题。它们分布密集、保存完整、文体齐全、字体纷繁、中外兼备，不仅是我国精美的石刻艺术品，而且也是研究我国唐朝以来各个朝代的政治、经济和文化的重要实物资料。

在七星岩摩崖石刻群中，年代最久远的要数李邕的《端州石室记》。该石刻整体高1.07米，宽0.79米，正文连同标题、落款共18行386字，落款日期开元十五年（727年）正月廿五日。由于石刻中央偏左有一马蹄形印记，所以又称马蹄碑。继李邕之后，历代游览七星岩的文人雅士，都喜欢在七星岩的崖壁上写诗、题字、作画，以写景抒怀。

七星岩摩崖石刻，就文字种类看以汉文字为主，也有藏文和西班牙文。汉文字的字体有篆、隶、楷、行、草，巨者丈余，小者半寸，不少书法名家的佳作都荟萃在一起，构成了南方独特的书法艺术宝库。七星岩摩崖石刻集诗词歌赋，游记史实、对联题咏与崖刻画于一炉，其中最大量的是诗词歌赋。七星岩摩崖石刻是我国南方保存数量最多、最集中、质量又最高的一处石刻群，记述了肇庆的地理环境、山河变迁、历史大事、宗教信仰、庙宇建筑、岩石水土及朝代更迭，因而广东省人民政府早在1962年就将其列为省级文物保护单位。

七星岩景点繁多，近年来在各级政府的领导下，景区又增加了许多新的景点。每当夜幕降临，霓虹闪耀，游人如鲫。七星岩湖面壮阔，1979年国家体委在这里建立了国家划船基地，曾多次举行过国际滑水赛、划艇赛、亚洲龙舟锦标赛以及国内重大的划艇比赛。七星岩将以更加开放的姿态、更加婀娜的景色向世界展示自己的独特魅力。

第十一节　鼎湖山

鼎湖山距广东肇庆城区东北 18 公里，与丹霞山、罗浮山、西樵山合称为广东省四大名山，也是岭南四大名山之首。郝玉麟在《广东通志·山川志》云：“顶湖山（即鼎湖山）在（肇庆）城东北四十里，高千余丈，山顶有湖，四时不竭，山半有白云古刹，绕寺产佳茗。”因地球上北回归线穿过的地方大都是沙漠或干旱草原，所以鼎湖山又被中外学者誉为“北回归线上的绿宝石”。

在广东，鼎湖山还有一个不怎么流行的名称——白云山，以目前所能见到的资料来看，这种叫法只是在明末清初之时曾经出现过。在明末清初之时，鼎湖山也曾被称为天湖山，原因是肇庆曾是南明永历皇帝的行宫。据说永历帝驻跸肇庆时，曾多次上过鼎湖山。

鼎湖山分为天溪景区、云溪景区和天湖景区三大景区，天溪景区有飞水潭、响水潭、庆云寺、姻缘树等；云溪景区有水帘洞天、三味潭、老龙潭、跃龙庵、白云寺等景点；天湖景区有宝鼎园、天湖探险、蝴蝶谷等景点。进入景区，林木繁荫，古木葱茏，泉水碧透，溪涧纵横，湖水碧绿，植被葱郁，天湖一色，颇为壮观。

鼎湖山自唐代以来就是著名的佛教圣地和旅游胜地。在公元 676 年，惠能高僧的弟子智常禅师在鼎湖山西南之顶建白云寺，此后，高僧云集这里，前来朝拜、游览的香客、游人越来越多。明崇祯年间，即公元 1633 年，和尚在莲花峰建起莲花庵，第二年又迎来高僧栖壑和尚入山奉为主持，重建山门，改莲花庵为庆云寺，到了清代，庆云寺规模越来越大，成为岭南四大名山之首。

鼎湖山面积 1133 公顷，最高处的鸡笼山顶高 1000. 3 米，从山麓到山顶依次分布着沟谷雨林、鼎湖姻缘树常绿阔叶林、亚热带季风常绿阔叶林、针叶林、灌木丛等森林类型。而保存较好的南亚热带森林典型的地带性常绿阔叶林是有400多年历史的原始次森林。鼎湖山因其特殊的研究价值闻名海内外，被誉为华南生物种类的“基因储存库”和“活的自然博物馆”。这里有野生高等植物1856种，其中珍稀濒危的国家重点保护植物23种；以鼎湖山为原生地的植物有30种。鼎湖山多样的生态和丰富的植物为动物提供了充足的食源和良好的栖息环境。因此这里的动物种类和数量也很多，有鸟类178种，兽类38种，其中国家保护动物15种。1998年12月，经中南林学院森林旅游研究中心测定，鼎湖山的负离子含量最高达到105600个/立方厘米，为目前国内所测定的最高的负离子含量区。

第十六章

岭南的名水

岭南背山面海，南邻浩瀚的海洋，沿海海岸绵长，气候属于热带、亚热带季风气候区，内河和沿海都常年不会结冰，雨水充足。境内有全长 2400 公里的中国第三条长河珠江，其干流西江发源于云南省东北部沾益县的马雄山，干流流经云南、贵州、广西、广东四省（自治区）及香港、澳门特别行政区，在广东三水与北江汇合，从珠江三角洲地区的 8 个入海口流入南海。北江和东江水系几乎全部在广东境内。丰富的水资源打造出诸如潮州西湖、石门贪泉、沙面白鹅潭、流花湖等著名景区，为岭南的秀丽平添了一份灵气。

第一节　潮州西湖

潮州西湖公园位于潮州市区西北，为粤东著名古典园林。原山地绵延 10 余里，今面积 267 公顷，其中山地面积 20 公顷，水域面积 67 公顷。潮州西湖自唐代开辟以来，一直是潮州著名的旅游风景区。这里峰岩石刻自成一体，亭台楼阁千姿百态，四时花卉争妍斗艳，古迹传说丰富多彩。潮州西湖曾被称为全国 36 处西湖之一，又是潮州一处有悠久历史的名胜古迹。

潮州西湖公园作为岭南园林的一景，体现了岭南园林的特色。来到西湖公园，首先映入眼帘的是古色古香的西湖石坊，坊额镌刻着“潮州西湖”四个大字。坊联是篆书，上联为：湖名合杭颍而三，水木清华，惜不令大苏学士到此；下联是：山势分村郭之半，楼台金碧，还须请小李将军画来。西湖公园南面是碧波荡漾的玉带似的西湖池，北面是峰峦起伏的葫芦山，其中间地带有广场，花圃、荷池、乐园和各种建筑物。

岭南园林构园的自然要素主要有山、水、石、建筑等。潮州西湖公园在各个要素上都均有体现。

岭南园林属山性，山有崖瀑潭局中的悬崖、鼓石潭局的鼓石岛、海礁局的礁岛和一般的堆山四种。潮州西湖公园的山主要是葫芦山。葫芦山在潮州古城西北，因形似倒卧葫芦而名，又称西湖山、银山。自唐代开辟以来，游人络绎，题刻甚丰，至今仍保存自宋以来的摩岩石刻130余处。它是体现地方文化的“石史”，亦是书法艺术的宝库，被列为广东省重点文物保护单位。

岭南园林属水性，一般有崖瀑潭局中的石潭和瀑布、湖景、潭、流觞之曲水、井泉和一船水池等多种格局，潮州西湖公园属于其中的湖景。倚山湖苍翠，傍湖山青黛，湖水清澈，波平如镜。春日里，春光明媚岸柳飘舞，湖中游鱼忽聚忽散，如遇春雨霏霏空朦一片，渔翁乘筏抛网捕鱼，甚有诗意。因此“西湖渔筏”向来被列为潮州八景之一。

岭南园林石材和理石与江南及北方园林不同，潮州葫芦山摩崖石刻，既是摩岩石刻荟萃之所，又是旅游胜地。山多岩石，或拔地而起或峰峰突兀，或悬崖峭壁或傍水临波，成为历代墨客骚人留题勒石的好去处。此外，还有西湖公园的寿安岩。寿安岩结构奇特，怪石重叠，古树浓荫，似一座大型园林盆景。岩上刻有“寿安岩”三字和一些记事石刻。最有趣的是岩前石壁平直，有如刀切，在这石壁上刻有两行诗：“有客重来山柏翠，何人不及洞湖清。”岩前一块大石横倒，上面刻了明朝十二个举人的名字，也有人称“举子石”。

潮州西湖公园有名的建筑有涵碧楼、湖心亭、寿安古寺等。涵碧楼位于西湖西岸，始建于1922年，属灰砖水泥结构的洋式双层小楼房。此处老树参天（楼前木棉据说已有400多年树龄），轩窗开阔，流水奇石，错落其间。1927年“八一”南昌起义军入粤，周恩来、贺龙、叶挺、刘伯承、郭沫若等指挥转战于潮汕各地，史称“潮州七日红”。当时，贺龙部第三师司令部设于此楼内。该楼于抗战时为日军所毁，1964年按原貌重建，现辟为“潮州市革命纪念馆”。在涵碧楼东南面，新建的“湖心亭”是个六角三楹、外护雕栏的水中亭，有红色回栏曲桥可通向湖岸。湖滨原有仙人“脚迹”的大石已无踪影，但岸上重修建的涵碧楼却依然耸立。“寿安古寺”在宋初的时候，原是州学地址，后州学搬进府城的金山，此处便成了“净慧寺”。元朝净慧寺被兵毁，明万历二十一年（1593 年）重建，改名寿安寺。

西湖公园除了有极富有诗情画意的“西湖渔筏”、“湖心亭”等景致之外，沿湖滨至山下，名胜古迹，楼台亭榭，比比皆是。颇具传奇色彩的是“活人洞”和寿安岩下的仙客留题。在北岩的“李公亭”后，有一个狭长的石洞，高不及 3 米，洞内却可容 10 多人，从靠“李公亭”一端进去，沿着狭长的洞道向北到另一出口，洞壁上还镌刻有逸史诗，这个洞便叫“活人洞”。

潮州西湖昔时是潮州古城的护城濠，俗称“城壕池”。今天随着城市建设重心的西移，这里已成为古城区与新城区绿色的分水岭，也是名城文化一脉相承的纽带。

第二节　石门贪泉

广州市西北郊 15 公里处，是中国历代文人墨客时常吟诗的石门。由于这里有两座隔水对峙的山，北江水飞驰而下流经这狭窄山壁时，如同江水被夹，形成夹江锁流的壮观景象，人们因此为其取名为石门。石门是广州著名的风景区，此地回旋清澈的流溪河，环抱葱茏苍郁的山峰。相传古时候，每当夕阳西下之时，江面会出现影影绰绰的海市蜃楼，返照出城镇屋宇和西下的落日，因而又叫“石门返照”，是宋元时期的羊城八景之一。

贪泉遗址在石井镇石门。石门是到广州赴任之官员必经之地，据说该处有一股奇特的泉水，官员经此处大多会见泉而饮，饮过此泉的人即使原来为政清廉，也会变得贪心，被称为贪泉。在西晋的时候，有一个叫刘刚的清官，在北方做官时甚有清廉之名，皇帝为了表彰他特将其提拔到广州当刺吏，刘刚舟行石门，只见那里山水相连、田畴相间、村舍连片，好一派水乡秀美风光，于是命舟缓行细赏景色。观赏间突感口渴，眼见石门清澈的泉水汩汩而下，命取泉解渴。泉水喝下顿感沁人心脾，连称好泉。刘刚自喝了此泉后不能忘记，差不多天天派人前往石门取饮。此后刘刚在广州为政三年贪污多达 20 万两，最后被人告发处死。此事后贪泉之名也广为传开，再有广州赴任者都不敢饮此泉中之水。

当然这只是人们将贪泉神奇化了，主要是当时广州官场贪风盛行。据说，广州上任的大官多是轻舟而来，满载而归。民间有云："广州刺史但从城门一过，便得三千万也。"朝廷为此采取了很多措施都不奏效。东晋元兴初年（公元402—404年），朝廷为整顿广州吏治，特派清官吴隐之做刺史。当吴隐之前往广州赴任途经石门时，有人告诉他有关贪泉的事，他颇生感慨，为了检验贪泉是否灵验亲自酌饮，并赋《酌贪泉》诗："古人云此水，一歃怀千金，纵使夷齐饮，终当不易心。""夷齐"是古代的两位有名的志士，以有骨气留名千古，只要本质不贪，即使饮了贪泉也不会贪。吴隐之上任后，非常注意自己的操行，生活相当俭朴，每餐青菜、廉价鱼干，官府规定供给的器物也都送回，坚持去奢务俭的节操并大力整顿吏治，官府的行贿之风也有所收敛。传说他离任时把夫人收藏的沉香扔在江中，即成了现在的沉香沙。后人为了纪念吴隐之，将其所题贪泉诗刻碑，竖立在贪泉之旁，以警后来为政者。此碑几废几易，直到明万历二十四年，广州籍的右布政使经石门时看到吴隐之的诗颇生感慨，重刻立石以为警示。尽管后来朝代更迭，但人们对贪官的警示始终没有放松，这块贪泉碑也一直保留到现在。

第三节 沙面白鹅潭

沙面曾称拾翠洲，位于广州城区珠江岔口白鹅潭东北面，原是珠江冲积而成的江心洲，原称中流沙，占地面积330亩，宋、元、明、清历代为国内外通商要津和游览地。清代时沙面北岸和东岸已和大陆沙基相连，因沙面与岸之间水浅，形成水上居民区，十三行兴盛期间成为妓馆区。袁树的《红豆村人诗稿》称："（沙面）周回十余里，为花船聚集之所，游人驾小舟，婉转于花船丛杂中，谓之打水围。"

清咸丰九年（1859年），沙面沦为英法租界。英法侵略者凿涌筑基，使沙面与城区分隔，又架东西二桥与对岸相通。沙面内有三横五直八条街道，建筑物均为欧洲式古典建筑。在建租界时英、法保留了沙面原有的树木，所以至今沙面古树成荫，环境幽静。沙面的建筑多数是19世纪末期建造的，主要有领事馆一类的政治性建筑，教堂、学校一类的文化性建筑，银行、洋行一类的商务办公建筑等等。沙面的建筑基本属于西欧的形式和风格，是我国保存完整以英法式为主的西方古典建筑群。此外，还有哥特式、新古典式等形状风格各异的建筑。1946 年 10 月，广州市政府颁布“收回沙面租界为本市辖区”的命令，沙面从此回归中国。

白鹅潭是珠江流入广州最宽阔的水面，在明代的“羊城八景”中就有“珠海晴澜”一景，后称“珠江”是因为江中有许多礁岛，“浮水之丘”形圆如珠，故称为“珠江”。《广州历史地理》记载：白鹅潭上承西北两江之水，潮汐畅通，淤积不烈，故直到清末，测得水深仍达 7 米以上，深处达 10 米。白鹅潭的得名是因白鹅潭常有大白鹅出现。屈大均《广东新语》称：“（白鹅潭）水大而深，每大风雨，有白鹅浮出，则舟楫坏。相传黄萧养作乱，船经此潭，白鹅为之先导。”每到夜晚，江上渔火闪闪，绿瓦亭与鹅潭酒舫灯火通明，明月悬空，月色倒映，舟影绰绰，江天四望，景色迷人美丽，充满诗情画意。这一特定景色构成的画面，就是在 20 世纪 60 年代被称为羊城八景之一的“鹅潭夜月”。

20 世纪 80 年代初，香港商人霍英东与广东省政府合作，投资 5000 万美元在沙面兴建了我国第一家中外合作酒店——白天鹅宾馆，在当时成为全国瞩目的焦点。由白鹅潭和沙面的白天鹅宾馆等建筑组成的“鹅潭新韵”景观，是自然景色与人造景观的结合。

目前沙面是广州著名的旅游区、风景区和休闲胜地。岛上有古树 150 多株，空气清新，环境卫生甚佳。据报道，“荔湾新八景”评选的前三名就是“古祠留芳”、“鹅潭新韵”和“花地仙缘”。

第四节　流花湖

流花湖是一个带着神秘与浪漫色彩的人工湖。南汉时，越秀山下有一条长达数里的小河可达荔枝湾，两岸遍植桃花杨柳，小河与当时的王宫甘泉苑相接，深锁宫中的宫女为解思乡之苦，梳妆时便将头花放进小河随水飘出宫外，让流水落花寄托思乡之苦以及对青春流逝无奈的愁绪。古人的悲苦成为今人咏今怀古的佐料。2000 年的元旦，广州市流花湖公园的蒲林广场安放了“流花女”的塑像。

流花湖公园相传是晋代芝兰湖，总面积 54 万平方米，其中水域面积 33 万平方米，有 3 大湖 4 小湖，以亚热带风光为主要特色，因湖东北有南汉古迹流花桥而得名。北区狭长，草地向两侧延伸；南区有大面积落叶松林，景色清幽；东区有西双版纳风光庭园；中区有榕荫葵堤；公园有树种百多种，是集游览、娱乐、休憩功能为一体的大型综合性公园。除此之外，红桥葵堤是园内最具标志性的景点。葵荫夹道，翠舞飞霞；极目远望，宽阔的湖面碧波粼粼，在堤岸上绿树红花的掩映之下极具美感。离葵堤不远处，芙蓉洲内休息廊、景墙、景窗以及雅致的园道巧妙结合在一起，极具中国园林特色。放眼望去蓝天、碧水、荷影尽入眼内，是一种层次分明的色彩之美。

第五节　天湖

天湖距桂林市 138 公里，位于全州县华南第二高峰真宝顶东侧，海拔 1600 米，由 13 座小库组成的湖泊群，方圆达 3 平方公里，库容 950 万立方米。真宝顶在全州、资源两县交界处，是桂北的越城岭的主峰，属广西第二高山，主峰 2123 米。山顶是连绵起伏的小山包，树木稀少，有大片的芒草，秋天芒草花开是南国里少见的景致。山顶的大水库水如蓝镜，因海拔高而被称为“天湖”，13 座水库犹如一面面透亮的明镜，点缀在崇山峻岭间，相互贯通，互成补充。

天湖柔美秀丽，具有独特的高山气候，春来万物复苏，山峦如毯；夏至万紫千红，花的海洋；立秋一片金黄，天湖水像镶在金丝绸缎上的翡翠；寒冬银装素裹，天湖水又像嵌入白鹅绒中的玉盘。大片原始森林，众多奇花异草和野生动物。

天湖风景区具有独特的气候条件，风景区海拔在 1400—1800 米之间，属中亚热带季风气候，年平均气温 12℃—16℃，夏可避暑，朝晖夕阴，一天内有春夏秋冬四季之气象。天湖有六奇：一奇就是举世罕见的原始杜鹃林。天湖的山里长满了低矮的灌木林，尤以杜鹃为最。每年五月杜鹃花开，其花开五色，花朵最大的直径达0.3米，鲜红、紫红、乳黄、雪白、天蓝五颜六色，朵朵形态极妍，姹紫嫣红，堪称罕世奇观；二奇是湖中日月同辉，每逢农历月中东岭红日喷薄，西山银月悬山，太阳月亮相逢在湖水之中；三奇是湖底文物景观，不知何年沉入湖底的古建筑，石阶、石柱、石门槛、瓦砾依稀可见；四奇是露珠泡茶，清晨露珠冲泡天湖高山云雾茶叶清醇可口、沁人心脾；五奇是遍地野色可餐，天湖既是植物园又是动物王国，野菜野果随处可摘，野鹿、野羊、野兔、野鸡、娃娃鱼亦随处可见；六奇是建有高达1074米的天湖水电站，是科研与自然融为一体的人文奇观。

天湖风景区地处全州县西北部的越城岭山脉，有著名的亚洲第一高水电站，水头落差高达1074米，装机容量6万千瓦，年发电量1.78亿千瓦时，天湖水电站集科研技术和自然景观为一体，引世人瞩目。从真宝顶上遥望天湖，可见连绵起伏的群山中有数个水库点缀其间，景色异常壮观。

第六节　飞来峡

飞来峡俗称“飞霞”，东起澌江口，西至白庙圩，全长9公里，最深处为36米，是道教第十九福地和省级风景名胜区。飞来峡风景区历史悠久，有“风光誉南国，古迹遍峡山”之称。飞来峡又名二禺峡、中宿峡、清远峡，是北江三峡中最险要的地方。传说秦汉时代，特大潮水从南海涨至峡谷中间，但一宿即退，故名中宿峡。又传轩辕黄帝两个庶子，一太禺，一仲阳，南来居此，故山有南禺北禺，峡也称二禺峡。这里山川秀丽，古迹林立，一江两岸七十二峰，峰奇险峻，江水曲折回环，奔泻其间，构成一幅“一水远赴海，两山高入云”的大自然美景。唐代张九龄、韩愈，宋朝苏东坡，明代海瑞，清代袁枚等文人墨客，都曾慕名而来飞来峡，留下了大量的诗词歌赋。

飞来峡则因有飞来寺而得名。飞来寺为岭南著名古刹，始建于梁武帝太清元年（公元520年），距今已有1400多年历史。古寺在北禺半山中。宋大观后，为方便老弱善信进香礼佛于江边另创殿宇。据说轩辕大帝两位庶子修成正果后想到清远普传佛教，请求延祚寺的两个住持同来，但当时从安徽到舒州走水路需半年时间，两位仙人运用神力将整座寺庙拔地而起搬到清远。梁武帝是中国历史上最推崇佛教的皇帝，曾经三次剃度出家，因此才有了杜牧《江南春》里的“南朝四百八十寺，多少楼台烟雨中”的名句。

飞来峡江面开阔、峡江对峙，历代兴建的寺观、亭、楼，都有意将其隐没在林木葱郁的山水色之间，形成古雅清幽的天人之作。主要名胜由清香溢远的北江三峡、历史悠久的飞来古寺、三教合一的飞霞古洞、风水宝地的藏霞古洞和山花烂漫的锦霞禅院五部分组成。古代南来北往的名人经过此峡无不吟诗作赋，把峡山风光赞咏一番。苏东坡当年游览清远峡之后，留下了“天开清远峡，地转凝碧湾”的诗句，其中凝碧湾就是指飞来寺前面的那个地方。清代方城人方信儒曾多次游览飞来寺，对峡江景色十分欣赏，他其中一诗写道：“谁将神斧劈山开，万顷波涛天上来，峡岸繁花迷去所，不知身入武陵台。”峡中主要古迹有飞来寺、飞霞洞、藏霞洞、锦霞禅院。如果在江中泛舟，可览“金锁潭”、“白花潭”、“钟潭”、“凝碧湾”、“韩愈泊舟处”、“东坡钓矶”以及“一水远赴海，两山高入云”的好景。著名的归猿洞、和光洞、观音岩、卧仙岩和凝碧湾、白泡潭、金锁潭潆隐峡间。两岸有最高、二高、龙女、明月、凤凰、仙人等72峰夹岸对峙。现存有唐、宋、元、明、清、民国历代构建的亭、台、楼、阁、寺、庙、祠、殿、塔、坊、桥等63处，峡内还有众多的溪、潭、坑、沟、岩、洞等天然妙景。整个飞来峡内，现存有历代名人碑刻50多篇、摩崖石刻70余处，诗赋300多首，有“飞来峡里藏千胜，历朝诗赋遍山间”之誉。

飞来峡与飞霞山、飞来寺浑然一体的山水画卷，孕育出“峡口春帆”、“临江寺影”、“松峰观日”、“飞霞烟雨”、“飞泉泻玉”等如诗美景，也使这里成为了广东省著名的风景名胜区。

第七节　湟川三峡

湟川、湟水是古时对连江的称谓，为珠江流域北江水系的主要支流，发源于星子红岩山，流经连州、阳山、英德，在英德连江口汇入北江，因而亦称为小北江。连江流域属喀斯特地带，大自然的鬼斧神工，把这里的山山水水雕塑成一个兼有漓江山水之秀美，又有长江峡谷之奇趣的诗画走廊。180公里的水路，水位落差达 70 多米，沿江有七潭、八咀、九角、十三峡等。奇峰夹岸，一水如带，峡谷幽深，溶岩奇秀。两岸农舍错落，竹翠柳绿，群峰倒映。

曲折的连江最奇是峡。从连州的龙泉峡到阳山的大理峡，沿途长 25 公里的峰峦险峻，一峡一景，秀色可餐。龙泉峡、楞枷峡、羊跳峡又是最精华处，被称为“湟川三峡”。湟川三峡多美景，两岸茂林修竹、山花烂漫，瀑布一幅接一幅，湟川之美，为历代骚人墨客赞叹不已。唐代诗人刘禹锡贬任连州刺史，留下“剡溪若问连州事，惟有青山画不如”的诗句。清代进士林华皖，康熙六年任连州知州时留下《连峡行：“谓连峡之殊，尤瑰异卓绝者龟岩。历相九州名胜，罕有伦比，即以连峡与巫峡同观，亦岂夸美。”

龙泉峡河道险窄，两岸崖壁奇异。有一处如刀切般平，壁中忽吐一大石，形似龙头。石中吐出瀑布悬空直泻、终年不断，龙泉峡因而得名。龙泉峡崖峭如切，石色胭红，犹如一段天然红石堤，十数道瀑布从“堤”上飞泻河中。在山洞内才能见到的石钟乳，在这里却一串串倒吊于露天之外，从船上也清晰可见。这些石钟乳中，有一个尖端有孔，即使久旱无雨也终年流水不止，故龙泉峡又称“马尿峡”。

楞伽峡以奇伟峻峭著称。楞伽峡两岸怪石嶙峋，山高峡深，气势迫人。相传秦时有数仙女游峡突遇风雨，一女化为石，故此峡又名“贞女峡”。此峡向来是连江水道的咽喉，流水湍急，轰然若雷。唐代文豪韩愈被贬阳山县令时，曾游历至此，写下《贞女峡》一诗曰：“江盘峡束春喘豪，雷风战斗鱼龙逃。悬流轰轰射水府，一泻千里翻云涛。横浪卓龙相搏击，奔涛急疾声怨号。漂船摆石万瓦裂，咫尺性命轻鸿毛。”据史籍记载，南宋嘉泰二年（1202 年）五月，连日倾盆大雨，连江水位暴涨，连州城一片汪洋。洪水过后，楞伽峡河道淤塞，连州自此萧条冷落。18 年后，连州太守杨榕采用“上以火攻，下以堰取”的方法，先在上游筑坝拦河蓄水备用，再于冬季礁石四周堆满干柴枯草点起大火，猛火过后立即开坝，炽热的岩石被冰冻的河水冲刷裂声如雷、碎石腾空；随后开挖清理河床。经过三个隆冬反复施行，终于把楞伽峡开通，连州重又兴旺。现在峡壁上仍留有宋吏部侍郎张栻手书苍劲古朴的“楞伽古峡”四个大字，大字旁的几排小字，记载的就是当时开峡的情景。

羊跳峡是连江各峡中最短最窄的一个峡，长不足 1 公里，岸宽仅 30 余米，惊羊可一跳而过。传说有一只山羊居住在顺流而下的江水右边，每天必须跳到左边的山上吃草。一天，当山羊跳过峡谷时山崖塌落，山羊无法再跳回家里，便站在左边的山头上，年复一年化为一尊石像，所以这里称为羊跳峡。由于峡谷窄，峡内无云水自阴。这里江水深绿，江流平缓水面如镜，怪石嶙峋，岸壁似开若合。船只驶过，感觉似乎有随时被两壁夹住吞噬之险。站在船头仰望，屋檐似的峡壁上，垂吊着天工神雕的石钟乳，形态万千。加上一道道瀑布飞泻而下声如奔雷，激流翻腾，水道迷蒙，确有“疑似江上堆银雪，白浪跳珠乱入船”的意境。这里江面逐渐收窄，河水因变深而显得墨绿，头顶石壁欲合、峡壁上垂吊的钟乳石似乎伸手可及，令人有气不敢喘之感。峡旁有一石室，酷似戏台，浑然天成。

湟川多胜景，古有定论。古“湟川八景”即：巾峰远眺，圭峰晚霭，秀岩滴翠，双溪春涨，楞伽晓月，龙潭飞雨，昆湖叠巘，静福寒林。从连州城下船，沿湟川顺流而下，便会欣赏到如诗如画的沿岸风光：世外桃源的箭榄村寨；宏伟壮观的马面滩船闸；崖壁直如刀切，壁中吐石，石中吐水，悬空落河，如雾如纱的龙泉峡和两岸近在咫尺，顶端山羊可一跳而过的羊跳峡。还有，沿江极富特色的小艇，两旁挂满虾笼的虾船和小巧玲珑，撑起来敏捷如飞的小竹排，都会令你诗兴大发。

两岸有数十道飞瀑自山顶飞流直下喷然若雾，在阳光辉映下如七彩霓虹美轮美奂，更有唐朝韩愈留下的千古绝句《宿龙宫滩》：“浩浩复汤汤，滩声抑更扬。奔流疑激电，惊浪似浮霜。梦觉灯心晕，宵残雨送凉。如何连晓语，一半是思乡。”

第八节　海角甘泉

神泉胜迹位于惠来县城南 7.5 公里处，西临南海，背靠文昌山。神泉港是粤东重要港口之一，建于明嘉靖三十三年（1554 年），距今已有 400 多年历史，胜迹繁多，有“三奇”、“八景”之说，其中海角甘泉名列其中。人们常说：“到惠必到神，到神必到泉。”神泉镇东南角有“海角甘泉”，古时近海滩，宋代在这海滩边发现淡水泉眼，泉水甘洌，取之不竭，且能去暑祛邪，胜于药石，非常神奇。

相传，明洪武五年（公元 1372 年），广东惠来县神泉镇有一姓苏的小孩出生，14岁考上了状元。小孩诗词文采卓越，8岁时就写下了著名的《三十夜月诗》震动朝野，为明太祖朱元璋钦定为神童。一日，神童雅兴，在其故里的一口古井边写上了一上联：“抉取携而不竭任卤浸咸蒸独标平淡”，被称为“海角甘泉独脚联”。清乾隆间知县王玮在井旁建亭，将苏福独联刻在亭柱上，并树碑撰文。亭子称为甘泉亭，亭中立一石碑，指出甘泉“受千斤卤而能甘”，“虽深广不数尺，而欲者千余”，“有功于民”。《潮州府志》载：“此泉发源文昌山下，隆冬不竭而味甘，堡内咸资汲焉。”现在神泉镇几千人口皆汲此水食用。碑中亦有句云：“故泉以人显，城以泉称也。”这大概是“神泉”城名的来历。隋唐时代，就有中原及福建等移民在此繁衍生息。清代歌咏神泉诗中有“天涯有奇景，海角出甘泉”的句子，因而产生了“海角甘泉”的雅称。

“海角甘泉”神泉的神奇还在于，这里是我国沿海出现“海市蜃楼”的三个景点之一。解放以来，这里曾出现“海市蜃楼”20多次，一般出现在春夏之交的海天交汇处。“海市蜃楼”出现时，烟波浩渺、楼台亭榭、繁华都市、车水马龙、扑朔迷离，令人咂舌叫绝。

第九节　石笔潭

石笔潭，位于广东省台山市蛮肢头之北。因潭中有石笔高达数丈，宛若神笔倒插于水中，直指苍穹，故得名石笔潭。石笔前面山势险峻，水石潭后山谷中巨石累累，清溪绕流。西边高山壁立，飞瀑直落，高达数丈，瀑下深潭水深不见底，瀑布落入潭中亦不见雪浪翻涌。此情此景，正如一副观瀑对联所描写的那样：“龙跃九霄，云腾致雨；深潭千尺，水不扬波”。游人走近瀑布，身临深潭，则会被瀑布激石飞溅飘洒的水珠，泼得浑身湿漉漉；瀑布的轰声，亦如雷贯耳，寒气逼人，令人不敢久留。

“石笔清潭”是500年前台山（旧称新宁）八景之一。人们溯溪流入谷地的东北角，跳入眼帘的仿佛是另外一个世界，草木繁茂的绿色山峰陡然变成了凸岩林立的黑色峡谷，两边是挺拔险峻、森严嵯峨的悬崖峭壁，如两扇洞开的大门，又如寺庙中500罗汉两边排叠的走廊。迎面一座孤峰拔地而起，直插云霄，如擎天一柱，又如巨笔倒立。峰顶上有一粉色长形巨石耸立，如仙人下凡，又如笔尖问天。

石笔潭内水不是很多，秋冬之交来到石笔潭时，你会看见潭底大部分地方裸露，露出青草与黄沙，只在远方一角有一潭清水。狭长的溪道尽头，山崖上一股清流飞扬而下，宛如银练，落到崖底时响起阵阵水声。雨水充沛时，瀑布冲击力很强，临近瀑布就能感觉到阵阵凉风扑面而来。瀑布两旁，山峰高耸入云，山上古木参天，繁花似锦。靠近瀑布的绿树繁花，因常年沾挂着瀑布飞溅而起的水珠，更显得娇美妩媚。远眺山坡之上，层层梯田，一片翠绿，其间还点缀着茶树和油茶林，宛若一幅清丽的水彩画。

潭中最著名的自然是龙船。龙船并非严格意义上的船，实为一栋仿船而建的楼。船共有三层，船身以红色为主，船上有一走廊与陆地相接，一条溪流在龙船旁悄然流过，意境很美。

第十节　洗药池

洗药池位于罗浮山上，由青砖砌成，面积约 15 平方米，是葛洪和妻子鲍姑平时采集洗制中草药的地方。池旁有一苍劲巨石呈椭圆形，宽 4 米，高 3 米，叫做古钓鱼台。临池的巨石上有清末台湾爱国诗人丘逢甲的题咏：“仙人洗药池，时闻药香发，洗药仙人去不返，古池冷浸梅花月”，下署“庚戌秋为冲虚观主题”。另外在此诗上角有毛鹤翔刻“祁子隐居”四字。传说苏东坡也曾在此炼丹，他给儿子苏过诗曰：“东坡之师抱朴老，真契早已交前生。”

据传，葛长庚及其弟子湛然、彭耜、彭胎仙均在此修道成仙。据说，魏晋时葛洪来到罗浮山好学不倦，“究览典籍，尤好神仙导养之法。”他觉得罗山、浮山两峰巅，若即欲离，很像小黄龙与青龙三公主的传说，遂冶铁为桥，人称铁桥峰。桥横贯罗山、浮山两峰巅之间，使两山结合在一起，后世人们遂把罗山、浮山合称为罗浮山。由于山中钟灵秀气，葛洪与妻鲍姑晚年携子侄均隐于此山中修道。山中原建有道观五所，以冲虚古观为最壮观，这也是中国著名的道教宫观之一。

第十一节　越王井

越王井位于广州市应元路西端的广东省科学馆内，这是广州最古老的井。据记载，越王井至今已有2000多年的历史，相传为南越王赵佗所掘。原井呈方池状，宽丈余。到宋代，番禺县令于伯桂加盖大石板，并开凿9个井眼，方便汲水，所以又叫九眼井，今仍存“九眼古井”石碑。南越国时期，越秀山上有越王宫，这口井可能是王宫专用井。又因山上有越王台，故又称越台井。对面有清泉街和清泉街小学，也因此井而得名。传说赵佗曾投金杯于井，结果从北郊15公里外的石门流出，说此井与石门相通。因此，唐《通典》谓南海有“天井口”，天井即越王井，门是石门。清屈大均《广东新语》称，越王井“水力重而味甘，乃玉石之津液”，并说“佗饮斯水，肌肤润泽，年百有余岁，视听不衰”。

古代广州因多受海潮影响，地下水质较差，大部卤咸。明武宗正德年间，学士黄谏写《广州水记》时，将广州城内的泉、井、涧的水质分为十等：广州城内的九眼井为最佳；城外则是鸡爬井（即学士泉）。以下顺序列为：九龙泉、泰泉、次蒲涧帘泉，次越井，次双井、甜水巷井，次洗白井，次居士泉，次藩司、郡廨二井。可见越王井水质之优。

越王井水质优良，令历代广州封建统治者垄断了该井的使用，不准百姓染指。南汉王刘龚曾独占此井，称“玉龙泉”，“禁民不得汲”。苏东坡曾可惜民众不能享用，只有“官员及有力者，得饮刘王山井水”。清初平南王尚可喜曾独占此井达10年之久，在四周筑起砖墙派兵把守，还贴出告示：有私汲井水者，鞭笞四十。明天顺年间（1457—1464年），广州府通判曾把越王井列为广州十大名泉之一。民国初年，军阀龙济光曾派几十士兵轮番抽水清理这口废井，花了两天时间才把水排干，可见井水的容量很大。旧时，市内的一些茶楼也号称从这口名井取水以招徕顾客。20世纪50年代，仍有许多居民到越王井打水饮用，后因环境遭到破坏，长期失修，井底淤积，古井逐渐失去其饮用功能，变成当地的名胜古迹。

第十二节 汤坑温泉

汤坑温泉隶属梅州的丰顺县，在历史上有“九汤”之说。此县东南西北都有泉，其中以汤坑镇的温泉流量最大，每昼夜溢水量达2600吨以上。民间流传着这样的顺口溜：“来到汤坑不洗汤，枉费走一趟。”现在，汤坑镇所有的宾馆都是用温泉水。

这个浴池早先是个无修饰无管理的泉沟，明末吏部员外郎罗万杰和温州推官柯化鹏两位乡贤筹资兴建，把坑坑洼洼的泉沟扩大，修成了简陋的人工汤湖。1910年在汤湖四周高筑围墙，壁刻“澡身浴德”四个大字。解放后，政府两次拨款扩建。规模比原汤湖大两倍，汤坑温泉为低化重碳酸型淡水，无色无味，内建有占地1800多平方米的男、女浴池，为广东省规模最大的天然温泉公共浴池。

在这里，滚滚的温泉水从古到今日夜不停地冒着涌着，取之不尽用之不绝。这里水温高达76℃。其他浴池的水温按照离这里的远近从高温至低温依次降低，沐浴者可选择不同的水温进行沐浴。温泉水质含有珍贵的微量元素氡，含氡量高达669.7贝可/升，属于放射性氡泉。据悉，用氡泉水沐浴可起到特殊的疗效，它有镇静、止痛、止痒与消炎的作用，对皮肤病与风湿性关节炎等疾病均有明显疗效。温泉自建成至今300多年来，汤坑镇内外每日均有数千人到温泉洗澡，寒暑不减。特别是温泉外围街道摆设不少传统小食摊档，如油炸薯粉豆干、菜粿、牛杂薯粉条汤，以及各式甜汤糕饼，全都物美价廉，常令远行者思恋。清朝康熙年间余姚、郑濂为揭阳知事时，曾作《温泉诗十六韵》赞美之：“天下多名泉，无如此利浴。闻有甘若醴，冬日不堪掬。也有香若麝，贫者非所欲。”

第十七章

岭南的古迹遗存

岭南地区分布着许许多多的遗迹古存，这些古迹从不同侧面见证了岭南先人从蛮荒走向人类文明的足迹。马坝人遗址和石峡文化遗址的发掘及其研究，为完善我国原始人类发展的序列提供了重要的资料，是迄今为止广东省唯一一处古人类化石遗址。西樵山是岭南地区最重要的新石器时代遗址之一，根据联合国教科文组织的定义，它属于不可移动物质文化遗产。其出土的石器、碎屑、石坯等考古学遗存则属于可移动的物质文化遗产。这两者均具有重要的历史、科学和社会价值。佛山河宕遗址，是珠江三角洲地区新石器时代晚期（距今4300—3500年）的一处重要发现，在广东乃至岭南地区具有重要的学术意义。在增城金兰寺遗址，科学家通过对贝丘位置、贝类种属及其生活习性的研究，进一步了解了岭南自然环境的变迁和当地先民的文明发展程度。从阳春独石仔遗址的发掘与研究中，可窥见该地区从旧石器文化向新石器文化发展演化的过渡形态。南越王墓的发现和发掘是我国考古的重大发现，对岭南社会文化产生了深远影响。

这些遗址古存以及出土的文物都向世人证明，早在史前时期，岭南地区就有人类生存，岭南先人创造了丰富的文化，在人类起源、农业和家畜饲养起源等方面都有过辉煌的成就。正因为史前时期有过灿烂辉煌的文化，岭南地区在各个历史时期，特别是近、现代历史上，在中华民族文化的发展中都起着先锋作用。这正是文化积淀深厚的表现。

第一节　马坝人遗址

广西桂林、广东肇庆以其瑰丽奇异的岩洞著称于世。在岭南发现的古人类化石中，最有价值的是岩溶洞穴保存的马坝人头骨化石。马坝人属于中国东南地区旧石器时代中期的人类化石，也是迄今为止广东省唯一的古人类。马坝人生活在旧石器时代中期，活动在现今广东韶关市曲江县马坝乡。

这里有一座由石灰岩构成狮子山。1958 年 5 月，马坝农民看见狮子山附近的水稻长势良好，为了调查肥源追踪到狮头峰岩洞，发现洞内的堆积土层含磷肥高达 33% 左右，大量挖取洞内的堆积土层，其中有不少动物化石。恰好广东省的主要领导人到韶关视察，得知这情况批示要认真保护化石。省文化局随即于 8 月底派人前往调查，带回的一批化石中有古人类头骨化石。为了进一步取得确实结论，这批化石被送往中国科学院古脊椎动物研究所鉴定。该所很快就肯定是非常重要的古人类化石，并特派中国著名的古人类学专家斐文中、吴汝康、周明镇等到广东，会同省市和中山大学的考古工作者前往现场勘察。

马坝人化石有头顶骨 3 块、眼眶至前额骨 1 块，鼻骨 1 小块、右蝶骨连右颞骨 1 部分，加以粘接拼合为中年男性头骨的上部，其脑容量为 1225 毫升。经北京大学碳 14 实验室用铀系法测定，“马坝人”生活时代距今约 12. 9 万年左右，属于早期“古人”，是直立人向智人过渡的早期类型人类化石，为亚洲地区早期智人的代表。因它生活于“猿人”之后和“新人”之前，这就填补了中国人类发展过程中的重要环节，并且表明中国远古人类的分布，从华北直至岭南，范围十分辽阔。马坝人的发现对研究古人类在这一地区的活动和当时的地理气候及生态环境都有很大帮助，同时为完善我国原始人类发展的序列提供了相当重要的资料。马坝人头盖骨的发现，是新中国古人类化石重大发现之一。

与马坝人头骨化石伴生的脊椎动物化石有鬣狗、大熊猫、貘、剑齿象等 19 种，地质时代为中更新世之末或晚更新世之初。马坝人遗址所在地同时发现的新石器时期的“石峡文化”遗址，是珠江文化起源极其重要的考古发现。原始人类遗址与新石器时期文化遗址共存一处，国内罕见。马坝人的发现证明了广东的历史可以上溯到原始社会的原始群时代。

1988 年，马坝人遗址旁兴建马坝人博物馆，陈列有许多古人类化石、动物化石和新石器时代的文物。2000 年，马坝人遗址和石峡遗址被评为“20 世纪 100 项考古重大发现”；2001 年 6 月，马坝人遗址和石峡遗址合并，被国务院公布为第五批全国重点文物保护单位。马坝人遗址风景区风景秀丽，湖光山色，是一个山、水、洞、石兼收并蓄，集考古与旅游、知识性与娱乐性融为一体的广东省著名的大型考古旅游胜地。该景区分为前山和后山，均发育有无数石灰岩溶洞，洞内石笋、石幔、石柱千姿百态各具奇趣，山中有洞，洞中有湖，洞中湖幽深曲折。前山主洞是“马坝人”化石出土地点，在银岩和桂花岩等洞中塑造了“马坝人”时代原始人类生活塑像群和“石峡文化”时期先民们生活情形。后山有禅宗六祖慧能大师曾居住过的招隐寺和大型的石灰岩溶洞，洞内有千姿百态的石钟乳，令人惊叹大自然的艺术创造力。

第二节　石峡遗址

广东省北部曲江县是南岭山地向丘陵过渡的岩溶地区，马坝河由西向东穿越曲江县城，注入北江。马坝河南岸的狮子岩在 1958 年因发现马坝人化石而驰名中外。狮子岩属岩溶地区常见的连座峰，南高北低，两峰之间的山背凹地，已辟为多级农田耕地，当地人称之为“石峡”。20 世纪 70 年代初，考古工作者在石峡遗址进行了连续多次的考古发掘，揭露出面貌崭新的原始社会文化，被命名为“石峡文化”。石峡遗址记载着公元前 2900 年—公元前 2700 年的新石器时代历史。石峡遗址的发现和发掘，为探索中国岭南地区原始社会的解体提供了重要的实物资料。

石峡遗址三面倾斜，中央隆起山岗。整个遗址普遍覆盖 1—3 层沉积面结成的铁锰淋溶层，可分为四个不同时期的文化层。上层出土的遗物，以广东通常所谓“夔纹、云雷和方格纹”组合的印纹硬陶，与少量的磨光石器、青铜器共存为特征，年代相当于西周晚期至春秋；中层出土的遗物，以广东通常所谓的“曲尺纹、长方格纹组成的印纹软陶”，与较多的磨光石器等共存为特征，年代相当于夏商之际；下层出土遗物，以泥质磨光陶、夹沙陶与大量的磨光石器共存为特征，年代为新石器晚期。以下层文化为代表的石峡文化，出现了定居聚落；有氏族公共墓地；随葬品多为实用器；随葬品石质生产工具相当普遍；盛行三足器、圈足器；几何印纹陶的出现；有贵重的饰物。

石峡遗址属全国重点文物保护单位，总面积约3万平方米，已揭露面积达4000平方米。遗址内发现有房址、灰坑、陶窑、墓葬等遗存。出土有各种石器、陶器、骨器、玉器等遗物3000余件。石器工具普遍磨光，有弓背两端刃䦆、有段石锛、有肩石锛、凿、钺和镞等。稻作农业发展程度较高，发现较丰富的粳、籼稻遗存。陶器中三足器、圈足器发达，陶器中出现了少量的印纹陶，陶器上拍印了方格纹、曲尺纹、漩涡纹。

石峡文化的基本特征为：发达的农业、手工业，色调丰富的陶器群，引人注目的装饰品、奢侈品和武器，以及个性鲜明的埋葬习俗。

石峡文化有进步、发达的农业、手工业。在属于石峡文化的地层中，至少包括两处残破灶址和一处地窖中发现有含栽培稻的烧土块或清晰可见的炭化稻米，在九座二次葬墓穴里也发现有被认为用作“祭品”的稻谷或米粒。此外，在文化层内的烧土块中还发现有用作建筑材料的稻谷壳和稻草秆秣，说明石峡文化已有水稻农作物生产。石峡出土的石铲外面呈弧形，里面平凹，入土锐利，使用得手。弓背形石是一类适应当地环境的掘土生产工具，器身厚重，长身，两端磨刃，正面平直，背面弓背隆起，正面中部便于安装T形把柄，十分适宜华南山地红壤土的垦殖。

色调丰富的陶器群最能体现石峡文化的个性。据不完全统计，石峡文化的陶器已近千件，陶质有夹砂陶、泥质陶，多数为素面，部分饰有划纹、弦纹、绳纹、附加堆纹和镂孔，并有少量几何形拍印纹。陶器多三足、圈足、圜底、普遍使用器盖，器物口沿多为子口结构，陶器种类在二十种左右，主要有食具、酒器、水器、饮具、贮藏器、器盖等类别。三足盘类多为泥质红褐陶。

在石峡文化的发掘成果中，第一次在岭南史前文化中看到了一批引人注目的装饰品、奢侈品、武器。装饰品有玉石制作的块、璜、镯、臂环、珠、管、锥形饰、松绿石饰、玉片等，多属于佩带装饰之物；奢侈品有玉石制作的琮、璧、瑗等，往往放置在尸骨上面或附近。奢侈品所占的比数虽然极小，但它的出现给石峡人的意识观念披上了一层神秘的薄纱，它使某些随葬品开始迈向礼品化。另外，使用石镞、石钺等兵器随葬也是石峡文化的一个重要特征。入葬石镞、石钺的墓主人可能是原始社会末期拥有特殊地位的武士。这个阶层的出现，是原始社会濒临解体的社会产物。正是因为有石峡下层出现的石镞和石钺，才有后来石峡上层出现的青铜箭镞、青铜斧钺，华南原始社会便是在这些兵器中的冲击中土崩瓦解的。

石峡文化的墓葬很有特色，在石峡遗址发现的墓地，多数墓坑经过烧烤，均单人葬，盛行二次迁葬。有的墓葬还随葬有成套的木工工具，说明当时已经出现了专业的木匠。晚期大小墓差别明显，反映出贫富分化和社会已出现特殊阶层。大墓随葬品多达数十件至百余件，包括成批石器及琮、瑗、璧等贵重玉器，往往还伴放稻谷米粒作为祭奠食物。

石峡文化若干器物与其他新石器文化的同类器物相比，已经揭示出石峡遗址文化因素多样性的开放型特点。石峡文化在岭南的崛起，除了本身独特的风格外，也积极吸取了周邻文化的新因素，并给予“石峡式”的改造，终于在距今4500年左右形成一支独特的考古学文化。石峡文化像位于南岭山脉中间，可以透视南北的一个窗口，沟通南北的一个门户，为探索我国古代与印度支那半岛甚至南太平洋地区的关系找到一把钥匙。正是石峡文化的“窗口”、“门户”作用，在进入文明历史的进程中，石峡文化在我国新石器文化分布图上作为中国文化的外围层次，与周邻文化的交流、融合规模越来越大。当标志着中国文明出现的夏王朝在中原地区建立之后，石峡文化共同体的文化因素多样性很快地凝聚于古代文明的统一性之中，以新姿态分别参加到“华夏文化”或“百越文化”的行列中。

第三节　西樵山遗址

“未有珠三角，先有西樵山。”西樵山的前世可追溯到4750万年前的白垩纪：珠江口，南海边，一座火山爆发，喷涌而出的岩浆，加上海啸的力量，形成了古老的西樵山。

西樵山的名称由来已久，据传说古代广州人经常到东南方向的罗浮山采樵，就称为“东樵”；而西樵山古称为“锦石山”，广州人到西面的锦石山采樵，就称为“西樵”。

西樵山是广东四大名山之一，是石器时代古人类的石器制造场，考古学家在西樵山挖掘出许多制石工具，如手斧、尖状器和刮削器等。西樵山出土的石器能清晰地反映远古时期珠江三角洲地区细石器向双肩石器的转化过程。西樵山文化以双肩石器为代表的西樵原始工具，指引了岭南农业文明时代的到来，所以西樵山又被考古学家誉为“珠江文明的灯塔”。大量的史实证明，当南粤大地还处于洪荒时期，新石器时代的西樵人，就以自己的勤劳智慧创造了辉煌的西樵山“双肩石器文化”，给珠江流域投入了一缕文明的曙光。

1958 年秋，中山大学地理系在西樵山进行地质实习，在采集的岩石标本中发现一些人类加工过的石片，经该校历史系梁钊韬教授考证确认为双肩石器而引起关注，于是该校历史系和地理系组成联合调查组对西樵山进行首次科考，发现 9 处石器散布地点，采集 191 件标本，从而揭开了西樵山“石器时代”的考古序幕。1960 年我国著名考古学家贾兰坡到西樵山考察，首次提出“西樵山文化”的建议，他后来将西樵山遗址和山西的鹅毛口遗址并列为我国新石器时代南北两大石器制造场。

1977 年 9 月，中山大学考古专业的师生野外调查时，发现了由燧石、玛瑙等石料制成的大量细石核、细石片。这些只在北方沙漠草原地带才能见到的细石器，石料、类型和风格与以往西樵山的双肩石器迥异。这类细石器与我国华北以至东亚、北亚和北美地区的细石器属同一传统，表明我国细石器分布的南界已达南海之滨。西樵山发现细石器的消息不胫而走，很快海内外许多著名的考古学者接踵而至。

根据历年来对遗址的考古调查及发掘资料表明，西樵山遗址群是一处分布面积广、石器丰富、延续年代长的采石场和石器加工场遗址。迄今为止，其由已被发现的 18 个地点组成。这 18 个地点大部分是石料开采场和石器加工场，主要分布在中部铁泉峰锦岩、南蛇岗东南坡、火石迳、富贤村后坡、镇头及佛子庙等地。该文化遗址出土遗物非常丰富，有加工石器用的工具石砧、石锤、琢锤，石器生产工具有石球砍砸器、刮削器、石斧、石锛、石铲等。多为打制石器，成品比例少，多为残次品。石器类型可分为以双肩石器为特征的打制、磨制石器，另一类以小石核石器、石片石器为特征的细石器，以其独特的风格，构成“西樵山文化”。

真正的生活遗址绝大多数分布在西樵山周边海拔较低的阶地上，墓葬多发现于贝丘遗址中，迄今发现的数量已有 41 处之多。在发掘的近 100 多座墓葬，仰身直肢葬，以浅穴墓为主，随葬品不多，有拔牙习俗。这类文化遗存，石器以有肩形为主，陶器以夹砂的圜底釜、圈足罐，陶支脚及泥质的圜底罐，折圈足壶，矮足或高足盘、豆等器形为主，有少量彩陶，几何印纹陶发达，纹样达10多种，刻画符号也较多。

“西樵山文化”所有的遗址都是以西樵山这个石器制造场为中心而分布。西樵山的双肩石器等石制品大批外运，不仅遍及珠江三角洲，而且逐渐辐射到广东中部、南部、广西南部和海南岛，形成了一个以双肩石器为特征的文化分布区。到了新石器晚期，已抵达粤东、粤北地区，影响了石硖文化和屈家岭文化。有学者认为，西樵山文化向东的一支可能已传到台湾岛西海岸。向西一支沿珠江一大支流——西江水系溯江而上，扩散到了云贵高原。更为重要的，西樵山的双肩石器大量地辐射到中南半岛各国。这样一来可见珠江流域成了文化起源以及向外辐射的中心。专家公认，西樵文化是岭南文化的发源地，在岭南文化史上具有里程碑意义。

第四节　陈桥村遗址

贝丘文化就是古代贝丘遗址反映的文化现象，是早期潮汕人类文化的反映。经考古调查和发掘，潮汕早在4000多年前的新石器时代就有人类居住和生活。较典型的有陈桥贝丘遗址，位于今潮州枫溪陈桥村；梅林湖贝丘遗址，位于今潮安庵埠梅林湖附近；池湖贝丘遗址，位于今潮安池湖窑边岗。

1957年发现的陈桥村遗址，面积300平方米，位于潮州城西约2公里陈桥村沟北冲积台地上，不远处为山岗丘陵。韩江就在遗址东面沿着竹竿山和凤山由北往南蜿蜒流过。从遗址附近的地质地貌观察，昔日这里应是一个浅水的沼泽地带。遗址西北面100米处有一条宽约10米的小水沟，地势比韩江水面约高出5米，从挖掘贝壳的情况看，遗址的范围东西长约80米，南北宽约40米左右。陈桥村贝丘遗址年代为新石器时代中期。

这些遗址有1米多厚的贝壳层，主要是古人吃过的蚶壳，说明那时是以海中食物为主。在大量贝壳中，出土有经打制的石器、磨制的骨器，有粗砂陶制作的食具和储存器，有人类的骨骼牙齿，还有猪羊鹿等兽类的骨骼。这些实物遗存反映了当时人类群体聚居的生活，是人类在新石器时代的遗物。

遗址的地层堆积大致可分为四层：第一层为耕土层，黄褐色土，厚0.12—0.26米，出土有唐宋瓷片和近代砖瓦。第二层为表土层，黄色粘土，厚0.78—0.9米，没有任何遗物。第三层为新石器时代文化层，按土色又可分为两层：A层为灰黑色粘土，厚0.1—0.16米，里面全部为新石器时代遗物，并以陶片为最多，也有大量炭屑和灰土，B层为大量贝壳和灰黑色粘土的混合堆积，厚1.2—1.25米，遗物非常丰富，有石器，骨器和陶片，自然遗物除有大量软体动物如牡砺等的硬壳外，有牛、猪、鹿、鱼、龟的骨骼及人骨。第四层为生土层，即海泥层，没有发现任何遗物。

出土的文化遗物包括有石器、骨器和陶器。石器种类较少，大部分是打制石器。有用河砾石打制而成的蚝蛎啄、手斧状器、砍斫器和敲砸器；磨制石器甚少，只有用细砂岩打制后再磨制的几件石锛。骨器质料以牛、鹿、猪为主，鱼骨用作骨针，种类有锛、刀、簇、锥、针、簪和两端刃器。陈桥遗址出土的陶器全是粗砂陶。胎色杂，灰色最多，也有红色和黑色的。器形以罐和钵为主。为手制，表面磨光，部分器物的局部施红彩，纹饰有螺旋纹、划纹和线纹。该遗址陶器的特点很突出，不论质料、形制和装饰，都和广东及邻近省区一般新石器时代遗址所出土的有所不同。

出土的属于10个个体的人骨，已有轻微石化，被一些学者称为“陈桥人”。经测定，陈桥村贝丘遗址为距今6000—5500年前的新石器时代文化遗址。

陈桥村遗址发现后，在粤东沿海地区陆续发现了类型相似的文化遗存，如潮安金石塔下村的石尾山遗址、意溪头塘村的海角山遗址、枫溪池湖的池湖遗址、澄海莲上里头村的内底遗址、十五乡的梅陇遗址、樟林鼎脐山遗址等，统称潮汕地区的“陈桥类型”文化遗址，为新石器中、晚期遗存。大约距今6000—3500年左右，与仰韶文化彩陶约略同时或稍后，在时间上具有标示广东新石器文化发展程度的重要性。这些遗址有个共同的特征：陶器多为夹砂陶。

彩陶的出现是这类文化的一个显著特征，而贝划、贝印纹陶和陶网坠的生产过程中，把贝壳当材料或工具，对陶器进行装饰或刻画，或把贝壳天然的花纹印到器表上，像蚶壳压印纹，陈桥类型都是贝丘遗址类型。这说明生活地区一般离海不远，从大海捞取生物是他们维持生活的重要方式。现在的潮汕平原在远古时候是毗邻海滨的陆地，为从大海捞取生物，发明了相应的工具。在适应和利用大海的过程中，先民们创造了自己的海洋性文化。

第五节　金兰寺遗址

金兰寺村位于广东增城石滩镇肥沃的三江平原上，增江河的东岸，是一个有着悠久历史的村庄。

在增城金兰寺的黑土中沉积大量白色贝壳，这些贝壳以蚬壳为主，也有为数不少的蚝壳。心形的贝壳大都指头般大小，由于年月久远而钙化严重，苍白、易碎、毫无光泽。在贝丘堆中发现有人工磨制的石斧，继而又陆续捡到一些刻有绳纹的陶片……考察发现：这是一个距今 4000 多年前的文化遗址，属于新石器时代贝丘遗址。贝壳是那个年代的人采食后弃置的。原来在亿万年前，这里还是大海，随着东江、增江等珠江水流支系的冲刷和泥沙堆积，形成冲积性平原。大约 4000 年前，这里已生活着新石器时代的人类。1958 年，广东省考古队对遗址进行选择性挖掘，在 200 平方米范围内，发现共有上、中、下三个文化层，上层属于战国时期文化遗存；中、下层是新石器时期遗存。下层出土有砍斫器、敲砸器，有肩石斧、锛、凿等打制和磨制石器。陶器以粗砂陶为主，大量是粗砂黑陶，粗砂红陶较少。纹饰有篮纹、绳纹和划纹。还有部分磨光泥质红陶和少量彩陶。动物以蚬最多，还有鹿、牛、鱼、龟的遗骨。中层的几何印纹陶已有初步发展，其时间可能稍晚。这个有三叠层文化堆积的遗址，是广东省较早发现的古代文化遗址之一，它为研究广东省古文化遗址的早晚关系提供了重要的地层根据。

发现除了大堆贝壳，还有动物及鱼类骨、石器等堆积成的文化层，并在村子内发现 4 座古墓葬，其人骨结构具有南亚蒙古人种特征。出土文物有石斧、石刀、石奔、陶盆、陶钵、蚌环、穿孔毛蚶壳、鱼骨串珠饰物等，现存于广东省博物馆内。金兰寺贝丘遗址，是广东省较早发现的古代文化遗址之一，是考古的一个重大发现。在科学考察中通过对贝丘位置、贝类种属及其生活习性的研究，对进一步探究广东省古代文化遗址的早晚关系提供了重要的地层根据，也对研究当时广东人文、水文、地理、气候及水、陆生物等都有重要的价值。

金兰寺的新石器时代古人骨资料保存有两具不太完整的人类头骨。从形态学特征上来看，金兰寺新石器时代居民既具有比较明显的南亚蒙古人种的特征，同时也拥有某些与赤道人种可对比的性状，其多数特征与华南地区其他新石器时代居民基本一致。该颅骨组可以测定颅指数的仅有一例标本，而该例头骨却是短颅型，这与华南地区先秦时期居民普遍具有的长颅型特点明显有别，其原因有待于进一步的研究。

金兰寺先民的发展程度和黄河流域及长江流域发掘的距今六七千年的先民相当。他们用石镰、石铲、石锄、陶刀等农具从事农业生产，用石斧、石刀等工具在深山老林里打猎。在广州市博物馆一个高大的橱柜里，收藏着一件金兰寺出土的长身斜边弧刃式的双肩磨制石斧，造型规整，打磨精致，刃口锋利，光滑可鉴，具较高的艺术水平，堪称新石器时代的精品。金兰寺新石器时代贝丘文化遗址是广州地区最早的文化遗址，反映了广州地区史前人类活动。

第六节　河宕遗址

佛山河宕遗址，是珠江三角洲地区新石器时代晚期（距今 4300—3500 年）的一处重要发现，在广东乃至岭南地区具有重要的学术意义。

1977—1978 年由广东省博物馆与佛山市博物馆组成联合考古队对佛山河宕遗址进行抢救性发掘，受到了学术界的广泛注意。1989 年，广东省人民政府公布河宕遗址为省级文物保护单位。

该遗址揭露面积 760 平方米，发现有明确的文化层和丰富的人类活动居住遗迹，清理墓葬 77 座和各类遗迹及大批文化遗物。共计有各类石器 200 多件，骨牙器 60 多件，夹砂陶、软陶、白陶、彩陶和硬陶达 4 万余片，还有陶器上的刻画符号 70 多片（件）。有特色花纹和素面的陶纺轮 120 多件；墓葬出土可复原陶器 20 多件。此外，还出土有 3500 多块陆生、水生动物遗骸。文化层遗留有数以吨计的当时人们食后遗弃的蚧壳类和鱼鳖类遗骸。在发掘面积不大的范围内，竟然出土了如此丰富的器物，器形多样、特点鲜明，这在当时学界引起不小的轰动。

文化遗物主要包括石器、玉石饰物、陶器、骨器、象牙器、蚝壳器、动物遗骨器等。石器有双肩锛、单肩锛、有段锛、斧、铲形器、凿、镞、矛、砺石、石环、石管等，发现的霏细岩和硅质岩质料的石器，表明了河宕遗址与西樵山石器制造场有着密切的关系。

骨器、角器、象牙器具有明显区域性的特色，反映了珠江三角洲原始居民的生产、生活特点。骨镞、骨针数量多是一次重要的发现。骨器的质料主要是兽骨，少量有鱼骨、蚝壳。器形种类有锛、凿、矛、镞、锥、叉、织针等。骨矛、骨叉、骨镞是捕鱼狩猎工具，织针应是织网工具。65 号墓人骨头顶上发现两件象牙筒形器，可能属发冠之用。两件器物形制几乎一模一样，磨光精致，薄如蛋壳，让人叹为观止。这种器物在岭南地区其他地方还未见过。

在河宕遗址发现大量的陶器，它最能体现那时居民的制陶工艺水平和生活样式。河宕陶器的特点是陶系多样，有夹砂陶、泥质陶，有软陶、硬陶，有白陶、彩陶。经佛山陶瓷研究所鉴定，河宕的制陶工艺已采用了拉坯成型的轮制技术，在珠江三角洲乃至广东新石器末期具有代表性。

遗址还发现了 77 座墓，其中第三文化层 26 座，第二文化层 51 座。大部分的人类遗骨保存较好。根据中国社科院考古研究所的鉴定，可分辨其性别、年龄和人种体质特征达 57 座，特别是发现其中 19 个男女为人工拔牙个体，拔牙形态主要是拔除上颌两侧门齿，这与我国鲁南—苏北的“大汶口文化”以及东南沿海地区史前遗址的拔牙形态是一致的。另一个更有趣的现象是，在可辨的成年男女的墓葬中，男性头均向东，女性头均向西。墓葬的随葬品不多，但不乏精美的象牙环、象牙梳、水晶玦、陶鬲等。河宕遗址的墓葬是广东目前发现的拔牙个体数量最多的一处遗址，它对研究劳动生息在珠江三角洲一带新石器晚期居民的体质特征、埋葬习俗和拔牙风俗、演变过程以及民族的形成、迁徙增添了重要的实物资料，具有重要的研究价值和学术意义。

可以看出在史前时期，珠江三角洲地区生产工具是以中小型有肩石器为主，还有骨角器、蚝蚌器、象牙器和刻画连弧纹的陶纺轮，有相当发达的几何印纹制陶业，墓葬多长方形浅坑墓，实行仰身直肢一次单人葬，青年男女生前普遍实行人工拔牙习俗等文化特征。这对研究在史前时期岭南地区沿海这一特定生态环境下，古人类的经济形态、生活状态、饮食结构、体质特征等文化内涵和古环境的变迁过程、古动植物的季节性都具有现实意义。

第七节　秦汉造船工场遗址

广州作为历史文化名城，有2200多年的建城历史，是我国海上丝绸之路的发祥地。西汉初年，我国就已形成了对外贸易的广州港市，一直延续至晋、隋、唐、宋、元、明、清，至今广州还遗存有秦代造船工场遗址（秦汉）等一大批文物和史迹。

据史书记载，秦始皇平定岭南时期，当时处在番禺（即今广州）的一支秦军，专门建造了大量的船只，供平定瓯越所需。汉元鼎五年（公元前112年），武帝派遣大军南下平定吕嘉之乱，中原十几万军民和成千艘楼船纷纷南下番禺，开发珠江流域，沟通中原与岭南的文化交流。来自中原的造船匠师传播楼船的建造技艺，在木板船的基础上仿制楼船和内河船。这时，广州与徐闻、合浦、交趾诸地都有海船往来，最远可到达今天的斯里兰卡。

秦始皇统一岭南至西汉初文、景期间的造船工场遗址，位于广州市区中心的中山四路西段，是汉代以来堆积形成的一片东西长约300米的坡地。遗址埋在坡地下5米深处，南距今珠江北岸1300米，为1974年冬考古人员在广州市区中山四路发现。造船工场建造在灰黑色的沉积粘土层上。船台区有3个呈东西走向平行排列的造船台，其中两个船台各揭出一段，结构相同。1号船台在南，由两行平行的大木板组成滑道，下面用大小两种枕木垫承，滑板上竖置架承船体的木墩，两两相对，间距不等，构成一个造船台。船台中宽1.8米，船台滑板与枕木没有用钉或榫卯固定，故宽窄可随需要调整，估计船台的长度在100米以上。2号船台居中，中宽2.8米，仅揭露出一小段。北面第3号船台未揭露。船台木料经鉴定，木墩用格木，滑板用樟木和格木，大枕木用杉木，小枕木用蕈树。格木质坚可承重压，樟木耐腐，杉木有弹性，宜作垫枕。在1号船台南侧揭露出一部分造船木料加工场地，场地上有造船的剩板余木，靠西边有一个由木桩、横木构成的“弯木地牛”（井字形木架，用来烤弯造船木料的设备）。船台区及加工场地上散落着大量炭屑和小木片。另外，在1号船台还出土有铁凿、铁锛、铁凿、木垂球、磨刀石等工具和秦、汉半两钱、铜锁等。根据造船专家和考古学家的研究，这个造船工厂主要生产适应内河与沿海岸航行的平底船，这些平底船可以长20—30米，宽6—8米，载重达25—30吨。造船工场规模巨大，船台结构较先进，充分表明2000多年前中国造船技术设备和生产能力已达到很高水平。

从海上丝绸之路发展的历史来看，秦汉时代是开发海上贸易，将航海向远洋发展的重要时期。

第八节　独石仔遗址

独石仔洞穴遗址位于广东阳江春城东北30公里处，坐落在陂面镇鹿村岗西南面独石仔石山。东有漠阳江，西有大朗、马尾、石人诸石灰岩山峰。由于独石仔独自屹立于诸山的环抱中，故名为“独石”。独石仔洞穴在山的东麓，是一个裂隙溶蚀形成的高15米、宽28米、深40米的山洞。洞穴两端较高，中部稍低，面积约200平方米、洞口面向东南倚山近水；洞内通风，干燥透气。

1960年，广东省博物馆工作人员在西江两岸进行考古普查时，发现阳春独石仔洞穴遗址。发掘发现古人类的文化遗物中，有器形不同的石器和骨器、各种动物的骨化石、人类遗弃的螺蚌介壳、灰烬、炭屑、烧骨和烧石，同时还发现了1枚旧石器晚期的“智人”牙齿。

独石仔洞穴的堆积层2.8米厚，全为第四纪末期的砂质粘土，有胶结坚硬与松散之别。洞内的堆积自上而下分为5层。在5层堆积中，除面层为表土层和底层为生土层外，其余三层就是上中下的3个文化层。上文化层是灰褐色砂土呈疏松的胶结体，最厚为80厘米；中文化层是灰黑色砂粘土呈板状胶结体，十分坚硬，厚约70—130厘米；下文化层是灰黄色砂粘土无甚胶结，厚70—130厘米。在每个文化层里都遗存有各个不同时期的文化。碳14测定，上文化层距今为1.426万年，中文化层距今为1.535万年，下文化层距今为1.665万年。据此，独石仔洞穴遗址的年代，定为旧石器时代晚期之末至新石器时代初期。

独石仔洞穴遗址在4次发掘中，共获得遗物400余件、动物化石1000余件。石器分打制和磨制两种。石料有砂岩、砂石岩、泥质岩、石英砂岩、石英岩等，以砂石岩为最多。打制石器有砍砸器、刮削器、石锤、石砧、石片和石核。这些打制的石器和半成品，在上文化层出土的只占1/4，下文化层出土的占3/4。打制方法较简单，均用单面打击法，多无二次加工，器身保留部分砾石面。其中上文化层出土的少数有较好的修理，下文化层出土的粗糙、不规整。

磨制石器中有切割器和穿孔石器。下层文化层出土的占1/4，上文化层出土的占3/4。磨制粗糙，多为凿打以后加磨，器形种类广，形制不规整。骨器中有骨镞、骨锥和半成品，利用动物骨骼磨成多出土于下文化层。人牙齿是智人的左侧第一臼齿，属于一个青年个体。发现动物骨骼化石近千件，多为牙、角，还有介壳等，其中下文化层所出最为丰富。动物种属有猕猴、马蹄蝠、鼯鼠、家鼠、板齿鼠、小灵猫、金猫、长尾麝、香猫、果子狸、南方猪獾、颈鬃豪猪、中国黑熊、水獭、豹、犀、貘、野猪、水鹿、水牛等，介壳有圆田螺、大川蜷、短沟蜷、蚌等。其中犀和貘可能是绝灭的种类，余皆为现生种类，但尚未见陶器。

独石仔遗址3个文化层所代表的考古文化属同一个考古学文化，较好地反映了该地区从旧石器文化向新石器文化发展演化的过渡形态。

第九节　黄岩洞

自古以来，大江大河就是人类文明的发祥地。广东省封开县境内拥有广信河、贺江和西江等众多大大小小的江河，优越的生存条件成为古人类生活的理想之地，最早的古人类正是在这里发现。在封开众多古人类文化遗址中，黄岩洞遗址具有代表性。

黄岩洞遗址位于封开县渔涝镇狮子岩西南山麓的石灰溶洞里，在该遗址中出土了晚期智人头骨化石和大批打制石器和磨制石器、炭骨、灰烬以及食后遗弃的螺、蚌壳，还有30多种动物遗骨，成为西江流域中石器时代文化的一个缩影。

黄岩洞洞穴遗址是一座屹立于岩溶谷地之中的三叠纪石灰岩孤峰，洞穴前为坡地，背后山岳连绵，峰丛起伏。洞口向西南，相对高程15米。年代属旧石器时代向新石器时代过渡时期，或称中石器时代。发现于 1961 年，此后至 1990 年间曾多次进行发掘。洞内有 3 处文化堆积，第一处在洞口右侧，堆积胶结松软，含炭屑、灰烬、烧土、烧骨、现生种动物骨骼及大量螺蚌壳，出土 2 具人类颅骨化石，一个为成年男性，保存眶骨以上部分，但左半部受压已变形和残缺；另一个为小孩，仅存碎块，均属晚期智人，具有蒙古南亚人种特征。碳 14 测定，螺蚌壳的年代为距今 11930 年 ±200 年。第二处在上层廊道右侧，堆积胶结略松软，含螺蚌壳、炭屑，发现一件石英石片石器。第三处在下层洞厅，堆积胶结稍硬，含螺蚌壳、炭屑、灰烬，出土石制品近千件，种类有砍砸器、刮削器、石核、石锤、穿孔器等，大多数保留砾石自然面，制作粗糙，加工简单，器物的刃部经加工十分陡直、刃角多在 70°以上，大多数采用锤击法，单面单向直接加工而成。属旧石器时代向新石器时代过渡阶段。此外，在下层西支洞的胶结堆积中出土丰富的动物化石，包括有 6 目 30 个种属，如华南巨貘、东方剑齿象、大熊猫洞穴亚种等，地质年代为更新中晚期，测定年代为距今 13.6 万年左右，反映了当时亚热带的生态环境。

岭南地区以至华南地区，以封开黄岩洞等遗址为代表的洞穴文化遗存，是研究距今 1 万年左右以及更早阶段这一区域文化面貌的珍贵资料。1991 年，政府在遗址旁边建成遗址陈列馆，模仿古人类数万年前的生活场景。

第十节　西汉南越王墓

西汉南越王墓位于广州解放北路的象岗山上，是西汉初年南越王国第二代王赵眜的陵墓。赵眜是赵佗的孙子，号称文帝，公元前 137 年至 122 年在位。该墓于 1983 年 6 月被发现，挖掘完毕即在原地建立西汉南越王墓博物馆，是全国重点文物保护单位。发掘时出土文物中有“文帝行玺”金印一方以及“赵眜”玉印，证明陵墓主人的身份。南越王墓的发现发掘，是继秦始皇兵马俑、满城汉墓、马王堆汉墓之后中国考古的又一高峰。由于南越王墓的发现，过去值得推敲和怀疑的汉代岭南文化和经济的状况得以纠正和证实，同时也开辟了岭南开发史、建设史、南越国史和岭南城市考古研究的新时代。

南越王墓劈山为陵，从象岗顶劈开石山 20 米，凿出一个平面“凸”字形的竖穴，再从前端东、西侧开横洞成耳室，南面开辟斜坡墓道。墓室以红砂岩石仿照前堂后寝的形制砌成地宫，墓顶用 24 块大石覆盖，再分层夯实而成。墓室仿照生前宅居筑成，墓室坐北朝南，前三后四共 7 室，宽 12.5 米，长 10.85 米。墓主居后部中室，前厅后库，前部东西为耳室，后部东西为侧室。殉葬者共 15 人，其中姬妾 4 人，仆役 7 人。前部前室四壁和顶上均绘有朱、墨两色云缎图案；东耳室是饮宴用器，有青铜编钟、石编钟和提筒、钫、锫等酒器以及六博棋盘等；两耳室是兵器、车、马、甲胄、弓箭、五色药石和生活用品、珍宝藏所，尤其珍贵的是来自波斯的银盒、非洲大象牙、漆盒、熏炉和深蓝色玻璃片。这些文物证明南越国早期或更前年代广州已与波斯和非洲东岸有海上贸易。后部主室居中，为墓主棺库主室，墓主身穿丝缕玉衣，随身印章 9 枚，最大一枚为“文帝行玺”龙钮金印。此外，还有螭虎钮“帝印”、龟钮“泰子”金印以及墓主“赵眜”玉印等。东侧室为姬妾藏室，殉葬姬妾 4 人均有夫人印 1 枚。西侧室为厨役之所，殉葬 7 人，无棺木，室后置猪、牛、羊三牲。后藏室为储藏食物库房，有近百件大型铜、铁、陶制炊具和容器。出土文物共千余件（套），金印是国内首次出土的汉代帝王金印。这些出土文物对研究秦汉时期岭南土地开发、生产、文化、贸易、建筑等状况以及南越国历史等方面都具有重要价值。这座帝王墓葬保存之完好，出土文物类别之丰富，工艺之精美以及文物的涵盖面之广，可以用几个“最”来概括。

岭南最早石室墓穴。南越王墓是一座凿山深埋多室结构和有斜坡墓道的石室墓，这不仅在岭南考古中是首次发现，在全国汉代诸侯墓中也相当少见。国内已发掘的汉代诸侯王一级的墓葬 20 多座，大都采用两种结构：一是竖穴土坑，多层棺椁；另一种是凿山为藏，布置多侧室。南越王墓采用凿山竖穴和“掏洞”相结合的做法，为研究汉代王侯墓型制及造墓方法增添了新例。

国内最大汉代金印。南越王墓出土玺印 23 枚，是迄今国内汉墓中出土最多的，而且玺印是由南越国铸刻的。其中主人室的“文帝行玺”龙纽金印，为全国考古发现的最大一颗西汉金印，也是目前唯一的汉代龙纽帝玺，成为墓主身份的可靠证物。墓中还出土一方刻有“帝印”字样的玉印，证实了第二代南越王曾经称帝的史实。

最早完整丝缕玉衣。南越王墓出土的丝缕玉衣长 173 厘米，由 2291 块玉片组成，是目前汉代玉衣中年代最早的一套。在全国发现的 13 套汉代王侯玉衣中，只有广州南越王墓、河北中山靖王刘胜夫妇墓等 3 套得以完整保存，其余则均不完整。当年玉衣出土时，丝带早已腐烂。考古专家采用前所未有的“竹签插取套装法”来整取玉衣，用时3年才最终复原。

出土玉器数量空前。南越王墓出土玉器多达240多件（套），包括玉衣、玉璧、玉佩、玉印、玉盒、带钩、玉舞人共19种，是汉代考古的一次空前发现。其中，墓主身上的20件大玉璧和夫人们佩带的组玉佩，能让人们全面了解汉代玉佩组合形状。一些玉器如犀角形玉杯、承盘高足杯等在国内考古中十分罕见。还有一漆盒里珍藏的玉配饰43件，雕工精湛，完好如新，是汉代玉佩饰的珍品。

最大西汉绘画铜镜。南越王墓出土铜镜39面，其中的带托铜镜由镜托与镜面粘合而成，镜托上的纹饰极为精美，为国内罕见。另一“山字纹”铜镜，包括“四山纹”镜2面和“六山纹”镜1面。“六山纹”镜目前传世数量极少，南越王墓的这一件弥足珍贵。此外，墓中还发现4面绘画铜镜，其中一面直径达41厘米，是目前最大的西汉绘画铜镜。

岭南最早铭文青铜器。南越王墓出土了数十件刻有铭文的青铜器物，如刻有“文帝九年乐府工造”的纽钟和石编磬。迄今发现的其他先秦器物均无汉字。因此，这些有铭文的器物堪称南越王墓最具价值的发现，对研究南越王国历史具有特别重要的意义。

全国最早平板玻璃。南越王墓出土有蓝色透明平板玻璃牌饰22件，经鉴定属中国自己制造的铅钡琉璃，不仅是全国首次发现，也是迄今我国发现的年代最早的平板玻璃。

岭南最早的铁铠甲。南越王墓出土了246件铁器，其中不少铁器十分罕见，如由709块铁片组成的铁铠甲重达9.7公斤，至今仍能复原，是岭南的首次发现。墓内出土的一件大型越工铁鼎，更证明了南越国已经能够自己铸造铁器。

南越王墓还出土了一些与海外贸易有关的重要物件，如5支产自非洲的原支象牙，墓主身上的32枚具有古代西方工艺特点的配饰以及铸有4艘战船纹样的铜提筒等，表明在西汉时代南越国都城番禺已经有频繁的海外交通贸易。

南越王墓极大地充实了《史记》、《汉书》对南越王国的简单记载，复原了南越国史的本来面目，对研究南越国与汉朝中央及周边地区的政治文化关系提供了重要的实物资料。南越文王墓的出土，被誉为近代中国五大考古新发现之一，现已开辟为博物馆。

第十八章

岭南的传统建筑

岭南传统建筑历史悠久，有着鲜明的地方特色和个性特征，是中国建筑艺术的瑰宝，蕴含着丰富的文化内涵和价值。岭南地区特殊的地理环境条件，古建筑通风、隔热、遮阳、避雨等功能十分明显，多以石料代替传统木料，采用底层架空、敞廊、透窗、遮阳板的方式增强通透性，强调整体布局与朝向以及多种功能的冷巷，装修大量运用木雕、砖雕、陶瓷、灰塑等民间工艺。岭南文化产生于华夏文化和岭南本土百越以及西方文化的交融，宫廷风格和强烈的地域特色兼容并蓄，鲜明表现在丰富多彩的木石雕刻、装饰、彩画等装饰和结构细节上，追求与环境、自然、园林的美学意境。众多大小不同的建筑汲取苏杭园林风格，结合地形、山势巧妙组合，亭台楼阁、水池小苑间以曲径小桥相连，古树名花衬托，虚实相间，匠心独运，极富形式美。

第一节　古刹名观

岭南宗教文化中，道教和佛教更加为广大民众所接受，深入民众的文化心理。除此之外，还有基督教、伊斯兰教等。所以，岭南地区历朝均兴建有各种寺院，尤以佛教寺院居多。

在两晋南北朝长达300多年的时间里，岭南佛教得到了较大的发展。岭南最早的佛教寺院，即广州城内的三归、王仁二寺，就是晋武帝太康二年（281年）东来的天竺僧迎摩罗创建的。外国僧人停留和行经的地方，如广州、韶州、罗浮等处，均为佛教弘化之地。六朝时期，岭南地区兴建的佛寺计34所，其中广州19所、始兴郡11所、罗浮山4所，广州更成为岭南以致整个南朝的佛教重地，每一州县均有大小不等的寺院。因年代久远，如今寺院的数量和沿革已难以考证，著名的有广州之光孝寺、华林寺、海幢寺、大佛寺、长寿寺、六榕寺，番禺之海云寺，肇庆的庆云寺，韶关之南华寺，仁化之别传寺，乳源之云门寺，罗浮山之华首台，潮州之开元寺，潮阳之灵山寺，海康之天宁寺等。最出名的当属广东的四大名刹，即广州光孝寺、韶关南华寺、肇庆鼎湖山庆云寺、潮州开元镇国寺。

光孝寺，全称报恩光孝禅寺位于广州市光孝路北，为岭南地区历史最久的寺院之一。1995年，国务院将光孝寺列为中国重点文物保护单位。寺址初为南越王赵建德故居。自东晋以迄唐代，印度来华僧人在寺中译经、说法者甚众。梁武帝天监元年，梵僧智药三藏携菩提树来植于该寺坛前，为中国最早之有菩提树，后菩提树成为中国佛教的象征。武则天神龙元年，西域僧般刺密谛携《楞严经》来，唐宰相房融居寺中潜心翻译，中国之有《楞严经》自此始。唐仪凤元年，中国禅宗六祖惠能在该寺作过著名的“风幡”辩论，并在菩提树下削发受戒，寺名声益著。后凡游粤名僧，多在此寺开坛传教。光孝寺占地面积3万多平方米，殿宇气势雄伟，不仅在佛教历史上占有重要的位置，并且开创了华南建筑史上独有的风格和流派。历代所建的殿堂台阁多至20余座，但在20世纪40年代以前大部分废圮，解放后全面维修重建。现今寺内有山门、天王殿、大雄宝殿、钟鼓楼、伽蓝殿、六祖殿、睡佛楼、洗钵泉、东西铁塔、大悲幢、瘗发塔等建筑与历代碑记文物。寺内建筑以大雄宝殿最为雄伟，屋檐斗拱层层向外延伸，使屋背跨度增大，保持了唐宋时期的建筑艺术风格。殿内采用中间粗、上下略细的梭形柱，大殿下檐斗拱都是一跳两昂的重拱六铺作，这种风格是中国著名古建筑中所仅见的。大殿构筑在高高的台基上，钟、鼓二楼分建在殿之左右。殿内供奉有释迦牟尼和文殊师利、普贤菩萨三尊佛像。六祖殿前的瘗发塔，相传是纪念唐高宗时开创禅学南宗流派大师六祖所建。塔呈八角形，高6.7米，共7层，每层均有佛龛8个。造型独特，是寺内珍贵的文物之一。寺内有南汉时期建造的东西铁塔两座，在国内十分罕见。东铁塔保存完整，全高7.5公尺，座宽2.28公尺，用盘龙和宝莲花装饰，各层四周遍铸佛龛，每龛都有工艺精致的小佛像，故名千佛塔；西铁塔因抗战期间房屋倒塌，压崩四层，现仅存底座以上三层。两座铁塔的体积和装饰充分说明，中华民族早在1000多年前就掌握了高度的铸造技术和造型艺术。

南华寺作为中国佛教名寺之一，是禅宗六祖惠能宏扬“南宗禅法”的发源地，其位于广东韶关马坝以南约四公里，梁天监三年由天竺僧智药创建，初名宝林寺。寺背倚庚岭分脉宝林山，面临北江支流曹溪，故世所称之“曹溪”，亦指该寺。寺于隋末毁于兵火，唐高宗时重建。唐中宗时，先后赐名为中兴寺、法泉寺。宋太平兴国元年重修，赐名南华禅寺。唐高宗仪凤二年，禅宗六祖惠能来寺主持36年，弘扬南派禅宗，使该寺成为禅宗的祖庭，声闻全国。全寺依山而建，呈中轴线两边对称布局，结构严密，主次分明。从正门进入，依次是曹溪门、放生池、宝林门、天王殿、大雄宝殿。曹溪门后是椭圆形的放生池，上建八角形、圆柱挑角、攒尖顶式五香亭。宝林门后钟、鼓二楼相对而建，楼分三层，歇山顶，檐角挑起，格子门窗，钟楼顶层悬有宋代铸造万斤铜钟。大雄宝殿前有月台，四周回廊，重檐歇山顶，飞檐饰坐狮，顶用双鱼吻，门窗为格子式。殿内三尊贴金大佛高达8.13米，四壁罗汉彩塑多达500个，皆为艺术珍品。在六祖殿里，供奉着六祖惠能大师以及憨山大师和丹田祖师的真身。寺内标志性建筑——灵照塔，初建于唐宪宗元和七年（812），为木塔，宋朝时改为砖塔，明清及1933年多次重修。塔五层，呈八角形，正面有券门可入内。塔内辟有螺旋形阶梯直到塔顶，每层每面均有卷门和小窗，八柱攒尖顶，上置大型铜铸净瓶及铁铸覆盆。2001年6月，南华寺被国务院批准列入第五批全国重点文物保护单位名单。

庆云寺在广东肇庆鼎湖山。宋至道二年，智远禅师为纪念师祖，在六祖惠能插梅处建梅庵。明崇祯六年始建莲花庵。崇祯九年，栖壑禅师在其基础上进行扩建，创建庆云寺。清顺治十五年增辟殿堂佛阁，全寺占地1.7万平方米，大小殿房100间。庆云寺以其独特的东方艺术风格而闻名中外。寺后三宝峰俨如天然屏障，其余脉蜿蜒起伏，犹如行龙高昂峻秀。寺院建筑按中轴线对称布局，自下而上依次为：第一层韦陀殿，内设知客堂、云房，南有客堂、鼓楼；北有斋堂、钟楼；第二层大雄宝殿，内设东土祖师殿、伽蓝殿，三殿合而为一；第三层中正堂；第四层毗卢殿，南有藏经楼、七佛楼，北有睡佛楼、佛母楼；第五层塔殿，即原建的莲花庵。建筑风格质朴而宽宏，庄严而典雅，雄伟而肃穆，寺前第一级是宽阔的平台，放置有吉祥缸和塔式香炉；第二级以下建有桂花圩、菩提花雨、兰苑花圃、方池印月等大花园。

潮州开元寺位于广东省潮州市城内，前身为荔峰寺，唐开元二十六年始建为开元寺。宋、明、清及民国时期多次重修。元代称开元万寿禅寺；明代称开元镇国禅寺，又称镇国开元禅寺；清以后，开元寺和开元镇国禅寺两名随用。著名的岭东佛学院亦设于此寺。开元寺向为历朝祝福君主、宣讲官府律令之所。以地方宽敞、殿阁壮观、圣像庄严、文物众多、香火鼎盛而名闻遐迩，为粤东地区第一古刹。历代沧桑，迄今寺院建筑格局大致分为三部，中轴为照墙、山门、天王殿、大雄宝殿、藏经楼、玉佛楼；东侧为客堂、地藏阁、五观堂、香积厨、斋堂、僧舍、不俗精舍、祖堂；西侧为方丈室、观音阁、慧业堂、僧舍、云水堂、诸天阁、形成宠大的四合院式古建筑群。主要殿阁均为木石材料，凭木榫紧密衔接，用龙头斗拱迭起支撑，层层向上散开，最多达十一层。殿顶为四重檐、双滴水，有鸱尾和双龙夺宝装饰，琉瓦彩甍丹墙，蔚为壮观。经历1200余年地震、海潮、台风、雷电、冰雹等自然灾害，以及历代战乱、人为摧残而又不断修建，至今仍保持着唐宋宫殿式庄严肃穆的建筑风格。据当代古建筑专家考证，日本著名东大寺佛殿与开元寺天王殿的宋代建筑模式相同，具有很高的研究价值，经常有国内外的建筑学院组织师生至此观摩学习，被誉为“古建筑艺术明珠”。2001年6月，开元寺被国务院批准列入第五批全国重点文物保护单位名单。

除四大名刹外，比较有名的寺庙还有云门寺、佛山祖庙、飞来寺等。

云门寺在广东乳源县县城北，背倚云门山。寺始建于南汉乾亨七年，是惠能八世法孙文偃禅师的开山道场，文偃于此创禅宗五大支派之一的云门宗。曾称光泰禅院、证真禅寺，后改大觉禅寺，一直沿用至今。因寺坐落于云门山，故世人惯称之为云门寺。宋、明均有修建。后云门宗渐次衰微，寺亦失修。民国期间，虚云禅师南来，并于1943—1950年任该寺住持，重建寺内殿宇，使之得以重兴。云门寺，主要建筑有天王殿、大雄宝殿、法堂、藏经楼、客堂、钟楼、功德堂、鼓楼、伽蓝殿、延寿堂、祖师殿、禅堂，新建有虚云和尚纪念堂、舍利塔、山门、佛经流通处、凉亭等。其中大雄宝殿四壁镶嵌有大型彩瓷佛面，下为十八罗汉，上是二十四天神，在国内的佛殿中非常罕见。云门寺占地1.2万平方米，建筑面积7000多米，门、厅、殿、堂、舍等风格独特。

佛山祖庙始建于北宋元丰年间（1078—1085年），当时的名称叫祖堂，其实就是北帝庙。当时珠三角地区多为水乡，水患多，北帝恰是传说中治水的神被供奉起来。佛山祖庙的建筑艺术高超、装饰工艺精美，深具岭南特色。祖庙的南北中轴线由万福台、灵应牌坊、锦香池、钟鼓楼、三门、前殿正殿、庆真楼等建筑物组成，整体布局规整庄严、疏密有致，亭台廊榭的设置严格遵守中国古代园林建筑的原则，藏和露的巧妙搭配体现出内部空间的含蓄、内敛、复杂、神秘，让人肃然起敬。祖庙作为民间艺术博物馆，里面的建筑装饰工艺巧夺天工，被外国友人誉为“东方艺术之宫”。

此外，广东省内惠州的罗浮山、清远的飞霞山、连州的福山，因在民间的重大影响而名列道教七十二福地之中。北宋末年，罗浮山的葛洪祠因被宋哲宗赐名“冲虚观”，继而名声大振，逐渐成为华南道教宫观之首，后来又成为全真道十方丛林之一，称为冲虚古观。冲虚古观环境清幽，是罗浮山风光的精华所在。观前有会仙桥，观内有殿宇五重，分别为灵官殿、三清殿、黄大仙殿、吕祖殿和葛仙殿，此外还有寮房等附属建筑百余间。三清宝殿是主殿，重建于清光绪年间。殿内主供三清尊神和真君陪祀，两侧又分别设有精致神龛。整个殿堂雕梁画栋，金碧辉煌。

伊斯兰教传入岭南后，建有多座清真寺，广州有怀圣寺、南胜寺、濠畔寺、东营寺和东郊寺，肇庆有城东寺、城西寺及城中寺。海南岛的海口、崖州、儋县、万宁等地亦建有清真寺，其中三亚羊栏回族聚居地区明成化年间曾建有清真古寺、清真西寺、清真北寺三座清真寺。在这些清真寺中，以广州怀圣寺最为著名。怀圣寺又称光塔寺、怀圣光塔寺、龙凤寺、礼拜寺等，位于广州市越秀区光塔路，是中国现存最早的清真寺，也是世界最早的清真寺之一。寺院坐北向南，占地面积2966平方米，在主轴线上依次建有三道门、看月楼、礼拜殿和藏经阁；光塔在寺西南角，还有回廊和碑亭。光塔始建于唐代，高36.3米，青砖砌筑，塔身圆筒形，向上有收分，表层涂抹灰砂，塔身开长方形采光小孔，塔内设二螺旋形楼梯，双梯绕塔心盘旋而上，各自直通塔顶。塔顶原有金鸡，可随风旋转以示风向，明初为飓风所坠。顶部用砖牙叠砌出线脚，上砌尖形顶。1996年11月，怀圣寺被国务院列为全国重点文物保护单位。

第二节　书院学宫

学宫是中国古代地方官办学校，通常伴有孔庙和儒学建筑，兼有祭祀孔子和培养人才的双重功能。书院之名始见于唐代，发展于宋代，是中国古代教育制度有别于官学的另一种教育系统。它的特点就是为教育培养人的德性和学问，而不是为了应试获取功名。近代岭南学术文化的传播和发展，主要是靠书院教育带动的。

书院作为严谨合谐的建筑群体，整体格局与传统闽南建筑相似，大多以间架为基本单位组成各种矩形空间，便于授课学习。整体建筑以正殿的讲堂为主轴，对称的厢房作为学舍。在较为规矩的建筑格局中，讲学、藏书、祭祀等主体建筑居于主要地位，住宿、斋舍等辅助设施则视风水界定书院建筑的范围。因此，书院整体的布局主次分明、区域划分清晰、井然有序。另外，传统书院的建筑其格局一般融入有文庙的建筑元素，如外墙的照壁增加了书院的庄严感，藉此提醒学生进入书院应专心向学。

广雅书院是光绪十五年（1889 年），张之洞创立的。张之洞属贯通汉宋学的经世学派，提出“中学为体，西学为用”。光书院科目虽然有经学、史学、理学、经济的划分，但课程占主导的仍是传统旧学。他十分希望通过调和汉宋的教育，实现儒学的内部改造，改变琐屑空泛与矫伪浮靡的士习，以维持传统的价值观念。尽管书院教学以儒学经典为主，但让学生思考的问题就不仅仅局限于儒学内部，也包括外部的文化冲突及实际利弊，如“新疆造铁路利弊”、“西教为中国利害”等。广雅书院原占地 7 万余平方米，坐北向南，中轴建筑有山长（院长）楼、礼堂、无邪楼、冠冕楼（建于清代、1935 年黄麟书重建）是学生的图书馆，珍藏不少典籍善本。东西均为书斋，各有 10 巷，每巷 10 间，共 200 间。东斋是广东学生居读之所，西斋归广西学生用。冠冕楼前东西各有池塘，池边有清佳堂、岭南祠、莲韬馆，供学生读书之暇游览憩息。西池畔还有“湖舫”的建筑，曾是康有为等论学的地方。由于历经沧桑战火，绝大多数建筑及文物荡然无存。现仅仍留存的有山长楼，冠冕楼，以及清代时建造的大小百岁石桥和部分清代石刻。

万木草堂产生于教育改良维新。甲午战争的失败使洋务派所办的教育显示出许多不足之处，遭到维新派的严厉批判。他们把中国的衰弱归结于教育不良，学术落后。康有为在广州创办万木草堂并亲自讲学，宣传维新理想，培养了大批变法维新骨干，前后历时7年。他明确提出中体西用为办学宗旨，而且采用中西并重的教育内容。对当时的书院教学影响很大，后来梁启超在湖南主讲时务学堂时，基本上因袭了万木草堂的办学精神。随着戊戌变法的失败，万木草堂被清政府查封停办。万木草堂曾三迁堂址，原为邱氏书院，1892 年迁至卫边街的邝家祠，1893 年因来学者众，遂迁至广府学宫仰高祠。万木草堂原为邱氏书室，建于清嘉庆九年（1804），为三间三进、两天井、硬山顶的祠堂式建筑。碌灰筒瓦，两边保留有部分灰塑，青砖墙石脚，砖木结构，面阔三间15.8 米，深三进 35.3 米，面积约为 663 平方米。草堂头门面阔三间 15.8 米，门额上刻有“邱氏书室”四字，进深三间约 5 米共十二架。中堂面阔三间，进深约三间 8.5 米共十五架，石檐柱，木金柱，穿斗式梁架。后堂面阔三间，进深三间约 9 米共十八架，前带两廊。

早在学海堂时，书院制度中附有刊刻制。阮元校刊的《皇清经解》一千四百余卷，均藏版于学海堂，此外还刊刻了《研经室集》、《国朝汉学师承记》、《广东通志》等，为广东士人读书带来方便，也刺激了广东刻书业的发展。这对当代岭南学术文化的发展、壮大也是具有启发意义的。

岭南书院创建于清乾隆三十四年（1769）仲春，位于笏石镇岭美村境内，书院背依谷城山（又称青山）之余脉的小山坡，坐北朝南。在书院正对面的东南方向约 2 公里处的小山峦顶端，有三块天然巨岩耸立其间，从书院前面望去，这三块巨岩状如笔架，其下面有一小石塔屹立在山间，酷似一块墨条，有情有趣。相传乾隆皇帝下江南时来到岭南书院，看到这里的自然景观优美，欣然亲笔题写了“闽南第一”横匾，并特封赐“岭南书院”为竖式匾额悬挂于前门之顶端。尔后，书院的先生们受到极大的鼓舞，精心施教，弟子发奋攻读。后来果然考中进士 1 名，文武举人 2 名，秀才 10 多名，硕果累累，岭南书院闻名遐迩。20 世纪 50—80 年代，书院被改为学校，考中大中专学生数以百计。书院分为前后两大殿，中有一天井，左右边辟有回廊，结构严谨，建筑精良，富含地方民族特色。一对镌刻在大门走廊的石柱楹联，引人注目，“冈峦拱秀分壶山，奎璧联辉映岭南”，道出了岭南书院的特殊地理环境及人文景观。院内古木参天，花团锦簇，环境幽雅、古朴。庭院前的大平埕上建有一座戏台，每逢佳节四方男女老少云集书院，领略这里的古香古味，无不体察到人才摇篮的一种怡然情调。

何家祠道是清代的庐江书院，又名何家祠，位于中山五路以南，西湖路以北的大马站、小马站、流水井的书院，始建于清代康熙以后。当时的广东总督赵洪灿、巡抚范时崇等在大马站首建越秀书院。随后，这一带书院林立，共20家之多。在相当长的一段历史时期内，广州书院对岭南文化的发展起到了极其重要的作用，它不但典型地反映了地区的书院文化特色，还深刻反映了当时政治、经济、文化的发展水平。

第三节　古塔石刻

塔是中国古代文化的一朵奇葩。南雄是古塔之乡，现存宋、元、明、清时期的古塔10座，分布在雄州大地的古塔，它们形态各异、高低不同，却一样的肃穆庄严、秀丽挺拔，是我国古代建筑中的重要组成部分。在与中国传统文化不断地交融变化中，塔逐渐从宗教走向世俗，逐渐成为堪山理水、补地势、镇水患、引瑞气的重要手段。塔的建立，历来被视为事关一地“地脉兴”而“人文焕”的大事，极受重视，人们往往将美好期盼融入建塔之举，塔也因此跳脱出具象建筑而成为一种乡土文化符号和人文地标，是一地的历史文化的重要载体。

塔起源于印度，是埋藏佛舍利和经卷的半圆形坟，公元1世纪随着佛教的传入，塔与中国的楼阁、亭台、门关、陵墓的建筑风格相结合，创造出楼阁式、密檐式、亭阁式、金刚式和文笔塔等多种塔形。

宋代，岭南地区建塔之风最盛。北宋开国皇帝赵匡胤认为，佛教“有裨于政治”，因而在全国大力提倡佛教。广东现存宋代的古塔有20座，其中南雄就有7座，占广东现存宋塔总数的三分之一，是研究广东宋塔建筑文化的主要地区。在这7座宋塔中，三影塔、许村塔、回龙寺塔、新龙塔以保存较好、时代特征强、造型规整、工艺精湛等被誉为广东现存宋塔中的佼佼者，三影塔更被列为全国重点文物保护单位，因此南雄一地堪称为广东“宋塔之乡”。7座宋塔均为楼阁式六角空心砖塔，塔身均置砖砌斗拱、柱、阑额和普柏枋，建筑工艺精湛。

三影塔是南雄古塔建筑的杰出代表，又名延祥寺塔，建于北宋大中祥符二年（1009 年），为六角九层楼阁式砖塔，通高 50 余米，居粤北古塔高度之最。此塔造型规整、秀丽挺拔、高超轩宇、气势雄伟、飞檐斗拱、迴廊环绕、工艺精湛。据《直隶南雄州志·名胜》记述《阴晴塔影》云：“在延祥寺中，世传祥符二年乙酉异人建塔，其影有三，因立三影堂，其影阴晴俱见于壁间，二影倒悬，一影向上，见于厅堂间则吉，见于房中则凶，今不存。”三影塔因其三影奇观被列为古雄州六景之一。“浮图倚天际，峨峨瞰危岭。无间阴与晴，纵横幻三影。宝盖绚晶莹，玉栏迎清璟。隐显信难窥，端的是仙境。”这是明人林墠对南雄三影塔的赞咏。1988 年 1 月，国务院公布三影塔为全国重点文物保护单位。

南雄十塔中的葛坪塔位于澜河镇葛坪塔下村，建于宋代。该塔平面六角形，为楼阁式五层砖塔。贵妃塔在珠玑巷南街“珠玑古巷”牌楼北西侧，一座元代实心石塔叠于一口四方古井之上，传说该塔为纪念南宋流落于珠玑巷的胡妃而建。平林惜字塔在油山镇平林村，塔砖有的打印“孔伯道”三字戳记，通过查阅孔氏谱系，明确此塔建于明末崇祯年间，专为焚烧有字废纸而建，大类上属文塔，造型精巧，别具一格，保存较好。上朔塔位于油山镇上朔村东的五指山上，建于清代，相传为镇妖压邪而建。溪头塔又名“娘娘塔”、“姐妹塔”，建于宋代，位于百顺镇溪头老村。回龙寺塔位于湖口镇下罗田村回龙寺旁（寺早毁），也建于宋代。小竹塔位于江头镇小竹村，也建于宋代。同为建于宋代的新龙塔，位于坪田镇龙口村。许村塔坐落在黄坑镇许村，相传为当地一寡妇倡建，建于北宋，造型与南雄市区的三影塔基本相似。虽然这些南雄十塔很多都已残破，但仍留存很多可以供人研究岭南的塔文化。

除了上面提到的塔之外，还有珠玑石塔。珠玑石塔身刻有“元至正庚寅（十年，1350 年）孟冬十月，南雄路同知孙朝列重立”字样，为八角七层实心幢式石塔，全塔共用 17 块红色砂质岩雕刻成形后垒叠而成，有莲花塔座两层，塔刹为葫芦形。该塔小巧玲珑、造型奇特、雕刻粗放，具有元朝古塔特点，是广东省唯一有绝对年代可考的石塔。

南雄明塔中还有一座建于明代万历年间，拆除于 1938 年的三枫塔。1980 年，在三枫塔地基深处分别设有四个石洞占位东西南北四个方向，洞内各放东、西、南、北四大天王铜铸像，塔基六角还分别埋置一条铁铸蜈蚣。这种地基的处理方法及镇塔物品类组合为广东明塔的地基和地宫的处置做法提供了实例参照，对于研究岭南文化、佛教文化以至中国传统文化具有重要的意义。

第四节　岭南名楼

文化名城常有知名楼阁演绎了骚人墨客的故事，留下了许多英雄豪杰的情怀。岭南历史文化悠久，也有大量的名楼。十大名楼历史悠久，为历代文人墨客传诵，主要分布要在广东的有：广州越秀山镇海楼、广州五仙观禁钟楼、广州海关大钟楼、广州珠江塔影楼、韶关北江风采楼、肇庆西江阆江楼、佛山顺德碧江金搂、江门台山浮月洋楼、揭阳普宁文昌阁、潮州西湖涵碧楼。

十大名楼排在第一位的当属享有“岭南第一楼”美誉的镇海楼。因前文有了详细描述，这里不再重复。十大名楼的禁钟楼始建于明洪武七年（1374年），历史比镇海楼还要早，位于广州古城最早的道观“五仙观”的后面，与越秀山上的镇海楼遥相辉映，人称古城“双璧”。最初的禁钟楼称为大钟楼，据说不是为了报时，而是为了防火报警所修筑的。由于钟口下方正对着楼基的门洞，所以敲击便会形成悠扬雄浑的回响，古城内外“相闻十里”。正因平时严禁撞击，一旦响起则全城不宁，民间便有“煞气”一说。清代屈大均《广东新语》曾有这样的记载：“有司命击之，城中婴儿女死者千余，越一年（1646年）城（为清兵所）破，乃止勿击。”大钟便被称为禁钟。如今禁钟楼重檐翘角、朱红楼台、歇山顶式琉璃瓦顶，虽为周围的高楼大厦所困，但古色古香，仍显雄伟气势。沿着两侧狭窄的石阶可登上城楼，楼内仍悬挂着那口约5吨多重的明代大钟。

坐落在沿江西路29号的海关大钟楼坐北朝南，面向珠江，巨大的花岗岩基石和欧洲新古典主义风格的廊柱显得十分厚重。它始建于1860年，最初是两层简陋的楼房，后因白蚁蛀蚀和火灾曾两次重建。民国元年又因大火严重受损，遂于1913年由英国建筑师戴卫德重修。广州海关“大钟楼”的钟声，却见证了广州对外通商的悠久历史，和上海海关钟楼、武汉海关钟楼构成我国仅存的三个旧海关钟楼，非常古老。

塔影楼位于沿江西路36号，高约20米，“得水之势”背江而建，四层西式小洋楼的顶层，则有中国传统的四檐滴水式塔楼，曾是辛亥革命时期名人陈少白的事务所办公室和住宅。

与珠江塔影楼相映成趣，在韶关北江也有一座标志性的古建筑“风采楼”，楼体坐落在横跨浈江的风采大桥西侧，东临浈江、西望武水、南眺北江，始建于明弘治十年（1497 年），是为纪念北宋名臣余靖所修建的。当年，宋仁宗曾御笔亲题“风采第一”，风采楼因此得名。

与珠江塔彭楼、北江风采楼相辉映的，还有一座西江阅江楼。它坐落在肇庆江边的石头上，原为宋代石头庵，明宣德六年（1431 年）改建为崧台书院，曾盛名一时，明崇祯十四年（1641 年）重建后易名为阅江楼，距今也有近 600 年历史。阅江楼坐北朝南，面向西江，占地 2000 多平方米，两层阁楼飞檐翘角，上方悬挂着楷书的大幅门匾，门前是宽阔石阶。“江楼晚眺”曾是肇庆八景之一，只因后建了防汛的西江大堤，风光大不如前。

碧江金楼始建于清嘉庆、道光年间，是当时任职清廷兵部职方司员外郎的苏丕文回乡所修建的。整座建筑原称“职方第”，金楼只是其中一幢两层的藏书楼，原名赋鹤楼，是苏丕文会友读书的书斋，因楼内镶嵌的木雕施以大量的泥金和贴金，历经 100 多年仍金碧辉煌，故被称为金楼，以至于后来流传着“碧江多商贾，金楼为至尊”的民谚。

浮月洋楼位于台山市斗山镇浮月村，占地面积 50 多亩。由中山阁、贤安庐、安雅庐、兰芳居、国庐、蔡华庐、恒安庐、仁庐、英庐、源庐、炯庐、鍌庐、晃庐、惠华居、陈国旗等 15 幢建筑风格的洋楼组成，是旅居美国的浮月乡亲于民国时期建成的。当时许多侨居海外的台山人，从侨居国将设计好的建筑图纸带回家乡按图建造。最早竣工的为惠华居，建于 1917 年，最迟建成的是国庐（1936 年）。洋楼大多数以楼主的名字冠名，而中山阁则是该村旅美乡亲陈国麟先生为纪念其父亲陈栋华与孙中山早年在美国建立的一段革命情谊而兴建的。浮月洋楼普遍高 3—4 层，与同一时期的民居和碉楼相比，具有居住与防卫相统一、庭院式别墅建筑两个显著特点。洋楼建筑不仅使用了“红毛泥”等西式材料，而且汲取了西方建筑艺术成果，风格独特，具有浓厚的侨乡生活风俗气息，充分体现了中国传统文化与西洋文化交融的显著特征。

揭阳普宁文昌阁的知名是因林则徐病逝于此。文昌阁位于普宁的洪旧镇，始建于清康熙六十年（1721 年）。清道光三十年（1850 年），林则徐告假在福州家乡养病，时太平天国起义在广西爆发，清廷钦命林则徐为钦差大臣兼广西巡抚前往赴任，林则徐不得不力疾上道，卧舆兼程，日行百里。十月十日途经普宁洪阳时病情加重，遂下榻文昌阁楼下东厢房，并于十月二十日溘然长逝。如今文昌阁重修后被辟为林则徐纪念馆。

坐落在潮州西湖西岸的涵碧楼，始建于民国十一年（1922 年），是一座水泥和砖石砌筑的两层小洋楼。它依山傍湖，临湖而立，轩宙开阔。据说，自小楼东有颗树龄 2400 多年的古棉树。周恩来“八一”南昌起义后曾居此 7 日，涵碧楼也因此知名。郭沫若曾做诗：“弹指光阴卅八年，潮安每在梦中旋。楼台倒映涵虚碧，旗帜高搦似火燃。一夕汤坑书附羽，千秋英烈血喷烟。今来重到金山望，日月更新别有天。”粟裕也有诗赞：“伟哉涵碧楼，战局费运筹。潮州七日红，青史垂千社。”这里已经成为岭南红色旅游的热点景观。

第五节　雄关古巷

长期以来，五岭山脉相当于是一座天然屏障，阻碍了岭南地区与中原的交通与经济联系，使岭南地区的经济、文化远不及中原地区，被北人称为“蛮夷之地”。岭南就指的是五岭山脉以南的地区，因此岭南多雄关。

鹰扬关是座历史雄关，地势险要，历来为兵家必争之地。据《连山志》记载，北宋名将岳飞曾驻守过此关，太平天国洪秀全、石达开曾率兵在此关激战三天三夜，并留下了“太平天国古战场与三十六坟”遗址；邓小平同志领导的红七军也曾在此进行过革命活动，当年的战壕、堡垒遗迹至今尚在。

梅关位于距南雄市约 30 公里的梅岭顶部。梅岭为五岭之一大庚岭东段，大庚岭横亘广东、江西两省之间，全长 200 多公里。梅岭海拔只有 400 多米，但它处于大庚岭之咽喉，地势险要。南雄梅关历来是南北交通要通，也是历代兵家必争之地。史称南雄“居五岭之首，为江（西）、广（东）之冲”、“南北咽喉，京华屏障”。南雄的县名也与梅关有关，南雄乃南粤雄关，而雄关指的就是梅关。现存的关楼建于宋嘉佑年间，为砖石结构，古朴雄伟。明万历年间南雄知府蒋杰在关楼上立匾题刻，北面门额署有“南粤雄关”四字，南面门额则写着“岭南第一关”。在关北侧，有清康熙年间南雄知州张凤翔所立的石碑，上刻“梅岭”两个楷书大字，每字约 6 平方尺，字体刚劲有力。关楼两侧还有一对联“梅止行人渴，关防暴客来”。梅岭设关始于秦朝。秦始皇统一中国后，积极开发岭南。公元前 213 年，秦在五岭开山道筑横浦关、阳山关、湟鸡谷关，打通了南北的三条孔道。梅关在秦时称横浦关，也称秦关，后来横浦关为战争所毁。从汉至唐，梅岭只有岭之称而无关之名。宋嘉佑年间建关楼后，南雄历代州、县均修葺关楼，使梅岭关楼保存至今。

岭南最知名的古巷要数南雄珠玑巷了。珠玑巷位于南雄县城北约 10 公里的沙水村，南起驷马桥，北至凤凰桥，梅关古驿道南北穿巷而过，全长 1500 米，宽三四米，鹅卵石路面。珠玑巷现有三街四巷，即珠玑街、棋盘街、马麒街和珠玑巷、黄木巷、铁芦巷、棘巷。建有北、中、南三个门楼。北门楼（珠玑街门楼）位于珠玑巷北端，建于清代乾隆年间，早塌。中门楼（珠玑楼）位于珠玑巷中段，原为翔凤坊之楼，早塌，清乾隆十二年（1747）重修，石匾题名“珠玑楼”。门楼中心有一长方形青石匾，刻有“珠玑古巷，吾家故乡”8 个大字，落款是：“国民革命军第十五军第三师副师长蒙志，民国十八年二月中瀚”。

甲第巷是古代潮州城仕宦商贾望族聚居之地。巷子长不足 200 米，集中了数十座大大小小的明清宅院。自南宋以来，随着潮州城政治中心南移和商业区的扩展，古城南部就成了潮州仕宦商贾聚居之地。特别是在清代末年，繁华的潮州城吸引了许多富商大贾来这里建屋造园，繁衍生息，使这里的建筑、文化艺术、民风民俗在一派浓郁的商贾情调中积淀下来。甲第巷由于宅院最为豪华气派，于是有了“甲第”之名。“大夫第”、“资政第”、“儒林第”这些颇为大气的匾额，显示出当年大屋主人的荣耀家史和高贵地位。这一座座风格各异的古民居，积淀了古城深厚的传统文化，记载着无尽的古城风情。尽管甲第巷里的宅院大多是豪商大贾所建造，但无论门楼匾额还是建筑风格，都透射出浓厚的儒雅之气，显得文质彬彬。这从一个侧面也反映了古代潮州尚文重教的传统。

义兴甲三巷是由历史上的义井巷、兴宁巷和甲第巷两侧的传统民居群落组成。义兴甲三巷在古城的南部，人称“南富”区，因集中存留了大量规模较大、建筑考究、形式典型的明清传统民居，在 20 世纪 80 年代末就被潮州市确定为保护民居。

第六节　古典园林

岭南山水秀丽，层峦叠翠，又濒临苍海，环境风物别具特色。岭南人追求自然化、艺术化的园居生活，这孕育了岭南园林求实兼蓄、精巧秀丽的独特风格。岭南长年繁花似锦，又盛产英石、腊石、钟乳石等观赏石材，有良好的造园条件；又因气候湿热，需在宅中设庭园以调节小气候，所以宅内设庭蔚然成风，并与各式民居建筑融为一体。在庭园中，或摆置盆景，或种植蔬果、或点石凿池，小庭常以明、雅、朗见长，大院则有高树深池藏荫。传统的岭南园林既具有中国园林的基本风格，又受地理环境、自然气候和乡土文化的影响而在布局形式、建筑装修、植物造景等方面独具地方特色。

与北京的皇家园林和江南的私家园林相比，除了少数利用自然山水形胜构筑的庭园外，传统的岭南园林的规模一般都比较小。其面积多则三五亩，少的仅数十平方米。因此在园林欣赏方式上是以静观近赏为主，动观浏览为辅；园景创作上讲究点景、借景和升华意境，常用富有诗意的景题作为画龙点睛、表达意境手段，激发游赏者的联想而细细玩味。在建筑形式上，岭南园林亦有比较鲜明的特色：一是体型轻盈、通透、朴实，体量较小。二是装修精、华丽，大量运用木雕、砖雕、陶瓷、灰塑等民间工艺，门窗格扇、花罩漏窗等都精雕细刻、再镶上套色玻璃做成纹样图案，在色彩光影的作用下，犹如一幅幅玲珑剔透织绵。三是布局形式和局部构件受西方建筑文化的影响，如中式传统建筑中采用罗马式的拱形门窗和巴洛克的柱头，用条石砌筑规则整形式水池，厅堂外设铸铁花架等，都反映出中西兼容的岭南文化特点。

岭南园林主要植根于民间，没有北方皇家园林的常规祖制，也不具江南文人园林的严谨章法，园景构图根据生活内容的需要适当处置，随机应变，各种设施求实重效，顺从人意。岭南古代的园林匠师，综合了多元文化类别，吸收了北方、江南和外国园林艺术之长，取其意，变更其形，灵活吸收，挥洒自如，使园景布局显得较为随意，不拘一格。

远儒文化是岭南学者对岭南园林文化最精辟的阐释，如果说江南园林和北方园林的儒意较浓的话，岭南园林的儒家意味则很淡。岭南人远离政治中心的忤逆和反叛表现于古典园林建筑梁架的不规范和现代园林文联匾对的不重视。远儒性从品味上看可说是俗气，即世俗文化，它是岭南文化的主流，特别晚清以后，北方的政客官僚、江南的文人骚客、岭南的商家富豪成为三大地域园林的创作主体，岭南园林中的空间实用性及园宅一体的设计就是它的表现。

岭南四大园林，也可以称为“广东四大园林”或“粤中四大园林”，指顺德的清晖园、佛山的梁园、番禺的余荫山房和东莞的可园四座古典园林。

清晖园位于顺德大良清晖路，地处市中心。清晖园始建于嘉庆五年(1800)，1996年扩建成约2.2万平方米，尽显了岭南庭院的精髓与江南园林之特色。清晖园内水木清华，景致清雅优美，龙家故宅与扩建新景融为一体，利用碧水、绿树、古墙、漏窗、石山、小桥、曲廊等与亭台楼阁交互融合，汇集了我国古代建筑、园林、雕刻、诗书、灰雕等艺术于一身，突出了我国庭院建筑中雄、奇、险、幽、秀、旷的特点。主要景点有船厅、碧溪草堂、红蕖书屋、澄漪亭、惜阴书屋、竹宛、归寄庐、笔生花馆、斗洞、红蕖书屋、读云轩、沐英涧、留芬阁等。其造型构筑别具匠心，各具情态，灵巧雅致，门窗古朴精美，品味无穷。园内树木繁茂，品种丰富，多姿多彩，与古色古香的楼阁亭榭交相掩映，是一个如诗如画、如梦幻似仙境的迷人胜地。

梁园是佛山梁氏宅园的总称，主要由“十二石斋”、“群星草堂”、“汾江草庐”、“寒香馆”等不同地点的多个群体的精华部分组成，规模宏大，主体位于松风路先锋古道。梁园由当地诗书画名家梁蔼如、梁九章、梁九华及梁九图叔侄4人，于清嘉庆、道光年间（公元1796—1850年）陆续建成，历时40余年。梁园是清代岭南文人园林的典型代表之一，其布局精妙，宅第、祠堂与园林浑然一体，岭南式的“庭园”空间变化迭出，格调高雅；造园组景不拘一格，追求雅淡自然，如诗如画的田园风韵；富于地方特色的园林建筑式式俱全、轻盈通透；园内果木成荫、繁花似锦，加上曲水回环、松堤柳岸，形成特有的岭南水乡韵味；尤以大小奇石之千姿百态、设置组合之巧妙脱俗而独树一帜，是闻名遐迩的粤中四大名园之一。其总体布局以住宅、祠堂、园林三者浑然一体最具当地大型庄宅园林特色，在国内古园林中颇为少见；造团组景以大面积湖池及国内少见的水网池沼中造园最具珠江三角洲水乡园林特征，尤其是以奇峰异石作为重要造景手段，在岭南园林中独树一帜。

余荫山房，又名余荫园，位于广东番禺南村镇东南角。始建于清同治三年(公元1864年)，同治十年竣工，距今133年，以“小巧玲珑”的独特风格著称于世，赢得园林艺术的极高荣誉。余荫山房园地虽不足2000平方米，但亭桥楼榭，曲径回栏，荷池石山，名花异卉等，一应俱全。余荫山房布局精巧，以“藏而不露”和“缩龙成寸”的手法，将画馆楼台，轩榭山石亭桥尽纳于三亩之地，布成咫尺山林，造成园中有园、景中有景、幽深广阔的绝妙佳境。名工巧匠的精雕细刻使全园的文饰丰富而精致、素色而高雅，给人们一种恬静和雅淡的美感，如置身于“波暖尘香”之中。进入写有“余荫山房”的正门后，过厅堂，穿竹径，便到山房的花园门。门旁有对联一幅：“余地三弓红雨足，荫天一角绿云深”，正是此园点题之句。

东莞可园位于东莞市城区博厦，前人赞为“可羡人间福地，园夸天上仙宫”。它始建于清朝道光三十年（公元1850年），为莞城人张敬修所建，此人以例捐得官，官至广西按察，后被免职回乡修建可园，3年后竣工。可园占地面积约有2200平方米，外缘呈三角形，园内有1楼、6阁、5亭、6台、5池、3桥、19厅、15间房，其名多以“可”字命名，如可楼、可轩、可堂、可洲等，另有擘红小榭、双清室、问花小院、博溪渔隐等景。其建筑是清一色的水磨青砖结构。最高建筑可楼，高15.6米，沿楼侧石阶可登顶楼的邀石阁，四面明窗，飞檐展翅，凭窗可眺莞城景色。可园运用了江南造园艺术，以建筑结构在一小块面积上营造了一组组层次丰富、错落有致，富有节奏色彩和空间对比的建筑体系，小中见大，暗中通明、高低回转，趣味无穷。

除了四大名园之外，岭南因其独特的地理位置，被许多荣华之后隐退的人看中，归隐之时建了很多园林。比较典型的有状元草堂和隔山草堂。状元草堂，位于广东封开县河儿口镇锣鼓岗，是后人为纪念这位岭南首魁状元而建，为仿唐式园林建筑。周围有千层峰，白石岩，大斑石奇特景观，与之遥相呼应。草堂附近建有仿古代科举考试的各种馆阁，另有亭台、宫苑、轩池、碑刻数座。隔山草堂即十香园，位于广州海珠区隔山村，背靠海珠涌，至今已有170多年历史，为岭南画派鼻祖居巢和居廉居住地。二居离开可园之后，即于此作画授徒。

第十九章

岭南的古镇

古镇是地方经济、文化、生活、习俗的有机整体，千百年来，勤劳智慧的岭南人民不但孕育了璀璨夺目的民族文化，还建造了独具地域特色、有着丰厚文化积淀的岭南历史文化名镇。这些岭南古镇成为研究岭南经济、文化、生活、习俗的重要史据之一。岭南古镇不仅有古建民居、历史街区及民间工艺等有形的资源，更有包括空间环境、民族艺术及民俗节事活动等的无形资源，其独特的文化内涵，特别是与现代文明隔离所保留的传统环境特色，共同构成了岭南的历史文化特色，反映了独特的城镇个性，展示了劳动人民的智慧和创新能力。

第一节　石龙镇

石龙镇位于岭南广东省东莞市美丽的东江下游。古有传言：有石如龙，潜于与东江河底，蜿蜒自上而下，至我境而翘首远望，低徊不去，逐成石龙福地。据专家从东江边西湖樊屋贝丘遗址测算，石龙地区约在3500年前便有人类聚居。相传于明朝嘉靖年间（1522—1566年）建圩，并发展成为广东省著名商埠，至清代与广州、佛山、陈村齐名，成为广东四大名镇之一。古诗有云：石龙今日市廛开，车马纷纷涌进来。午后酒阑人尽散，白云依旧锁苍台。

可见，那时的石龙镇是极为繁华富庶的。

石龙历史上曾3次设市，最早是在1927年8月，当时的省政府批准石龙设市，成为省属直辖市。抗日战争期间，石龙一度改称为区、市。1949年10月，石龙镇解放，随改称石龙市，由军管会接收建政。1950年7月，石龙改市为镇，属东莞县管辖。

石龙古镇有着太多的历史履痕。据文物部门考察发现，石龙有历史遗迹、文物近百处，如孙杜桥、欧仙院、豆豉街等；有革命旧址、遗迹20多处。如形成于清朝中期的竹器街，虽历经沧桑，但仍完整保留历史原貌。当年竹器生意兴旺的时候，从江西寻邬、粤东紫金、惠阳等地沿东江源源不断放运的竹排，靠泊了石龙3公里长、宽300米河面的一半。街上的作坊主要编制竹制的箩具、炊具、竹梯、竹椅、竹凳、鱼筛、渔具等数百种农具，以做工精细、坚固耐用而闻名。

石龙古镇的特色主要体现在传统街巷空间格局和以骑楼建筑、传统民居、宗祠为代表的岭南建筑的传统风貌和地方特色上。骑楼建筑是岭南建筑文化的集中代表和体现。石龙中山路骑楼建筑群建于1929年前后，全长1435米，宽16米，建筑规模达2.3万平方米，目前尚有68座建筑物及其建筑细部基本上原貌保存完好。骑楼建筑风格来源于广州，是20世纪初在西方建筑技术和艺术的影响下，模仿西方建筑风格，同时适应本地实际情况形成的一种近代建筑风格。骑楼建筑能够很好地适应地方气候条件、文化背景以及商贸活动的要求，是建筑形式与功能的完美结合。另外，分布较广、保存完好的祠堂建筑，如林氏宗祠、叶氏宗祠等，具有较强的岭南文化特色。

石龙历史上重教办学风气盛行，文化底蕴深厚，书院众多，名人辈出。清末民初共有民办和官办教育机构近30间，教育兴盛。影响力较大的“私塾”书院有荥阳书院、江夏书院等。始建于清乾隆四年（1739年）的龙溪书院，是东莞两大书院之一，培养出了解元何仁山、探花陈伯陶、进士张其淦、翰林邓莲裳等人才。

1911年，广九铁路通车，石龙成了东江流域主要军事基地。孙中山、周恩来、蒋介石等曾多次到石龙，成了国民政府东征讨伐陈炯明的前沿大本营。这一时期的多处革命历史遗迹有较高的革命教育价值。

多姿多彩的非物质文化遗产也为石龙历史文化锦上添花。该镇有远近闻名的狮子头、灯笼仔手扎工艺等历史遗存。除此之外，石龙还保留着石龙游会

(菩萨出巡会景)、浴佛节、盂兰节、龙舟景等节庆活动。如龙舟景节庆活动，是每逢农历五月初十石龙百乡村民纷纷划龙舟，“出嫁女”举家犒船、放标，向本乡龙舟送上布匹、饼食、水果、爆竹等，还邀亲戚朋友共吃“龙船饭”。粤剧也在石龙长盛不衰。石龙镇还是著名的举重之乡，本地籍贯的举重运动员陈镜开是中国打破世界纪录的第一人。

2009 年 1 月，有着深厚历史文化底蕴的石龙镇由国家住房和城乡建设部、国家文物局共同组织评选的第四批中国历史文化名镇名村中获评“中国历史文化名镇”。今日石龙镇繁荣兴盛，已成为一座既有深厚文化底蕴又有强烈现代感的社会主义现代化新城镇。

第二节　赤坎镇

赤坎古镇位于广东省江门市辖下的开平市中部，距开平中心城区 12 公里，潭江横贯全镇，赤坎沿潭江而建，为著名的侨乡，素有广东威尼斯水城之称。区内土色红赤，地处丘坎，故名“赤坎”。

有 350 多年历史的赤坎原为古港埠。相传宋元之际，大量官民随宋帝从福建等地沿海路南逃，赤坎人口渐增；至清道光年间，已是繁盛商埠。当时，商船乘潮可直泊街边，原海边街和古老渡街现存的 10 处清代石砌踏跺式渡头即为古码头旧址。1899 年，法国租借广州湾（今湛江）后，赤坎作为商业区颇为繁盛。抗日战争爆发后，香港、广州等沿海港口相继沦陷，仅余广州湾为我国唯一可对外通商口岸，赤坎成为西南后方物资进出口的商业重镇，商贾云集、盛极一时。潭江北岸河畔东段红墙绿瓦、庭院钟楼，其中的五大会馆为典型的明清时代建筑，在大通街、中兴街一带，许多旧时客商的宅第和商铺，银行、金铺、布行、茶楼、酒馆等商铺虽然早已不再经营，却仍保存着完整小舟、石拱桥、骑楼、木阁、双层瓦顶等古貌。随着商贸的发展，清朝年间先后建造有潮州会馆、高州会馆、闽浙会馆、雷阳会馆和广府会馆。在 20 世纪 30 年代，出洋谋生的华侨纷纷归来建造中西合璧的楼房，虽让岭南传统的小镇的风貌有了大的转变，但仍留存了无处不在的岭南特色。

赤坎作为一座具有浓郁岭南特色和深厚文化底蕴的古镇，素以中西合璧的古建筑、淳朴的民情民风而闻名远近，其中尤以堤西路风格独特的古建筑最为出名。这条近400米长的商铺式楼房，是中西合璧的建筑风格。这些建筑在保存当地传统建筑风格的同时，又将西欧式建筑移植在家乡的土地上，形成了风格独特的、富有文化韵味的中西合璧建筑群。最具特色是楼顶建筑，有的楼顶是尖顶塔形，有的在正面墙挑出拱形雨篷，造型丰富。墙面装饰有浮雕图案、窗洞形式、线脚、阳台铸铁栏杆等样式，有的融合了西方巴洛克或罗可可建筑装饰风格，有的是岭南特色的佳果与吉祥纹饰以及具有中国古典卷草图案。骑楼建造独特与讲究，既可以充分运用马路空间，又可以适应南方潮湿多雨、炎热高温的气候，足以印证当年侨乡的富足。

镇上的司徒氏图书馆和关族图书馆，是两族人相互攀比的产物，也是全国乡镇绝无仅有的。建于1923年的司徒氏图书馆为庭园式三层中西合璧式楼房，一楼是报纸杂志阅览室并陈列有家族名人事迹；二楼用于藏借图书，藏有《四库全书》、《万有文库》和国外名著译本等3万多册；三楼是书画陈列室，有慈禧手书、著名美术家赠送的巨幅油画等，楼顶嵌有购自美国波士顿的大钟。司徒氏图书馆的落成激励了不甘居后的关姓族人，不到5年时间，关族图书馆就矗立在赤坎上埠堤西河畔，与堤东的司徒氏图书馆遥遥相望。关氏族人也特别选购了德国大钟，与司徒氏的大钟相映成趣。关族图书馆一楼是阅览室、《光裕月报》编辑部兼办公室，二楼收藏图书文物，三楼供归国关族华侨聚会活动。开馆之初馆内就收藏了《万有文库》、《四库全书》和《二十四史》等巨著，加上其他图书共近万册，一些国外的报纸杂志也经常更换。

深厚的文化氛围带来了宗教文化的繁荣，现存的庙宇、教堂见证了古镇宗教文化的兴衰。先民所信奉的是泛神主义，祠庙里所供奉的神灵多种多样，较为闻名的古祠庙有水仙庙、白马庙、关帝庙、双宗庙、康公庙、妈祖庙、天主教堂和基督教堂等处。

改革开放以来，赤坎镇成为了珠江三角洲重点工业卫星镇和广东省中心镇之一。

第三节　自力村

自力村隶属于广东省开平市塘口镇，北扼鹤山之冲，西接恩平之咽，东南有新会为藩篱，西南以台山为屏障，由安和里（俗称犁头咀）、合安里（俗称新村）和永安里（俗称黄泥岭）三个方姓自然村组成。清道光十七年（1837年）犁头咀首先立村。新中国成立后，三村合称自力村，取其自食其力之意。

自力村碉楼群位于开平市塘口镇，是世界文化遗产地之一。碉楼建筑精美、布局和谐，水塘、荷塘、稻田、草地散落其间、错落有致，与众多的碉楼、居庐相映成趣，美不胜收，成为开平碉楼兴盛时期的杰出代表。自力村是著名侨乡，华侨主要分布于美国、加拿大、英国、马来西亚、香港、澳门等国家和地区，侨汇是村民的主要生活来源之一。

鸦片战争之后，成千上万的开平人远渡重洋赴北美打工，五邑之地成了著名侨乡。20世纪20年代间，因土匪猖獗、洪涝频繁等原因，当地侨胞为保护家乡亲人的生命财产安全，开始陆续兴建碉楼。有资料记载，在1921年—1926年间，开平当地就建成了608座碉楼。有报道说，现在分布在325国道两侧的碉楼多达1800多座。风格各异、造型精美、内涵丰富的碉楼，将中国传统乡村建筑文化与西方建筑文化巧妙地融合在一起，罕有地体现了近代中西文化在中国乡村的广泛交流，成为中国华侨文化的纪念丰碑和独特的世界建筑艺术景观。

这些陆续兴建的碉楼和居庐一般以始建人的名字或其意愿而命名。碉楼的楼身高大，多为四五层，其中标准层二至三层。墙体的结构为钢筋混凝土或混凝土包青砖，门、窗皆为较厚铁板所造。建筑材料除青砖外，铁枝、铁板、水泥等均为外国进口。碉楼的上部结构有四面悬挑、四角悬挑、正面悬挑、后面悬挑。建筑风格带有国外建筑特色，有柱廊式、平台式、城堡式的，也有混合式的。为防御土匪，碉楼一般都设有枪眼，配有鹅卵石、碱水、水枪、枪械等防御用具，当地很多妇女都会开枪射击。碉楼的基础一般用三星锤打入松桩，为方便施工一般都搭有高大的葵篷盖着工地。楼内保存着完整的家具、生活设施、生产用具和日常生活用品，丰富而有趣，是当时华侨文化与生活的见证。

碉楼建筑精美，中西合璧、独具匠心，很难找到两座完全一样的碉楼。著名的有：龙胜楼（1917 年）、养闲别墅（1919 年）、球安居庐（1920 年）、云幻楼（1921 年）、居安楼（1922 年）、耀光别墅（1923 年）、竹林楼（1924 年）、振安楼（1924 年）、铭石楼（1925 年）、安庐（1926 年）、逸农楼（1929 年）、叶生居庐（1930 年）、官生居庐（1934 年）、澜生居庐（1935 年）、湛庐（1948 年）。高 6 层的铭石楼建筑最为精美，首层为厅房，2—4 层为居室，第 5 层为祭祖场所和柱廊、四角悬挑塔楼，第 6 层平台正中有中西合璧的六角形瞭望亭。

自力村碉楼群于 2001 年 6 月被国务院公布为全国重点文物保护单位；2005 年 7 月被评为“广东最美的地方、最美的民居”，11 月又被评为“全国历史文化名村”；2006 年 4 月荣获“中国最值得外国人去的 50 个地方”金奖；2007 年 6 月，被第 31 届世界遗产大会列入《世界遗产名录》。经当地政府整治维修后，碉楼更加完整和协调，吸引了大批前来观瞻的海内外游人。

第四节　苏家围

苏家围位于广东省河源市东源县义合镇，距离河源市区 27 公里，流淌的东江与久社河交汇于苏家围村旁。村中的围屋和府第式的客家民居中，古老的建筑有 500 多年。相传北宋文豪苏东坡的后代苏秀弘任东莞京山巡检时，于 1382 年携家眷落居河源合水，苏氏后裔世代在此繁衍。苏家围秉承了祖先的传统文化和客家文化，古老民居、农耕农事等体现了岭南客家的纯朴与自然，古榕、老屋、江风、竹韵、牧歌和田园的宁静悠然，造就了南中国的画里乡村意境。

古代的官宅建筑式样和大小规模是有讲究的，八世祖苏东山曾任广西桂林府推官。村中有 500 余年历史的苏公祠就是为纪念苏东山，根据他的官职按朱元璋颁布的官宅府第式建筑风格在 1481 年修建的永思堂，族人不仅一直在此举行祭祀和议事，而且许多宗族的重要文物也收藏于此。在苏氏家族最显赫的时候，这里曾悬挂着 63 个官位匾和学位匾，从现存的两块御封匾和大梁上的古老铁钉上，以及 100 多张嘉庆、道光年间的地契，足见当地以往的辉煌和富庶。苏公祠既记载了苏氏宗族的历史渊源，也是客家人迁徙史的辅证。

围屋又称“围龙屋”，是一种富有中原特色的典型客家民居建筑，整体布局为大圆型，围屋有一围层、二围层，为团结御侮聚族而居。据历史学家考察，这种民宅建筑与中原贵族大院屋型十分相似。客家先民因战乱、灾荒等原因南迁定居，不但传播了中原的先进耕作技术，也保持了原有的民宅传统风格。

除圆形围龙屋外，站在苏家围的迎亲桥上得以浏览具有明清特色的方形“府第式”围屋。全村 18 座府第式民居的几百间房的排水系统非常讲究，即使遇上特大暴雨，雨水都能全部从屋的暗渠里排走。据村里的老人介绍，此排水系统是仿照苏家先祖在江西吉安故居前的九曲水而建成。

紫苏是本草科一年生药用植物，本地人常用作香料配菜。相传在 1312 年，苏东坡的第七代孙苏天荣从江西庐陵（即现在江西吉安）乘船沿东江南下赴番禺任教谕，途中夜宿义合。晚上梦见五位老人指点他上岸观看高大茂盛的紫苏，并且告诉他这个地方风水好。苏天荣醒后觉得紫苏与本姓有缘，并看见岸上的千年大榕树。优美的环境让他意识到这里是梦中老人指点定居的地方。后来他升任四川富顺知县，还念念不忘此事，嘱咐后人定要落居此地。村中的紫苏园就寄托了苏家围人对先祖的怀念和敬慕。

苏家围现存五棵大榕树，均有 1000 多年的树龄，其中最出名的当数五显榕和鸳鸯榕。五显榕是当年苏天荣上岸时看见的第一棵榕树，当年树下还有座五显祠纪念苏天荣梦中的五位老人。鸳鸯榕则源于一个美丽的传说：清朝时，龙川县一位才女逃婚至此，最终与自己的意中人喜结良缘。后来，才女的丈夫做了官，两人专程运来一块“树恩难忘”的碑立于树前。村中完整地保留着从土地改革、“大跃进”、农业学大寨、文化大革命、改革开放等新中国成立以来各个历史时期的 30 多条政治标语，从中可以看出农村的历史变迁。在“娘家作坊”里，有客家女以茶叶、芝麻、花生和各种香料用手工研磨而成的客家擂茶。

当今的苏家围江水清澈平缓，民居简朴古旧，翠竹摇曳多姿，古榕根深叶茂，稻田错落有致，整个村庄古朴而宁静。在积极开发建设的旅游项目，在给村民带来经济效益的同时，这里仍然保存了百年老村的原貌。

第五节　聚龙村

有着120多年历史的聚龙村占地5200多平方米，属广东省广州市白云区江高镇下辖的一个行政村，位于珠江之西、羊城之郊的冲口街陇西与招村之间，村口正对一湾河水，河岸两边古榕蔽日，带有浓郁的田园风光。

清朝的广州一口通商，邝姓先人闻名而来，在原本是一片河滩沙地的芳村冲口辟出一块面临水道、水通广州的风水之地。经过10年的耕耘与修建，人丁逐渐兴旺。村内的古建筑群始建于清光绪五年（1879年），族人在建造房屋时有意参照西关大屋的风格，并融入国外多层建筑、教堂式的纵深屋顶等西方建筑元素，形成别具一格的建筑特色。全村房屋按井字型平面布局，建有七条街巷，纵横整齐美观，错落有致，每座民居院落坐北向南，占地约200平方米。楼房雕梁画栋、古色古香，内部设计大同小异，大厅两侧左右对称排列房间，厅前装饰的三道屏风门，不少因年代久远退去色彩的屏风木雕更显古朴风雅。小巷里高大的“蚝壳屋”，以青砖作柱、蚝壳砌墙。百年古韵的白麻石小巷、青砖灰瓦大屋、水井、神楼、木雕、砖雕、灰雕、壁画、屏风和满洲窗，承载了广东台山邝氏家族的岁月。现存的19幢房屋均为两层青砖楼房，具有浓郁的岭南特色风格和较高的历史价值，被列为广州市历史文化保护区。

聚龙村人杰地灵，水岸边店铺成行，南粤商界奇才辈出，有广州报刊创业先驱、清朝教育部官员邝其照，港澳著名“黄金巨子”邝衡石，知名商人邝明觉、邝伍臣等。每逢民俗节日“生菜会”时，舞狮、比武、大戏纷纷聚集到村前，热闹非凡。若碰上大户人家过生祝寿、结亲嫁娶更是舟楫纵横、迎来送往，一片觥筹交错之声。抗日战争时广州沦陷，村口沿岸商铺尽数焚毁，邝氏族人大多逃散到香港、美国，家业迅速落败。战乱结束后，离去的族人大多没有回来。岁月流逝，物是人非，但古屋的青砖灰瓦、厚重的趟栊门、七彩的灰雕和“蚀刻”有唐宋诗句的满洲窗，仍然在向人们述说着当年的繁荣往事。

聚龙村作为移民村，耕地稀少，与广州其他村庄不同，聚龙村的邝氏人都是以经商为主，有了近代房地产的雏形交易。有学者认为，聚龙村为近代房地产发展最早原型的奠基者。

村前保留的邝氏家塾是为解决邝氏族人子弟的读书问题集资兴建的，聘请先生来教“四书五经”等典籍。有别于其他古村镇的是该村没有一座宗祠。据村里的邝氏老人介绍，当年村民计划兴建祠堂需要大量资金，首富邝明觉表示愿意赞助建祠款项的一半，但祠堂匾额要从其父名。这个提议遭到村民群起反对，认为合族建祠堂应叫邝氏宗祠，在争论中建祠暂且作罢。在世事纷扰和战乱中，祠堂最终没有建成。

“人面不知何处去，徒留古屋笑春风。”百年聚龙村保护和开发并举，经过数年的修缮改造已经成为具有岭南民俗特色的文化名片。

第六节　建桥围

据媒体报道，2005 年广东省梅州市在创建“国家优秀旅游城市”、开发旅游新景点普查中，在地处莲花山脉深处的丰顺县建桥镇发现一座始建于元末明初的古城，至今已逾 600 年。

建桥围古城坐落于莲花山脉深处的丰顺县，原属嘉应州建桥堡。有史料记载，明隆庆年间（1567—1572 年）都乡佥军事张乾福以御盗建围，最后建成人为明代中期梅州州牧张德达。古城布局严谨、结构完整，融明、清两朝的建筑特色于一体，在闽、粤、湘、赣客家围屋中更属罕见。城内建筑面积 15780 平方米。建城遵循外圆内方的理论，建造椭圆外廓、方形内围，四周有护城河池，远眺整座城如浮在水面的大船。东西南北四大围门均有皇帝御赐铁炮和有石刻门匾，城门与四周民居连成一体，既当屋墙又是城墙，至今仍非常坚固，城门内架设木楼棚和内宽外窄枪眼孔，设烽火墙不露桁桷，利于群居和防贼御敌，民房绕櫨墙内构筑。

城内留存的元末古巷，更多的房屋是明代飞檐式的四合院建筑，也有清代防火山墙式建筑混杂其中。据考证，建城时按“东壁图书库，西园翰林”9 字建祠，现保存较好的有保太堂、光太堂、谦太堂、树德堂。围内存有三街十二巷二十四幢，建筑格局大都为二栋（堂）、二横和三栋（堂）四横的大院，房屋均以白麻石作墙基，砌砖瓦盖，沙石灰夯筑，各厅堂斗栱、梁架雕刻精致、古朴大方。少量的围龙屋层层叠叠形似盘龙，结构坚固，壁垒森严。围内还建有张氏各世府第公室，采用传统四合院的建筑工艺，用抬梁、穿斗的混合结构建造，布局严谨，讲究坐向，布局沿中轴线有上中下三个大厅系奉祀先祖或公共娱乐场所。

古城的排水、通风、防火设计有其奇特之处：一是城内街道和古巷里看不到一条排水渠，但不管下多大的雨从不会浸水；二是城内建筑物的通风采光设计令人叫绝，四合院落式建筑的通风采光冬暖夏凉；三是防火设计非常合理，除有护城河环绕外，房屋之间还建有防火山墙，家家院内水井长年不枯，既便于生活也利于防火。

据族谱记载，张德达于明初洪武年间定居于此，自乾隆以来已发展至27代聚居于以建桥围为中心的10余个自然村落。建桥围文化底蕴深厚，围内保大堂、光大堂门外分别有清朝道光、嘉庆年间竖立的5条石旗杆，是客家人崇文重教的标志，世代出有众多的翰林学士、进士和举人，时有学者前来考察论证。这种田园山水的自然景观与耕读文化的高度统一，达到了“天人合一”的理想境界。在2009年12月举行的第二批“广东省古村落”认定发布会上，建桥镇建桥围以别具特色的潮客畲文化的融合村入选。

第七节　恩平石头村

那吉石头村原名云礼村，距广东省恩平市那吉镇西约3公里，云礼村于1999年9月改名石头村，三面青山环绕，显得特别清幽。石头村名副其实，房子是用石头建的，路是用石头铺的，塘基是用石头砌的，村边的水渠是用石头筑成的，村子围墙、菜园地也是用石头垒成的。这些石头建筑，巧夺天工，独具一格。石头村整个村落布局合理，依山而建，前低后高，村子远远望去就像一座古老城堡，四周原用鹅卵石砌了三重围墙，现外围两重已基本坍塌，只能看到残剩的痕迹，第三重还很完整，两米高的围墙将村子严严实实地包围起来，只留下一个进出的小门。进入这个村口就如走进了一个石头砌成的古堡。

石头村历史悠久，这里曾发现4500多年前人类所使用的石器生产工具，也发现1000多年前的唐代中期少数民族活动过的遗迹。相传，明代洪武年间，石头村先祖黎思文是入粤的黎氏第八世祖，考取贡生后派往南恩州（即今阳江市、恩平地区）任职南恩州教授。从江西经南雄珠玑巷长途跋涉来到云礼村，一条小河挡住了去路。过河时，黎思文不慎失足滑倒，被湍急的河水冲走，情急之中伸手抓住了岸边的一块巨石趁势一跃，脱险上岸。他站在河边想：这河里有取之不尽的石头，是上天赐给建造家园的好材料。于是，黎氏先民开始在这里用石头建房建村，创家立业。

600余年过去了，现今村子里剩下来的100多间房屋都是用石块垒起来的，再用黄泥或石灰进行黏合。这样垒成的房屋不高，高一点的人进门得稍微低下头。进门左边是灶台，右边小门通卧室。卧室分上下两层，上层阁楼放东西。里面有一个天井，天井一边是正厅。正厅一般放置农具，也作为待客的客厅，以前还设有祖宗神位。舂米的石臼就镶嵌在地板中。过了厅是另一间房间和一个小门。一般来说，如果房子分兄弟两人住，兄长住靠大门的房，弟弟住小门里的房间，靠小门的房前设灶台。每幢屋子的建筑结构基本相同，对称结构，大小一致。屋子两侧各有一门，没有窗户，全靠天井采光。明清时期，社会动乱，盗贼经常入村抢劫。为了对付盗贼，村民们就在村前石闸及家家户户门楣上放置石头，用吊绳制成活动拉索，门槛下面设机关，盗贼若推门而入，踏中机关，石头即重重砸下，让盗贼脑袋开花。整个村子因此安全地度过了几百年。

在石头房子间穿行，犹如走进倒流的时光隧道。村中民居错落有致，古韵犹存，石径通幽，古榕参天，圆形的池塘种满了浮莲，池边是矮矮的垂柳，夏季荷花飘香，是适宜人居的风水宝地。池塘边上那个不大的祠堂，是村里最高的建筑，正面有“梁思文公祠”的横匾。以前这里是全村最热闹的地方。从石灰脱落处可以看出，祠堂的外墙同样用石头垒成，而门楣是用整块石柱撑起。一个阔大的晒谷场以石条砌出，晒谷场上有两个同样大小的圆形大石柱，石柱下方还有一些大小一样、排列整齐的孔，原为榨蔗汁器物。更为神奇的是溪水流经村中仅150米，但上游的水比重比下游的轻，这一现象是否与石头有关，至今还是一个谜。

第八节　象埔寨

象埔寨位于广东省潮州市潮安县古巷镇古一村，东距潮州古城约 8 公里，坐西南向东北。据说该寨是潮汕现存最为古老的乡寨，于南宋景定三年即公元 1262 年开创，距今已有近千年的历史，是明清发展盛期的贸易商埠，也是目前粤东地区保存完整年代久远的古寨之一。古寨几度翻新，今天呈现在我们面前的大都是清末的建筑。

象埔寨是一个方寨，寨总面宽为 162.4 米，总进深为 154.4 米，面积 2.5 万平方米。象埔寨倚象岭朝笔峰而建，古时寨前是川流不息的古港，寨南寨北是护寨的河沟，一面靠山，三面临水。整个方寨外围由高大牢固的寨墙围陇，寨墙厚 0.88 米，高 5.57 米。全寨只有一个寨门进出，石砌拱顶，上有“壬戌之秋”和“颍川郡立”的石刻字样，说明本寨陈氏祖先是从河南中原南迁而来。始建于宋代的大宗祠位于全寨中轴线的末端，两边是后人修建的小宗祠。寨内巷道笔直，屋舍俨然，宛如一个秩序森然的小型城池，全寨三街六巷全部贯通，形成了四通八达的交通格局，俨然是皇城建筑的缩影，故有“象埔寨皇城起”的美称。寨里的 72 座民居号称座座格局不相同，当然万变不离其宗，均是由一厅一天井的三合院（即俗称“下山虎”）或二厅一天井的四合院（即俗称“四点金”）演变而来。寨前广场庄严矗立着“六尖四平”10 座旗杆石。

象埔寨规模宏大、布局合理，寨中至今还保存着宋、明、清不同年代风格的建筑。作为象埔寨始建的物证之一的陈氏大宗祠，装饰的木棚门簷就为典型的宋代风格。由于寨中民居分别有单进、二进、三进等形式，门簷装饰也变化不定。据传，寨内四边角落原各有井一口，每座民居院中也有井一口，全寨共有井 76 口。寨中现有进士第 1 座、大夫第 7 座，特别是在陈氏大宗祠后面气势依旧的大夫第后楼与寨门遥相对应，两座更楼雄踞寨南、寨北两端。

陈氏大宗祠位于寨中后部中央，大宗祠屋顶为悬山顶建筑。前面是留芳亭，留芳亭的建筑为“八柱四垂”。这种三进祠堂前面是留芳亭的格局，是目前粤东地区唯一的一座。大宗祠右边是松轩公祠（房祖祠）于乾隆二十九年重修，“文化大革命”期间受到严重破坏；左边是西湖公祠（二房祠），建于清光绪三十年。这两座祠堂外场院呈现南北向“龙虎门”的格局，门脊为楚尾花。松轩公祠龙虎门两门亭正面匾额石刻书法刚劲有力，四座门亭高大、雄伟、壮观。松轩公祠前面为建造华贵尚美、精雕细刻的清式建筑——雍穆公祠，兴建于清道光十七年。

象埔寨在风水学中属于“象形龟地”，寨正门一对石墩象征龟目，石墩后方一对石条象征龟眉，五个方位的古井分别象征龟脚和龟脐。寨前原来有一口占地近百亩的大池塘，池水中从来没有发现过石螺，曾经人们有意将石螺投进池塘中，但从未见其繁衍滋长，据此说是被龟给吃掉了。

纵观象埔寨中的这些古建筑，荟萃了木雕、石雕、贝雕、嵌瓷、彩绘、贝灰雕等潮州民间工艺的精华，又融入了中原建筑艺术和我国宫殿建筑的文化，彰显了“京都帝王府，潮州百姓家”的尊贵与气度。整个古寨的建筑布局及其形制，对研究民居发展史和民宅演变都很有价值。

1987 年 12 月，象埔寨被列为潮州市重点文物保护单位，2009 年 12 月又被广东省宣布为省级古村落。

第九节　桥溪

桥溪村是梅州东北部雁洋镇的一个自然村落，与大埔县英雅乡接壤，位于广东阴那山五指峰西麓，距梅城 38 公里，始称叩头溪。该村方圆约 1 平方公里，四面环山。相传，在明万历年间的客家中转站——福建宁化石壁村的朱陈两姓人家筚路蓝缕、辗转搬迁，先后来到桥溪村联姻定居。400 多年的宁静乡村生活，营造出如今远离喧嚣的这一方绿洲。村内客家民居建筑依山傍水、错落有致，山涧溪流清澈，古树婆娑，远山含黛，层林尽染。整个村落内小桥、溪水、古树、民居构成一幅秀丽客家山村的田园风光。该村于 2002 年经广东省批准，定为省级文物保护单位。

现在村里保存有朱氏后人留洋后回来兴建的继善楼、世德楼、宝善楼、世安居、宝庆居、祖德居等建筑；陈氏人家建的仕德堂为反围龙结构的大屋。其中，朱氏始建于清光绪二十八年，历时 12 年才竣工的继善楼成为翘楚。该楼由旅印尼华侨朱氏十七世祖朱维乾二子——朱琪源等人兴建，1914年落成。继善楼依山傍水而建，坐北向南，占地面积2680平方米，共有房间70间。继善楼采用了中轴对称的横向方形布局，为两层夯筑杠子屋楼房，俗称“七杠楼”，建筑规模和建筑艺术以及营造的文化氛围为粤东地区少见。“七杠”即从宏观上看到屋子的七个屋脊，前后三进，中部为四合院式，通过回廊连接，屋子往两厢扩张。堂门之前是用围墙围起来的方正的禾坪，围墙连着屋门，依足当时风水的规矩。两层楼的高度使堂门门厅显得高挑气派，两根石柱撑起了一排精雕细刻的木雕屋檐，斑驳神气的牌匾和铁划银钩的门联，依稀透露出房屋主人曾经的辉煌。继善楼不但内饰精致，也充满了当地特有的文化气息。在二楼的堂屋两侧悬挂着两幅镏金的木刻家训，字为中正楷体，文秉儒家古训。倚栏细看周围是精巧的镂空木雕、精湛的彩塑壁画、精奇的飞兽檐刻，正合了“山中日月长，筑庐读诗书”的意境。另一个具有鲜明特色的居民建筑是善庆楼。该楼约有110年历史，建筑面积500平方米，共22间，是一座堂前向外周匝式的反围龙式建筑，其建筑结构在传统客家围龙屋建筑中别具一格，也在粤东客家地区极为少见。

桥溪村村口有一小片树林，叫五彩林，其中有国家2级保护的珍稀古树——红楠木、白桂木，以及迄今发现的广东最大的青蓝木，胸径达3.3米。这些树木叶子颜色各不相同，红的奔放，绿的葱翠，黄的典雅，在不同的季节和不同的花儿配合着，成为村中田园风光优美亮丽的点缀。五彩林前有南洋风格浓厚的长方型小洋楼“逸庐”和朱氏公祠，以及建在最高处的黄土夯筑的半圆型围龙屋仕德堂，若在春天到来，田里黄色的油菜花，屋外粉红的桃花，路旁怒放的白色李花，和白墙、灰瓦、黄土交相辉映，形成了桥溪村独有的乡野古韵。

桥溪村是梅州的文化之乡、华侨之乡和革命老区的一个缩影，是国家住建部和文物局命名的36个“历史文化名村”之一，为研究客家民系的迁徙史、客家华侨史、地方教育史、地方革命史和客家地区的人文习俗、宗教信仰、民居建筑艺术等方面，提供了历史、科学和艺术的宝贵资料。

第十节 黄姚古镇

黄姚古镇为广西名镇，有着近千年的历史。古镇发祥于宋朝年间，兴建于明朝万历年间，鼎盛于清乾隆年间。由于镇上以黄、姚两姓居多，故名“黄姚”。黄姚镇位于广西贺州昭平县东北部，方圆3.6平方公里，为典型的喀斯特地貌，地处漓江下游，北面与钟山同古镇、清塘镇接壤，东面与凤凰乡、贺州市公会镇毗邻，南与樟木林乡、富罗镇交界，西面与走马乡相依。古镇外奇峰耸立，镇内竹木森森，清溪环绕，其建筑按九宫八卦阵势布局，属岭南风格建筑，与周围山水融为一体的天然山水园林，素有“诗境家园”之称，于1995年被列为省级风景名胜区。

由于黄姚镇特殊的四面皆山的地理位置，造成了交通不便的半封闭状态，使得如韩愈、刘宗标的诗联碑刻以及古老的民居、众多的文物得以保存。古镇内有“六多”，即山水岩洞多、亭台楼阁多、寺观庙祠多、祠堂多、古树多、楹联匾额多。自然景观有八大景二十四小景，保存有寺观庙祠20多座，亭台楼阁10多处，多为明清建筑，著名的有文明阁、宝珠观、兴宇庙、狮子庙、古戏台、吴家祠、郭家祠、佐龙寺、见龙寺、带龙桥、护龙桥、天然亭等。街道用灰黑色石板镶嵌而成，虽历经沧桑依然完好平整。此外这里还建有中共广西省工委旧址纪念馆和钱兴烈士塑像，保留有何香凝、高士其、千家驹等文化名人寓所。

古镇完整保存有全长10多公里的八条石板街，300多幢明清古建筑面积达1.6万平方米。镇口有一座明代建筑的古戏台，中央悬挂上书“可以兴”行草的牌匾。古镇东南面天马山上建有文明阁，属桂东道教名刹，历代文人骚客留下的众多题诗、楹联和石刻，甚至保存韩愈所题的“鸢飞鱼跃”墨迹。文明阁上建有当地人求雨用的平台，碰巧可看到道士打醮。道士一年一小醮，五年一大醮，以祈求风调雨顺，人间太平。打醮时日，信徒们从四乡六寨、瑶岭苗村扶老携幼、蜂拥而来，山上山下熙熙攘攘、热闹非凡。

古镇的房屋多为两层的砖瓦结构，虽没有都市大户人家那种恢宏气魄，但建筑精美，砖雕、石雕、木雕都有很高的工艺水平，古建筑的梁柱、斗拱、檩椽、墙面、天花都雕梁画栋，千姿百态，栩栩如生。黄姚过去以商业著称，沿街两侧的老房子绝大多数都是昔日的店铺，木头窗户上还留有一个圆孔，是晚上关门时“一手交钱一手交货”的通道。古镇每条街巷的青石板上总能看到碗口大小、连成一排的小洞，据说在当年用于安放闸门、防御外敌之用。

2005 年 9 月，在北京召开的中外旅游品牌推广峰会的授奖大会上，黄姚古镇被亚太地区旅游合作组织、世界华侨华人旅游合作组织和中外旅游品牌推广峰会组委会联合推介为“中国最具旅游价值古城镇”，成为我国最具旅游价值古城镇之一。

第十一节　大圩

大圩古镇位于广西壮族自治区桂林市东南 18 公里处，距灵川县城 30 公里，地处漓江中游，在漓江北岸由西向东沿江而建，面积约 193.78 平方公里。古镇作为桂北的水陆码头，北通湘、赣，南达梧、穗，为桂林东郊农副产品和舶来品的集散地。古镇始建于北宋初年，600 多年前，大圩以其“大”，成为广西四大圩镇（宾阳的芦圩、苍梧的戎圩、贵县的桥圩）之最。

大圩古镇古风浓郁，明代以前的街道主要分布在生产上街至虎岩观附近，俗称老圩街，后随着水运的日益发达，明末清初街道逐步东移，光明街成为交易的中心，古镇的十座主要码头也全部建成。清末民初，民主街和解放街之间（既原鼓楼街）成为最繁华的地段，当年控制桂北一带经济命脉的“黄李廖高”四个大家族都集中在这一地带。民国时期，市场继续东移，现今东方街 90% 以上的建筑、铺面、铺台都是民国时期建造的。正如明代解缙的《大圩》诗云：“大圩江上芦田寺，百尺深潭万竹围；柳店积薪晏后，壮人荷叶裹盐归。”虽然隔了几个世纪，但他细腻笔触所描绘的大圩，仍给人以古朴、优美、恬静、繁荣的感受。铺面商号有“四大家”、“八中家”、“二十四小家”之称，体现出当时大圩的繁荣状况。

大圩镇中的民居建筑南低北高，临江依山而建，多为三进、四进式建筑，外通码头、巷道，内通商业古街。每栋房子设计十分合理，集商住于一身，均由门前、天井、正房、厢房、后院组成。如高祖庙、清真寺、祠堂、廖宅

（东方街 47 号）、黄宅（民主街 28 号）、李宅（民主街 37 号），等等。

大圩古镇是桂北的水陆码头，是农副产品和舶来品的集散地。明清时，大圩沿江亦形成 13 个靠码，有“逆水行舟上桂林，落帆顺流下广东”之说。由西至东顺江排列为：寿隆寺码头、更鼓楼码头、清真寺码头、社公码头、石鸡码头、大码头、渡船码头、狮子码头、塘坊码头、五福码头、秦聚利码头、鼓楼码头、卖米码头。其中按商号排位的有十个，依次是卖米码头、鼓楼码头、钱穿店码头（又名秦聚利码头）、五福码头、塘坊码头、狮子码头、渡船码头、大码头、石鸡码头、社公码头。码头一般长 10 米，宽 3—4 米，石砌伸入江中又楔入街巷，其功能各有不同。如鼓楼码头多装运白果、桐油、茶油、食盐、火油、布匹、日用百货等大宗商品；卖米码头装运大米；大码头水面宽平，为竹筏停泊起运处；塘坊码头为古代水驿塘坊，供官船停泊登岸用；另有陶瓷、药材、制酒、人渡等处。

位于马河之上的万寿古桥，始建于明万历年间（1573—1620 年），是大圩古镇的著名景点，典型明代单拱石桥，气势不凡。初为木结构三拱木板桥，后毁于水，曾两次重修。清光绪十三年（1888 年）改建为石桥（即今桥），光绪二十八年（1903 年）重修为单拱石桥至今。

2001 年，建设桂林至磨盘山码头旅游公路时，在大圩镇发现了一个罕见的古墓群，7 座古墓排列成天上的北斗七星状，各墓封土堆的大小与星星的亮度有关联。古墓群位于大圩镇马山东麓（俗称七星坡）。当地老百姓流传，此墓群是靖江王的宗室——附近村屯中朱姓人的先祖坟墓。从古墓中出土陶盒、陶罐、青铜剑、铁斧和石璧等随葬品看，关于此墓群是靖江王宗室之墓一说系谬传，它与 1974 年发掘的平乐银山岭战国至西汉墓有相似之处，应属同一时期的墓葬，有多方面的考古价值。

第十二节　扬美古镇

扬美古镇位于左江下游，距南宁市 38 公里，水陆交通便利，是目前广西壮族自治区境内保存最为完好的明清古建筑群。古镇始建于宋代，至今已有上千年历史。古镇三面环绕左江，自然形成了一座宽 6.5 平方公里的长条形半岛，千年来一直都靠左江水路沟连外界，天然将扬美古镇与南宁相隔，成为南宁西郊的世外桃源。

历史上，扬美曾一度是左江上有名的商埠。明朝著名的旅游家徐霞客从南宁乘船上左江赞誉道："自南宁来，过右江（入左江），岸山始露石，至扬美江，石始奇……余谓阳朔山峭濒江，无此岸之石，建溪水激石，无此石奇。"如今码头上零星停靠着三五艘搭客的小游船，船家蹲在船舱里抽烟，耐心等待岸上的客人返回，岸边参天古树阴下农妇席地摆卖自产的香蕉、梅菜和豆豉，已寻不到往昔船满江岸，"大船尾接小船头，南腔北调语不休"、"货如轮转，人声鼎沸"的繁华景象。

扬美古镇有罗、刘、陆、李四姓先民最早来此居住创建古圩，因当地百花遍野，所以又叫"白花村"。宋朝时，山东的狄青将军带领将士南下平蛮，各地人士不断迁移来形成了古镇，另有一部分先民为明末随桂主南迁的遗老遗少。扬美在清代年间十分昌盛，至清末由于陆路不便，便捷水路的地位被南宁、贵港所取代，从此扬美便逐渐寂静下来。现存有 8 条宋代时期的古石板街道和 8 座宋代古码头。

扬美古镇有八大景点，分别是孔庙、魁星楼、清代一条街、慕义门、黄氏庄园、明清古建筑群、进士旧居、梁列亚（辛亥革命志士）故居等。特别是古民居的屋饰十分精美，屋檐、门窗均雕有做工考究的精美花饰、吉祥动物图案，气派不凡的影壁，屋顶有游龙雕塑，屋下有古石狗、古石墩等，给人一种古旧朴实的感观。沿着道光十年铺成的凹凸不平的深褐色石板路前行，路旁青砖砌筑的墙壁肃穆而庄重，砖与砖之间的白色沟缝似乎还可以闻到道光年间黄糖糯米的芬芳，无不渗透着岭南艺术的底蕴和历史的沧桑。

扬美不仅历史悠久而且人才辈出，据查，清代临江街就有解元梁德坚、杜元春等 5 个举人以及 10 多个进士、曾任孙中山先生秘书的辛亥革命活动家梁列亚。而且扬美有着丰富的古乐和民间艺术，如唱看春牛、师公戏、三月三划龙船等。

临近古镇，游客可以立刻感受到中国画水墨丹青的雅致和清丽，清澈晶莹的池塘边翠竹青青、绿树依依，远处的青墙黛瓦叠嶂错落，典雅的翘角屋脊犹如清朝贵妇头上饰牌。穿行在下楞和扬美的古宅老巷之中，仿佛是漫步在岁月的长廊，时光流转，文物、古迹、怪石、清流在眼前展开，步移景异。每当夕阳西下，江面波光粼粼，绿水翠竹映着古镇犹如童话诗境一般。

第十三节　逢简村

逢简水乡地处广东省顺德区杏坛镇北端，锦鲤江畔，水资源以及水环境极优。绕村居曲折迂回的水道达10公里有余，辖区水道达28公里之多。水光接天、碧波荡漾，自然环境优美的岭南古村风韵犹存。

逢简是顺德最早有人聚居地之一，向前可追溯到西汉文化遗址的发掘，继之以明远唐代文物的发现。两座宋代三孔石古桥见证千年历史，从而被首推为佛山市三孔桥之古魁。古村的多间明代古祠，目睹了原隶属于南海郡的顺德立县；明代八景之确立及其有“小广州”之称的代石，印证了昔日之繁华；御赐金桂、清代金鳌石拱桥、进士坊木牌楼更是深厚岭南人文的积淀。村中郭氏祠堂门前两艘吃水很深的沉船，裸露在水面的船尖依然线条凌厉，仍有往昔乘风破浪的遗风。

昔日的逢简村以栽桑养蚕为核心，促使当地的农、牧、渔、副业有机地结成整体，进而带动缫丝、制糖、饲料加工以及商贸、交通运输业的发展。在清代，逢简村民弃田筑塘、种桑养蚕，几十家丝织厂日夜不停，为顺德成为“南国丝都”立下汗马功劳。这些蜿蜒于满目桑田的小河将一船船蚕丝运往广州等地，全省客商也乘河船前来采购蚕丝。据说，当时村内就有30多家丝织作坊，共800多名工人。

逢简是典型的岭南水乡，村内河网如织，桥梁在村中交通的地位非常重要。据不完全统计，村内共有石桥30余座，兴建于不同年代的桥，形态风格自然也迥然不同。古桥都建在村中交通要道上，与河涌交叉呈十字型，沿河涌与麻石道之间形成圩市。据清咸丰《顺德县志·卷五·建置略二墟市》载：“逢简堡墟市有四，曰巨济，曰明远，曰金鳌，曰桑市。”这种以桥为市的特色，就是岭南水乡的重要标志。其中最能见证当年水乡集市繁华的是明远桥、巨济桥和金鳌桥三座石拱桥。明远桥是中国现存文献记录中最早的三孔石桥之一，始建于南宋宝庆年间，桥拱成纵联砌置法，红色砂岩结构。全长25.1米，顶宽4.6米。桥栏石板刻有各种图案，桥两边柱头雕有石狮子。为了方便马车通行，桥面的石级砌成坡形。巨济桥亦建于南宋宝庆年间，沿岸的“谷埠巷”

是进行稻谷交易的地方，桥上雕花石栏精美秀气。村口的金鳌桥为短小别致的单孔石拱古桥，始建于清康熙年间，整个桥身是用红色石料砌成，传说该桥是根据康熙授意“尔亦可返乡建一桥”，故取禁宫内御花园水池中的“金鳌玉蝀”之名。村中古桥的另一特点就是修筑在河道拐弯处，河道一侧建有村庙，桥旁有古榕、木棉等，浓荫蔽日。如金鳌桥位于河道转弯处，据说古时桥对面有地藏庙、文武庙。在河道流入和流出村落处一般会建“水口”桥，有镇锁水口的作用，桥旁多种植古树。

逢简的古祠堂林林总总，大多数保留着明代的建筑风格。刘氏祖祠、梁氏祖祠、李氏祖祠是封建较具规模和影响的祠堂。有村中“第一祠堂”之称的是有600余年历史的“刘氏大宗祠”气势不凡，占地面积甚大，依稀可看出它在过去岁月中的辉煌经历。刘氏祖祠始建于明永乐年间，主建筑为三进结构，分为首座、中堂与后座，地势呈前低后高，寓意代代高和三生万物之道家思想。首座东西设有钟、楼及乾、坤二门。梁氏祖祠建于光绪年间，砖、木、石结构犹为精细，灰雕工艺精湛，是逢简村祠堂保存尚好之冠。

村中的瑞昌楼是一座以特色菜远近闻名的百年老楼，最吸引人的是其雕刻有“中秋月饼”四个苍劲大字的金牌匾，下面是一副“加官进爵，一品当朝”的对联。从瑞昌楼向外是依河而建的街衢，狭窄悠长的石板路旁是临水而筑的民居宅院随处可见，那些残旧的木门上嵌着生锈铁环映衬着一样的白墙墨顶和舟影波光，顺着高深斑驳的屋壁向上望去，小小的天井中流金般的天光缓缓移动。据说宋元以降，隐居到逢简的很多是士大夫家族，他们诗书传家、尊儒重育，导致古村崇尚读书的风气浓厚，元明期间出过很多读书入仕的人。用来铺路或者搭建埠头石阶的石碑比比皆是，其中许多碑铭上刻有诸如举人、进士第几名的字样。

当今的逢简村，落日的余晖映照着百间古屋，遍布的古树和纵横的石板古道，一派诗情画意。同时，逢简村人也正在抓紧新农村建设，充分利用水乡古村的品牌开展特色旅游，开创有特色的新农村经济模式。

第二十章

岭南的未解之谜

岭南是一片充满神奇的土地，无论是崇山峻岭，还是田野四乡，抑或是荫郁覆盖的森林，都隐藏着令人困惑不解的一个个谜团。20 世纪 80 年代，南越国第二代王赵眜的陵墓被发掘，称南越王墓，这是岭南地区发现规模最大、出土文物最丰富多样、墓主人身份规格最高的一座汉墓，其豪奢程度另人瞠目。第二代王赵眜是赵佗之孙，生前死后不可能建造超过前辈之陵墓，那么在位长达 67 年之久的第一代王赵佗的陵墓何在？又是何等的豪华？于是人们开动无限想像的机器，考古学者也力图寻找到第一代南越王赵陀的陵墓，但时至今日赵佗陵墓还只存在于人们的想像中。相传位于南澳县的南澳岛藏有富可敌国的巨大宝藏，一代一代冒险家曾赴岛挖掘，不惜拼个鱼死网破，宝藏却迟迟不肯露面，南澳岛是否真的藏有富可敌国的宝藏吗？无从考证，倒是关于宝藏的未解之谜，给美丽的小岛平添了几许神秘的色彩。粤北乐昌的金城山果真是明末农民起义军领袖李自成的最后归宿吗？尽管学者专家作了无数考证与说明，但至今还不能做最后定论……

时过境迁，沧海桑田，岁月的风尘掩埋了太多的人和事，却丝毫掩不住人们一窥历史真相的好奇心。也许揭开这些未解之谜的神秘面纱，人们能够更多了解岭南不被人知的另一面。

第一节　南越王墓之谜

1983年夏天，一群凿石刨土的民工在广州市区一个叫象岗的小山包，无意中发现了一块断裂的石板和一个洞穴。经考古人员推断，这是一座极其罕见的汉代大墓。随着洞中探险和考古发掘的进行，辉煌的宝藏让人心惊，神秘的主人渐露峥嵘——这就是被无数代劫匪、盗墓贼以及现代考古人员寻找了千年而始终未见踪迹的南越国王的陵墓。

经考证，这座位于广州解放北路的象岗山上的陵墓，是西汉初年南越王国第二代王赵眜的陵墓。赵眜号称文帝，公元前137—122年在位。该墓于1983年6月被发现，挖掘完毕即在原地建立西汉南越王墓博物馆，是全国重点文物保护单位。1983年发掘时，出土文物中有“文帝行玺”金印一方以及“赵眜”玉印，证明陵墓主人的身份。南越文王墓的出土，被誉为近代中国五大考古新发现之一。

南越王墓的发现，其社会、历史、文化科学价值不但震撼岭南大地，而且惊动全国、闻名世界，从考古学界、社会各界到新闻界，无不感到惊奇。有人评价这是“令无数人苦苦探寻了2000多年的隐秘，中国考古史上最辉煌的发现之一”。墓中的宝贝被形容为珍宝灿烂、金灿灿、银闪闪、玉器之最、碧玉之宝、稀世之宝、汉玉中价值连城的绝品等。随着新华社消息的播发及《人民日报》等媒体文章的发表，世界都感到了岭南地区古老文化的震撼。与此同时，也激发了人们对寻找南越国第一代国王赵佗墓的希望。

赵佗是岭南一代开国雄主，素以英武刚毅、老谋深算著称。最让人称奇的是，赵陀长寿，活到了101岁，以至他撒手西去时，儿子都已经死去，王位只得由孙子继承。

赵陀死于西汉建元四年（公元前137年）。国葬之日，重兵将整个城郊的连岗接岭处包围得密不透风。稍后，无论是规制，还是规模都极为相似的灵柩，同时从都城番禺的四门运出，行进的送葬队伍在灵蟠的导引下，忽左忽右，忽进忽退，左右盘旋，神秘莫测。当运出的灵柩全部被安葬完毕后，除赵陀的次孙、新继位的赵眜和身边的几个重要亲近大臣外，世人无一知晓盛放赵佗遗体的灵柩以及陪葬的无数瑰宝珍玩到底秘藏于何处。

就在赵佗谢世26年后的汉元鼎六年（公元前111年），南越国在汉武帝10万水陆大军的强攻下，宣告灭亡。曾盛极一时、威震万里边陲的南越国，在西汉一统的华夏版图上消失了。赵陀陵墓也随流失的岁月深埋在南越国的崇山峻岭中。

南越国共传五代王。开国之君赵佗僭称南越武帝，第二代王赵眜（赵佗次孙）僭称文帝，第三代王赵婴齐（赵眜之子）死后称明王，皆筑有陵墓。明王墓早在三国时便被孙权盗掘。第四代王赵兴在内乱中被杀（婴齐次子）、第五代王赵建德在长安被问斩（婴齐长子），两人均未建陵墓。至此，唯有赵佗墓至今不知所终。

《交广春秋》称："佗生有奉制称藩之节，死有秘异神密之墓"。唐代李吉甫在《元和郡县图志》中说赵佗墓在禺山（今中山四路忠佑大街城隍庙一带）。北宋初南海主簿郑熊的《番禺杂记》却载赵佗墓在白云山菖蒲涧一带。广州白云山蒲涧寺的石马舌上更有谶诗一首："山掩何年墓，川流几代人。远同金骠裹，近似石麒麟。"而宋人蔡如松则认为赵佗墓在越秀山下的悟性寺（又名万善寺，即今三元宫）。到了明清两代，张诩的《南海杂咏》、屈大均的《广东新语》又载："自鸡笼岗（今燕塘）至天井（即越王台，在越秀山），连山接岭，皆称佗墓。"这些历史的记载莫衷一是，只给后人留下了无限的遐想。

新中国成立后，赵佗的陵墓被广东考古界作为重点考古发掘对象。考古工作者根据南越王国依照的是汉朝的礼仪和制度判断，赵佗墓和汉朝皇帝墓葬一样，应该在远离都城百里外的山峦深处。可是经过10多年的发掘，广州市郊外30多个地点发掘出南越国时期的墓葬200多座，但赵佗的墓葬却始终不见踪影。

那么，赵佗墓究竟在何处？何时能破解这个未解之谜，人们拭目以待。

第二节　南澳岛藏金之谜

相传南澳岛上藏有富可敌国的巨大宝藏，金银珠宝不计其数。关于宝藏的说法从宋朝末年就开始在南澳岛流传，到明代又出现了海盗藏宝的传说。于是，一批又一批的寻宝者纷至沓来，结果都一无所获。南澳岛上到底有没有宝藏？如果有宝藏的话，在这个面积仅100多平方公里的小岛上，财宝又会藏在哪里？

南澳县是广东省唯一的海岛县，南澳岛是其主岛，面积128平方公里，人称“潮汕屏障，闽粤咽喉”。或许正是因为占据了这样重要的战略要冲，宋代末帝才选择了这里作为行宫。

据《南澳志》记载，南宋景炎元年（1276年）四月，赵昰在福州称帝，由于元兵进逼，十一月与其弟等逃亡南澳，在澳前村东面修建行宫住下，太子楼便是当时的行宫之一。随从还在东南面沙滩上挖了三口供皇室饮用的“龙井”、供文武官员饮用的“虎井”、供将士军马饮用的“马井”。

据说，赵昰和弟弟赵昺逃亡至南澳岛后，眼看追兵步步逼近，决定在离开之前，把一部分随身携带的金银珠宝留在南澳岛，并在藏宝地附近的石壁上刻下文字，方便日后寻找。可惜的是，小皇帝最终在元军的追杀下投海自尽，埋藏的宝藏遂成千古之谜。民间还流传一种说法，南宋末代小皇帝的藏宝地就在离太子楼几十米远的一堆巨石中，但要想获取巨石中的宝藏，必须要破解这组摩崖石刻上的文字。因年代久远，石壁剥蚀严重，现在巨石上总共留下了35个文字，而且字迹残缺不全，很难辨认，也几乎让人难以读懂。当地人也传说宋皇室离岛时，曾于石室内藏有金银财宝，若人有能将石壁上的文字念成文，释其义者，则石壁会自动开启，里面的宝藏归他所有。时至今日，石壁上文字历历在目，但太子楼藏金仍不见被取走。

在南澳岛的深澳镇，有一个吴平寨村，这是一个以海盗名字命名的村落。由于中国封建王朝重农抑商，对外垄断“贡市”（买卖进出口商品的市场），禁止商民出海活动。尤其是明王朝，厉行海禁，严禁商民出洋贸易，下海出洋者被视为奸徒、海盗。由此，明朝出现了很多不守规矩的“海盗”。福建诏安梅岭人吴平，原为地主家奴，因无法忍受地主夫人的虐待作了海盗，后自立山头发展有上万人，组建了著名的吴平海盗集团，主要活跃于闽粤沿海一带，劫掠了大批的金银珠宝。

明朝嘉靖年间，戚继光率师至漳浦平寇。吴平走投无路，选择背靠高山悬崖，又有虎屿、猎屿两个小岛作天然屏障的南澳筑营，过了一段太平的日子。没多久，潮州总兵俞大猷率领3万人马围攻南澳，征剿吴平。吴平凭借土堡水寨，负隅顽抗，双方对垒三月僵持不下。朝廷又命浙江总兵戚继光前往助战。嘉靖四十四年，戚继光率军到达南澳安营扎寨，下令封锁港口，以阻止吴平逃窜，并从背后攻击吴平，一举攻破了这伙作乱海上的亡命之徒。吴平战败，由海路潜水逃跑至海南岛。由于他是有组织的撤退，俞大猷部将汤克宽、李超的追击都遭到挫败。嘉靖四十五年四月，吴平在闽广水师的夹击下最终败于万桥山（今越南）下，之后再没有人得到过他的确切消息。有人传说在南直隶与浙江一带见过他，已经成了大商人，有人说他在海岛中困饿而死。吴平到底是死是活没有确切答案。

据传，吴平眼见朝廷不断发兵围剿，自知坚持不了太久，就将10多年来掠夺的财宝埋藏在岛上。有关藏宝的数额，在当地流传有一首歌谣：“九瓮十八缸，一缸连一缸，谁人得的着，铺路到潮州。”一天，吴平问其妹：“一旦山寨被剿，你要随我逃走，还是想留下来看管金银?”胞妹说：“我愿留下来看管金银。”吴平听了十分不高兴，心生除掉胞妹的打算。戚继光、俞大猷联军分水陆两路围剿吴平寨时，吴平见大势已去，便逃到海边杀死了待守金银的胞妹，并将尸首碎成18块分埋于藏金的地方，随后夺舟逃出海去。吴平死后，岛上埋藏的财宝也就此深埋地下，只留下一段充满玄机的歌谣：“吾道向南北，东西藏地壳。水涨淹不着，水退掩三尺。”至今仍无人能够破解……

第三节 “南海一号”宋代沉船之谜

1987年8月，广州救捞局与英国的海上探险和救捞公司在上下川岛海域寻找东印度公司沉船莱茵堡号时，并没有找到东印度公司的沉船，却意外发现了深埋在23米之下的另一条古代沉船，并打捞出一批珍贵文物。由于发现沉船的海域位于传统的海上丝绸之路航线上，专家认为其历史价值不可估量，当时将这艘偶然发现的沉船命名为“川山群岛海域宋元沉船”，“南海一号”是后来由中国水下考古事业创始人俞伟超先生于20世纪90年代初命名的。

初步推算，“南海一号”古船是尖头船，整艘商船长30.4米、宽9.8米，船身（不算桅杆）高约4米，排水量估计可达600吨，载重近800吨。专家从船头位置推测，当时这艘古船是从中国驶出，赴新加坡、印度等东南亚地区或中东地区进行海外贸易。令人惊奇的是，这艘沉没海底近千年的古船船体保存相当完好，船体的木质仍坚硬如新。这艘沉船的出现对我国古代造船工艺、航海技术研究以及木质文物长久保存的科学规律研究，提供了最典型标本。同时，它也将为复原海上丝绸之路的历史、陶瓷史提供极为难得的实物资料，甚至可以获得文献和陆上考古无法提供的信息。

1989年冬，中国历史博物馆（现国家博物馆前身）与日本国水中考古学研究所合作，正式开始对“南海一号”进行水下考古调查，这是中国水下考古队伍成立之后，在中国海域所进行的第一次水下考古调查，这次调查被誉为中国水下考古的起点。

1999年，中国历史博物馆水下考古学研究中心与广东省文物考古研究所等单位应香港特区政府邀请，前往香港迪士尼乐园建设用地范围的填海区进行水下考古调查，在张松先生和张威先生的共同宣传下，香港商人陈来发先生，创建了名为“中国水下考古与探索协会（香港）”的组织，并发起募捐，为“南海一号”进行水下考古无偿捐助港币120万元。开创了香港民间组织无偿资助大陆水下考古事业的先河。

2001年4月，由于陈来发先生的捐助，中国历史博物馆水下考古研究中心联合广东省文物考古研究所等单位的水下考古专业队员共12人，搜寻和定位沉船遗址。这次调查，水下考古队对这艘沉船进行了精确的定位。从2002—2007年，水下考古队对“南海一号”进行过多次文物打捞和考古研究。2007年12月21日，“南海一号”古沉船起吊，在沉没800多年后终于被整体“托出”海面。

考古学家认为，“南海一号”的发现和打捞，其意义不仅在于找到了一船数以万计的稀世珍宝本身，它还蕴藏着超乎想象的信息和非同寻常的学术价值。因“南海一号”不仅正处在“海上丝绸之路”的航道上，而且它的藏品的数量和种类都异常丰富和可贵，给此段历史的研究提供了最可信的模本。对这些水下文物资源进行勘探和发掘，可以复原和填补与古代中国海上丝路密切相关的一段历史空白，也很可能带来“海上丝绸之路学”的兴起。

“南海一号”失事的海域位于阳江市阳东县东平镇大澳村附近。大澳村的古港因地理位置便利、自然条件优越成为广东沿海的大港之一，是从广州开始的中国古代“海上丝绸之路”必经的重要港口，海上商船频繁出入大澳，商贸极为发达。

有人推测，对“南海一号”沉没的原因是超载。船上6—8万件瓷器都是出口的成品和半成品，来自福建、江西等地，船在中途不断采购物品。在文物打捞中，发现船上装有铁器。根据当时佛山出产铁器推断，这艘船曾到广州、佛山等地采购，后在阳江港补给食品、水等物品，然后继续行程，在距阳江20多海里的海面上因超载船体爆裂进水沉没。又据当时商船远海通常都是多艘船只同行的惯例推测，“南海一号”沉没时船员都逃往另一艘船上，所以没有发现尸骨。但一切都只是推测，真正的原因还有待查清。

第四节　恐龙灭绝的秘密

距今2亿2500万年前至6500万年前，地球上各大洲都生活着各种不同种类的恐龙，这个时期可说是“恐龙的世界”，正如现在地球上是人类世界一样。如今恐龙是一种早已绝灭的卵生古脊椎动物。“恐龙”一词是英国古生物学家欧文爵士在18世纪首创，意思是指“恐怖的蜥蜴”，后来日本人翻译为“恐龙”，我国古生物专家沿用这个名词至今。

80公里长、18公里宽的南雄盆地，坐落在南岭东缘大玉岭山脉南坡。晚白垩纪，这里曾经活跃着大量的各种各类的恐龙；到如今，该盆地内的“红层”中蕴藏的丰富的恐龙化石及恐龙蛋化石，其原始状况保存相当完美。目前，全世界已发现的恐龙蛋化石大约代表着40多个不同种类，南雄就发现有14种。这里的地质遗迹原始状态保持完好、清晰分明、延续完整，在世界上都极具典型意义，是目前世界上研究恐龙灭绝问题的最佳地点。

中科院著名恐龙研究专家赵资奎院士，解释他为什么多到南雄而少到恐龙蛋资源更多的河源时说：“不是数量多就重要。从重要性来说，南雄比河源的恐龙晚，南雄藏着自侏罗纪晚期（距今1亿—8000万年）、晚白垩纪（距今9500—6500万年）恐龙灭绝的秘密……”

南雄恐龙为什么会比别的地方的恐龙灭绝要晚呢？作为科学探索的问题，也曾有人提出种种解释和猜测。主要论点有：地球构造运动和火山爆发致大陆分裂，海平面下降；小行星撞击地球导致磁场反应，大气层中充满灰尘，含氧量发生了明显的变化；超新星爆炸，高能粒子的辐射大量增加；太阳黑子活动加剧，辐射大量增加；地球上的气温由热转冷，哺乳类动物的崛起；在自然界的演化过程中，恐龙机体内部的原始落后性日益明显，不能适应新的生态环境；裸子植物大量灭绝，含生物碱的被子植物大量出现，恐龙不适应食物的变化；恐龙蛋孵化温度不够，微量元素过多聚集到恐龙体内，破坏了恐龙体内的生理活动过程中微量元素的平衡，影响了恐龙的生殖过程，形成了病态结构的蛋壳，易碎而无法保证胚胎的正常发育，大大降低了恐龙的孵化率。也有人认为，由于恐龙蛋壳由老到新逐步变薄，易破碎或缺少供胚胎吸收的造骨物质，最终导致恐龙逐渐灭亡。

赵资奎院士透露了他近年重要的研究结果：南雄恐龙蛋里面金属铱的含量超高致蛋壳变软，间接导致恐龙的生殖受影响，但这个灭绝过程是在20—30万年间缓慢完成的。铱在地壳里相当稀少，他推测这个时期“铱异常”（南雄在6700—6500万年间）可能跟小行星撞击地球，或地球内部大规模火山喷发，大量喷出地核里的铱有关。也有科学家认为，铱异常曾经在2亿多年前导致地球生物70%—80%的物种大灭绝。印度德冈高原也发现地球在6700—6400万年前多次火山喷发，导致铱异常，其中最激烈在6500万年左右，恰好对应第29次地球磁场反向带和恐龙灭绝的时间。

恐龙究竟如何灭绝众说纷纭，至今还是科学史上的一件悬案。南雄盆地是目前“华南红层”中恐龙化石发现较多，认识较好的一个盆地。1961年，广东地质局地质调查队在南雄红层中首次发现恐龙化石，相继发现了三条比较完整的恐龙骨骼化石，还有恐龙牙齿、脊椎、肋骨等化石。至今，南雄盆地发掘的恐龙化石，计有7个属、10个种，有霸王龙（暴龙）、鸭嘴龙、结节龙、肉食龙等。世界古生物权威杨钟健教授肯定地说：“南雄恐龙代表了大多数的恐龙种类，从这点上说南雄恐龙动物群是十分有代表性的。”

南雄不仅是迄今世界上产恐龙蛋化石最丰富的地区之一，而且在保存的质量上是世界上首屈一指的。在南雄的盆地中已采集有14个类群的恐龙蛋化石、约占世界已知类群的1/3；恐龙蛋的形状多种多样，有椭圆形、圆形、长卵形、长形、橄榄形和粗皮蛋等多种，最大的直径20多厘米，最小的只有几厘米。不同恐龙产蛋的方式也各异，有的下成圆圈，呈放射状排列，上下重叠两层或三层，有的蛋下成排列高低错落相嵌，有的有规则，有的没规则。这说明不同种类的恐龙下蛋的方式也不尽相同。

南雄盆地成窝的恐龙蛋，多数呈圆形放射状排列。恐龙为何把蛋产成一个圆圈呢？古生物学家研究推测，在恐龙产蛋季节，母恐龙就开始选择产蛋的地方，这种地方一般朝阳，地势较高，干爽。它们先扒起一堆土，然后沿着圈下蛋，产下来的蛋一般以40度以上的斜角落置在土堆上，呈放射状排列，这是为了最大限度的吸收阳光，使它们的后代更早地来到这个世界。生完一圈后，就盖上一层土，再生第二圈又盖上一层土，一般是产三圈，最多的可产四圈。下完蛋后再扒土盖好，靠阳光的热度来孵化。由于沧桑变化，极少部分没有孵化埋在土层的恐龙蛋，经过地质作用，方得以保存成为化石。但我们无法知道大多数恐龙蛋属哪一种类。恐龙蛋化石的发现，为研究6500万年前生活在南雄的恐龙家族的生活习性、种类，探讨恐龙兴衰以及对划分南雄红层的地质年代，均具有非常重要的意义。

第五节　乐业天坑之谜

法国作家凡尔纳曾写过一部科幻小说叫《地心游记》，讲述里登布罗克教授在一本古老的书籍里偶然得到了一张羊皮纸，发现前人曾到地心旅行，里登布罗克教授决心也做同样的旅行。他和侄子从汉堡出发，到冰岛请一位向导，他们按照前人的指引，由冰岛的一个火山口下降，途中历尽艰险和种种奇观，经历迷路、缺水、史前生物等种种险情，也得到了地下海、史前人骨骸等惊世的发现，其中描述了他们经过地下洞穴到达了地球核心的探险经历。其实，在我们的地球上除了天空、海洋、陆地以外，还真的有着一个精彩的地下世界——天坑与洞穴系统。

天坑，用专业术语解释是指具有巨大的容积，陡峭而圈闭的岩壁，深陷的井状或者桶状轮廓等非凡的空间与形态特质，发育在厚度特别巨大、地下水位特别深的可溶性岩层中，从地下通往地面，平均宽度与深度均大于100米，底部与地下河相连接（或者有证据证明地下河道已迁移）的一种特大型喀斯特地形。

乐业天坑群位于中国广西乐业县，占地约20平方公里。百色乐业县的天坑群是一个世界上极为罕见的喀斯特溶洞群，当地人把它们叫做“大石围”。它形成于6500万年前，形状犹如一个个巨大漏斗，隐藏在群山峻岭之中，

经过初步考察已经认定这是目前世界上最大的天坑群。目前世界上只有俄罗斯、澳大利亚、巴布利亚几内亚发现过天坑，近年重庆南川地区也发现3个深约300米的天坑。乐业天坑群由近20个天坑组成，最深的达600多米，浅的也有300多米。乐业天坑群几乎囊括了各种类型的天坑和溶洞的景观，具有极高的科考、探险价值，被专家称为天坑博物馆和世界岩溶圣地。

初步已发现有大石围、白洞、风岩洞、穿洞等20多个天坑。天坑四周皆被刀削似的悬崖绝壁所围，形成一个巨大的竖井，底部是人类从未涉足过的几十万平方米的原始森林，并有地下河相通。森林中有大量珍贵的动植物品种。其地下原始森林面积为世界第一，深度位居世界第二，容积居世界第三，具有极高的科研价值。

乐业天坑群中最大的大石围天坑（又名乐业地下龙宫天龙口）位于中国广西乐业县同乐镇刷把村百岩脚屯。垂直深度613米，南北走向宽420米，东西走向600米，像个巨大的火山口，四周似刀削的悬崖峭壁，异常险峻。站在大石围天坑的观景台，俯瞰天坑底部，阴天的时候雾气缭绕、时浓时淡、似梦如幻、恍如仙境；晴天的时候，地下原始森林郁郁葱葱、神秘莫测。大石围底部有人类从未涉足过的地下原始森林，面积约9.6万平方米，是世界上最大的地下原始森林。地下溶洞中，巨大的石笋、石柱、石瀑、石帘等千姿百态，晶莹剔透，犹如一片巨大的宝藏，铺满晶莹闪烁的宝石，令人惊叹。洞内有两条地下河，水流湍急，最神奇的是河水一热一冷。据当地人说，只要有人下坑或大的石头滚入坑底，哪怕是晴朗的天气，也会突然间乌云密布、狂风大作、电闪雷鸣、大雨倾盆，好像一下子整座大山都摇晃起来。而一旦骚动和响声停止了，马上就会云消雾散、雨住风停、艳阳高照。

对天坑的形成原因，专家认为，这可能是因为地下暗河长期腐蚀造成巨大

地下空洞后引起地表大面积坍塌所致，但乐业天坑之多之深却是科学待解之谜。

有人形容乐业天坑是远古植物的天堂和动物的王国。在1999年一次考察中，已经有人拍到了蓝色的石头、方形的竹子以及许多叫不出名字的植物。专家认为，此次考察有可能发现远古时代的植物，如桫椤等。他们甚至希望能发现一些不为人知的动植物品种。此外，乐业天坑内极有可能生存着水生无脊椎动物及常见的鱼虫和鼠类等啮齿类动物。

科学家们在过去的考察中发现，在乐业天坑群周边地区有大量的生物化石。据了解，这些生物化石是二叠纪时期海洋动物化石。同时，在天坑周边地区还存在着一个大型的旧石器时期人类生存的遗迹。这一发现已经被列入世界十大考古发现之一。专家们指出，这一遗址与北京周口店人类遗址的价值不相上下。科学家将进一步对这些遗迹的价值作出评判，并揭示当时人类的生存状态。

第六节　韶关仙人塔之谜

韶关仙人塔始建于北宋，保留较为完整。古塔位于曲江区大塘镇新桥杨东南，八角七级穿心壁绕平座楼阁式砖塔，现仅存六级，塔高21.15米。各层内外均有壁龛。塔身每面用砖砌出角柱、倚柱和阑额，阑额上置斗栱。但与各地峰塔不同的是，这座塔不见塔顶。当地村民传说，这座塔是六祖惠能与一名术士斗法的产物。相传古时惠能代表佛教要在杨屋村背的山上建一座塔，术士代表道教要在韶州南门外的河心小岛上建造一座通天柱。两人约定在三更鸡鸣以前建成为胜。经过一番曲折的较量，在截止时间到来前惠能建的塔还没有完工。此时一阵狂风刮过，竟将未建好的塔顶刮到了对面的山顶。因此，矗立着的这座塔也就只有六层，没有塔顶。一直以来，在仙人塔对面那座叫帽岭的山上一座与塔顶样子相似的建筑，老百姓都认为这就是从“仙人塔”被风刮过去的塔顶。

然而，传说归传说，但对面那座叫帽岭的海拔309米的山上确有一座与塔顶样子相似的建筑。为解开仙人塔之迷，也为文物普查查找确切依据，区考古人员对该建筑进行了实地考察。这里与对面的仙人塔遥遥相对，实际直线距离只有 3 公里。建筑下大上细，呈圆锥型，残高 2. 5 米，上部直径 4 米，下部直径约 4. 8—5 米，墙厚 40 公分，为灰沙与石头砌成。

经考古人员综合当地实际认真分析，认定这是古代的一座烽火台，是古代用于发布军事情报用的。从台上往下看，这里属于一个视野开阔的三角地带，南面是一条通往清化（现始兴隘子一带）的古驿道，北面又是一条通往清化和翁源的古驿道，是古代从清化和翁源前往韶州的重要通道，地理位置十分重要。据史书记载，曲江大塘新桥一带曾经是古战场，南朝陈武帝年间，侯安都曾率兵数百在此打过一仗，现在位于仙人塔下的和溪太庙就是为纪念侯安都而建的。古代烽火台的发现在曲江尚属首次，这座烽火台究竟始建于何时无从考证，但现存的建筑则认定是明清时期的。此次发现不仅纠正了当地文史方面的误区，还为研究古代岭南地区军事防御设施史和我国古代军事思想的演变等方面提供了重要实物。

第七节　乐昌李自成墓之谜

李自成，是个传奇式的英雄人物。一个由社会底层起家的普通人，在明末乱世的情形下高举义旗，尝尽胜利与失败的喜悲，甚至一度只剩下十几个部下；但他又能够奇迹般地翻身，迅速壮大，并终于推翻了辉煌显赫的明王朝，夺取天下；然而，紧接着似乎只是因一两个战略失算，他倏忽间就丢掉了千里江山，上百万的大军惊溃、作鸟兽散去。以至于询问苍茫禹域，何处是英雄李自成的最后归宿，竟成了永无停息的困扰，变成了一桩疑团重重的悬案。

据正史载：大顺军失败后，李自成和宋献策等一大批高官成了清兵捕杀的对象，李自成遂领大顺军残部南撤，不知所终。有关李自成一干人等的下落，几百年来众说纷纭，莫衷一是，成为一宗历史悬案。

有关兵败后李自成的下落，目前有史料可查的主要有两种说法：一是在湖北省通山县九宫山，被地主武装杀害；二是“禅隐”湖南石门县夹山寺。粤北乐昌市考古学者丘陵近期则提出了自己的“新说”，称李自成化名“曹国公”，曾在粤北乐昌市金城山的“万古金城”蜷伏 6 年，后不幸为自己内部的叛军所害，死于“湘粤之途，马背之上”；又称李自成及余部“高桂英（夫人）、宋献策（军师）等最后都归宿于南岭山脉”。

据说李自成兵败后，大顺军分兵两路南撤，即以刘宗敏、田见秀、牛金星等人为首的东路军和李过、高一功等人带领的西路军。而据考证，实际上应该是分兵三路，即李自成原本在东路，但到襄阳时分开，亲自带领中路军，由襄阳经荆州、澧州、凤凰、广西龙虎关、连县、宜章莽山，最终到达乐昌金城山。对于历史对此没有记载的问题，专家分析认为，这都是大军师宋献策的功劳。他巧妙地诱导清军从襄阳往东南方向追赶假闯王，而隐匿真的闯王从襄阳南下，从荆州渡江，至湘北、湘西、桂北、湘南、粤北，以致瞒过了清军的追捕，也骗过了几百年来众多的考古学家。

专家认为，到达金城山后，李自成即化名“曹国公”，利用这一带险要地势，着手打造大顺南国京城万古金城，并以此为根据地，北边与皇后高桂英率女兵据守的坪石金鸡岭相望，东边与军师宋献策率部镇守的庆云凑云山相依，联明抗清，直至被叛军所害。死后葬于金城山的山岭中，后被太子移迁至佛地凑云山，当地流传的一首诗隐喻了李自成所葬的位置：“前三山，后三山，面前流水转九弯；左有青龙倚皇榜，右有白虎朝马山。”

金城山为粤湘边境的一带群山，坐落于乐昌梅花镇西北的武江三角洲，距坪石、梅花各约 8 公里。金城山山势险峻，山路崎岖，易守难攻，只有一条小径通往山顶，即有一段用大麻石砌成的古城墙将山路堵死，顶部为半弧形的拱门仅容一人通过，这是万古金城的城门。入内，除了一个个巨石形成的小山头外，巨石间隔内的地势则相对平缓，可惜的是由于常年无人到此，这一带都已经长满了荆棘，而无法再往内行走，据说这一带就是当年李自成的屯兵之所，当时“拥众万余，石工数千，设有长寨、大寨、方寨、圆寨、盆寨等营寨”。

绕开城门，由另一条山道再往里走约 1 公里，有座题字为“万福仙”的寺院，寺内供奉着化名为“曹国公”的李自成木雕像。寺外有两块石碑，其中一块从中断裂为两段，由于年代久远，石碑上的多数文字已经难以辨认，但仍能辨认出民国时期为纪念“曹国公”所作。石碑上刻有“明末清初之际有曹国公结寨于此，并勒石于其间曰‘万古金城’”。

曹国公即为李自成，一些粤湘考古专家也已考证。乐昌梅花一带，民间历代相传，众口一词都说曹国公不姓曹而姓李，人称李大人。当年曹国公部众万余，石工数千，石头建筑如城墙、廊亭、庙宇等均标有龙形图案，这象征着曹国公为真龙天子。在明末清初，李姓之真龙天子，除李自成之外别无他人。

除了这些石碑、遗址以及当地民间传说之外，在金城山一带山势险峻，易守难攻，山顶又可屯兵，是英雄用武之地，也为李自成屯兵提供了地理条件。另外，化名曹国公的李自成到过凤凰、龙虎关、莽山一带，在当地的县志中均有记载。此前，有考古学者已论证过军师宋献策与太子逝于庆云凑云山之说，都印证了这一新说：李自成并没有出家做和尚，也没有前往九宫山，而是辗转来到粤北乐昌的金城山，蜷伏 6 年继续着其抗击清军的战斗，不幸为自己内部的叛军所害，死于“湘粤之途，马背之上，乐昌万古金城是其最终归宿”。但果真如此吗？目前还只是一家之言。

第八节　何处是“天涯海角”之谜

说到天涯海角，首先应提及一个典故。唐代中叶的杰出文学家韩愈两岁时死了父亲，不久母亲又死去，幼时依靠哥哥韩会和嫂嫂郑夫人过活。韩会有一个嗣子（愈次兄介之子，出继与长兄会为嗣）叫老成，排行十二，所以小名叫十二郎，年纪比韩愈小一点。后来韩会 42 岁的时候，因宰相元载的事，贬为韶州刺史，不到几个月就病死在韶州。这时韩愈只有 11 岁，十二郎也很小。韩愈虽然有三个哥哥（会、弁、介），但都很早就离开了人世。这时继承祖先后代的只有韩愈和他的侄子十二郎两个人。两人相依为命，没有一天离开过。韩愈 19 岁时自宣城前往京城，以后 10 年的时间中，只和十二郎见过 3 次面。当他正打算西归和十二郎永远生活在一起的时候，不幸十二郎就在这时死去了。韩愈知道了这消息，悲痛欲绝，写了一篇“祭十二郎文”，叫建中备了一些时下的物品从老远的地方去致祭他。这篇祭文，一字一泪，令人读来心酸。祭文中有“一在天之涯，一在地之角”的句子，后人便把它引申成“天涯海角”这句话，用来比喻极其遥远的地方。

很多人去海南必到三亚，到了三亚又不能不去天涯海角。去天涯海角，并不是去体验那条让你走得疲惫不堪的“天涯之路”，而是为了圆那个早已被理想化了的遥不可及的地方，其实“天涯海角”不过是三亚众多海滩上普普通通的几块石头。古代，岭南在中原人心目中是未开化之地，在唐宋之时还是瘴疠横行。自古以来，海南岛及三亚是众多官宦和文人被贬谪流放经受磨难的地方。韩愈、李德裕、苏轼、李纲等曾经震烁华夏的名人，都不免在这块土地上终老。有两句诗可以表现当时的景况："一去一万里，千之千不还，崖州知何处，生度鬼门关"，"飞鸟尚需半年程"。于是在天涯海角，他们则留下了许多凄惨故事和石刻。

沿着海边一路走去就是高约 7 米的"南天一柱"，为清宣统年间崖州知州范去梯的笔墨；旁边一块卧石刻有"海判南天"，是清康熙年间钦差大臣苗曹汤的字迹。不远处就是刻有"天涯"的巨石，铭刻"天涯"二字的人是清雍正年间的崖州知州程哲，他哪里知道当年随手在石头上镌刻的感慨，如今竟成为举国上下朝思暮想的地方。"天涯"二字下端是民国初年题留的"海阔天空"四个大字。转过"天涯"巨石，"海角"二字则刻在一座高耸的石峰上，据说是清末某文人所题。

当地有一传说，遥远的大陆有一对男女，从小青梅竹马，可是长大后双方的家庭却不允许他们结合，于是双双逃到海南岛三亚。前面是茫茫大海，身后是追至而来的众家丁，两人无路可寻。为了"在天愿做比翼鸟，在地愿为连理枝"，两人拥抱着奔向大海。此刻，电闪雷鸣，风雨大作，一声"轰"响，所有的人都被劈成了石块。据说依偎立于海边刻有"天涯"和"海角"的两块巨石就是当年的这对恋人，那些包围着他们的小石块就是众家丁。于是"爱你到天荒地老，陪你到天涯海角"成为青年男女忠贞爱情的见证和幸福美满的精神寄托。历史上有关天涯海角的诗句比比皆是，如"海上生明月，天涯共此时"，"同是天涯沦落人，相逢何必曾相识"，以及"天涯何处无芳草"，等等。

显然民间的传说不足为信，还有一种说法与古人的认知水平低下有关。三亚的天涯海角之地，显然是中国大陆疆域内所能抵达的最边远地方。那时的天圆地方理念极易给人造成这是天之四极之一，所以人称天涯海角。再者那些被流放的官员思乡情切，驻足在这个最南端的地方，颇有身世浮沉雨打萍的悲凉与凄惨，望中原故里关山遥远、星河飘摇，内心里便生出这种天涯海角的叹息与悲怆之感。

其实，天涯海角的来历非常明了简洁，据后来多方考察，这一历史之谜现在已经揭开。清代康熙盛世时期，曾经在全国范围内进行了第一次关于版图

《皇舆全览图》的测绘活动，位于海南岛南端的天涯海角景区所在地，成为这次测绘中国陆地版图南极点的标志。负责主持测绘的钦差官员们在此处剖石刻碑镌书“海判南天”四个大字，以为标志，并永久保存。由此“海判南天”成为天涯海角游览区内最早的石刻，再后来就有了随文传意的“天涯海角”石刻。当然官方的记载就少了许多浪漫，但这丝毫不影响想到此一游的游客们无限美好的遐想。

第九节　西沙“鸟岛”之谜

西沙群岛是中国南海诸岛四大群岛之一，由永乐群岛和宣德群岛组成，这片大大小小的珊瑚岛屿群漂浮在50多万平方公里的海域上，美丽而纯净。由于远离大陆人迹罕至，所以西沙群岛四周的海水十分洁净，最高能见度达到40米，西沙有着连绵数公里的珊瑚礁，是绝佳的潜水海域……

西沙鸟岛，也叫东岛，是西沙群岛的第三大岛。鸟岛上森林茂密，绿草如茵，一排排挺拔的椰子树，枝繁叶茂，使小岛显得生机勃勃。满岛的灌木丛、抗风桐、银毛树、羊角树、野枇杷树，把小岛装点得郁郁葱葱，为海鸟提供了天堂般的居住场所。四周的海中资源，丰富的鲜鱼鲜虾，为海鸟群提供了充足的食料。这里被称为“鸟的天下”，栖息着40多种鸟类，常见的有鲣鸟、乌燕鸥、黑枕燕鸥、大凤头燕鸥和暗缘乡眼等。在整个树林的上层及其上空，海鸟成千上万，终日盘旋飞翔，千鸣万啭，自成奇观，素称“鸟的天堂”。

白鲣鸟是岛上最常住的“居民”，有五六万之众。白鲣鸟白毛黑翎、青嘴巴，形似鱼鹰，大的有五六斤重。它们活动在辽阔的海空，不会迷失方向，还会在茫茫大海中给来往的渔船导航，渔船只要跟着它前进，就会找到停泊的港湾，也可以顺利地返航。每当有渔船在大海上迷航时，只要向着白鲣鸟飞翔的方向驶去，就一定会找到陆地。白天渔民们根据白鲣鸟集结和寻食的方向，出海撒网捕鱼；傍晚跟着它们扬帆返航，渔民称白鲣鸟为“导航鸟”。傍晚成年的白鲣鸟把在大海上觅食的收获带回家来，这时会遇到褐鲣鸟将白鲣鸟的食物抢劫一空。褐鲣鸟因而被渔民们称为“强盗鸟”。褐鲣鸟的形体很大，展开双翅长可达 2 米，是鸟中之王。

西沙群岛的许多岛屿，过去基本上都有白鲣鸟栖息。后来因为人类活动的增加，白鲣鸟的领地慢慢缩小，政府也开始注意开展白鲣鸟的保护。

第二十一章

各领风骚的历史名人

岭南代有名人出，从“岭南第一人”张九龄、大思想家陈白沙、一代女杰冼夫人、抗金英雄袁崇焕、海青天海瑞，到引领岭南文化潮流的“岭南三杰”、岭南画派开山始祖，这些杰出人物没因岁月的流逝而褪色。斗转星移，沧海桑田，这片土地经历了岁月的洗礼，在近代历史上又成为了中国政治、思想、文化革命的先导，无数爱国志士为民族的崛起而前赴后继。康有为、梁启超、孙中山……耳熟能详的名字不胜枚举。钟灵毓秀、人杰地灵，一代又一代先贤为岭南文化的繁荣昌盛添砖加瓦，使岭南文化薪火相传、绵延不绝。

第一节　“南雪先生”杨孚

杨孚，字孝元，东汉时南海郡番禺（今广州市海珠区）人，汉议郎学者。杨孚早年致力攻读经史，钻研颇深。公元 77 年，他以参加朝廷主办的“贤良对策”入选而获授为议郎，成为参与议政的皇帝近臣。杨孚性格耿直，不攀附权贵，以直言敢谏而著称，屡屡向皇帝提出自己对政事的意见。永元元年（公元 89 年），汉和帝即位之初，欲出兵匈奴，朝中官员大多附和，杨孚却反对无端用兵，认为对边疆少数民族应用文治，不宜妄动干戈。杨孚奏言："创造用武，守业尚文"，"先帝继述，虏来则应，未尝先伐"，主张"绳美祖宗，毋轻用武"。可惜他的意见没有得到汉和帝的采纳。这次汉军出征大破匈奴，率兵出征的外戚窦宪功拜大将军，权势日隆，后来竟"谋逆"。窦氏谋反被镇压之后，又出现了宦官用权，东汉朝政日趋腐败。

永元十二年（公元 100 年），天下大旱出现了饥荒，朝廷征求百官意见，议政令得失。杨孚上疏汉和帝，极力主张要以孝治天下，公卿大夫应身体力行。他认为，朝廷尊崇礼教应首先制定士民遇父母之丧均要守三年服丧的定制。汉和帝曾采纳了杨孚"孝治天下"的建议，下诏恢复旧礼，命令"臣民均行三年通丧"，从而导致以"孝治"为主要标识的带中国特色的礼教在君权的袒护下延续影响了千余年。杨孚还指出官吏贪污对社会造成极大的危害，提倡廉政，整顿吏治，考核和选拔官吏要以廉为标准。汉和帝采纳了他的意见，下诏"禁有司假势行邪"，奖励有孝行的臣民，救济孤寡贫老者，这是于社会大有裨益之事。

杨孚在参预政事之余，勤奋治学，写出了南海郡人第一部学术著作《南裔异物志》，这是南海郡人第一部学术著作也是我国第一部地区性的物产专著，又称《异物志》、《交州异物志》，成书于公元 2 世纪初，该书详细记载了古代岭南物产及风俗，是一份不可多得的珍贵史料。清人曾钊谓曾说："粤人著作见于史志，以议郎为始。"这本书内容广泛，在当时起到向中原士民介绍岭南风土物产的作用，更为后人提供了汉代岭南植物学、动物学和矿物学的第一手材料，它的科学性、准确性至今为人所赞叹。书中还记述了扶南国（今柬埔寨）和南海航道的情况，这些对研究汉代海外交通贸易实有重要价值。《南裔异物志》开了记述地区物产专著的先河，其后有不少类似著作以《异物志》为名，较为著名的有万震《南州异物志》、朱应《扶南异物志》、刘恂《岭表异物志》等重要的历史文献都引用了该书的有关资料。此外，《南裔异物志》在岭南文学史上也有重要的地位。

杨孚晚年从京城河南退休返乡定居，其从洛阳移种宅前的松树遇天寒时竟然降有积雪，因而士民均尊称他为"南雪先生"，并将他的居地昵称为"河南"，至今仍沿作为广州市区南部的代称。

杨孚开创岭南文化的影响为历代后人所仰崇。唐朝诗人许浑入粤，在广州登越王台怀古赋诗，有"河畔雪飞杨子宅"句。清道光年间，两广总督阮元在广州河南之漱珠冈建杨议郎祠，以为纪念先贤、提倡文风之所。

第二节 女中豪杰冼夫人

冼夫人（公元522年—590年），冼夫人原名冼英，诞生在南越俚人冼氏首领家庭中。南越首领辖地千里，统领部落十数万家。冼英少年聪慧，自幼追随父兄，经历过多次部族之间的械斗，颇有男儿气概，不仅武功高强还善于谋略，经常规劝亲族为善，以解仇息兵，因而深得百姓拥护爱戴，以致海南1000多洞黎族人都来归附她。梁大同元年（公元535年），冼夫人24岁时，嫁予高凉太守冯宝。婚后，为了帮助因为是“他乡羁旅”而在本地“号令不行”的夫家推行政令，便“诫约本宗”以服从政令，又常协助丈夫断决案件秉公无私，从此使到“政令有序，人莫敢违”。

公元548年8月，侯景在寿阳（今安徽寿县）发动叛变，不久就攻下都城健康（今江苏南京），把梁武帝围困在台城（宫城）内。梁武帝焦急万分，命令各地发兵援救。高州（今广东阳江西）刺史李迁仕认为，这正是割据称雄的大好时机。他一面称病不去援救，一面招兵买马，准备趁机起兵叛乱。为了取得成功，他想争取冼夫人的支持，想诱骗她的丈夫参与叛乱或控制为人质。冼夫人洞察其奸变，并出奇兵大败李迁仕。在平叛中，她结识梁都督陈霸先，大为赞赏其能力。公元551年，冼太夫人协助陈霸先擒杀李迁仕。梁朝论平叛功，册封冼太夫人为“保护侯夫人”。公元557年，陈霸先称帝，陈朝立。

陈永定二年（公元558年），岭南大乱。冼夫人凭着自己的威望，劝服、团结百越，使社会安定了下来。太建二年（公元570年）广州刺史欧阳纥反，将冼太夫人儿子冯仆骗去胁迫同反，冼夫人不以儿子之安危为念布兵拒境，与陈朝遣讨军队全力击溃叛军。陈朝嘉其功，册封她为“石龙郡太夫人”。

南北朝时对峙的局面虽然由隋文帝统一，但岭南地区尚未归附，为了维持地方安宁，共推石龙太夫人冼氏出来领导。此时，她已经是六十开外，儿子冯仆已死，孙儿冯魂与冯暄随侍左右，大家都称她为“圣母”。隋帝派遣韦洸前往岭南宣抚，并携带陈后主的亲笔书信，以及冼夫人先前呈献给陈后主的“扶南犀杖”作为信物，冼夫人目睹犀杖知道陈朝已经灭亡，于是率众归附隋朝，长孙冯魂被破格提升为仪国三司，冼夫人被册封为“宋康郡夫人”。

韦洸滞留岭南时，岭南人王仲宣联络各部族首领围袭隋朝派来的钦差，冼夫人既然接受了隋朝的册封，自然有救助朝廷特使的责任，于是派孙儿冯暄率兵往援，结果进兵不利，被俘下狱。60多岁的冼夫人再派幼孙冯盎驰援，而且自己亲自披挂上阵以为后应，很快就消平叛乱，从此南疆一片安谧，朝廷政令直达海隅。隋文帝对此大加赞赏，追赠冼夫人的先夫为广州总管，追封他为谯国公，冼夫人被封为“谯国夫人”。谯国夫人虽然不是什么官位，但却比照总管衙门，设置幕僚机构和属官，并颁予印信兵符，全权指挥岭南六州兵马，且给予一项特殊权利：遇有紧急事故，可以不先奏报朝廷而便宜行事。冼夫人总管岭南六州军政大权，朝廷视之为南疆柱石及屏障，隋文帝赏赐有加，皇后也刻意笼络，信使不绝于途，岭南各州风调雨顺，家给人足，形成有史以来最为富庶及安定的局面。

隋文帝定都大兴，也就是长安，勤谨节俭，减轻赋税，与民休养生息，岭南地区遵照朝廷指示，成效尤为可观。隋文帝曾降敕书慰勉谯国夫人：“朕抚育众生，情均父母，欲使率土清净，兆庶安乐。夫人情在奉国，深识正理，直训导子孙，敦崇礼教，遵奉朝化，以副朕心。”殷殷之意，溢于言表。

隋朝开国以后，改广州为番州，除了倚重谯国夫人坐镇岭南地区以外，更由朝廷派赵钠为番州总管，综辖地方政务，由于赵讷贪污不法，动辄苛虐番民各部族，使得怨声四起，纷纷上书朝廷，指斥赵讷的种种不法情事，有的甚至叛离朝廷自立。隋文帝下诏谯国夫人就近惩治赵讷，并招抚诸部族。冼夫人此时已经年届古稀，犹自抖擞精神乘骑骏马、盛张锦伞，亲捧皇帝诏书逮捕赵讷，一一列举罪状及受贿财物，派遣专使奏报朝廷，又风尘仆仆地巡行各州各郡宣达圣旨，所以岭南各地复归平静。冼夫人明大体、识大义、安抚百姓、绥靖地方，岭南地安定繁荣达半个世纪。她虽历事三朝实因环境使然，始终忠于她的部族，忠于她的职守，确实难能可贵的。

隋文帝仁寿二年，威镇南疆的冼夫人去世，享年七十五岁，朝廷追赠她为“诚敬夫人”。

第三节　“岭南第一人”张九龄

张九龄（公元678—740年），一名博物，字子寿，韶州曲江（今广东省韶关市）人，唐中宗景龙初年进士，唐玄宗开元时历官中书侍郎、同中书门下平章事、中书令，唐代有名的贤相。他的五言古诗以素练质朴的语言，寄托深远的人生慨望，对扫除唐初所沿习的六朝绮靡诗风贡献尤大，被誉为“岭南第一人”。

张九龄是一位有胆识、有远见的著名政治家、文学家、诗人、名相。他忠耿尽职，秉公守则，直言敢谏，选贤任能，不徇私枉法，不趋炎附势，敢与恶势力作斗争，为“开元之治”做出了积极贡献。

其时，唐朝处在全盛时期，但却又隐伏着种种社会危机。张九龄针对社会弊端，提出以“王道”替代“霸道”的从政之道，强调保民育人，反对穷兵黩武；主张省刑罚，薄征徭，扶持农桑；坚持革新吏治，选贤择能，以德才兼备之士任为地方官吏。他的施政方针缓解了社会矛盾，对巩固中央集权，维护“开元盛世”起了重要的作用，因而被后世誉为“开元之世清贞任宰相”的三杰之一。

他在主理朝政时，敢于直言向皇帝进谏，多次规劝玄宗居安思危、整顿朝纲。玄宗的宠妃武惠妃，欲谋废太子李瑛而立己子时，命宫中官奴游说九龄，九龄叱退使者，及时据理力争，从而平息了宫廷内乱稳定了政局。对安禄山、李林甫等奸佞所为，张九龄更痛斥其非并竭力挫败其阴谋。

唐玄宗欲以范阳（今北京）节度使张守珪为相，以朔方（今宁夏灵武南）节度使牛仙客为尚书，张九龄反对，玄宗不悦。唐玄宗被李林甫的谗言所惑，遂于开元二十四年迁张九龄为尚书右丞相，罢知政事。罢相后不久又因他荐举的监察御史周子谅弹劾牛仙客，触怒玄宗，坐“举非其人”，贬为荆州长史。开元二十八年（740年），张九龄因病在韶州曲江逝世。

安禄山讨奚、契丹时战败，被执送京师。张九龄主张按军法处以极刑，玄宗不从。在张九龄死后，曾被其预断为“必反”的安禄山最终掀起了“安史之乱”，从而导致唐朝迅速走向没落。唐玄宗奔蜀，因追思张九龄的卓见而痛悔不已，遣使至曲江祭张九龄。

张九龄诗歌成就颇高，才思敏捷，文章高雅，诗意超逸，独具“雅正冲淡”的神韵，写出了不少留存后世的名诗，并对岭南诗派的开创起了启迪作用。其《感遇》、《望月怀远》等更为千古传颂之诗，有《曲江集》二十卷传世。

张九龄的诗歌多表现在穷达进退中保持高洁操守的人格理想。在遭李林甫排挤罢相以后，这种态度尤其鲜明。他一方面希望切入社会政治，追求经国之大业和不朽之盛举，另一方面又力图持超越态度，把“仕”和“隐”这一对矛盾和谐地统一起来，不愿为追求功业而屈己媚世。这种进退裕如的生活追求，在当时是很有代表性的，其中包涵以主动姿态设计自我人生道路的欲望，而功名事业和自由人生，也正是盛唐诗的两条主要轨迹。

在艺术表现上，张九龄的诗歌以兴寄为主，显得委婉蕴藉。例如他的《感遇》十二首，均以芳草美人的意象，托物言志，抒写自己所信守的高尚品格。

第四节　雷祖陈文玉

雷祖祠位于在广东雷州城西南五里的英榜山，周围依山傍水，风景秀丽。据说，该祠始建于唐贞观十六年（公元642年），是纪念唐代雷州首任刺史陈文玉（雷祖）的祠堂，现为国家重点文物的保护单位。

民间关于雷祖陈文玉有很多传说，将其塑造为半神半人充满神奇色彩的英雄人物。相传在陈太建年间，古台州城西南五里白院村村民，名曰陈鈇，以捕猎为生，家中养有一只九耳异犬，每次出猎皆卜犬耳，所捕猎物与犬耳所动相应。一日异犬九耳齐动，陈氏曰：“今必大获矣！”便邀其邻居10余人，同往州北之乌仑山。山中荆丛密绕，犬自早晨吠至太阳落山无一兽出。猎人奇之，伐木而视，见猎犬从地里挖出一大卵，陈氏不知为何物，便抱回家中。次早，乌云密布，雷电交加。陈氏大恐，便置卵于庭中，忽然卵为霹雳所开，跳出一男孩，两掌有文，左曰“雷”，右曰“州”。陈氏将男孩禀明州官，官收卵壳寄库，男孩交陈氏养育，取名陈文玉。文玉聪颖过人，勤学不辍。长大后功力绝伦、武艺盖世、文武兼备、屡受荐举，文玉却以双亲年老为辞，拒不当官，曾自谓曰：“‘侍君不能侍亲’，愿问寝视善，以乐父母余年。”陈氏夫妇享年百十有三，相继殁于唐贞观二年。文玉为之守墓三载。

据清嘉庆时重编的《雷祖志》载，陈文玉出生于陈朝，唐太宗贞观间合州改名雷州，陈文玉是首任雷州刺史。陈文玉精于吏治，关心民生疾苦，重视文化教育。唐朝的雷州，汉、黎、僮、瑶诸民族杂居，陈文玉经常巡视雷州境内各地，和缉百族。因此，雷州境内民风大变，社会安定，民族和睦，百姓安居乐业。此后，陈文玉又率领官民建设雷州郡城。陈文玉带头捐俸，雷州大小官员纷纷响应，陈文玉大显神威，“鞭石鸠工”，百姓也踊跃出工。贞观十二年正月十五，郡城落成，陈文玉率官民巡视新城，“彼时即生两翼，白日升天”正式成了神，得到“生不受胎于人，殁不降魄于地”、“为人不凡，为神必显”的美誉。

此后，陈文玉的故事愈益神化，说他不仅生前在平定叛乱部落的战事中得到汉朝飞将军李广的帮助，而且死后屡屡显灵，帮助军民战胜海盗土匪，维持了国家的安定和社会的繁荣。陈文玉终年 68 岁。为了纪念这一个德政昭彰的地方官，郡民于州城西南五里英榜山立祠以祀，即今之“雷祖祠”。

第五节　南宋名臣崔与之

崔与之，字正子，号菊坡，广东增城人，生于南宋绍兴二十八年（1158 年）。崔与之幼时丧父，贫困中发愤读书，32 岁时得朋友资助，离家赴临安（今杭州）太学读书，3 年之后考中进士，是岭南人由太学学士考中进士的第一人。他为官多年，守法持正，奖廉劾贪，事必躬亲，所至得正风气，官越做越大，名气也越来越大。嘉定十六年（1223 年）崔与之奉召离开四川人京任礼部尚书，他将按例归他所得的超额收纳的赋税青苗钱交充国用，对各路馈赠也一概谢绝。在官场多年，使他深感忧国固本之议不能获听，朝中倾轧尤甚，有意退出官场，遂启程南下，在广州杜门过了 10 年。

端平二年（1235 年）二月，宋理宗干脆授崔与之就地为官，任广南东路经略安抚使、兼知广州。作为岭南封疆大吏的崔与之来不及辞官，就遇上了兵变围城之事。叛军纵火惠阳、焚烧博罗，长驱直围广州。广州城内人心惶惶，还未卸任的郡守连夜逃遁，满城文武官吏聚至崔府商求对策。事已至此，崔与之在危难之中只好挺身而出，率众登上城头。城外叛兵望见德高望重的崔与之俯伏听命。崔与之晓以道理，派门人李昂英、杨汪中下城向叛军安抚宜谕，大多数叛兵都放下武器，只有为首者怕追究责任，率余众逃亡至肇庆，据城对抗。为了保境安民，崔与之正式接受了任命，因年事已高只能在家中升堂治理，下令官兵追剿，终于平乱。是年六月，朝廷封崔与之端明殿学士、太中大夫、广南东路经略安抚使、马步军都总管兼参知政事，即兼丞相之职，崔与之又力辞官职。他将半年的薪俸钱米悉数交回官库，一时传为美谈。

崔与之一再辞官，宋理宗对他“注想弥切”。翌年，拜为右丞相兼枢密使，位居一品。嘉熙二年（1238 年），又遣在朝任职的李昂英回广州宣崔与之赴任右丞相。80 岁的崔与之坚辞不就。这年 5 月，皇帝下诏崔与之提举洞宵宫，任便居住。崔与之被任命为相四年，一天也未到职，先后 13 次辞职。第二年 6 月，又诏允其依丞相之职，特授观文殿大学士致仕（退休）。

崔与之常说：“官职易得，名节难全”。他做官 47 年，从未被弹劾过一次，不仅不贪恋高位，而且归里之后所得祠禄衣赐概辞不接受。有人问他何以如此，他回答说：“在位食禄，还怕是尸位素餐。现在既然年老不谋事，还贪图君王赏赐，说得过去吗?”闻者叹服。他晚年节余之俸禄，都用来接济亲友，没有增置园地产业，只购小屋一处用以堆放图书，常在家中写作到深夜。其居室题匾为“晚菊堂”，并题韩琦之“老圃秋容淡，寒花晚节香”句为联以自勉。平时家无杂宾，官衙使者见他一年也一两次，并不干预外事。他严以律己、恬淡无欲，中年丧偶后无再娶也不蓄声妓。他对亲属管教甚严，不许他们干政。儿子娶妻按规定可以得到官方的嫁妆田 600 石，也被他责令退回。按规定宰相可有一定范围的恩荫，姐姐为外甥求职，他拒绝说：“当官的贤能与否关系百姓疾苦，官职不是可以私赠之物。”广州吴仁孙及第之后赴任，想求他与地方疏通关系，崔与之严肃地说：“走上仕途之初，不怕人不知己，应当自己努力做出成绩来显示自己。”过了一段时间，他考察到这人确有廉能才向朝庭密荐。他所举荐的数十人，多成为名学者或名臣。

获准致仕后不到半年，崔与之就去世了，享年 81 岁。在他去世前写下“东南民力竭矣，诸贤宽得一分，民受一分之赐”的话，临终留下遗嘱：“不许作佛事，子侄俱不得求官阶。”在增城云母里（今朱村镇官庄村）狮子岭保存至今。崔与之去世的消息报到朝中，宋理宗震惊，为之罢朝撤乐、减膳志哀，并遣官致祭，后来李昂英讲经筵，引起宋理宗对崔与之的思念，书“菊坡”二字赐给崔家。

崔与之的学术思想，与当时风靡全国的程朱理学异趣，倡导的是经世致用的学问，对岭南思想界有巨大影响，在此基础上形成了岭南历史上第一个学术流派——菊坡学派。他在文学上也颇有成就。其诗多为表达忧国爱民之感情，深挚动人，被称为“高华壮亮，犹有唐人遗音”，所作之词更为出名。在他之前，岭南南汉时虽有词作，但数量极少、格调不高。北宋未见有词，南宋直至崔与之，岭南词才稍著称于世。崔词如其人，词笔老健，开创了“健”的岭南词风，所以崔与之又被称为“粤词之祖”，其词作《水调歌头·题剑阁》云：

万里云间戍，立马剑门关。乱山极目无际，直北是长安。

人苦百年涂炭，鬼器三边锋镝，天道久应还。手写留屯奏，炯炯寸心丹。

对青灯，搔白首，漏声残。老来勋业未就，妨却一身闲。

蒲涧清泉白石，梅岭绿阴青子，怪我旧盟寒。烽火平安夜，归梦绕家山。

第六节　大思想家陈白沙

陈白沙（1428—1500年），原名献章，字公甫，号石斋，别号碧玉老人、玉台居士、江门渔父、南海樵夫、黄云老人等，新会城北圭峰山下都会村人，少年时随祖父迁居白沙乡（今属江门市蓬江区）的小庐山下，故后人尊称为“白沙先生”。

陈白沙19岁应广东乡试，考得第9名举人，21岁参加礼部会试，考中副榜进士，入国子监（中国古代设立的国家最高学府）读书。后来，虽然两次赴京参加会试都落选，但陈白沙追求学问始终锲而不舍。27岁那年，他闻说抚州临川郡地方有位著名学者康斋先生（原名吴与弼），学识造诣很高深，读透了朱熹编辑的《伊洛洲源录》之后，还精究宋、明理学的源流，明圣人之道，复孔、孟之传。陈白沙为了拜访名师，不怕长途跋涉来到崇仁县，终于找到弃官不做、在家讲学的吴与弼。吴与弼治学很严，要求学生学习必须专心，不容精神涣散，静时修养，动时省察，务使内心湛然虚明。陈白沙见了很受启发，得益不少。第二年，他回江门白沙村，在小庐山麓之南筑颇具规模的书舍，题名“春阳台”。陈白沙经过10年苦学，静坐冥思，舍繁取约，把握心与理吻合的关键，学问与修养获得飞跃。

明成化元年（1465年）春，陈白沙在春阳台设馆教学，倡导先静坐、后读书，多自学、少灌输，勤思考、取精义，重疑问、求真知，诗引教、哲入诗的教学方法。1466年，陈白沙再上京师，复游太学。时年38岁。国子监的主管官员是祭酒邢让，原与陈白沙一起参加戊辰（1488年）科考，陈白沙考得副榜（等于备取生），邢让考中进士，在翰林院当庶吉士，修撰皇帝的实录，刚刚升为国子监祭酒。邢让有意考试陈白沙的学问，让他作首《和杨龟山〈此日不再得〉韵》诗。杨龟山是北宋学者杨时，进士出身，官拜龙图阁学士，学问渊博，写过一辑题为《此日不再得》的诗，名震遐迩。陈白沙凝神冥思，不多时挥毫而就。诗成之后，朝中一班有志学问的文臣学士赞叹不已，争相传诵。邢让称赞白沙为真儒复出，遂向吏部尚书卫翱推荐陈白沙到部里当司吏。后来陈白沙果然接到任职官谕，却是吏部衙门的低级小吏。陈白沙为人耿直，由于不屑巴结朝中的权贵人物，触怒了当时官居礼部侍郎的尹旻，受到权臣的暗算和陷害。四年后，陈白沙42岁再次参加会试，因奸臣弄权应考失败。

陈白沙返回江门后一心研究哲理，重振教坛。这时候，陈白沙的名声远播，四方学者都纷纷前来要求执弟子之礼，入学受教。陈白沙设教10余年，不少学生得益于他的教诲，成为朝廷的栋梁柱石，“江门学派”亦于此形成。

1483年（明成化十九年），陈白沙55岁时，得到两广总督朱英、广东左布政使彭韶等的推荐，上京应诏。经过半载旅程到京，晋升吏部尚书的权臣尹旻盛气凌人。陈白沙写《乞修养疏》给宪宗皇帝，请求批准回家侍奉年老久病的母亲。皇帝看了《乞修养疏》深为感动，赠他为翰林院检讨回归养母。陈白沙就此致力讲学，讲授经史文学、力创新旨、唯务实际。入室弟子中就有身兼礼、吏、兵三部尚书职务湛若水，以及官拜文华阁大学士卒赠太师梁储。

陈白沙精擅诗文，工书法，善画梅，是明朝著名的诗人，留存各种体裁的诗作1977首。他善于运用“诗教”，诗文著述由学生辑成《白沙子全集》出版传世。陈白沙的书法自成一家，惯用自制的“茅龙”笔写字，字体苍劲有力，别具风格。

明弘治十三年（1500年），陈白沙病逝于故土，终年72岁，谥号“文恭”。朝廷下诏建家祠于白沙乡，并赐额联及祭文肖像，额曰“崇正堂”，联曰：“道传孔孟三千载，学绍程朱第一支。”明万历十三年（1585年），皇帝又诏准从祀孔庙，有“岭南一人”的荣誉。

陈白沙一生充满了坎坷与不平，一身学问但几次科举不中，仕途无望。他大半生时光，是在王振弄权、土木之变、英宗复辟等社会动乱中度过。在这个程朱理学占据了意识形态的统治地位的时代，思想学术界如同死水。陈白沙思想学说的创立，打破了程朱理学原有的理论格局，使明代的学术开始了新的阶段。

第七节　“海青天”海瑞

海瑞（1515—1587年），字汝贤、国开，自号刚峰，祖上从福建晋江垵边迁居海南琼山海盾，历任知县、州判官、户部尚书、兵部尚书、尚书丞、右佥都御史等职，是中国历史上的著名清官，以推行清丈、平赋税、屡平冤假错案、打击贪官污吏而深得民心。

明世宗在位后期不理朝政，深居西苑专心设坛求福，边官大吏争着向皇帝贡献祥瑞征兆物品，礼官还上表致贺。海瑞对此十分不满，事先买好了棺材，在嘉靖四十五年二月单独上疏，将嘉靖皇帝所犯的错误全部数了出来。嘉靖皇帝读了海瑞上书十分愤怒，对左右说：“快把他逮起来，不要让他跑掉。”宦官黄锦在旁边说：“这个人向来有傻名。听说他上书时知道冒犯该死，买了棺材和妻子诀别，在朝廷听候治罪，绝不会逃跑的。”海瑞入狱后，首辅徐阶力救海瑞，黄光升则把海瑞上书比拟儿子骂父以减轻罪责，并乘机把海瑞留在狱中设法营护。同年十二月世宗驾崩，穆宗即位，海瑞出狱。

隆庆三年（1569年），海瑞调升右佥都御史，一如既往惩治贪官、打击豪强、疏浚河道和修筑水利工程，并推行一条鞭法，强令贪官污吏退田还民，遂有“海青天”之誉，深受百姓的爱戴。被排挤后，革职闲居16年之久。万历十三年（1585年）重被起用，先后任南京吏部右侍郎、南京右都御史，力主严惩贪官污吏，禁止循私受贿。

万历初年，张居正主持国政，鉴于海瑞的过分刚直，终未任用。张居正死后，海瑞恢复前职，72岁时晋升为南京吏部右侍郎。海瑞上书：“陛下励精图治，而治平教化不至的原因，在于对贪官污吏刑罚太轻。诸臣都不能说到其原因，反而借待士有礼的说法，大家交口而文其非。待士有礼，而平民百姓则有什么罪呢?”因而举明太祖刑法剥人皮装上草制成皮囊，以及洪武三十年定律枉法达八十贯判处绞刑的规定，说现在应当用这样的方法惩治贪污。如御史梅鹃柞弹劾海瑞，皇帝清楚海瑞的忠诚，为此免去梅鹃柞俸禄。又如，有的御史偶尔陈列戏乐，海瑞要按明太祖法规给予杖刑，让百官恐惧不安，给事中钟宇淳怂恿提学御史房寰上书诽谤诬蔑。

关于海瑞有许多非议，比如他的性格太过刚强与固执，甚至不无偏执和刚愎色彩。历史学家考究，这与年轻守寡母亲严于律己、严于律人的处世倾向相关，使得海瑞具有道德洁癖。海瑞家庭并不幸福，甚至还总是给身边的人带来不幸。据说，他一生休两妻，一妻暴亡，一妾自杀，女儿在5岁时被其逼死。

海瑞多次请求退休，皇帝下诏慰留不允，于万历十五年死于任上。南京都察院佥都御史王用汲在海瑞去世后，看到其家中只有贫寒文人都不愿使用的布制帏帐和破竹器，禁不住大哭，凑钱为海瑞办理丧事。海瑞死讯传出，南京百姓罢市，灵柩运回家乡时穿孝服的人站满两岸，祭奠哭拜之声百里不绝。

海瑞一生清贫，抑制豪强，安抚穷困百姓，打击奸臣污吏，深得民众爱戴。他的生平事迹也在民间广泛流传，经演义加工后成为了许多戏曲节目的重要内容。

第八节　抗金英雄袁崇焕

袁崇焕字元素，号（或字）自如，广东承宣布政使司广州府东莞县石碣镇水南乡（今广东省东莞市）人。万历四十七年（1619年）中进士，是明末著名的政治人物。

袁崇焕一直以来就是一个有争议的人物。功在守卫山海关及辽东；指挥宁远之战、宁锦之战，但不救朝鲜、触兵家大忌擅杀大将等事一直被后人非议。

天启元年春，努尔哈赤率后金军攻占沈阳、辽阳。二年，又连克广宁（今辽宁北镇）、义州（今辽宁义县）等40余座城堡，并企图夺占辽西和山海关。明廷面对后金的凌厉攻势束手无策。时任宁前兵备佥事袁崇焕认为，若保关内，必守关外；若保关外，必守宁远。他的主张得到前往山海关视察的明朝兵部尚书孙承宗的支持。三年九月，袁崇焕与副总兵满桂领兵万余驻防宁远。袁崇焕抓紧筑城，使宁远成为关外军事重镇。五年夏，孙承宗采纳袁崇焕的建议，派兵据守锦州、右屯及大凌河堡等地，修缮城廓，使宁远有了屏障。同年十月，明廷派阉党集团的高第取代孙承宗。高第怯弱无能，认为关外必不可守，命令关外各城守军拆除防御设施，退入关内。袁崇焕申明利害坚守不撤，誓与宁远共存亡。

努尔哈赤乘明军易帅和匆忙撤军之机，于六年正月初，率军约6万西渡辽河，直趋宁远。袁崇焕采取坚壁清野之策，组织军民共同守城。他在将士面前刺血为书，以表守城决心，并派大将满桂，副将左辅、朱梅，参将祖大寿分守各城门。在城上配置西洋大炮11门，在城内查缉奸细，同时通告邻近各地，凡见到从宁远逃跑的将士立即斩首，很快稳定了军心和民心。二十三日，后金军包围宁远，劝降遭到拒绝。次日，后金军攻城，宁远军民依托坚城浴血奋战，袁崇焕负伤仍坚持指挥，发射西洋大炮给后金军以重大杀伤。后金军以盾牌和板车掩护凿挖城墙，被守城军民用火团烧走。在宁远处于危急时刻，辽东经略高第和总兵杨麒却拥兵山海关不救。二十五日，后金军继续攻城，又遭到守城军民英勇抗击。精于骑射的八旗兵，在深沟高垒面前和矢石炮火之下难以发挥特长，伤亡甚众，被迫撤军。努尔哈赤因此役失败，抑郁疽发，于八月十一逝世。此战，明军杀伤后金军1.7万人，挫败了努尔哈赤夺占辽西和山海关的企图，是明朝对后金作战的一次重大胜利。

宁远之战后，袁崇焕升任辽东巡抚，继续坚持避敌之长、击敌之短，凭城固守，渐次进取的原则，修建锦州、中左所（今辽宁塔山）和大凌河堡（今辽宁锦县）三城，构筑以宁远、锦州为重点的关外防线。七年五月，皇太极自朝鲜回师以后，获悉明军再造宁锦防线的消息，决定立即出兵宁、锦，打破袁崇焕的计划。初六日，后金兵自沈阳出发，三路并进，迅速攻占大小凌河、右屯卫等城堡，会师于锦州城下，四面合围。时总兵官赵率教等率兵3万驻守锦州，袁崇焕及副将祖大寿统帅各将坚守宁远。十二日午，后金对锦州发起总攻，集中主力攻击城西一隅。赵率教认清皇太极先破城西的意图，急调其他三面守城明军主力堵御西城之敌，以炮火、矢石还击，后金兵损失惨重，退5里而营。经14天激战，锦州岿然不动。皇太极以攻城不利，遂改变战法，诱锦州明军出城决战，赵率教等婴城固守不出，使皇太极欲战而不能，只好移兵转攻宁远。时明兵部遣总兵满桂率关兵1万赴宁远增援，袁崇焕仍感兵力不足，难以与敌决战，只发4000为奇兵，由满桂、尤世录、祖大寿率领东出，击敌背后。皇太极命额驸苏纳率八旗蒙古精骑赴塔山迎战，两军激战于笊篱山，互有伤亡。明军因寡不敌众，退入宁远城。二十八日黎明，皇太极率代善、阿敏、莽古尔泰等军进抵宁远。袁崇焕列营壕内，满桂出城二里而阵。皇太极不顾诸将反对，亲率诸贝勒阿济格等攻城，袁崇焕督军用红夷大炮拒敌，满桂等大战城外，双方伤亡相当。明总兵满桂与后金贝勒济尔哈郎、萨哈璘、瓦克达俱受伤。二十九日，皇太极攻宁远不成，回师再攻锦州，由于城壕宽深，天又炎蒸，士卒多死伤。六月初五日，皇太极从锦州撤围，回沈阳。

不可否认，袁崇焕用尚方宝剑斩杀镇江主帅毛文之后果很严重。毛文龙是明末歼灭后金（清）军数量最多的军事统帅，被誉为“海上长城”，是牵制后金的有生力量，被后金视为眼中钉，急欲除之。崇祯二年（1629年）六月初五，袁崇焕以议饷之名至双岛，罗列毛文龙“十二大罪”将其杀死。崇祯皇帝对于袁崇焕擅杀毛文龙非常不满，但“念既死，且方倚崇焕，乃优旨褒答。俄传谕暴文龙罪，以安崇焕心”。

皇太极在毛文龙被杀天后，即宣布“整旅西征”，毛文龙之死客观上为大清长驱南下解除了后顾之忧，三个月后就发生了清军兵临京都城下的“己巳之变”。后金约10万精兵绕道蒙古，由喜峰口攻陷遵化，直迫明都；11月18日，满清大军兵临北京城下，北京戒严，中央急调各路勤王军保卫京师。之后，清军曾先后五度入塞。天聪七年（1633年），毛文龙的部将孔有德、耿仲明人等在登州兵变，明朝派兵4万围攻山东重镇登莱二州。不久，孔有德、耿仲明率部投降皇太极，成为日后清军强大的武装部队。这可说是袁崇焕杀毛文龙始料未及的后果。

世传，清太宗皇太极（1592—1643年）施反间计，捕捉两名明宫太监，故意让两人听满清将军耳语，谓袁崇焕与满人有密约，并放一名太监回京。明思宗中计，以为袁崇焕谋反。但一些学者倾向于杀袁崇焕是因阉党余孽的诬陷，皇太极反间计只是袁崇焕落狱之因。

崇祯三年（1629 年）十二月，袁崇焕被指资敌，逮捕入狱半年后在北京西市磔刑处死。北京百姓误认其通敌恨之入骨，明末史家张岱记下了行刑的血腥场面：“刽子手割一块肉，百姓付钱，取之生食。顷间肉已沽清。再开膛出五脏，截寸而沽。百姓买得，和烧酒生吞，血流齿颊”，至法场时已气绝，卒年 47 岁。袁崇焕死后，佘氏义仆为其收敛骸骨，葬于北京崇文区花市斜街广东义园（现袁崇焕纪念馆），并世代为其守墓。

一些史料记载，南明政府早在乾隆帝下诏为袁崇焕平反前多年，就曾经为袁崇焕平反。钱海岳的《南明史》详细记载了南明政府对袁崇焕的三次平反。一次是崇祯十七年（1644 年）五月，明安宗在《登极恩诏》曰：“……又复袁崇焕、赵光抃（任兵部右侍郎兼右佥都御史）原官。”二次是弘光元年（1645 年）二月，（明安宗）予袁崇焕、王在晋（任兵部尚书）祭葬。三次是明昭宗（永历皇帝）以邝露（任中书舍人）言，谥袁崇焕“襄愍”（赞扬性的褒谥，用来表扬有军功蒙冤遇害的大臣）。梁启超发表《袁督师传》认为：“若夫以一身之言动、进退、生死，关系国家之安危、民族之隆替者，于古未始有之。有之，则袁督师其人也。”并为现于北京龙潭湖公园的袁督师庙题书匾额和对联。在广东省东莞市石碣镇水南村袁崇焕故居也建有纪念园，以此铭记这位民族英雄忠于国家、舍生取义的伟大精神。

第九节 “岭南三大家”、屈大均陈恭尹和梁佩兰

屈大均、陈恭尹和梁佩兰是清代初年岭南著名诗人，他们的作品具有很高的思想性和艺术性，被誉为“岭南三大家”。

屈大均（1630—1696 年）字翁山、介子，号莱圃。汉族，广东番禺人。明末清初著名学者、诗人，有“广东徐霞客”的美称。诗有李白、屈原的遗风，著作多毁于雍正、乾隆两朝，后人辑有《翁山诗外》、《翁山文外》、《翁山易外》、《广东新语》及《四朝成仁录》，合称“屈沱五书”。

他早年受业于陈邦彦门下，16 岁时补南海县生员。1646 年清军陷广州，

次年，18 岁的屈大均参加其师陈邦彦以及陈子壮、张家玉等的反清斗争，同年失败。此后，屈大均曾多方奔走，联络反清义士，以图光复明朝，但屡遭失败，康熙二十二年（1683 年），郑克爽降清，他大失所望，即由南京携家归番禺，终不复出，著述讲学，移志于对广东文献、方物、掌故的收集编纂。事实上“广东”一词是明代才出现，屈大均为言志而弃传统的“岭南”称谓不用，采用了“广东”做书名，先后有《广东文集》、《广东文选》、《广东新语》等。屈大均于 1696 年 6 月 27 日病逝。

屈大均具有多方面的文学才能，其中以诗的成就最高。据朱希祖《屈大均（翁山）著述考》一文考证，屈氏著作在经过雍正、乾隆年间三次严令禁毁之后，可考知的屈氏著述仍不下 30 多种，在屈大均生前已刊行的诗集有《道援堂集》、《翁山诗外》、词集《骚屑》；去世后不久又刊行了新编《屈翁山诗集》及《岭南三大家诗选》等。

虽然抗清复明、弘扬民族节气始终是屈氏诗文的主旋律，但其诗文中充满着关注社会、体恤民生的情愫。有学者指出，屈大均的诗文以爱国诗人屈原为楷模，效法注重民生的诗圣杜甫，但又自铸伟辞，开辟出自成一家的“翁山诗派”，形成词语璀璨瑰丽、情感沉烈恢宏、意象雄奇的独特风范，将文采美、性感美与理性美有机地结合在一起，“他的文采美发自情感美，而情感美又遵循着理性美，这种完美的结合，使得他的诗文具有动人心魄的艺术感染力”。

屈大均一生跋涉山川，联络志士，冀求恢复中华。“六十六年之中……险阻艰难，备尝其苦”（《生圹自志》）。所以发而为诗，主要就是写这种经历和情怀。如：“故国江山徒梦寐，中华人物又销沉”（《壬戌清明作》）；“万里悲风随出塞，三年明月照思乡”（《紫荆关道中送客》）；“今天降丧乱，日月颠其行。……山鬼纷媚人，前驱从两狼。忠诚夙所主，九死吾何伤”（《咏怀》之十二）；“圣贤耻独善，所贵匡时艰。太阿苟不割，蛟龙将波澜。箧中有《阴符》，吾生焉得闲”（《别王二丈予安》）等，都慷慨激越，饱含着壮志未申的不尽情意。

又如《过大梁作》、《塞上曲》、《寒上感怀》、《望云州》、《旧京感怀》、《早发大同作》、《鲁连台》、《咏怀》等，无不是他爱国忧国激情的表露。屈大均在另一些诗如《扬州感旧》、《白门秋望》、《猛虎行》、《大同感叹》、《民谣》、《菜人哀》、《高州大水作》、《雷女织葛歌》等篇中，对南明政权的腐败表示痛心。他对清朝的苛政进行了揭露和批判，对广大人民所受祸难疾苦表示深切的同情。屈大均诗的艺术特点是气魄雄放、笔力遒劲，富于瑰奇的想象，为“岭南三家”之冠。王瑛《岭南三大家诗序》评为：“如万壑奔涛，一泻千里、放而不息、流而不竭。其中多蛟龙神怪，非若平湖浅水，止有鱼鳖。”

屈大均的《广州竹枝词》其中一首为：“洋船挣出是官商，十字门开向二洋。五丝八丝广缎好，银钱堆满十三行。”不但地方色彩强烈，又是关于广州十三行的最早文字记录，至今仍是治史工作者研究十三行起源变革的主要史实依据。“以诗正史”，屈大均在这方面给后人留下了宝贵的历史文化财富。

屈大均其文沉浸秦汉，简洁高古，品格不凡。词作不多，然如（紫萸香慢）《送雁》、（长亭怨）《与李天生冬夜宿雁门关作》等，亦不愧为“声情激越，喷薄而出”之作。

屈大均的史学造诣也极高，贡献很大。他的《皇明四朝成仁录》记载了崇祯、弘光、隆武、永历四朝死节之士的事迹，成为研究南明史所必备的珍贵资料。

屈大均的另一部代表作《广东新语》，记录了广东的天文地理、经济风物、人物风俗。《广东新语》虽不是专门科学技术论著，但有学者统计其涉及科技问题的篇幅占了全书的68%，有10万字是属于农业方面的内容，还有2/3是有关国计民生方面的记载，全面地反映了明末清初广东的经济发展概貌。有些学者还专门探讨了屈大均对自然科学的研究，认为他注重科学实践，侧重综合研究和哲学概括，体现了朴素的辩证法思想。

陈恭尹（1631—1700年）字元孝，初号半峰，晚号独漉子，又号罗浮布衣，汉族，广东顺德县（今佛山顺德区）龙山乡人。著名抗清志士陈邦彦之子。其父陈邦彦为明末岭南抗清主力，与陈子壮、张家玉一起被尊为“岭南三忠”。清顺治三年（1646年）清军陷广州，其父陈邦彦举兵抗清，兵败被俘，被清军寸磔于市，全家除陈恭尹侥幸逃走外均同时遇难。丧亲之痛，延续到陈恭尹晚年，仍无法释怀。南明时，陈恭尹进朝泣陈其父为国殉难情状，永历帝授以世袭锦衣卫指挥佥事之职。

南明亡后，陈恭尹定居广州，与友人何衡、何绛、陶窳、梁梿相与砥砺名节，发愤读书，世称“北田五子”。“三藩之乱”爆发后，陈恭尹与屈大均相交甚深，又“以名重为时所指目”，于康熙十七年（1678年）被捕下狱，关押200天后始得解脱。从此心怀畏惧、壮志渐消、避迹隐居，自称“罗浮布衣”。晚年寄情诗酒，号改为“独漉”，身世之痛隐含更深。康熙三十九年(1700年)，病逝于广州，葬于市郊祥云岭南麓。

陈恭尹的诗前后内容有所不同，然而眷怀故国之思未尝消释。七言律诗对仗工整，又多巧思，绵丽中仍多哀感苍凉之慨。如“猛士不带剑，威武岂得申。丈夫不报国，终为愚贱人”（《拟古》之三）。“西湖歌舞春无价，南宋楼台暮有云。休恨议和口相国，大江犹得百年分”（《西湖》）。此外如《西湖杂兴》、《虎丘题壁》、《崖门谒三忠祠》、《九日登镇海楼》等篇，也都寄托遥深。五古《感怀》及七古《耕田歌》等篇，则反映了人民所受的苦难。他的诗抒写性情而自成风格，尤擅七律诗，为诗坛所推崇。他提出诗歌贵在创新，求新于性情而不必求新于字句，求妙于立言而不必专斯于解脱的见解，反对盲目崇古与拟古。

梁佩兰（1629—1705年），广东南海人，清初诗人。字芝五，号药亭、柴翁、二楞居士，晚号郁洲，曾仕清朝。这一点与屈大均、陈恭尹有别。梁佩兰诗，多酬赠和吟咏景物之作，也有发泄功名失意的怨辞，间亦杂有兴亡之感。较有意义的作品是某些反映民生疾苦的篇章，如《养马行》、《采珠歌》、《采茶歌》、《雀飞多》、《樵父词》等。这类诗内容清新、语言通俗、感情自然，不失为佳作，但不多见。他的大多数诗仿古的习气过重，笔调较为平淡直致。总体来看其诗成就还不能与屈、陈并论。

第十节　清代画家居巢和居廉

居巢、居廉是19世纪中后期广东画坛的两位重要画家，以撞水、撞粉法绘花鸟草虫著称，自成“居派”。20世纪初，居派的绘画风格更成为了当时岭南的主流画风。岭南画派创始人之高剑父、陈树人均是居氏学生。

居巢，生于1811年，卒年不详，番禺（今广州）人，字梅生，号梅巢。清代晚期书画家。

居廉，（1828—1904年）字士刚，号古泉，番禺隔山乡人，因又自号隔山樵子、隔山老人。居廉早在少年时代就失去了父母，习画初得堂兄居巢的指导，后来兄弟两人齐名，是近代画坛上不可多得的富有创意的一位先驱。

居巢的绘画以花鸟见长，在当时的岭南画坛独树一帜。居巢与其弟居廉所创立的居派花鸟画和以何翀为代表的小写意花鸟画，是当时广东最主要的两大花鸟画流派，居派画风影响地域之广和时间之长均为何翀一派所望尘莫及。

居巢、居廉花鸟画的一大特色是，题材上以状写岭南风物为主。在早于居巢的广东画家中，也有尝试描绘岭南特有物产的画家，但其所画的品种较少。居巢、居廉则不同，其所画的花卉草虫、蔬果水族以及时令风俗等异常丰富，其中多为岭南独有的品种。画中所描绘的动植物超过两百种，其中包括荔枝、龙眼、香蕉、芒果、橄榄、菠萝蜜等，以及各类小花小草小虫。以往作画题材中罕见的水族动物也是居巢作画的题材之一，从草鱼、鲤鱼到螺、蚬等都有涉及。此外居巢、居廉还喜画昆虫。邓秋枚称居巢“草虫尤胜”，高剑父在其《居古泉先生的画法》一文中首先介绍的也是其昆虫画。

由于师承宋光宝，工笔没骨画风和注重写生的习惯，对居巢、居廉的画风有莫大影响，绘画以写生为基，功底深厚。

在绘画技法上，居巢不仅在工笔、写意方面均能得心应手，而且擅长撞水、撞粉法，极大地丰富了传统绘画的表现手法。高剑父曾经介绍，居巢、居廉的撞水法是用于画植物的枝叶。在色墨未干时将水注入叶子或枝干的向光的一面，这样墨色被水排开，在墨与水之间形成自然的边界，产生向光和背光的效果。撞粉法则是用于描绘花瓣或蝴蝶翅膀。具体做法是“以粉撞入色中，使粉浮于色面，于是润泽松化而有粉光了。在一花一瓣的当中不须着意染光阴，惟以浓淡厚薄的粉的本身为光阴”。“梅生写蝶翅及主力的花，在当前的三两朵，于粉未干时，常以笔将画架起，使画面略为倾斜，则粉自聚于一端”，因此“干后其色即表为轻松浮润，如朝露未干一般”。撞水撞粉之法，虽不是居巢独创，在恽寿平、宋光宝的画中已有出现，但据高剑父所言：“古人写花向无撞粉之法，自宋院至南田时，用粉法皆系抹粉，挞粉点粉、钩粉而已，未尝有撞粉法也。有之则自梅生（藕堂虽有，而其法略异，惟烘粉一法，是他独到处）。”居巢、居廉有意识地大量使用撞水撞粉之法，使其广为人知，其推广之功不可没。

居巢的作品富有诗般意境，诗情与画意在其高超的写实技艺下到达了和谐统一，作品在当时就获得很高的评价，“尺幅兼金，人争购之”，惜其早逝，其影响力却通过堂弟居廉持续影响岭南画坛半个多世纪。

居廉在我国绘画史上不仅是最勤奋最多产的画家之一，而且也是当时花鸟画家中富于创造性的画家之一。他在多年的创作实践中，经过刻苦的钻研探索，扩大了花鸟画的题材范围，丰富了花鸟画的艺术表现手段，创造了自己独特的艺术风格。居廉素以善画工细的花卉草虫著称，然而水墨写意方面也有很深的功力，特别是以疏淡的笔墨画的肉、蛋、苦瓜、芋头、螺、蚌、乌贼、稷子等静物写生，尤有佳致妙趣。这些行将进行蒸煮烹调成为满足口腹之需的东西，在画家的笔下获得了艺术生命。

居廉主要是以画花鸟草虫闻名，偶尔也画人物、山水。他的人物画有当时人物画专家未必都能达到的艺术水平。如他画的《钟馗》，便自有一种风度神采，当地群众每每用“玲珑浮突”四字来朴素地评价他画的钟馗形象。他一生的艺术创作活动是和艺术教育活动密切相联系的，几十年中培养出了一批批的绘画人才，比较著名者有杨元晖（字少初，桂林人）、陈芬（字柏心，福建人）、李鹤年（字鹿门，香山人）、陈鉴（字寿泉）、伍德彝（字懿庄）、容相椿（字仲生）、张逸（字纯初）、葛朴（字小堂）、郑游（字少田）、梁松年（字鹤巢）、张淦（字志泉）等。据说清末民初，广东新创办起来的学校，其图画教师多数是居廉的学生。被认为是“岭南派”开派宗师的高剑父（原名高麟，后更名仑，号剑父）、陈树人（名韶），早年也都就学于居廉之门。此外，居廉的侄女居瑢（字佩徽）、居瑛（字瑞徽）、侄孙居羲（字秋海）等人的艺术才能，也是与居廉的教导、影响分不开的。

第二十二章

留踪岭南的外省名士

在历史上，岭南自秦汉以来就不是封闭的，从秦始皇平定岭南起，汉人、外省人士就开始涉足这片广袤而神秘的土地。自唐代后，岭南成为历代朝廷贬谪官员之地。如韩愈、苏轼、秦观等，本身就是当时的文化名人。另外，历朝历代派往这里的各级官员络绎不绝，其中不乏仁人先贤。那些光芒四射的民族英雄虽然犹如流星一般划过，但在岭南及至全国产生了深远的影响，如文天祥、林则徐。如今，岭南名人遗迹遍布城市乡壤，岭南的山山水水仍流传着这些名人先贤动人的故事和传说。

第一节　岭南开发第一人

赵佗

开发岭南是一条漫长的披荆斩棘之路，这条道路的历史转折点发生在秦末汉初时期。这个转折点矗立的文明历史坐标是一个伟大的帝国将军——南海尉赵佗。

过去的岭南，若以秦帝国划定的岭南三郡为界定，大体包括了今日广东、广西、海南全部，以及福建、云南、贵州及湖南的一部分。若以西汉设置的交州（交阯刺史部）为界定，范围更大，连整个越南大部都包括了进来。那时的岭南，交通闭塞，山水险恶，气候酷热，自然条件非常恶劣。粗朴的渔猎采摘与刀耕火种，以及城堡族群几近原始习俗的散漫聚居，是当时岭南最基本的生存方式。闭塞和落后使岭南地区没有大的文明信息进入华夏族群的历史记载。当然，这不包括当代考古发掘所证明的岭南早期文明足迹。

岭南地区融入华夏文明的脚步，是从战国时期楚国涉足岭南开始的。但是楚国对于岭南只是象征性的统领，没有实际治理权、赋税权，也没有军兵征发权。楚国广拥岭南万里土地人众，其轴心实力却只在淮南淮北，以及此后江南江东的小部分，始终无法与土地人口少得许多的中原战国真正抗衡。直到战国末期，岭南状况没有任何实质性变化。

岭南历史的转折是在秦始皇统一六国之后，开始着手平定岭南地区的百越之地开始的。公元前 219 年，秦始皇派屠睢为主将、赵佗为副将率领 50 万大军平定岭南，屠睢因为滥杀无辜，被当地人杀死。秦始皇重新任命任嚣为主将，并和赵佗一起率领大军经过 4 年努力，于公元前 214 年完成平定岭南的大业。

秦始皇接着在岭南设立了南海郡、桂林郡、象郡三郡，任嚣被委任为南海郡尉。南海郡下设博罗、龙川、番禺、揭阳四县，龙川地理位置和军事价值都极其重要，赵佗被委任为龙川县令。赵佗到龙川（今龙川县佗城镇）上任后，采取“和辑百越”的民族政策，并上书秦始皇要求从中原迁居 50 万的居民至南越，加强汉越的民族融合。龙川是当时越过五岭之后的第一座险关要塞，地理位置特别重要。在岭南军政一体的情况下，帝国大县的县令是等同郡守的高阶大臣，而且是“上马治军，下马治民”的一把手，非军政通才的将军不能出任。可见，当时的赵佗已经是南海军出类拔萃的将军了。

正在岭南大军全力整肃地方之际，秦始皇骤然病逝了。秦二世的暴政引起社会大动荡。陈胜吴广起义时，恰逢南海郡尉任嚣病危。临终之时，任嚣断然地将权力移交给了沉稳而极富勇略的赵佗。任嚣的最后叮嘱是三点：其一，断绝杨越新道，以防中原“盗兵”祸及岭南；其二，以番禺为轴心城堡，以 50 万中原军民为依托，自立岭南建政，等待中原变化。其三，军中官员将佐，没有人能理会这等战略构想，只有将后事交给你了。

中原连年动荡，50 万军民孤悬岭南。在秦亡之年，赵佗率南下军民建政，诛杀了企图乘乱滋事的旧部官员，重新立定了各郡郡守；又击溃了企图驱赶帝国大军的岭南暴乱部族，自称南越武王。这便是《史记》所称的“诛秦所置长吏，以其党为假守……击并桂林、象郡”的史实。赵佗军民此举，在天下动荡中安定了岭南大局。

西汉十一年（公元前196年），汉高祖刘邦派遣陆贾为特使，正式承认赵佗的王号，定其辖境北至长沙。刘邦死后的吕后当政时期，封锁了中原与南越的商路，并诛杀赵佗宗族，掘烧赵氏先祖墓地。赵佗大怒，发兵攻长沙，大败汉军两次，打通了岭南商路。赵佗称“南越武帝”，与中央汉室同等帝号。

汉文帝元年（公元前179年），中央汉室欲解决南粤问题，又以陆贾为特使修好，愿意承认赵佗帝号。特使陆贾抵达得到赵佗的隆重接待。赵佗谦卑地自称“蛮夷大长，老夫赵佗”，坦诚地表示：“妄窃帝号，聊以自娱，岂敢以闻天王哉。”行为是：“乃顿首谢，愿长为藩臣，奉贡职。”汉文帝闻报，大悦。汉景帝即位后，赵佗派使称臣并朝贺，以诸侯自居，无条件归附中央节制。

在政治上，岭南实行郡国并行制，仿效汉朝郡县制和分封制并行制度，并实施中央官制和地方官制，确保政治上的有效控制和实际统治。在军事上，设立将军、左将军和校尉制度，又分为步兵、舟步和骑兵，对号称“带甲百万有余”的军队实行有效指挥和控制。在经济上，推广使用铁农具和耕牛，改变以前的“刀耕火种”和“火耕水耨”耕作方法，大量发展水稻、水果和畜牧业、渔业、制陶业、纺织业、造船业，并发展交通运输和商业外贸，促进了生产发展和社会进步，人民生活日益改善。在文化上，首先是汉文字的使用，《粤记》说“广东之文始尉佗”，出土文物发现不少汉字。百越民族是一个能歌善舞的民族，有越舞和汉式舞，还有编钟、铜乐器和各式饰画、壁画等。在民族政策上，赵佗实行“和辑百越”的政策，提倡汉越通婚，尊重越人风俗，促进融合和社会和睦发展。

从大量的文字记载和出土文物说明，南越国是岭南文明的奠基时期，赵佗创建南越国使岭南社会经济实现飞跃式的跨越发展，使岭南社会形态从原始社会分散的部落统治，一跃跨入封建社会的有序发展，为今后的历史发展打下了坚实的基础。

第二节　交趾太守士燮

公元前111年，汉武帝统一南中国后，将岭南分为苍梧、南海、郁林、合浦、交趾、九真、日南、儋耳、珠崖九郡，同时设“交趾刺史部”统辖这九郡；公元前106年，把“交趾刺史部”从羸娄（今越南河内西北）移治苍梧郡治广信县（今梧州市区）。

广信是岭南古都之一，是汉族与越族、中原文化与岭南文化交融发展并取得巨大繁荣的岭南文化发祥地。到了东汉，交趾刺史部改为交州。

汉桓帝时，士氏家族的士赐被任命为日南郡（今越南中部顺化一带）太守。公元137年，士赐的长子士燮诞生。

士燮（137—226年），字威彦，苍梧广信（今广西梧州）人。汉末为交趾太守，并作为绥南中郎将总督岭南七郡，三国时加封龙编侯。他对岭南的贡献巨大，深得百越人民的拥戴。士燮大弟士壹为合浦太守；二弟士䵋为九真太守；三弟士武为南海太守。如此，就疆土而言，士家所领四郡已超大半岭南。据《三国志》记述，士燮出门时“车骑满道，胡人夹毂焚烧香者常有数十，震服百蛮，尉他不足逾也”。“尉他”即赵佗。士燮威望之高，已不在昔日南越王赵佗之下矣。

士家兄弟既是政绩卓著的地方州官，又是著名的经学专家，世代史家皆誉称为“一门四士”，“四太守”。士燮年青的时候，在京师洛阳游学，拜东汉名士颍川刘子奇为师，专门研治《春秋左氏传》，颇有造诣，打下了扎实的儒学基础。后来，又著书《士燮集》五卷、《春秋经注》十一卷、《公羊传注》《谷梁注》等，是公认学问渊博的经学大师。士燮治经学，实际用于保持地方安定的施政上。其时，正值中原混战，董卓迁都长安，袁术攻打刘表，唯有士氏掌控的岭南相对稳定。

士燮治理交趾达40年之久，奖励学术，发展文化，传播儒学，使交趾成为当时南方学术文化中心，文化教育事业获得长足进步，实现一次较大的飞跃。

东汉末年，天下大乱，中央对地方的控制力江河日下。由于交州地处偏远，朝廷对它更是鞭长莫及。建安八年（203 年），东汉朝廷任命的交州刺史朱符被当地的少数民族杀死。于是士燮迅速报请朝廷，让他的三个弟弟士壹、士䵋、士武分别占据了合浦、九真、南海三个郡。这样一来，交州七郡已被士氏兄弟轻而易举地拿下四个，大半个交州落入了士氏之手。士燮当交趾太守政绩卓著。汉交趾郡为岭南第一大郡，人口为南海郡的八倍。由于交州没有遭罹战火的蹂躏，士燮又比较谦虚宽厚，很多中原的士大夫先后都携宗拖族前来投靠他。再加上涌入交州的其他百姓，交州的人口自然随之猛增不少。从而也意味着士氏力量获得了空前的膨胀，但士燮始终并没有称霸天下的野心。尤其可贵的是他尽心尽力地维护祖国统一。当时曹操挟持了汉献帝，天下鼎足三分，在南方，孙权与刘表争夺岭南的统治权。士燮家族有雄厚的实力，却不乘朝代更迭而闹分裂，仍然对东汉朝廷俯首称臣，屡次派遣使者到许昌向汉献帝朝贡。

后来，为了不让战火波及岭南，士燮支持孙权派来的交州刺史步骘，斩了谋反的苍梧太守吴巨。东汉献帝建安末年，士燮遣子士廞入东吴为人质，孙权以士廞为武昌太守；士燮、士壹二人留在南方的儿子，尽皆拜中郎将。其时益州（今云南）大豪族雍闿等杀蜀国所署太守正昂，并与士燮相通，求欲为内附。士燮便诱导雍闿等率郡人遥向东而来附，孙权更嘉奖其行，迁为卫将军，封龙编侯，其弟士壹迁偏将军，都乡侯。士燮守交州其间，亦好同名士，如曾任命程秉为长史。每次遣使往见孙权，必致送杂香细葛，辄以千数，明珠、大贝、流离、翡翠、玳瑁、犀、象之珍，奇物异果，蕉、邪、龙眼之属，并无一年不往贡送。士壹时亦曾贡马数百匹。孙权每次都赍书答礼，厚加宠赐，以答慰士氏兄弟。

士燮在安州施行“南抚夷越”的政策，驻军维持社会治安，注意政治影响，缓和了不稳定的种族矛盾，并尽量任用当地有影响的人物做官，通过他们加强了在岭南的统治。除此之外还特别注重岭南的经济开发，从中原引来先进的生产技术，对越人“教其耕犁，使之冠履，建立学校，导之经义”，提高了岭南的农业生产力和文明程度，增加了地方财政的收入，解除了汉朝廷的后顾之忧，使岭南地区有一个稳定的局面。黄武五年（226 年）士燮病逝，享年 90 岁。

史书说士燮“既学问优博，又达于从政，处大乱之中，保全一郡，二十余年疆场无事，民不失业，羁旅之徒，皆蒙其庆。”终观士燮这一家，从避战乱、分裂出发，积极维护祖国统一，与中央政权一直保持良好关系，为西汉末南方的稳定作出了贡献，在两广、越南一带很得民心。据越南陶维英记载：“现在士燮的坟墓还在嬴陵附近一个称为安侣的地方，这一带士燮的遗迹保留下来的还很多。”苍梧县京南镇桂江山崖上有“汉士威彦先生故里”石刻。石刻附近还建有尚书庙和尚书学堂。

第三节 “百代文宗”韩愈

韩愈（768—824年），字退之，汉族，唐河内河阳（今河南孟县）人。自谓郡望昌黎，世称韩昌黎。贞元二年（786年），19岁的韩愈赴长安参加进士考试，三试不第，直到贞元八年（792年）第四次应考中进士。36岁任监察御史，不久因上书论天旱人饥状，被贬为阳山县令。元和十二年（817年），迁为吏部侍郎，两年后因上表谏迎佛骨而触怒宪宗，被贬为潮州刺史。后历官国子祭酒、兵部侍郎、吏部侍郎、京兆尹等职，政治上较有作为。长庆四年（824年）病逝于长安，终年57岁。

韩愈是唐代古文运动的倡导者，宋代苏轼称他“文起八代之衰”，明人推他为唐宋八大家之首，与柳宗元并称“韩柳”，有“文章巨公”和“百代文宗”之名。

岭南是韩愈两次被贬流放之地，第一次贬到阳山为县令。被贬阳山是韩愈政治生涯中第一次挫折，当时的阳山尚是丘陵起伏、江流湍急、虎豹出没、哀猿处处、虫蛇遍野、气节失常、毒雾弥漫、瘟疫时发、人烟稀少、吏民忿恨、语言奇异的尚未开发的蛮荒之地。从繁华热闹的京城放逐到这个荒芜偏僻的南方小县，让韩愈的心理落差很大，惊讶于当地的贫困落后。他自云：“始至，言语不通，画地为字，然后可以出租赋，奉期约。”贞元二十年（804年）二月，韩愈入阳山不久，就从最初的郁郁寡欢中解脱出来，过问阳山政事。韩愈在阳山作的《县斋读书》一诗中开头便道：“出宰山水县，读书松桂林。萧条捐末事，邂逅得初心。哀醒俗耳，清泉洁尘襟……”好山好水使他抛开被贬的失意，恢复了本来的豁达胸襟。

韩愈认为要改变阳山的落后面貌，首推“治贫先治愚”。他在阳山注重教化、宣传德礼、兴学办校、招生授徒，使阳山百姓知书达理，提高阳山人的文化水准和文明程度，促进思维方式的转变和思想观念的变革，阳山由此风化渐开人文蔚起，出现一派“彬彬儒雅”之景象，始而闻名天下。至清朝，阳山境内考取贡生323名，举人20名，进士6人。后来，韩愈被清康熙年间任阳山县知事的裴振李称之为“先生之不幸，盖唐之不幸；唐之不幸，正阳山之幸耳……”至今，在阳山民间还流传着一些韩愈除暴安良的故事。

阳山地区是石灰岩地貌，垦荒比较困难，落后的生产和生活方式与当时中原地区的农业社会有着截然不同的差异。唐时阳山百姓，过的还是半狩猎半农耕生活，即所谓的“刀耕火种”，生产方式极其落后，农作物收成低下。为了发展农业富民，韩愈把中原先进的农耕技术、农耕工具带到阳山，教人耕织、重视农田水利兴建、改良农作物品种等，推广先进的间种、套种、一年两熟等农耕技术，大力发展农业生产力，提高人民的生活水平。在一年两个月的时间，韩愈除了极力改变阳山落后、荒芜之面貌，还给阳山人民留下了丰富的文化遗产。

韩愈在阳山作有诗歌26首，文章6篇；韩愈遗世的墨宝碑刻（崖刻），目前所知全国仅存4件，而阳山独占其三：“鸢飞鱼跃”韩公墨宝、《远览》诗刻和《千岩表》题字；韩愈在阳山的遗址众多，保存较完好，具有很高的历史文化价值。

韩愈任阳山令时作《远览》诗一首，署名退之。现石刻在韩文公读书台石壁，字迹清晰。《远览》诗石刻是现存韩文公墨宝，最为珍贵。诗曰：“所乐非吾独，人人共此情。往来三伏里，试酌一泓清。”现在阳山韩文公读书台下方，原古道旁石岩，“千岩表”三个大字清晰可辨，铭语隐约可读。铭语后有退之署名。铭语为：“万石之中，巍然雄尊。与岁寒君，心契无言。”

韩愈第二次流放岭南是公元819年，韩愈任刑部侍郎时上书谏言被贬潮州刺史。时年51岁的韩愈唏嘘南下，途中丧女，作有七律诗云：“一封朝奏九重天，夕贬潮阳路八千。”韩愈这次在潮州逗留不足八个月，留下有《鳄鱼文》、《祭大湖神文》等14篇文章，记叙了他治理潮州鳄鱼为患之事。他在祭祀后召开声势浩大的动员会，以消除鳄鱼在人们心理的恐惧感，挑选人才使用毒矢射杀鳄鱼。至今，韩江中游沿江乡村仍然传承糊制纸鳄作为香船驱鳄戮鳄的习俗。

韩愈的博学使潮人接触和认识到中原的文明，“故而开启潮人文明的曙光，使得潮汕文化开始融入中华文化的大家庭”。韩愈走后，除了笔架山被改称“韩山”，鳄溪（鳄江）更名“韩江”之外，潮汕地区至今仍流传着许多与韩愈有关的传说与地名。比如城北的访问岭（风门岭）、走马牵堤、韩木、潮阳灵山寺留衣亭、普宁马嘶岩、潮州叩齿庵、昌黎旧治坊、丰顺“韩崇笼云”等，现在还有以昌黎命名的地方如昌黎路、昌黎路小学等。

第四节 “不辞长作岭南人”的苏东坡

苏轼（1037—1101 年），字子瞻，号东坡居士，四川眉山人。与父苏洵、弟苏辙合称“三苏”。少时博通经史，于宋仁宗嘉佑二年（公元 1057 年）中进士，深受欧阳修赞赏，名满京师。但在北宋激烈的变法运动及新旧党争的漩涡里屡遭贬谪，元符三年（1100 年）宋徽宗继位大赦才获允内迁，次年至常州病逝，终年 66 岁。

苏东坡共留下 2700 多首诗、300 多首词以及卷帙浩繁的散文，是我国作品数量最多、质量最优的作家之一。他在书法、绘画、饮食、医药、禅学等方面也有极其丰硕的建树。

纵观苏轼一生，尽管在文学上集大成就，但在北宋中期多年的政治斗争和权力倾轧中一直不得志，倍受坎坷。元祐八年（1093 年）以“讥斥先朝”入罪，“不得签书公事”迭被贬谪。先转任英州（英德）知州，自北至南行程数千里，途中旋被降职，一路三贬，绍圣元年（1094 年）被贬岭南，途中穿越大庾岭，在梅关写下《赠岭上梅》诗云：

梅花开尽百花开，过尽行人君不来。
不趁青梅尝煮酒，要看细雨熟黄梅。

安置惠州后，守三年，再贬昌化军（儋州）。晚年居此两地达 6 年之久，唯有其子苏过、妾朝云随其南谪。苏轼由京到岭南一路坎坷，在峡山寺与老和尚谈禅时留下“天开清远峡，地转凝碧湾”千古佳句。

在岭南，苏轼题咏最多的还数惠州。湖山烟水之美，籍坡公题咏之。苏轼对惠州西湖感情极深，《江月五首》之一咏道：

一更山吐月，玉塔卧微澜。
正似西湖上，涌金门外看。
冰轮横海阔，香雾入楼寒。
停鞭且莫去，照我一杯残。

惠州对于苏东坡还有一层特殊的意义。他在杭州西湖上初识爱妾朝云，写下了“淡妆浓抹总相宜”的名句，绍圣三年（1096 年）苏轼因朝云病逝悲痛欲绝，含泪把朝云瘗骨湖畔，于墓上建六如亭以纪念。亲撰《墓志铭》称赞其“敏而好义，事先生忠敬若一”。

苏轼在惠州虽不当权，也尽力运用其影响力为村民做好事。其姐夫程之才任广东提刑，经常顾问，事必建议。绍圣三年（1096 年）博罗大火，全城尽毁，苏轼即建议放粮赈灾，收容灾民。惠州驻军营房散布市井扰民，即建议另处建三百间营房集中官兵。秋粮丰收，苏轼看到粮贱伤农，建议官府允许农民纳税钱粮两便，或以低粮价收税，既征得赋税又纾解民困。惠州居民过渡不便，他建议官府建两座桥：一条东新桥为跨江大桥，是他捐出皇帝所赐的犀带，由道士邓守安将原来浮桥改建；另一座则是西新桥，连接西湖长堤，也是他捐资建成。他还资助僧人希固建堤和桥，为惠州西湖六桥的第一桥。竣工之日，惠州官民在西村设宴庆贺，苏轼赋诗：“父老喜云集，箪壶无空携。三日饮不散，杀尽西村鸡……”绍圣二年（1095 年）苏轼在惠州第一次吃荔枝，作有《四月十一日初食荔枝》一诗，对荔枝极尽赞美之能事：“垂黄缀紫烟雨里，特与荔枝为先驱。海山仙人绛罗襦，红纱中单白玉肤。不须更待妃子笑，风骨自是倾城姝。”自此以后，苏轼还多次在诗文中表现了他对荔枝的喜爱之情，如《新年五首》：“荔子几时熟，花头今已繁。”《食荔枝二首》其二：“日啖荔枝三百颗，不辞长作岭南人。”二句尤为脍炙人口。

然而，苏轼表面恬淡，内心却充满牵挂国运民生的忧患情怀，这种忧患情怀在《荔枝叹》一诗中表现得尤为尽致：

十里一置飞尘灰，五里一堠兵火催。
颠坑仆谷相枕藉，知是荔枝龙眼来。
飞车跨山鹘横海，风枝露叶如新采。
宫中美人一破颜，惊尘溅血流千载。

绍圣四年（1097 年）苏轼到达海南。在澄迈县通潮驿上岸，宿金粟庵。当地居民饮用的城河水很是混浊，苏轼观察附近，让村民在荒草野坡凿二泉，果然咫尺间挖出两股味色不同的泉水。4 年后获赦北归再经此泉，郡守请他品泉，苏轼欣然题名“洞酌”，写下四言诗《洞酌亭·并序》寓意万里投荒，择善而行。

年逾花甲的苏轼，颠簸两月到了儋州，环境艰苦出乎想象，但安居下来。他有诗句写道“海南万古真吾乡”表达了对这片蛮荒之地，以及与当地平民的感情。苏轼唯买地建屋，于邻里纷纷来帮忙，才得以安身。他感激众乡人的深情厚意，将茅屋题为“桄榔庵”并写了《桄榔庵记》以志。苏轼生活恬淡自恃，辟园种植，自足饱饴。看到乡民“土人顿顿食薯芋，荐以薰鼠烧蝙蝠”，自责过去“十年京国厌肥羜，日日蒸花压红玉”，思想感情上更接近民众。他学黎语、着黎装，帮黎民提高农耕技术，教他们种植棉花、采药治病。当地有读书人黎子云、符林、王霄，潮州的吴子野、琼山的姜唐佐等士人慕名相从，聚集在他周围论文讲学。为方便学术交流，士人们集资建屋。苏轼取《汉书·杨雄传》“载酒问字”典故，命名此屋为“载酒堂”。时值王安石变法规定，开科取士以经义为主。海南读书人不知读什么书好。苏轼虽不赞成新法，但还是顺应时势，亲手烧烟制墨，筹措纸张，自编经义，深入浅出地授课。虽只收了十几个学生，但影响甚大。

元符三年（1100 年）苏轼获赦北归，获赦北归，走古道，登梅岭，回望岭南流放地时，又写了《赠岭上老人》一诗，抒发他当时的情感。诗曰：

鹤骨霜髯心已灰，青松合抱手亲栽。
问翁大庾岭头住，曾见南迁几个回。

第五节 “留取丹心照汗青”的文天祥

文天祥（1236—1283 年），汉族，初名云孙，字天祥，吉州庐陵（今江西吉安县）人。宋理宗宝祐四年（1256 年）文天祥上京赴考，殿试时考官把他的卷子列为第 7 名，理宗亲阅考卷，把文天祥的卷子提为第 1 名。景定元年（1260 年），文天祥被委任为建昌军仙都观的主管，因不满朝政愤而辞职，被贬瑞州任职后实行宽惠政策，安抚百姓。后历经军器监、崇政殿说书等职，因得罪权臣贾似道被免去了所有职务。咸淳九年（1273 年），朝廷起用他为湖南提刑掌管狱讼，1 年后任赣州（今江西境内）知州不到一年，元军大举南侵。文天祥召集兵马，起兵勤王，屡遭劫难。德祐二年（1276 年），端宗命文天祥担任枢密使兼都督诸路军马，在南剑州（今福建南平）开督府招兵筹饷组成督府军，挥师赣南收复大片失地。祥兴元年（1278 年）不幸在五坡岭被元军俘获。

1278 年（南宋祥兴元年），文天祥兵败被俘。第二年元月，元军出珠江口进攻南宋最后据点崖山（在今广东新会南海中），文天祥被押解同行，过零丁洋时元军统帅他招降坚守崖山的南宋将领，文天祥严正拒绝并写下千古绝唱，以诗明志。“人生自古谁无死，留取丹心照汗青”名句之所以流传千古，主要不在于艺术技巧，而是在于所表现的崇高气节、悲壮情怀和献身精神。崖山海战结束，南宋灭亡。元军以宰相职位劝降。文天祥以“国亡不能救，为人臣者，死有余罪，何敢逃其死而贰其心”拒绝，遂将文天祥押送大都发落。

文天祥在北京三年监狱生活中，元世祖千方百计劝降，文天祥不为所动，而且在狱中写出《正气歌》针锋相对。后写的《感怀诗》可作为《正气歌》的注解和补充。诗曰：“横磨十万坐无谋，回首蹉跎海上州。大傅只图和药了，将军便谓斫头休。乾坤颠倒真千劫，身世流连复一周。一死到今如送佛，空窗淡月夜悠悠。”忠肝义胆，唯求一死。

后世为纪念文天祥在广东海丰建有方饭亭和表忠祠。方饭亭内竖一面石碑，上面刻文天祥的半身画像和题词、传记，亭外围墙两侧竖碑联一副，上书“热血腔中只有宋，孤忠岭外更何人”，以此纪念文天祥的浩然正气，潜育后代的成长。

第六节 意大利传教士利玛窦

1552年，意大利的利玛窦出生，19岁加入耶稣会，25岁在印度传教，30岁时奉召抵达澳门，学习一年中文准备进入中国内陆。明万历年十一年(1583年)九月，利玛窦跟随耶稣会的罗明坚神父在肇庆西江边的上清湾码头登岸。他们剃光头、留长须，穿中式和尚袍，以“西僧”的名义获准入居。

罗明坚神父是意大利中南部人、拿波里大学的法学博士，最先进入中国内陆的耶稣会传教士。罗明坚结识明朝政府地方官，两次前往肇庆拜会两广总督陈瑞、郭应聘和肇庆知府王泮。他与利玛窦在广东肇庆建立了中国大陆的第一座天主教耶稣会教堂，知府王泮为教堂亲笔题写了两块牌匾挂于圣堂。

肇庆仙花寺是利玛窦进入中国内陆后，中西文化交流的第一个“平台”。在这里，他演绎了近代多个让后人为之赞叹的“中国第一”。

世界上第一幅中文世界地图：利玛窦曾在仙花寺挂了一幅《万国全图》，肇庆知府王泮要他另画一幅，并将中国画在中央，地名全部用中文来标注。利玛窦用一个多月的时间，精心绘制了《山海舆地全图》。这是世界上第一幅中文的世界地图，王泮后来出资请利玛窦刻板印刷，成为中国日后刊印发行世界地图的样本，其地理学理论至今仍相袭沿用。

中国第一所西文图书馆：利玛窦特意将一个大房间辟为图书室，存放从欧洲带来的天文、地理、数学、机械、水利以及城市建筑美术画册等书籍供人翻阅。

中国第一台自鸣钟：利玛窦在仙花寺安装了一台西方自鸣钟，让王泮爱不释手，要利玛窦也给他做一台。利玛窦请印度工匠和中国工人协助，制作了一台非常中国化的机械自鸣钟，钟面不用阿拉伯刻数，而是按中国人的习惯采用子、丑、寅、卯、辰、已、午、未、申、酉、戌、亥十二个时辰来表示时间。

世界第一部中西文辞典：利玛窦曾在澳门学习了十三个月的中文，来到肇庆后又与罗明坚神父合作，用5年时间编纂了一本中西文对照的《平常问答词义》，又称为《葡汉辞典》。它的问世无疑就等于打造了一把开启中西文化交流大门的钥匙，被后人称为西方汉学研究中的里程碑。

近年还有学者认为，利玛窦正是从肇庆开始对《大学》、《论语》、《孟子》、《中庸》、《诗经》、《书经》、《礼经》、《道德经》等中国传统文化经典进行翻译的。他的《四书》译稿后来成了所有新来华传教士的语言教科书。利玛窦运用拉丁文拼音来研读中国语言，用罗马字注汉字音，是汉语最早的拉丁字母拼音方案，从而形成了中文汉语拼音的雏形。

中西戏剧文化的第一次交流：在仙花寺，利玛窦还接待了中国明代的戏剧大师汤显祖的来访，并专门向汤显祖请教中国的唱腔音律。这次会面，显然对汤显祖在戏剧创作上有不少启迪，他在后来创作《牡丹亭还魂记》时就增加了一些洋船、洋商、“番鬼”、译者、“三巴”为特征的情节和场景，被后人称为中西文化交流史上的一段佳话。

在明末，没有一个西方人在中国的影响有利玛窦那么大，他被尊称为“利西泰”，被明末士人视为西方的儒者，得到万历皇帝的召见。他在中西文化交流史上所作的贡献胜于传教。

第七节　一代文宗阮元

阮元（1764—1849年），字伯元，号云台，清朝嘉庆、道光间名臣。他是著作家、刊刻家、思想家，在经史、小学、天算、舆地、编纂、金石、校勘等方面都有着非常高的造诣，被尊为一代文宗。

嘉庆二十一年（1816年），阮元升任湖广总督，次年改任两广总督。两广州总督阮元上任后，即修复贡院，开经古课，教导诸生，并在广州越秀山筹建学海堂，取得了“岭南人物蒸蒸日上”的好成绩。道光三年（1823年），开癸未科举，广东吴川人林召棠中状元。两广在癸未与临近的几科中，有陈继昌、林召棠中状元，张岳松、罗文俊中探花，吕龙光得会元。自道光至光绪，学海堂主讲名师有55人，历届学生中有著述问世的达300来人，出书千数种。

阮元作为实干教育家，除了自己有扎实的治学工夫外，还善于把教学、学术研究、收藏充实图书、刊刻印刷书籍组成一个有机的整体，为培养人才服务。他在两广总督任内，汇集自清初讫乾嘉近200年汉学成果，理别精粗，编辑刊刻《皇清经解》180种1400卷，对推动清代汉学的发展起了很大作用。

阮元在两广总督任上，对西方列强强盗式的通商活动十分警惕，多次上书朝廷，请求严禁鸦片和加强海备，并修筑了大黄窖、大虎山两处炮台。他在书房内悬挂自己撰写的一幅对联“烟禁宜严，免得银荒兵弱；海防须紧，保障国泰民安”，表明爱国之心和不忘疆臣之责。阮元官居杭州时，熔铸秦桧及其妻王氏的跪像于岳飞墓前，还即兴撰一联：“咳！仆本丧心，有贤妻何至若是；啐！妇虽长舌，非老贼不到今朝。”此联诙谐深刻，表达了痛恨奸佞的感情。他的学生梁章钜巡抚广西，他也曾撰联相赠：“江乡仁惠传荒政，岭表恩威播外夷。”

阮元多次巡视广西，热爱八桂山水。在阳朔画山，他题刻了“清漓石壁图”五个大字，还留下了《清漓石壁图歌》：“天成半壁丹青画，幡然高向青天挂。上古何人善画山，似与荆关斗名派（“荆关”指荆浩、关仝，两人均为五代时著名的山水画大家）。清漓一曲绕山流，往来何人不举头。六年久识奇峰面，五度来乘读画舟。”

阮元担任两广总督适逢鸦片战争前的十几年，处理过对英国的事务多起。他于嘉庆二十二年（1817年）到广州，这时正是英国人阿美士德使华失败的第二年，中英两国矛盾开始激化。阮元深感问题的严重性，于次年二月和五月，先后密奏朝廷对英政策，主张采取强硬态度。他认为英人“长于水，短于陆；强于外洋，短于内洋”，因此要加强内洋和陆上防务。只是嘉庆皇帝不同意他的主张，强调“恩威相济”，并告诫阮元“断不可孟浪从事”。阮元只得遵照旨意。可是英国人不断滋事，打死打伤中国居民，清政府索凶多无结果，阮元忍无可忍。一次，又发生英国人打杀中国妇女事件，阮元便将凶手判处绞刑抵罪。道光元年（1821年）冬，英国人又打死了两名中国农民，凶手逃回英国。阮元屡次向英方索凶，英方以停止贸易相威胁，阮元于是采取折衷办法，只允许英国商船贸易，而不允许对方兵舰来华。

阮元十分勤奋，在长期的仕途生涯中，从未中断过学术研究，著述颇丰。他著有《研经室集》，还主编和自撰了《畴人传》、《十三经校刻记》、《经籍纂诂》等重要著作。

在保存文献方面，主持修《广东通志》334 卷。明清广东政区，有着全国最漫长的海岸线。《阮通志·海防略》分“东路、中路、西路、图、兵船、占验、水醒、水忌、风信”等目，共 2 卷。《海防略》详论了历代广东海事、各路要塞关防、攻防战守诸事，而最有价值的是附图 20 张。

明清广东海疆乃多事之秋，先是倭寇窜扰，后是西方殖民者东来，加上东南亚及浙闽广沿海诸色海上武装集团的猖獗活动，从而引起明清统治者的高度重视，各类海防图志便不断涌现。阮元显赫政绩大多与巩固海疆有关，及其督粤更不例外。阮元甫抵任即“往海口阅兵，登沙角砲台阅水师，即乘水师提督之兵船，过零丁，鸡颈诸外洋，遍观内外形势及澳门夷市情形”。经实地视察后即奏建大黄窖、大虎山砲台，与镇远、横当砲台构成“重门之势”，扼珠江口之咽喉《阮通志·海防略》正是其精华所在，所附海图 20 张在当时具有极高的军事实用价值，至今仍是了解鸦片战争前夕广东海防的重要史料。除此之外还有《两广盐法志》35 卷，编辑《淮海英灵集》22 卷、《两浙輶轩录》4 卷、《广陵诗事》10 卷等、《山左金石志》、《两浙金石志》、《浙士解经录》5 卷，又刊刻海内名家著术不下数十家为《文选楼丛书》。

第八节　民族英雄林则徐

林则徐（1785—1850 年），汉族，福建侯官人（今福建省福州），字元抚，又字少穆、石麟，晚号俟村老人等；官至一品，曾任江苏巡抚、两广总督、湖广总督、陕甘总督和云贵总督，两次受命为钦差大臣；是清朝后期政治家、思想家和诗人；是中华民族抵御外辱过程中伟大的民族英雄，主要功绩为虎门销烟。

林则徐受命赴粤查禁鸦片，成为清朝统治阶级中严禁派的代表和禁烟运动的实际领导者。1839 年 3 月，他到广州与总督邓廷桢合力严缉走私烟贩，惩处受贿官吏。林则徐在给外国烟商的通知中说：“若鸦片一日未绝，本大臣一日不回。”由于林则徐坚定的态度和有力的措施，再加上人民的支持，外国烟商被迫交出鸦片 2 万多箱。林则徐下令在虎门将鸦片公开销毁，并带领大、小官员亲自监督。他令人将鸦片放入挖好的两个大池子里，池中放入卤水，鸦片浸泡半日后，再加上生石灰，生石灰将生水煮沸销毁鸦片，经过22天才把缴获的鸦片全部销毁。这就是举世闻名的“虎门销烟”。

林则徐相信“民心可用”，积极组织群众坚决抵抗外来侵略。在广州，他逐渐认识到禁烟的艰巨和西方侵略势力的战争威胁，所以大力整顿海防，编练水勇，加强战备。他认为要抵御侵略，不仅要“器良、技熟、胆壮、心齐”，而且还应用“民”之“众”去抵“夷”之“强”。因此他敢于公开晓谕和鼓励民众“英夷兵船一进内许以人人持刀痛杀”。在他领导下，多次挫败英军的武装挑衅和进犯。即使在革职留粤期间，仍坚持与侵略者和卖国者琦善的斗争。遣戍途中，他还积极研究“恢复之策”，总结抗英经验。林则徐不仅反侵略的立场始终如一，而且对外国资本主义侵略中国的形势也极有眼光。

林则徐在广州的斗争实践，使他迅速摆脱了闭关锁国的传统偏见。林则徐意识到英国将发动侵略战争。为了战胜敌人，需要知己知被。他经过多方面分析研究得出：变敌人的长处为自己的长处，即魏源归纳阐述为的“师夷之长技以制夷”。于是林则徐亲自组织翻译班子，把外国人讲述中国的言论翻译成《华事夷言》，作为当时中国官吏的一种“参考消息”；为了了解外国的军事、政治、经济情报，将英商主办的《广州周报》译成《澳门新闻报》；为了解西方的地理、历史、政治，又组织翻译了英国人慕瑞的《世界地理大全》，编为《四洲志》，这是我国近代第一部比较系统介绍西方地理的书；还翻译瑞士法学家瓦特尔的《国际法》。其中一条规定：“各国有禁止外国货物不准进口的权利。”说明中国禁烟完全合乎《国际法》。在军事方面，着手加强和改善沿海一带防御力量。林则徐专门从外国买来200多门新式大炮配置在海口炮台上。为了改进军事技术，他又搜集并组织了大炮瞄准法，战船图书等资料。林则徐敢于学习外国先进科学技术的精神，受到人们高度赞扬，被称为“开眼看世界的第一个人”。虽然林则徐对西方认识比较肤浅，接触西学的目的是出于外交、军事需要，但毕竟开创了中国近代学习和研究西方的风气，对中国近代维新思想起到启蒙作用。